CONCURSO PÚBLICO

ANÁLISE ABRANGENTE DE QUESTÕES DOUTRINÁRIAS, LEGAIS E JURISPRUDENCIAIS

RITA TOURINHO

CONCURSO PÚBLICO

ANÁLISE ABRANGENTE DE QUESTÕES DOUTRINÁRIAS, LEGAIS E JURISPRUDENCIAIS

Belo Horizonte

2020

© 2019 Editora Fórum Ltda.

É proibida a reprodução total ou parcial desta obra, por qualquer meio eletrônico, inclusive por processos xerográficos, sem autorização expressa do Editor.

Conselho Editorial

Adilson Abreu Dallari	Floriano de Azevedo Marques Neto
Alécia Paolucci Nogueira Bicalho	Gustavo Justino de Oliveira
Alexandre Coutinho Pagliarini	Inês Virgínia Prado Soares
André Ramos Tavares	Jorge Ulisses Jacoby Fernandes
Carlos Ayres Britto	Juarez Freitas
Carlos Mário da Silva Velloso	Luciano Ferraz
Cármen Lúcia Antunes Rocha	Lúcio Delfino
Cesar Augusto Guimarães Pereira	Marcia Carla Pereira Ribeiro
Clovis Beznos	Márcio Cammarosano
Cristiana Fortini	Marcos Ehrhardt Jr.
Dinorá Adelaide Musetti Grotti	Maria Sylvia Zanella Di Pietro
Diogo de Figueiredo Moreira Neto (*in memoriam*)	Ney José de Freitas
Egon Bockmann Moreira	Oswaldo Othon de Pontes Saraiva Filho
Emerson Gabardo	Paulo Modesto
Fabrício Motta	Romeu Felipe Bacellar Filho
Fernando Rossi	Sérgio Guerra
Flávio Henrique Unes Pereira	Walber de Moura Agra

FÓRUM
CONHECIMENTO JURÍDICO

Luís Cláudio Rodrigues Ferreira
Presidente e Editor

Coordenação editorial: Leonardo Eustáquio Siqueira Araújo
Aline Sobreira de Oliveira

Av. Afonso Pena, 2770 – 15º andar – Savassi – CEP 30130-012
Belo Horizonte – Minas Gerais – Tel.: (31) 2121.4900 / 2121.4949
www.editoraforum.com.br – editoraforum@editoraforum.com.br

Técnica. Empenho. Zelo. Esses foram alguns dos cuidados aplicados na edição desta obra. No entanto, podem ocorrer erros de impressão, digitação ou mesmo restar alguma dúvida conceitual. Caso se constate algo assim, solicitamos a gentileza de nos comunicar através do *e-mail* editorial@editoraforum.com.br para que possamos esclarecer, no que couber. A sua contribuição é muito importante para mantermos a excelência editorial. A Editora Fórum agradece a sua contribuição.

Dados Internacionais de Catalogação na Publicação (CIP) de acordo com a AACR2

T727c   Tourinho, Rita
         Concurso público: análise abrangente de questões doutrinárias, legais e jurisprudenciais / Rita Tourinho.– Belo Horizonte : Fórum, 2020.

         312p.; 14,5cm x 21,5cm
         ISBN: 978-85-450-0696-1

         1. Direito Administrativo. 2. Direito Público. I. Título.

                                                     CDD 341.3
                                                     CDU 342.7

Elaborado por Daniela Lopes Duarte - CRB-6/3500

Informação bibliográfica deste livro, conforme a NBR 6023:2018 da Associação Brasileira de Normas Técnicas (ABNT):

TOURINHO, Rita. *Concurso público*: análise abrangente de questões doutrinárias, legais e jurisprudenciais. Belo Horizonte: Fórum, 2020. 312p. ISBN 978-85-450-0696-1.

A meu pai, José Raimundo, por tudo que me tornei e pelo meu amor infinito, inabalável, apesar da distância imposta pelo acontecimento incontornável da vida.

SUMÁRIO

INTRODUÇÃO 11

CAPÍTULO I
CONCURSO PÚBLICO: GARANTIAS PRINCIPIOLÓGICA E CONSTITUCIONAL 17
1.1   O processo seletivo para ingresso no serviço público 17
1.2   Natureza jurídica do concurso público................................ 22
1.3   O concurso público como processo garantidor de princípios administrativos... 25

CAPÍTULO II
DAS EXCEÇÕES CONSTITUCIONAIS À OBRIGATORIEDADE DO CONCURSO PÚBLICO 37
2.1   Noções introdutórias 37
2.2.   Exigência do concurso público no âmbito da Administração indireta: a situação das empresas estatais exploradoras de atividade econômica e dos conselhos de fiscalização profissional.. 37
2.3.   Dos cargos em comissão 42
2.4.   Da contratação temporária de excepcional interesse público 47
2.5   Outras exceções à regra do concurso público 53

CAPÍTULO III
BURLA À REGRA DO CONCURSO PÚBLICO ATRAVÉS DO PROVIMENTO DERIVADO 57
3.1.   Provimentos originário e derivado.................................... 57
3.2.   A regra do concurso público frente aos tipos de provimento.. 59
3.3   Do concurso interno.. 61
3.4   A terceirização como burla à regra do concurso público 64

CAPÍTULO IV
DA CONTRATAÇÃO DE EMPRESA PARA REALIZAÇÃO DE CONCURSO PÚBLICO 69

4.1 Do processo licitatório: antecedente necessário aos contratos administrativos 69
4.2 A contratação direta de empresas para realização de concurso público 71
4.3 Da licitação para contratação de empresa voltada à realização de concurso público 80
4.4 Do projeto básico e o consequente contrato: busca da eficiência 86

CAPÍTULO V
DOS REQUISITOS PARA A REALIZAÇÃO DE CONCURSO PÚBLICO E AS EXIGÊNCIAS PARA A INSCRIÇÃO DOS CANDIDATOS 91

5.1 Aspectos gerais 91
5.2 Da criação de cargos e empregos públicos 92
5.3 Da constituição da banca examinadora 96
5.4 Das exigências para inscrição em concurso público 101
5.4.1 Do edital de concurso 101
5.4.2 Das exigências referentes à pessoa do candidato 104
5.4.3 Do pagamento do valor da inscrição 114

CAPÍTULO VI
DAS FASES DO CONCURSO PÚBLICO: O DIREITO À NOMEAÇÃO E O CADASTRO DE RESERVA 121

6.1 Aspectos introdutórios 121
6.1.1 Da abertura do concurso público 121
6.1.2 Do deferimento das inscrições 123
6.2 Das provas do concurso público 125
6.2.1 Questões vinculadas à realização das provas 133
6.3 Da análise dos títulos e outras possíveis fases do certame 138
6.4 Da divulgação dos resultados e homologação do concurso 143
6.5 Do direito à nomeação 145
6.6 Do concurso para cadastro de reserva 150

CAPÍTULO VII
RESERVA DE VAGAS EM CONCURSO PÚBLICO E AÇÕES AFIRMATIVAS 153
7.1 Da perspectiva do princípio da igualdade frente às desigualdades 153
7.2 Das ações afirmativas 155
7.3. Da pessoa com deficiência e a sua especial proteção 157
7.4 Reserva de vagas em concurso público para pessoas com deficiência como ação afirmativa 159
7.5 Outras ações afirmativas 165

CAPÍTULO VIII
DA EXTINÇÃO DO CONCURSO PÚBLICO E O DESVIO DE FINALIDADE NA REALIZAÇÃO DE NOVO CERTAME NO PRAZO DE VALIDADE DE CONCURSO ANTERIOR: QUESTÕES CORRELATAS 171
8.1 Da anulação de atos e procedimentos administrativos 171
8.1.1 Do processo invalidador do concurso público e seu limite temporal 176
8.1.2 Dos efeitos da invalidação do concurso público e o direito à indenização 180
8.2 Da convalidação do concurso público 185
8.3. Da revogação do concurso público: limites e consequências 188
8.4 Do prazo de validade do concurso público e o desvio de finalidade na abertura de novo certame concursal 195
8.5 Realização de concurso público em ano eleitoral 200

CAPÍTULO IX
O CONTROLE DOS ATOS DE ADMISSÃO NO SERVIÇO PÚBLICO 207
9.1 Noções introdutórias 207
9.2 O controle administrativo do concurso público 210
9.2.1 O recurso administrativo como meio de impugnação do concurso público 211
9.3 O controle exercido pelos Tribunais de Contas nos concursos públicos 216
9.4 Meios de controle jurisdicional do concurso público 220

9.4.1.	Extensão do controle jurisdicional da atividade administrativa	220
9.4.2	O mandado de segurança como meio de controle do concurso público	225
9.4.3	Da ação popular no controle do concurso público	236
9.4.4	A ação civil pública na impugnação do certame concursal	241
9.5	O controle externo do concurso público exercido pelo Ministério Público através de instrumentos extrajudiciais	252
9.5.1	Do inquérito civil	253
9.5.2	Da recomendação	255
9.5.3	Do termo de ajustamento de conduta – TAC	258

CAPÍTULO X
VÍCIOS DO CONCURSO PÚBLICO ENQUADRADOS COMO ATOS DE IMPROBIDADE ADMINISTRATIVA 263

10.1	Considerações gerais sobre a Lei de Improbidade Administrativa	263
10.2	Do agente ativo da improbidade administrativa no concurso público	266
10.3	Dos tipos de improbidade administrativa vinculados ao concurso público	271
10.3.1	O enriquecimento ilícito em face do concurso público	272
10.3.2	O prejuízo ao erário vinculado ao concurso público	277
10.3.3	A violação de princípios e o certame concursal	283
10.4	Das sanções aplicadas aos atos de improbidade administrativa decorrentes do concurso público e a possibilidade de formalização de compromisso de ajustamento de conduta	292

REFERÊNCIAS 305

INTRODUÇÃO

O Estado de Direito, na qualidade de Estado Constitucional, pressupõe a existência de um regramento jurídico que estabeleça a medida e a forma dos atos dos poderes públicos, considerado a verdadeira ordenação normativa fundamental do Estado dotada de supremacia.

A Constituição é um sistema de princípios e regras, ao qual deve ser reconhecida eficácia jurídica. A Constituição democrática brasileira de 1988 consagrou, no art. 37, *caput*, princípios básicos da Administração Pública, voltados a garantir a gestão da coisa pública. Como corolário desses princípios, a Carta Constitucional trouxe também algumas regras, garantidoras de princípios, dentre as quais a constante do inciso II, do art. 37, que exige a realização de concurso público de provas ou de provas e títulos para investidura em cargo ou emprego público.

É inegável que a exigência de concurso como regra para ingresso no serviço público visa a garantir os princípios da impessoalidade, igualdade, moralidade e eficiência, assegurando a manutenção da organização do Estado, livre das influências das descontinuidades governistas.

Assim, diante do alto índice de desemprego presente em nosso país, o concurso público tornou-se a grande esperança para muitos que sonham em exercer função dotada de estabilidade, total ou parcial, alcançada com esforços próprios. Em razão disto, há milhares de cursos preparatórios para concursos espalhados por todo território nacional, que abrigam pessoas com esperança de ingressar no serviço público de forma legal, impessoal e moral.

Diversas são as questões que rondam em torno deste instituto, conhecido por grande parte da população apenas nos seus aspectos superficiais, ou seja, como avaliações realizadas para auferir conhecimentos de candidatos, dentre os quais são escolhidos aqueles com melhor desempenho. No entanto, o instituto do concurso público apresenta certa complexidade, desprezada pela Administração

Pública e desconhecida dos cidadãos, que não sabem ao certo quais os seus efetivos direitos diante da matéria.

Em algumas situações, o desconhecimento de importantes pontos sobre o concurso público leva a própria Administração Pública a cometer sérios equívocos, que prejudicam não somente aqueles que se submetem a processos seletivos, mas também a própria gestão governamental, que acaba por admitir no serviço público pessoas selecionadas de forma imprópria, não atendendo às expectativas dos órgãos públicos e as funções a serem desempenhadas. Não se deve também esquecer de que o desconhecimento do tema acaba por possibilitar o cometimento de fraudes por aqueles descomprometidos com a coletividade e que, através de um processo democrático, chegam ao poder, preocupados apenas com interesses pessoais e partidários, que muitas vezes colidem com procedimentos impessoais, por exemplo, a realização de concurso público para a escolha dos servidores da Administração Pública.

É inconteste que, por muito tempo, o concurso público não teve o tratamento adequado por parte da doutrina e da jurisprudência, provavelmente em razão de a efetivação de processos seletivos no ordenamento jurídico ter como consequência o surgimento de questões conflitivas, necessitando, assim, de análises mais precisas e posições mais firmes.

O presente trabalho visa a apresentar pontos fundamentais que envolvem o concurso público, servindo como fonte de auxílio às Administrações Públicas na realização de seus certames concursais e, principalmente, como instrumento voltado a apresentar aos cidadãos os seus direitos e deveres frente a esse instituto.

Desta forma, o Capítulo I mostra a origem, natureza e fundamento do concurso público. A evolução histórica do instituto e a forma como ingressou e se firmou no ordenamento jurídico brasileiro, dando a noção exata sobre a preocupação com a fixação de critérios para escolha daqueles que ingressam no exercício da atividade pública. A natureza jurídica do concurso, importante no seu processo de invalidação, também será tratada, demonstrando, ainda, que o instituto do concurso público é garantidor dos princípios administrativos, que refutam qualquer escolha para o exercício de função pública guiada por propósitos pessoais, ineficientes ou imorais.

No Capítulo II serão abordadas as exceções à regra do concurso público. Assim, no primeiro momento será demonstrado que a regra do concurso incide no âmbito dos três poderes do Estado e que deverá ser adotada mesmo nos entes administrativos que exploram atividade econômica. Passa-se, então, a analisar as exceções constitucionais à regra do concurso público. Inicia-se com os cargos em comissão, de livre nomeação e exoneração, com suas questões correlatas. A contratação temporária de excepcional interesse público, que vem funcionando como "válvula de escape" para burlar a regra do concurso, será tratada por meio da ponderação de todos os seus requisitos, delimitando-se os casos em que é possível a utilização de tal contratação. Por fim, outras exceções constitucionais serão abordadas, fornecendo a correta noção das hipóteses em que se admite o ingresso na Administração Pública sem concurso.

A burla à regra do concurso público é matéria tratada no Capítulo III. Nesta oportunidade, a regra do concurso público frente aos tipos de provimento será analisada, enfrentando a questão do concurso interno, cabível apenas para ascensão dentro de uma mesma carreira, porém, ainda utilizada para permitir a passagem de servidor de uma carreira para outra, o que não é permitido, conforme diversas decisões jurisprudenciais quanto à matéria. Outra forma de burla à regra do concurso público, também muito utilizada, é a terceirização, conceituada como a contratação de serviços de terceiros para o exercício de atividade-meio da Administração Pública. Infelizmente, as contratações terceirizadas, que contribuem bastante para imprimir eficiência nas atividades administrativas, vêm sendo utilizadas como fuga à regra do concurso, visando não somente a facilitar a troca das pessoas que demonstrem ineficiência para o exercício da função, mas também como maneira de agradar os apadrinhados políticos.

O Capítulo IV trata da importante questão da contratação de empresa para realização de concurso público. Diante da necessidade de realização de concurso e a dificuldade que possui a Administração Pública de realizá-lo diretamente, empresas vêm sendo contratadas para organizarem certames concursais. Em verdade, é impressionante a proliferação de empresas supostamente especializadas na realização de concurso público que surgem no mercado. Da mesma forma, diversos entes privados sem fins lucrativos passaram a ter dentre as suas finalidades a "realização de concurso público". Neste capítulo, objetiva-se realizar um aprofundado estudo crítico sobre a contratação direta de entes privados para realização de concurso público, ora através de dispensa de licitação, com fundamento no art. 24, XIII, da Lei nº 8.666/1993, ora por meio de processo de inexigibilidade, com fulcro o art. 25 do mesmo diploma legal. Será demonstrado que a utilização de processo licitatório é o melhor caminho a garantir a escolha de ente qualificado para a realização de concurso. Analisar-se-á a modalidade de licitação e o tipo que deverá ser utilizado. Concluindo que a escolha desastrosa de empresa pode gerar a seleção equivocada, com admissão de pessoal sem a satisfatória qualificação para o desempenho de atividades públicas. Também será abordado o projeto básico a ser elaborado antes da contratação da empresa para a realização de concurso público, com todos os requisitos que deverão ser observados para garantir o êxito do processo concursal.

No Capítulo V, os requisitos do concurso público serão minuciosamente analisados, de modo a impedir que futuras impugnações venham a prejudicar o certame com a sua invalidação. Quanto às exigências para inscrição dos candidatos, estas devem se ater às determinações normativas, sob pena de violação dos princípios consagrados no nosso ordenamento, destacando-se os da legalidade, razoabilidade, proporcionalidade e impessoalidade. Tais assuntos serão tratados com informações que permitam tanto o controle interno como o externo do concurso público, apresentando diversas decisões jurisprudenciais capazes de auxiliar na garantia de igualdade de tratamento e do acesso amplo ao concurso pelos interessados. Aspectos relevantes quanto às taxas de inscrição serão também abordadas.

No Capítulo VI serão apresentadas todas as etapas do concurso de forma detalhada, desde a publicação do edital, passando pela realização das provas, até a homologação do resultado. Tal abordagem dará uma clara noção de como as fases do certame se desenrolam. O direito público subjetivo à nomeação também será objeto de análise, assim como o concurso para cadastro de reserva.

Já no Capítulo VII trataremos da reserva de vagas em concurso público para efetivação de ações afirmativas. Partiremos da abordagem do princípio da igualdade frente às desigualdades, apresentando a concepção sistêmica luhmanniana e a visão kelseniana quanto ao referido princípio. Analisaremos as ações afirmativas como medidas jurídicas voltadas a minimizar as dificuldades sociais sofridas por certas minorias. Nesta linha, abordaremos a reserva de vagas em concurso público para deficientes como ação afirmativa e todas as questões correlatas quanto à matéria. Outras ações afirmativas serão abordadas, com destaque à Lei nº 12.990/2014, que reserva 20% das vagas em concursos públicos da Administração federal para candidatos que se declarem negros ou pardos.

No Capítulo VIII será feita uma análise da extinção do concurso público pelos institutos da invalidação, da convalidação e da revogação. Assim, serão apontados os vícios capazes de levar à invalidação do certame e sua consequência, levando-se em consideração a fase em que se encontra o concurso no momento da declaração de nulidade. Os vícios sanáveis que levam à convalidação do processo seletivo serão também apresentados. Quanto à revogação, as hipóteses em que o exercício desta competência discricionária é possível serão apresentadas. Ademais, o prazo concursal e sua prorrogação serão abordados, demonstrando que, apesar da cautela do legislador, determinando no §2º do art. 12 da Lei nº 8.112/1990, que "não se abrirá novo concurso enquanto houver candidato aprovado em concurso anterior com prazo de validade não expirado" é um dispositivo constantemente violado, configurando desvio de finalidade. A realização de concurso público em ano eleitoral, causador de dúvida em parcela dos administradores públicos, será esclarecida neste capítulo.

O Capítulo IX é dedicado ao controle dos atos de admissão no serviço público. Primeiramente, far-se-á referência ao controle administrativo do certame concursal, decorrente da prerrogativa da autotutela conferida aos órgãos da Administração Pública, abordando o recurso administrativo como meio de impugnação do concurso público. O controle externo da Administração Pública exercido pelo Poder Legislativo, com o auxílio do Tribunal de Contas, também será tratado em relação ao concurso público. No que concerne ao controle judicial do concurso público, serão apresentados instrumentos voltados ao controle desse instituto. Assim, trataremos do mandado de segurança, da ação popular e da ação civil pública.

Nesta oportunidade não deixaremos de fazer referência aos meios extrajudiciais postos à disposição do Ministério Público para excluir irregularidades no concurso público, a exemplo da recomendação e do termo de ajustamento de conduta.

Por fim, no Capítulo X abordaremos os atos de improbidade administrativa frente a questões relacionadas ao concurso público. A investidura em cargo ou emprego público sem concurso, que não sejam as hipóteses admitidas na Carta Constitucional, viola tanto o princípio da legalidade como também afronta a moralidade administrativa e o princípio da impessoalidade, caracterizando a improbidade administrativa por violação de princípios, pois nada impede que atos de improbidade também sejam praticados durante o certame concursal. Como exemplo, a contratação de empresa para realização de concurso por preço superfaturado é ato que configura improbidade por prejuízo ao erário. Também o agente público que obtém vantagem patrimonial indevida para beneficiar certo candidato pratica ato de improbidade por enriquecimento ilícito. Com efeito, diversos são os desvios que podem ser praticados durante a realização do concurso, caracterizadores de improbidade administrativa, previstos na Lei nº 8.429/1992.

A importância do tema abordado não se restringe meramente a aspectos moralizadores de seleção de pessoal para a prestação de atividades públicas. Em verdade, pretende-se tratar de temas relevantes em matéria de concurso público, dirimindo dúvidas constantes que vão desde a decisão administrativa de realizar o certame até a convocação dos aprovados. Além disso, restará comprovado que a escolha de servidores públicos pelo critério de merecimento somente é possível através da realização de processo seletivo, contendo critérios objetivos e pertinentes ao cargo ou emprego que se deseja preencher. Para tanto, faz-se necessário que a Administração Pública tenha domínio de todas as questões que envolvem o tema.

CAPÍTULO I

CONCURSO PÚBLICO: GARANTIAS PRINCIPIOLÓGICA E CONSTITUCIONAL

1.1 O processo seletivo para ingresso no serviço público

O vocábulo "concurso" pode permitir diversos significados, inclusive o de cooperação ou ajuda. Segundo Plácido e Silva, o referido vocábulo deriva do termo latim *concursus*, de *concurrere*. Desta forma "significa o ato ou fato de concorrer, em virtude do que mostra, em regra, a participação de várias pessoas a um ato, ou a influência de coisas ou atos para a composição de outra coisa, evidência de um fato, ou constituição de um ato".[1]

No Código Penal, por exemplo, utiliza-se a expressão "concurso material" quando o agente comete mais de um crime mediante duas ou mais ações. Percebe-se, neste caso, a que o termo "concurso" significa "junção, encontro". Também pode ser entendido como concorrência, disputa. O art. 22, IV, da Lei nº 8.666/1993, define o concurso como "modalidade de licitação entre quaisquer interessados para escolha de trabalho técnico, científico ou artístico, mediante a instituição de prêmios ou remuneração aos vencedores, conforme critérios constantes de edital publicado na imprensa oficial, com antecedência mínima de 45 (quarenta e cinco dias)".

---

[1] SILVA, De Plácido e. *Vocabulário Jurídico*. Rio de Janeiro: Forense, 1999. p. 194.

Neste trabalho, interessa o concurso compreendido como processo seletivo destinado a escolha de pessoas, o qual será composto pela realização de provas cumuladas ou não, com análise de títulos, para o exercício de cargo ou emprego público. Segundo Diogo de Figueiredo Moreira Neto:

> O concurso, formalmente considerado, vem a ser um procedimento declaratório de habilitação individual à investidura, que obedece a um ato inicial de convocação de interessados, o *edital*, ao qual se vinculam todos os atos posteriores do certame, e se perfaz através de provas ou de provas e títulos, de acordo com a natureza e a complexidade do cargo ou emprego, na forma prevista em lei, não sendo permitido ao regulamento, ao edital ou a qualquer ato administrativo criar outras condições de acesso que não essas definidas na lei.[2]

Segundo Marcelo Caetano, o concurso consiste "na faculdade de apresentação de candidatura de quantos pretendam provar que possuem as condições necessárias para o exercício de certo cargo ou de certa categoria de cargos".[3] Já Éder Souza define concurso público como "o instrumento através do qual o Poder Público *latu sensu* escolhe, objetivamente falando, dentre os inscritos, o candidato que mais se destaca na somatória das notas obtidas nas diversas etapas do certame".[4] Desta maneira, o concurso caracteriza-se por facultar a competição entre os pretendentes que legitimamente aspirem a ocupar o lugar a ser provido.

A seleção de pessoas para prestar serviços ao Estado tem sido uma constante preocupação desde a Antiguidade. Ao longo do tempo, diversas formas de escolha foram utilizadas pela Administração Pública. José Cretella Júnior[5] faz menção a vários modos de seleção utilizados pelos entes públicos no decorrer da história.

Assim, na Antiguidade, utilizou-se sorteio para o preenchimento de cargos políticos, acolhido como um processo de inspiração

---

[2] MOREIRA NETO, Diogo de Figueiredo. *Curso de Direito Administrativo*. Rio de Janeiro: Forense, 2003. p. 285.
[3] CAETANO, Marcelo. *Manual de Direito Administrativo*. Coimbra: Almedina, 1994. v. II, p. 662.
[4] SOUZA, Éder. *Concurso Público, doutrina e jurisprudência*. Belo Horizonte: Del Rey, 2000. p. 21-37.
[5] CRETELLA JUNIOR, José. *Curso de Direito Administrativo*. Rio de Janeiro: Forense, 1981. p. 588.

divina. Sorteava-se um ou vários nomes de pessoas que demonstrassem interesse em preencher o cargo. Na Idade Média, a compra e a venda de cargos públicos de natureza administrativa fizeram as vezes de concurso público, quando o Estado, na qualidade de "dono" dos cargos públicos, vendia-os àqueles interessados em se tornar seus empregados. Também na Idade Média foi utilizada a sucessão hereditária como forma de ingresso no serviço público. Desta forma, o cargo público se transmitia ao herdeiro varão mais velho por sucessão *causa mortis*. Ainda nessa fase, foi utilizado o arrendamento como forma de ingresso no serviço público. Com efeito, cargos públicos eram concedidos aos particulares mediante contraprestação pecuniária. Fala-se ainda da nomeação com a qual a autoridade governamental discricionariamente escolhia alguém para ocupar cargo público. Esse modo discricionário de escolha, que muitas vezes pode beirar a arbitrariedade, ainda hoje é utilizado em diversos países. Tal nomeação pode também apresentar-se condicionada ao preenchimento de requisitos.[6] A eleição, direta ou indireta, ainda é processo de escolha de empregados públicos em diversos países. Nos Estados Unidos, por exemplo, os cargos de promotores e juízes são titularizados por meio desse procedimento.

Realizando uma análise histórico-constitucional do concurso público no ordenamento jurídico brasileiro percebe-se que as Constituições de 1824 e 1891, mesmo abordando o acesso ao serviço público, não traziam a previsão de qualquer processo seletivo. Havia, no entanto, a proliferação do "empreguismo público", abordado por José Murilo de Carvalho,[7] segundo o qual o Brasil tinha 5,4 funcionários públicos para cada mil habitantes em 1877, enquanto na mesma época os Estados Unidos possuíam 2,4. Tais admissões no serviço público decorriam de privilégios concedidos, existindo o dito popular em voga: "quem não tem padrinho morre pagão". Era a verdadeira praga do apadrinhamento.

---

[6] Diógenes Gasparini comenta que a nomeação é utilizada em nosso país, como no caso da lista composta por nomes previamente selecionados por determinados órgãos, para escolha do chefe do Executivo (GASPARINI, Diógenes. Concurso Público: imposição Constitucional e Operacionalização. *In*: MOTTA, Fabrício (Coord.). *Concurso público e Constituição*. Belo Horizonte: Fórum, 2005. p.16).

[7] CARVALHO, José Murilo de. *A construção da ordem*: a elite política imperial teatro das sombras – política imperial. São Paulo: Civilização Brasileira, 2003. p. 65.

Assim, a primeira Constituição brasileira, de 1824, dispunha em seu artigo 179 que "[...] §14 Todo cidadão pode ser admitido aos cargos públicos civis, políticos ou militares, sem outra diferença que não seja a de seus talentos e virtudes".

A Carta Constitucional de 1891, na mesma linha, determinava em seu artigo 48 que "Compete privativamente ao Presidente da República: [...] 5º Prover os cargos civis e militares de caráter federal, salvo as restrições expressas na Constituição".

O concurso público como forma de investidura em cargo ou emprego público esteve presente no nosso ordenamento jurídico a partir da Carta Constitucional de 1934, a responsável pela profissionalização do serviço público, ao dispor no seu art. 170, §2º, que "a primeira investidura nos postos de carreira das repartições administrativas, e nos demais que a lei determinar, efetuar-se-á depois de exame de sanidade e concurso de provas e títulos". De acordo com o parágrafo único, do art. 4º, do Decreto-lei nº 1.713/1939 (primeiro Estatuto dos Funcionários Públicos Civis da União), os cargos de carreira são aqueles que "se integram em classes e correspondem a uma profissão; isolados, os que não se podem integrar em classes e correspondem a certa e determinada função". Percebe-se que a Lei Maior permitiu a ampliação legal da exigência de concurso para ocupação de outras funções na Administração Pública.

Já a Carta Constitucional de 1937, sem grandes inovações, também fez referência à exigência de concurso de provas e títulos para a primeira investidura nos cargos de carreira, no seu art. 156, *b*.

A Constituição de 1946, em seu título VIII, dedicado aos funcionários públicos e ao ingresso no serviço público, no art. 186 estabeleceu que "a primeira investidura em cargo de carreira e em outros que a lei determinar efetuar-se-á mediante concurso, precedendo inspeção de saúde". Vê-se, então, que a Carta de 1946 permitiu que a lei estabelecesse a exigência de concurso para outros tipos de cargos, deixando de especificar a modalidade de concurso, como feito nas Constituições anteriores. Segundo Gilmar Mendes,[8] a doutrina pátria passou a considerar as normas contidas no Título VIII,

---

[8] MENDES, Gilmar Ferreira. O princípio do concurso público na jurisprudência do Supremo Tribunal Federal: alguns aspectos. *Revista de Informação Legislativa*, Brasília, n. 25, p. 164, out./dez. 1988.

da Carta de 1946, como garantias constitucionais efetivas, uma vez que estavam submetidos aos seus ditames tanto o poder público federal como os demais entes federados, ou seja, estados e municípios. Pinto Ferreira[9] acrescenta que alguns artifícios foram utilizados para cercear a efetividade de tais dispositivos constitucionais, por exemplo, a nomeação de interinos e a adoção de concurso com inscrições limitadas. Manifestando-se quanto a esta norma constitucional, Manoel Gonçalves Ferreira Filho aduz que "a Constituição de 1946 (art. 186) apenas exigia o concurso para os cargos de carreira e outros que a lei determinasse. Com isso, se abria uma válvula que praticamente esvaziava o princípio: a criação de cargos isolados, ou a transformação de cargos de carreira em cargos isolados".[10]

A Lei Magna de 1967 abordou, em seu art. 95, §1º, a necessidade da realização de concurso público de provas ou de provas e títulos para nomeação em cargo público. Assim, o referido dispositivo determinou que "Os cargos públicos são acessíveis a todos os brasileiros, preenchidos os requisitos que a lei estabelecer. §1º A nomeação para cargo público exige aprovação prévia em concurso público de provas ou de provas e títulos".

Foi eliminada a remissão à "primeira investidura" e aos "cargos de carreira". Estabeleceu-se a regra de admissão por concurso público, ficando vedada a estabilização de funcionários à margem da seleção pública. As exceções à regra do concurso público estariam nos chamados "cargos em comissão", que não possuíam quaisquer restrições, salvo a necessidade de criação por lei, com os atributos de livre nomeação e exoneração.

Cumpre ressaltar o retrocesso no trato constitucional da matéria em razão da EC nº 69/2012, passando a determinar, no art. 97, §1º, que "A primeira investidura em cargo público dependerá de aprovação prévia em concurso público de provas ou de provas e títulos, salvo nos casos indicados em lei".

Percebe-se que além de limitar a exigência de concurso público para a primeira investidura, passou também a admitir exceções legais à regra constitucional.

---

[9] FERREIRA, Pinto. *Curso de Direito Constitucional*. São Paulo: Saraiva, 1964. p. 336.
[10] FERREIRA FILHO, Manoel Gonçalves. *Comentários à Constituição Brasileira de 1988: arts. 1º a 43*. São Paulo: Saraiva, 1990. p. 246.

A Carta Constitucional de 1988, buscando garantir o princípio da igualdade no acesso aos cargos e empregos públicos, nos incisos I e II do art. 37 determinou que:[11]

> Art. 37 [...]
> I- os cargos, empregos e funções públicas são acessíveis aos brasileiros que preencham os requisitos estabelecidos em lei, assim como aos estrangeiros, na forma da lei:
> II- a investidura em cargo ou emprego público depende de aprovação prévia em concurso público de provas ou de provas e títulos, de acordo com a natureza e a complexidade do cargo ou emprego, na forma prevista em lei, ressalvadas as nomeações para cargo em comissão declarado em lei de livre nomeação e exoneração.

Assim, garante-se aos brasileiros a acessibilidade aos cargos, empregos e funções públicas, desde que atendam aos requisitos previstos em lei, condicionando a investidura à aprovação em concurso público de provas ou de provas e títulos, realizado em consonância com a complexidade do cargo ou emprego.

Nesse diapasão, pode-se definir cargo como "lugar instituído na organização do serviço público, com denominação própria, atribuições específicas e estipêndio correspondente, para ser provido e exercido por um titular, na forma estabelecida em lei".[12] Já o emprego público, de acordo com o saudoso Diógenes Gasparini,[13] é o trabalho, o ofício, exercido por um servidor em caráter permanente, sob o regime da Consolidação das Leis do Trabalho.

Percebe-se, então, que a investidura em cargo ou emprego público tanto na Administração direta como na indireta exige, em regra, a aprovação em concurso público.

1.2 Natureza jurídica do concurso público

Sabe-se que o concurso público não se perfaz por meio de um único ato administrativo. Em verdade, ele é constituído por

---

[11] Vale ressaltar que tal redação foi introduzida pela emenda Constitucional 19/98, que veio permitir o acesso de estrangeiro a cargos, empregos e funções públicas, na forma da lei.
[12] MEIRELLES, Hely Lopes. *Direito Administrativo Brasileiro*. São Paulo: Malheiros, 2016. p. 524.
[13] GASPARINI, Diógenes. *Direito Administrativo*. São Paulo: Saraiva, 2006. p. 261.

uma série de atos interligados e encadeados por uma cronologia previamente estabelecida.

Por essa razão, diversos autores afirmam que a natureza jurídica do concurso público é a de um "procedimento administrativo" com finalidade seletiva.[14] Segundo Rafael Entrena Cuesta, o procedimento constitui um "conjunto ordenado de documentos e atuações que servem de antecedente e fundamento a uma decisão administrativa, assim como às providências necessárias para executá-la".[15] Por seu turno, Cândido Dinamarco[16] define o procedimento administrativo como um sistema de atos interligados por uma relação de dependência sucessiva e unificados pela finalidade comum de preparar o ato final de consumação do exercício do poder.

Por outro lado, o concurso público também se enquadra na noção de processo administrativo apresentada por alguns autores. Carlos Ari Sundfeld define processo como o "encadeamento necessário e ordenado de atos e fatos destinados à formação ou execução de atos jurídicos cujos fins são juridicamente regulados".[17] Já Mônica Toscano Simões define o processo administrativo como "conjunto de atos e fatos jurídicos que, observando uma sucessão ordenada, encaminham-se à produção de determinado ato administrativo, com vistas sempre à satisfação do interesse público",[18] já que considera como procedimento administrativo o meio pelo qual pode-se exteriorizar o processo.

Vê-se, então, que a natureza jurídica do concurso público será de procedimento administrativo ou processo administrativo, a depender do posicionamento adotado quanto ao alcance terminológico das expressões.

---

[14] Nessa linha de entendimento pode-se citar Diógenes Gasparini (cf. GASPARINI, Diógenes. Concurso público: imposição constitucional e operacionalização. In: MOTTA, Fabrício (Coord.). *Concurso público e Constituição*. Belo Horizonte: Fórum, 2005. p. 42). Também é a posição de José dos Santos Carvalho Filho (cf. CARVALHO FILHO, José dos Santos. *Manual de Direito Administrativo*. São Paulo: Atlas, 2016. p. 659).

[15] CUESTA, Rafael Entrena. *Derecho Administrativo*. Madrid: Tecnos, 1981. v. I, p. 249.

[16] DINAMARCO, Cândido Rangel. *A instrumentalidade do processo*. São Paulo: Malheiros, 2003. p. 162.

[17] SUNDFELD, Carlos Ari. *Fundamentos de Direito Público*. Malheiros: São Paulo, 2003. p. 94.

[18] SIMÕES, Mônica Martins Toscano. *O processo administrativo e a invalidação de atos viciados*. São Paulo: Malheiros, 2004. p. 38.

Concordamos com o posicionamento exposto por Egon Buckmann Moreira, segundo o qual o termo "processo" deve ser utilizado quando houver relação jurídico-administrativa, caracterizada pela conexão natural que existe entre dois ou mais sujeitos (públicos e privados). Assim, existindo uma relação jurídica estaremos diante de um processo, enquanto o termo "procedimento" designa unicamente a sequência de atos contida no processo. Assim, consideramos que o concurso público possui natureza jurídica de processo administrativo.

Nesse diapasão, o processo de concurso público inicia-se com a publicação do edital e culmina com o ato de homologação do seu resultado final. Tal processo é de natureza vinculada aos termos contidos no edital.

Márcio Cammarosano, considerando o concurso público como procedimento administrativo, chama a atenção para a afinidade do processo seletivo de recursos humanos para preenchimento de cargos da Administração Pública com o processo de licitação, aduzindo que:

> Concurso público e licitação constituem, igualmente, procedimentos administrativos impostergáveis pelas pessoas governamentais, em razão do mesmo princípio fundamental da isonomia. Tanto é verdade que os princípios que informam a licitação (e que consoante Celso Antônio Bandeira de Mello são os da isonomia, publicidade, respeito às condições prefixadas no edital e possibilidade do disputante fiscalizar o atendimento dos princípios anteriores) são exatamente os mesmos que regem qualquer concurso público, pois a licitação não deixa de ser uma espécie de concurso no sentido amplo.[19]

Neste sentido, a Lei Distrital nº 4.949/2012, que estabelece normas gerais para realização de concurso público pela Administração direta, autárquica e fundacional do Distrito Federal, no seu art. 3º determina que "o concurso público destina-se a garantir a observância do princípio constitucional da isonomia e a seleção dos candidatos mais bem preparados para o exercício do cargo público, segundo os critérios previamente fixados pela administração pública".

---

[19] CAMMAROSANO, Márcio. *Provimento dos Cargos Públicos no Direito Brasileiro*. São Paulo: Revista dos Tribunais, 1984. p. 83.

1.3 O concurso público como processo garantidor de princípios administrativos

Sabe-se que administrar significa gerir, reger com autoridade. Assim, ao administrador de uma empresa cabe dirigi-la, para alcance dos objetivos traçados. A Administração Pública também parte da ideia de gestão. Quando a Carta Constitucional estabelece no seu art. 1º, §1º, que "todo poder emana do povo, que o exerce por meio de representantes eleitos ou diretamente, nos termos da Constituição", está, dentre outras coisas, externando a posição do gestor público como executor de interesses alheios, ou seja, anseios dos cidadãos. Nesse sentido, Ruy Cirne Lima[20] afirma que a Administração em Direito Público também significa a atividade do que não é senhor absoluto. Logo, o gestor público não é proprietário do patrimônio público, fato que se revela diante das limitações impostas à alienação de bens.[21]

Neste contexto, temos o regime-jurídico administrativo que possui como base, por um lado, a Administração Pública voltada à satisfação de interesses públicos e, por outro, a sua impossibilidade de livre disposição do patrimônio público. Com efeito, o regime-jurídico administrativo, composto por um conjunto sistematizado de princípios e regras que lhe dão identidade, revela a fisionomia da Administração Pública.

A Constituição de 1988 inovou ao elencar no *caput* do art. 37 alguns dos princípios que devem obediência à Administração Pública direta e indireta, de qualquer dos poderes da União, dos estados, municípios e Distrito Federal.

Os princípios não são meras declarações de sentimentos ou intenções ou, ainda, meros postulados de um discurso moral. Em verdade, são normas dotadas de positividade que têm o condão de determinar condutas ou impedir comportamentos com eles incompatíveis.[22]

---

[20] LIMA, Ruy Cirne. *Princípios de Direito Administrativo*. São Paulo: Revista dos Tribunais, 1987. p. 21.
[21] Nesse sentido, tem-se as exigências impostas pela Lei nº 8.666/1993 à alienação de bens públicos.
[22] FERRAZ, Sérgio; DALLARI, Adilson Abreu. *Processo administrativo*. São Paulo: Malheiros, 2012. p. 79.

Neste ponto, merece transcrição a reflexão de Jorge Miranda, segundo a qual:

> O Direito não é mero somatório de regras avulsas, produto de acto de vontade, ou mera concatenação de fórmulas verbais articuladas entre si. O Direito é ordenamento ou conjunto significativo e não conjunção resultante de vigência simultânea; implica *coerência* ou, talvez mais rigorosamente, *consistência;* projecta-se em sistema; é unidade de sentido, é valor incorporado em regra. E esse ordenamento, esse conjunto, essa unidade, esse valor projecta-se ou traduz-se em princípios, logicamente anteriores aos preceitos.[23]

Agustín Gordillo leciona que os princípios são a base de uma sociedade livre e republicana, os elementos fundamentais e necessários da sociedade e de todos os atos de seus componentes.[24]

Para a ministra do Supremo Tribunal Federal Cármen Lúcia Antunes Rocha, "no princípio repousa a essência de uma ordem, seus parâmetros fundamentais e direcionadores do sistema ordenado".[25] Ademais, segundo o entendimento dessa ministra, transportando os princípios para o ramo da ciência jurídica, são valores formulados e aplicados no meio social, absorvidos pelo Direito, como base do sistema, devendo ser observados dentro da estrutura do Estado. Tem-se, assim, que os valores superiores da sociedade, encarnados nos princípios dotados de normatividade e eficácia plena, são as raízes do sistema jurídico.

Dentre os princípios administrativos que justificam o ingresso no serviço público por meio de aprovação em concurso, abordaremos os de natureza constitucional, quais sejam, os da legalidade, impessoalidade, moralidade, eficiência.

O princípio da legalidade está previsto no artigo 5º, II, assim como no artigo 37, *caput*, da Constituição Federal. No primeiro caso, expressa o direito de liberdade do indivíduo, que não poderá ser obrigado a fazer ou deixar de fazer alguma coisa, senão em virtude

---

[23] MIRANDA, Jorge. *Manual de Direito Constitucional.* Coimbra: Coimbra Editora, 2000. t. II. p. 225.

[24] GORDILLO, Agustín. *Tratado de Derecho Administrativo.* Buenos Aires: Fundación de Derecho Administrativo, 1998. t. I, p. 37-VI.

[25] ROCHA, Cármen Lúcia Antunes. *Princípios constitucionais da administração pública.* Belo Horizonte: Del Rey, 1994. p. 21.

de lei. No segundo, constitui um dever imposto à Administração Pública, expresso na ausência de liberdade.[26]

Segundo Paulo Otero, a legalidade administrativa constitui "um espaço de garantia de limitação racional ao poder do Estado, prevenindo e impedindo abusos e, deste modo, tornando-se em instrumento de garantia da liberdade".[27]

Trata-se, em verdade, da "pedra de toque" do Estado de Direito, onde se quer "o governo das leis e não o governo dos homens".[28] Cumpre recordar que o Estado de Direito tem por escopo proteger a sociedade das intemperanças do Poder Público, determinando que seus exercentes somente possam atuar em conformidade com um quadro normativo geral e abstrato, antecipadamente estabelecido.[29] Assim, o princípio da legalidade é fruto da submissão do Estado à lei.

O suporte constitucional da obrigatoriedade do concurso público para investidura em cargo ou emprego público está, como já visto, no art. 37, II, da Constituição, enquanto o fundamento legal está na legislação de cada ente federado. No caso da União, a Lei nº 8.112/1990, em seu art. 10 estabeleceu que "a nomeação para cargo de carreira ou cargo isolado de provimento efetivo depende de prévia habilitação em concurso público de provas ou de provas e títulos, obedecidos a ordem de classificação e o prazo de sua validade". Vale ressaltar que a Carta Constitucional também determina que os requisitos para o acesso aos cargos, empregos e funções públicas devem ser estabelecidos em lei. Conclui-se, então, que não se admite ato normativo editado pela Administração Pública para reger o concurso que traga imposições que não tenham sido estabelecidas em lei. Entretanto, eventualmente, o edital pode trazer restrições diretamente decorrentes dos princípios consagrados na Constituição de forma explícita ou implícita.

É inegável que a tendência do atual Estado Democrático de Direito é considerar a legalidade em uma dimensão muito mais

---

[26] ROCHA, Cármen Lúcia Antunes. *Princípios constitucionais da administração pública*. Belo Horizonte: Del Rey, 1994.
[27] OTERO, Paulo. *Legalidade e administração pública*: o sentido da vinculação administrativa à juridicidade. Coimbra: Almedina, 2003. p. 53.
[28] BANDEIRA DE MELLO, Celso Antônio. Legalidade, discricionariedade, seus limites e controle. *Revista de Direito Público*, São Paulo: Revista dos Tribunais, n. 755, p. 42, 1988.
[29] BANDEIRA DE MELLO, Celso Antônio. O controle judicial dos atos administrativos. *Revista de Direito Administrativo*, n. 152, p. 2, 1989.

ampla do que a mera subordinação à lei, considerada no sentido estrito. Eduardo García de Enterría e Tomás Ramón Fernández[30] sabiamente afirmam que o conceito de legalidade não se refere a um tipo de norma específica, mas ao ordenamento jurídico considerado como um todo. Com efeito, a legalidade seria o acatamento pleno e concomitante à lei e ao Direito no seu sentido amplo,[31] levando em conta, neste ponto, um comentário de Manoel de Oliveira Franco Sobrinho, segundo o qual "a lei será apenas uma forma de expressão. O direito revela uma situação de vida".[32]

Há, no entanto, o reconhecimento crescente da necessidade de existência de diploma legal que estabeleça regras gerais a serem observadas na realização de certame concursal. Assim, a título de exemplo, tem-se hoje a Lei Distrital nº 4.949, de 15 de outubro de 2012, que traz normas gerais sobre concurso público, no âmbito do Distrito Federal. Por certo, a presença de estatuto próprio sobre a matéria reduz as incertezas que, não raras vezes, surgem no momento da elaboração do concurso, ampliando a segurança jurídica do processo.

Já em relação ao princípio da legalidade tem-se que "o edital é a lei do concurso público". Desta forma, como corolário do princípio da legalidade nasce o princípio da vinculação ao edital, determinando que todos os atos que regem o concurso público devem obedecer ao edital, elaborado em consonância com a lei.[33]

No que concerne ao princípio da impessoalidade, Maria Lúcia Valle Figueiredo[34] aduz que este é caracterizado pela valoração objetiva dos interesses públicos e privados envolvidos na relação jurídica a se formar, independentemente de qualquer interesse político.

---

[30] ENTERRÍA, Eduardo García de; FERNÁNDEZ, Tomás Ramón. *Curso de Derecho Administrativo*. Madrid: Civitas, 2000. p. 435.

[31] FREITAS, Juarez. *O controle dos atos administrativos e os princípios fundamentais*. São Paulo: Malheiros, 1999. p. 61.

[32] FRANCO SOBRINHO, Manoel de Oliveira. *Estudos de Direito Público*. São Paulo: Ministério da Justiça e Negócios Interiores/ Serviço de Documentação, 1966. p. 22.

[33] Neste sentido tem-se o julgado do Supremo Tribunal Federal "CONCURSO – EDITAL – PARÂMETROS. Os parâmetros alusivos ao concurso hão de estar previstos no edital. Descabe agasalhar ato da Administração Pública que, após o esgotamento das fases inicialmente estabelecidas, com aprovação nas provas, implica criação de novas exigências. A segurança Jurídica, especialmente a ligada a relação cidadão-Estado rechaça a modificação pretendida. (RE 118927-RJ Rel. Min. Marco Aurélio. Julgamento: 07.026.1995, Segunda Turma)".

[34] FIGUEIREDO, Maria Lúcia Valle. *Curso de Direito Administrativo*. São Paulo: Malheiros, 1998. p. 57.

Para Cármem Lúcia Antunes Rocha,[35] a impessoalidade na Administração Pública traduz-se na atuação administrativa do agente público desprovida de marcas pessoais e particulares.

Hely Lopes Meirelles afirma que o princípio da impessoalidade "nada mais é que o clássico princípio da finalidade".[36] Assim, a atuação administrativa visa a um fim legal, que pode ser entendido como o interesse público previsto de forma expressa ou implícito na norma jurídica, que deverá ser perseguido de forma impessoal.

Diversas são as normas constitucionais que apresentam o desdobramento do princípio da impessoalidade, previsto expressamente no *caput* do artigo 37. Dentre elas, destaca-se a exigência de prévia aprovação em concurso público de provas ou de provas e títulos para investidura em cargo ou emprego público, prevista no inciso II deste artigo da Constituição Federal.

O igual acesso de todos aos cargos públicos decorre da Revolução Francesa. A Declaração dos Direitos do Homem e dos Cidadãos, de 26 de agosto de 1789, em seu art. 6º conceituou que "Todos os cidadãos, sendo iguais aos seus olhos, são igualmente admissíveis a todas as dignidades, lugares e empregos públicos, segundo a capacidade deles, e sem outra distinção do que a de suas virtudes e talentos".

Com efeito, pautada no princípio da impessoalidade, a Administração Pública, valendo-se de critérios objetivos, deverá selecionar os melhores candidatos aos cargos a serem providos. Nesse sentido também se manifestou Cármen Lúcia Antunes Rocha, para quem:

> [...] o acesso aos cargos e empregos públicos deve ser amplo e democrático, precedido de um procedimento impessoal onde se assegurem igualdade de oportunidades a todos os interessados em concorrer para exercer os encargos oferecidos pelo Estado, a quem incumbirá identificar os mais adequados mediante critérios objetivos.[37]

Também é inegável que a exigência de concurso público para investidura em cargo ou emprego público assegura o princípio da

---

[35] ROCHA, Cármen Lúcia Antunes. *Princípios constitucionais da administração pública*. Belo Horizonte: Del Rey, 1994. p. 147.
[36] MEIRELLES, Hely Lopes. *Direito Administrativo brasileiro*. São Paulo: Malheiros, 2016. p. 97.
[37] ROCHA, Cármen Lúcia Antunes. *Princípios constitucionais dos servidores públicos*. São Paulo: Saraiva, 1999. p. 143.

moralidade. No Estado Democrático de Direito, em que vigora o princípio da liberdade com o ideal de justiça para todos, o sistema jurídico absorve as normas morais, transformando-as em direito. O poder vinculante de um direito tem que se fazer coerente com os valores éticos socialmente adotados.[38]

Não satisfaz a atuação administrativa compatível apenas com a ordem legal. O Estado Democrático de Direito exige muito mais. Exige que a Administração da coisa pública atenda a uma série de valores e princípios abraçados pelo texto constitucional.

A moralidade administrativa não pode ser analisada como uma simples questão de índole do ser humano, mas sim como problema relacionado à qualidade dos sistemas jurídicos, políticos e administrativos vigentes em determinada sociedade.[39] Assim, o ingresso no serviço público de forma direcionada, atendendo apenas a interesses pessoais dos administradores públicos, esquecendo-se da análise qualitativa daqueles que almejam tal vínculo, afronta o princípio da moralidade.

Segundo Carlos Ari Sundfeld e Rodrigo Pagani de Souza, a moralidade "é o antídoto juridicamente consagrado contra o preenchimento de postos administrativos ao arbítrio de um homem só, e um grupo só, segundo preferências, critérios ou contingências em nada relacionadas à aptidão para o desempenho das atribuições em jogo".[40]

Pode-se afirmar que a realização de concurso para ingresso no serviço público garante, também, a observância do princípio da eficiência, introduzido no *caput* do artigo 37 pela Emenda Constitucional nº 19/1998, conhecida como "Emenda da Reforma Administrativa", correspondendo ao princípio da "boa administração" originário da doutrina italiana.[41]

É certo que o princípio da eficiência sempre norteou a atividade administrativa, uma vez que não se pode pensar em atividade desempenhada pela Administração Pública desprovida

---

[38] ROCHA, Cármen Lúcia Antunes. *Princípios constitucionais da administração pública.* Belo Horizonte: Del Rey, 1994. p. 181.
[39] ROCHA, Cármen Lúcia Antunes. *Princípios constitucionais da administração pública.* Belo Horizonte: Del Rey, 1994.
[40] SUNDFELD, Carlos Ari; SOUZA, Rodrigo Pagani de. As empresas estatais, o concurso público e os cargos em comissão. *Revista de Direito Administrativo*, São Paulo, p. 30, 2006.
[41] DI PIETRO, Maria Sylvia Zanella. *Direito Administrativo.* Rio de Janeiro: Forense, 2016. p. 93.

de eficiência, ou seja, sem a busca de melhores resultados, com celeridade e presteza. A boa gestão da coisa pública é requisito do desempenho de qualquer função administrativa.

Ademais, o princípio da eficiência acompanha a Carta Constitucional de 1988 desde sua origem. Assim, o art. 74, II, da Constituição Federal, estabelece que:

> [...] os Poderes Legislativo, Executivo e Judiciário manterão, de forma integrada, sistema de controle interno com a finalidade de: [...] II – comprovar a legalidade e avaliar os resultados, quanto à eficácia e eficiência, da gestão orçamentária, financeira e patrimonial nos órgãos e entidades da administração federal, bem como da aplicação de recursos públicos por entidades de direito privado.

Também o art. 144, §7º, da Carta Magna determina que "a lei disciplinará a organização e o funcionamento dos órgãos responsáveis pela segurança pública, de maneira a garantir a eficiência de suas atividades". Ora, não seria razoável supor que somente a segurança pública estaria sujeita a exigência de atuação eficiente no âmbito da Administração Pública.

A obra de Hely Lopes Meirelles[42] já mencionava, antes do advento da EC nº 19/1998, a eficiência como requisito fundamental do serviço público, apontando entre as atribuições do administrador o dever da eficiência.

Também a jurisprudência já abordava timidamente o princípio da eficiência antes do advento da referida emenda.[43]

---

[42] MEIRELLES, Hely Lopes. *Direito Administrativo brasileiro*. São Paulo: Malheiros, 2016. p. 102.

[43] "O controle administrativo do ensino público permite a interferência oficial na direção dos educandários particulares, para afastar os diretores sem eficiência. Não constitui diminuição moral esse afastamento, pois nem todo cidadão ilibado tem competência para dirigir e administrar" (STF, RMS-2201/DF, Tribunal Pleno, rel. Min. Abder de Vasconcelos – convocado, julgamento em 07.01.1954, DJ de 22.07.1954).
"RMS – ADMINISTRATIVO – ADMINISTRAÇÃO PÚBLICA – SERVIDOR PÚBLICO – VENCIMENTOS – PROVENTOS – ACUMULAÇÃO – A administração pública é regida por vários princípios: legalidade, impessoalidade, moralidade e publicidade (const., art. 37). Outros também se evidenciam na carta política. Dentre eles, *o princípio da eficiência*. A atividade administrativa deve orientar-se para alcançar resultado de interesse público. Daí, a proibição de acumulação de cargos. As exceções se justificam. O magistério enseja ao professor estudo teórico (teoria geral) de uma área do saber; quanto mais se aprofunda, no âmbito doutrinário, mais preparado se torna para o exercício da atividade técnica. Não há dispersão. Ao contrário, concentração de atividades. Além disso, notório, há deficiência de professores e médicos notadamente nos locais distantes dos grandes centros urbanos. O Estado, outrossim, deve

O princípio da eficiência, dotado de conteúdo próprio, consiste no dever de alcançar uma solução de excelência para o atendimento das finalidades públicas. Seria a atuação administrativa visando à extração do maior número de efeitos positivos para o administrado.[44]

Com relação ao concurso público, este visa a selecionar os mais aptos a dispensar uma atuação administrativa voltada ao atendimento dos interesses públicos. Logo, os critérios estabelecidos para tal escolha, além de objetivos e pautados na legislação própria, devem ser suficientes para indicar aqueles que possuem maior capacidade técnica para a atividade a ser desempenhada. Infelizmente, observa-se que as provas aplicadas em concursos públicos atuais parecem ter como preocupação primordial a rápida eliminação do maior número possível de candidatos. Para tanto, questões sem qualquer utilidade prática são elaboradas, privilegiando não aqueles que demonstram habilidade de raciocínio e elevada capacidade técnica, mas sim os que, com tempo disponível, aprendem a assimilar as chamadas "questões de bolso", desprovidas de qualquer serventia no dia a dia da atividade administrativa.

Pode-se ainda mencionar outros princípios setoriais a serem observados na realização de concurso público, dentre os quais têm-se os da motivação, do julgamento objetivo, da competitividade e da seletividade.

O princípio da motivação é dirigido à garantia do indivíduo no Estado Democrático de Direito. Indica que a Administração Pública tem o dever jurídico de justificar seus atos com fundamentos de fato e de direito.[45]

---

ensejar oportunidade de ingresso em seus quadros, atento aos requisitos de capacidade e comportamento do candidato para o trabalho. Nenhuma norma jurídica pode ser interpretada sem correspondência a justiça distributiva. A Constituição não proíbe o aposentado concorrer a outro cargo público. Consulte-se, entretanto, a teleologia da norma. O direito não pode, contudo, contornar a proibição de acumular cargos, seja concomitante, ou sucessiva. A proibição de acumulação de vencimentos e proventos decorre do princípio que veda acumulação de cargos. A eficiência não se esgota no exercício da atividade funcional. Alcança arco mais amplo para compreender também a eficiência para a carreira" (STJ, ROMS 5590/DF; 6ª T, rel. Min. Luiz Vicente Cernicchiaro, em 16.04.1996, DJ de 10.06.1996, p. 20395).

[44] PAZZAGLINI FILHO, Marino. *Princípios constitucionais reguladores da administração pública.* São Paulo: Atlas, 2000. p. 32.

[45] BANDEIRA DE MELLO, Celso Antônio. *Curso de Direito Administrativo.* São Paulo: Malheiros, 2015. p. 115.

De acordo com Carlos Ari Sundfeld, "a motivação é o ato da administração que, como requisito procedimental necessário à validade de qualquer ato administrativo, serve à revelação dos pressupostos de fato ou de direito que autorizaram ou exigiram a atuação administrativa".[46]

Trata-se de formalidade necessária para o controle da legalidade dos atos administrativos.[47] A lei estabelece quando e em quais situações a autoridade administrativa deve agir. Estando o ato motivado, poderá ser observada a efetiva ocorrência, no mundo empírico, da hipótese prevista na norma e sua verdadeira adequação a uma situação abstrata. Com efeito, a motivação fornecerá a prova de que o ato é conforme a lei e os princípios. Enterría e Fernández[48] afirmam que o controle dos motivos do ato administrativo se erige a um dos pontos centrais do controle da legalidade da Administração. O pensamento de Tezner dizia ser a motivação do ato administrativo um meio técnico de se fazer efetiva a intenção da lei.

Sem dúvida, no que concerne ao concurso público, deve-se observar o princípio da motivação, sobretudo nas justificativas das respostas certas às questões, bem como nos julgamentos dos recursos interpostos. Nesse contexto, os Tribunais Superiores vêm se manifestando quanto à necessidade de motivação dos atos praticados no decorrer do certame concursal, principalmente aqueles que atingem diretamente os direitos dos concursados. Assim, tem-se:

> ADMINISTRATIVO – MANDADO DE SEGURANÇA – CONCURSO PÚBLICO – EXAME MÉDICO – REPROVAÇÃO DE CANDIDATOS – FALTA DE ACESSO AOS RESULTADOS DOS EXAMES – RENOVAÇÃO DO EXAME.
> 1. É nulo o ato administrativo consistente na reprovação de candidato em exame médico por falta de motivação e de acesso aos resultados no momento adequado.
> 2. Correção do ato administrativo após a concessão de liminar.
> 3. Questões fáticas posteriores à impetração são inteiramente impertinentes para exame no recurso, sob pena de, suprimindo-se

---

[46] SUNDFELD, Carlos Ari. Motivação dos Atos Administrativos como Garantia dos Administrados. *Revista de Direito Público*. São Paulo: Revista dos Tribunais, n.75, jul./set./1985. p. 118.

[47] DI PIETRO, Maria Sylvia Zanella. *Discricionariedade administrativa na Constituição de 1988*. São Paulo: Atlas, 1991. p. 82.

[48] ENTERRÍA, Eduardo García de; FERNÁNDEZ, Tomás Ramón. *Curso de Derecho Administrativo I*. Madrid: Civitas, 2000. p. 551.

a apreciação da instância de origem, violar o princípio do tantum devolutum quantum appellatum.
4. Segurança concedida em parte, impondo-se a submissão dos candidatos a novo exame médico.
5. Recursos ordinários parcialmente providos. (STJ – RMS 40229/SC/2012/0272915-6, Rel. Min. Eliana Calmon, Segunda Turma, DJe 11.06.2013)

O princípio do julgamento objetivo aplicado ao concurso público afasta a discricionariedade na classificação dos candidatos, obrigando os julgadores a se aterem aos critérios precisos pré-fixados pela Administração no edital. Deve-se descartar subjetivismos e personalismos, jamais permitindo que os atos administrativos praticados na condução do certame sejam ditados por gosto pessoal ou favorecimento de qualquer candidato. Assim, tal princípio exige que as questões constantes das provas, além de precisas, sejam pertinentes e adequadas ao cargo ou emprego que se pretende prover.

Nesse diapasão, vale ressaltar os longos debates traçados em torno dos exames psicotécnicos realizados em alguns concursos públicos, com previsão legal, em virtude da necessidade de utilização de critérios objetivos de julgamento, senão vejamos:

> ADMINISTRATIVO. PROCESSUAL CIVIL. CONCURSO PÚBLICO. EXAME PSICOTÉCNICO. POSSIBILIDADE JURÍDICA DO PEDIDO. CONCLUSÕES DO TRIBUNAL DE ORIGEM. REEXAME. IMPOSSIBILIDADE. ENUNCIADO SUMULAR N. 7 DESTA CORTE. AGRAVO CONHECIDO PARA NEGAR SEGUIMENTO AO RECURSO ESPECIAL.
> 1. O acórdão recorrido encontra-se em conformidade com o entendimento do Superior Tribunal de Justiça, o qual não só entende que o pedido é juridicamente possível, mas também que é legítima a realização de exame psicotécnico em concurso público, desde que haja
> previsão legal e editalícia de sua exigência, emprego de critérios objetivos e decisão fundamentada, com expressa disposição de cabimento de recurso. Precedentes.
> 2. Ademais, a análise da existência de prova do emprego de subjetividade no exame constitui matéria fático-probatória, o que encontra óbice no Enunciado Sumular n. 7 desta Corte Superior.
> 3. Agravo regimental não provido. (STJ – Agravo Regimental no Agravo em Recurso Especial n. 2013/0026413-1. Rel. Min. Mauro Campbell Marques. Segunda Turma. DJe 16.04.2013.)

No concurso público torna-se imperiosa a observância do princípio da competitividade, garantindo a ampla participação dos interessados no certame. Desta forma, deverá ser conferida publicidade ao edital, que não pode impor obstáculos desnecessários à realização das inscrições, tais como permiti-las somente de forma presencial, em horários restritos e inadequados. Viola a competitividade realizar concurso destinado ao provimento de dois cargos diversos, cujas provas sejam realizadas no mesmo dia, em turnos diferentes, impedindo que os candidatos se inscrevam para os dois.

Em função do princípio da competitividade também não se admite no concurso exigências incompatíveis com as atribuições do cargo ou emprego, gerando apenas limitações à ampla participação dos pretensos interessados nas vagas ofertadas.

O princípio da seletividade impõe que as avaliações do concurso com o propósito de selecionar os candidatos sejam compatíveis e adequadas à finalidade pública. Ou seja, a seleção deve ter como meta proporcionar a escolha dos mais compatíveis com as atribuições do cargo ou emprego. Para o alcance de tal meta admite-se certos critérios de discriminação, previamente estipulados. Assim, é inconcebível a ausência de compatibilidade entre o conteúdo das avaliações executadas durante o concurso público e a natureza do cargo a ser preenchido. Para a seleção, a Administração Pública deve verificar a natureza e a complexidade da função a ser desempenhada, lembrando que o julgamento das provas deve ser objetivo, evitando-se escolhas direcionadas.

CAPÍTULO II

DAS EXCEÇÕES CONSTITUCIONAIS À OBRIGATORIEDADE DO CONCURSO PÚBLICO

2.1 Noções introdutórias

Diante da submissão da Administração Pública direta e indireta, de qualquer dos poderes da União, estados, municípios e Distrito Federal, ao princípio da impessoalidade, a Constituição Federal traz como regra a exigência de concurso para investidura em cargo ou emprego nesses entes, porém, em algumas situações, abre exceções, permitindo o ingresso no serviço público sem a formalização de concurso.

Deve-se salientar que tais exceções não visam a possibilitar o benefício de determinados apadrinhados, mas sim resguardar a melhor satisfação do interesse público em adeterminadas situações em que a Administração Pública necessite de pessoas específicas ou de admissões feitas em situações excepcionais.

2.2. Exigência do concurso público no âmbito da Administração indireta: a situação das empresas estatais exploradoras de atividade econômica e dos conselhos de fiscalização profissional

A Administração Pública direta, no prisma organizacional, é aquela concretizada pelo Executivo e seus órgãos. No âmbito federal, segundo o Decreto-Lei nº 200/1967, modificado pelo Decreto-Lei nº 900/1969 e pelo Decreto-Lei nº 2.299/1986 – com nova redação dada pela Lei nº 7.596, de 10 de abril de 1987 – a Administração direta se constitui de serviços integrados na estrutura da Presidência da República e dos Ministérios. A Administração indireta, por sua vez, é composta pelas autarquias, fundações públicas, empresas públicas e sociedades de economia mista.

A autarquia pode ser definida como pessoa jurídica de Direito Público, de capacidade exclusivamente administrativa, criada por lei, sujeita à supervisão estatal, destinada a assegurar o cumprimento dos objetivos públicos em vista dos quais foi criada.[49] Sua personalidade jurídica de Direito Público atribui-lhe todas as prerrogativas contidas no ordenamento jurídico vigente. Atualmente, admite-se a classificação das autarquias quanto ao seu regime jurídico em dois grupos: a) autarquias comuns; b) autarquias especiais. Segundo José dos Santos Carvalho Filho,[50] as primeiras estariam sujeitas a uma disciplina jurídica sem qualquer especificidade, enquanto as segundas seriam dotadas de prerrogativas especiais, dentre as quais estariam as agências reguladoras.

A fundação, instituída pelo Poder Público, é definida, por Maria Sylvia Zanella Di Pietro como pessoa jurídica de Direito Público ou Privado, destinada, por lei, ao desempenho de atividades do Estado na ordem social, com capacidade de autoadministração e mediante controle da Administração Pública, nos limites da lei.[51] Celso Antônio Bandeira de Mello[52] entende que as fundações são pessoas de Direito Público, aduzindo que a Constituição as considera pessoas de Direito Público ao determinar que seus servidores, juntamente com os da Administração direta e autárquica, ficariam submetidos ao mesmo teto remuneratório (art. 37, XI). Argumenta, ainda, que, segundo o art. 19 do Ato das Disposições Constitucionais

---

[49] BANDEIRA DE MELLO, Celso Antônio. *Curso de Direito Administrativo*. São Paulo: Malheiros, 2015. p. 164.
[50] CARVALHO FILHO, José dos Santos. *Manual de Direito Administrativo*. São Paulo: Atlas, 2016. p. 503.
[51] DI PIETRO, Maria Sylvia Zanella. *Direito Administrativo*. Rio de Janeiro: Forense, 2016. p.542.
[52] BANDEIRA DE MELLO, Celso Antônio. *Curso de Direito Administrativo*. São Paulo: Malheiros, 2015. p. 188.

Transitórias, ao ser conferida estabilidade aos servidores públicos civis que ingressaram sem concurso, mas que contavam com cinco anos de exercício continuado na data da promulgação da Constituição, foram abrangidos apenas os servidores da Administração direta, autarquias e fundações públicas, excluindo os das pessoas estatais de Direito Privado, fator que reforça a tese desse autor quanto à personalidade de Direito Público das fundações.

No entanto, Maria Sylvia Zanella Di Pietro[53] discorda do posicionamento exposto por Bandeira de Mello, quando a autora aduzi que a fundação pública tanto pode ter personalidade de Direito Público como de Direito Privado. Para sustentar seu posicionamento, Di Pietro cita o art. 37, XIX, da Constituição Federal, segundo o qual "somente por lei específica poderá ser criada autarquia e autorizada a criação de empresa pública, sociedade de economia mista e de fundação". Ora, ao se colocar a fundação ao lado da empresa pública e da sociedade de economia mista, todas criadas a partir de autorização legislativa, estar-se-á admitindo a personalidade de Direito Privado deste ente.

As empresas estatais, por sua vez, englobam as sociedades de economia mista e as empresas públicas.[54] O regime jurídico das estatais é híbrido e atípico, uma vez que é decorrente da junção de elementos dos regimes jurídicos público e privado. Assim, quando colocados no mesmo ambiente se modificam de tal maneira que nem os elementos de Direito Privado serão como se estivessem sendo aplicados a um particular nem os elementos de Direito Público, mesmo se continuarem sendo aplicáveis às estatais serão da mesma forma como quando incidem sobre os entes com personalidade de Direito Público.[55] Segundo o art. 3º da Lei nº 13.303/2016, "empresa

---

[53] DI PIETRO. Maria Sylvia Zanella. *Direito Administrativo*. Rio de Janeiro: Forense, 2016. p. 544.

[54] Segundo Hely Lopes Meirelles "na denominação genérica de *empresas estatais* ou governamentais incluem-se as empresas públicas, as sociedades de economia mista e as empresas que, não tendo as características destas estão submetidas ao controle do governo" e conclui "as empresas estatais são pessoas jurídicas de direito privado cuja criação é autorizada por lei específica(salvo exceção mencionada acima), com patrimônio público ou misto, para a prestação de serviço público ou para a execução de atividade econômica de natureza privada"(Cf. MEIRELLES, Hely Lopes. *Direito Administrativo Brasileiro*. São Paulo: Malheiros, 2016. p. 459).

[55] ARAGÃO, Alexandre dos Santos de. *Empresas Estatais:* O Regime Jurídico das Empresas Públicas e Sociedades de Economia Mista. Rio de Janeiro: Forense, 2017. p. 102.

pública é a entidade dotada de personalidade jurídica de direito privado, com criação autorizada por lei e com patrimônio próprio, cujo capital social é integralmente detido pela União, pelos Estados, pelo Distrito Federal ou pelos Municípios". O seu capital deverá ser formado unicamente por recursos de pessoas de Direito Público interno ou de pessoas de suas Administrações indiretas.[56] Já a sociedade de economia mista é definida no art. 4º da mesma lei como "a entidade dotada de personalidade jurídica de direito privado, com criação autorizada por lei, sob a forma de sociedade anônima, cujas ações com direito a voto pertençam em sua maioria à União, aos Estados, ao Distrito Federal, aos Municípios ou a entidade da administração indireta". Acrescente-se que, para caracterização de uma entidade como sociedade de economia mista, não basta a participação majoritária do Poder Público na entidade, mas é necessário também que haja participação na gestão da empresa e a intenção de fazer dela um instrumento de ação do Estado, demonstrada na lei instituidora.

Não resta dúvida de que o ingresso em cargos ou empregos públicos nas autarquias e fundações com personalidade jurídica de Direito Público dependerá de prévia aprovação em concurso público. Quanto às empresas estatais, já se chegou a cogitar a imunidade dessas empresas à regra geral de concurso público. No entanto, hoje, é entendimento pacífico de que inexiste tal imunidade. Em 1992, no julgamento do Mandado de Segurança 21322-DF, que versava sobre a contratação de empregados pela Infraero sem prévia realização de concurso público, o Supremo Tribunal Federal posicionou-se pela obrigatoriedade do certame. De acordo com o voto do relator, o Ministro Paulo Brossar "se a Constituição na exigência de concurso público para provimento de cargos e empregos públicos não faz qualquer restrição às entidades da administração pública indireta, é de se concluir que a exigência se aplica a toda empresa estatal, seja ela prestadora de serviço público, seja ela prestadora de atividade econômica de natureza privada".

Cumpre ressaltar que as empresas estatais exploradoras de atividade econômica, mesmo estando sujeitas ao mesmo regime

---

[56] BANDEIRA DE MELLO, Celso Antônio. *Curso de Direito Administrativo*. São Paulo: Malheiros, 2015. p. 192.

jurídico das empresas privadas, em razão da determinação contida no art. 173, §1º, II, da Lei Maior, não estão livres da exigência constitucional. Destaque-se que a equiparação das estatais com as empresas privadas decorre da natureza do objeto de sua ação – atividade econômica – e a necessidade de garantir a justa concorrência com o setor privado. Ora, as normas de ingresso em tais entidades não afetam a normalidade de suas atuações na esfera econômica. Bandeira de Mello,[57] apesar de comungar com tal entendimento, apresenta duas exceções à regra: quando a adoção de concurso público inviabilize a captura de pessoal especializado que o mercado absorve com rapidez; e nos casos em que a utilização de tal procedimento bloqueie o desenvolvimento normal de suas atividades. Com a devida *vênia*, discordamos desse doutrinador.

Para o recrutamento de pessoal especializado, nada impede a criação de empregos em comissão na Administração indireta, desde que previsto no plano de carreira, cargos e salários da entidade.[58] Por outro lado, não vislumbramos a possibilidade da realização de concurso influir no andamento normal das atividades de tais entes, salvo o caso de recrutamento desordenado, quando, então, o problema não será do certame, mas sim de negligência ou incompetência da direção da estatal.

A Lei nº 13.303/2016, que dispõe sobre o estatuto jurídico da empresa pública, da sociedade de economia mista e de suas subsidiárias, no âmbito da União, dos estados, do Distrito Federal e dos municípios, nada trouxe sobre a forma de ingresso nas estatais, limitando-se apenas a dispensar alguns requisitos para o cargo de administrador ou membro de comitê, quando o beneficiário for empregado público concursado (art. 17, §5º).

No que concerne aos conselhos de fiscalização profissional, estes possuem natureza autárquica, classificados por Maria Sylvia Zanella Di Pietro[59] como "autarquias profissionais ou corporativas". Assim, teríamos como exemplos o CRA, o CREA, o CREMEB, dentre outros. Ora, possuindo natureza autárquica, sujeitam-se aos princípios basilares da Administração Pública, tais como legalidade,

---

[57] BANDEIRA DE MELLO, Celso Antônio. *Curso de Direito Administrativo*. São Paulo: Malheiros, 2015. p. 225.
[58] Nesse sentido já se manifestou o Tribunal de Contas do Distrito Federal (Processo nº 6.273/05, decisão nº56/06.
[59] DI PIETRO, Maria Sylvia Zanella. *Direito Administrativo*. Rio de Janeiro: Forense, 2016. p. 542.

impessoalidade, publicidade, moralidade e eficiência. Assim, entende o Tribunal de Contas da União que estão obrigados a realizar concurso público para preenchimento dos seus cargos funcionais. O fato de tais conselhos não receberem recursos do Tesouro não exclui tal regra, uma vez que são mantidos com contribuições compulsórias, de natureza tributária, reputadas como contribuições parafiscais.

Quanto à Ordem dos Advogados do Brasil (OAB), o Supremo Tribunal Federal entendeu que esta instituição não está sujeita aos ditames impostos à Administração Direta e Indireta, sendo uma "categoria impar" não incluída na categoria das autarquias, nem mesmo as chamadas autarquias especiais, como as agências. Assim, não existindo relação entre a OAB e qualquer órgão público, o STF decidiu pela inaplicabilidade da regra de concurso público para admissão dos contratados sob regime trabalhista na OAB, no julgamento da ADI 3.026, quanto ao MS 26.150.[60]

O certo é que, diante da natureza efetiva dos cargos e da natureza permanente dos empregos públicos, a sua titularização somente pode recair em alguém aprovado em concurso público de provas ou provas e títulos. Desta forma, qualquer outro processo para o provimento de cargos ou empregos públicos será inconstitucional, salvo as trazidas no texto da Constituição Federal.

2.3. Dos cargos em comissão

O art. 37, V, da Carta Constitucional aborda os cargos em comissão, declarados por lei como de livres nomeação e exoneração, destinando-se a atribuições de chefia, assessoramento ou direção.

---

[60] "AÇÃO DIRETA DE INCONSTITUCIONALIDADE. PARÁGRAFO 1º DO ARTIGO 79 DA LEI N. 8.906, 2ª PARTE. "Servidores" da Ordem dos Advogados do Brasil. Preceito que possibilita a opção pelo regime celetista. Compensação pela escolha do regime jurídico no momento da aposentadoria. Indenização. Imposição dos ditames inerentes à Administração Pública direta e indireta. Concurso público (art. 37, II, da Constituição do Brasil). Inexigência de concurso público para a admissão de contratados pela OAB. Autarquias especiais e agências. Caráter jurídico da OAB. Entidade prestadora de serviço público independente. Categoria ímpar no elenco das personalidades jurídicas existentes no Direito brasileiro. Autonomia e independência da entidade. Princípio da moralidade. Violação do art. 37, "CAPUT", da Constituição do Brasil. Não ocorrência" (ADIN 3026/DF, Rel. Min. Eros Roberto Grau. Tribunal Pleno. Julgamento: 08.06.2006).

Tais cargos são de ocupação transitória, logo cabível a exoneração *ad nutum*.[61] Seus titulares são nomeados em função da relação de confiança que existe entre eles e a autoridade nomeante.[62] Daí não se exigir concurso público para sua ocupação. Obviamente, a relação de confiança entre o nomeado e o nomeante deve ser pautada no princípio da impessoalidade. Ou seja, a confiança revelada na certeza de que um determinado agente é capaz de atender às aspirações da coletividade e não à confiança pautada em laços de amor ou de sangue. Lembre-se que no regime jurídico administrativo as normas visam sempre a atender ao interesse público e não à satisfação de aspirações particulares.

Entende-se, então, constituir prática de nepotismo condutas havidas no âmbito da Administração Pública, pelos agentes políticos, conferindo favores e benefícios a seus parentes, como a nomeação deles para cargos públicos, privilegiando o nascimento ao invés do merecimento. Segundo Carmén Lúcia Antunes Rocha, a República não extinguiu ou retraiu a prática do nepotismo na Administração Pública brasileira. Segundo esta autora:

> [...] criaram-se cargos ditos de provimento "comissionado" para se permitir a sua ocupação por pessoas vinculadas ao superior hierárquico e por ele indicadas, dir-se-ia mesmo melhor, definidas, pois não apenas este agente indicava, mas definia e nomeava ou as fazia nomear. O motivo que conduz a prática do ato de designação é, assim, não a condição profissional do escolhido, mas a sua situação pessoal, em autêntica quebra do princípio da impessoalidade.[63]

É certo na análise do fenômeno nepotismo que dois aspectos deverão ser considerados: um de natureza objetiva e outro de natureza subjetiva. O aspecto objetivo do nepotismo concentra-se na efetiva relação de parentesco existente entre o nomeante e o nomeado. Assim, havendo a relação de parentesco haverá nepotismo, considerado no seu aspecto objetivo. Já o elemento

---

[61] Assim, os ocupantes dos cargos em comissão não têm direito ou garantia jurídica de persistência no cargo, prevalecendo o entendimento que a exoneração dispensa a exposição de motivos.
[62] CARVALHO FILHO, José dos Santos. *Manual de Direito Administrativo*. São Paulo: Atlas. 2016, p. 613.
[63] ROCHA, Cármen Lúcia Antunes. *Princípios constitucionais da administração pública*. Belo Horizonte: Del Rey, 1994. p. 163.

subjetivo consiste no propósito deliberado de atender a interesses pessoais com a nomeação de um familiar. Ou seja, estará presente o aspecto subjetivo do nepotismo quando a finalidade da escolha do parente para ocupação do cargo em comissão ou função de confiança for a satisfação pessoal gerada pelo laço familiar.

Apesar da forte oposição doutrinária e jurisprudencial à prática do nepotismo, potencializada com a Carta Constitucional de 1988, aponta-se como marco essencial neste combate à Resolução nº 7/2005, editada pelo Conselho Nacional de Justiça (CNJ), regulamentando o disposto no art. 103-B, §4, II, da Constituição Federal. Esta emblemática Resolução do CNJ proibiu expressamente a nomeação para cargos em comissão ou funções gratificadas de cônjuge (ou companheiro), parente em linha reta ou por afinidade, até o terceiro grau, inclusive, de membros de tribunais, juízes e servidores, investidos em cargos de direção, ou assessoramento, estendendo-se a vedação à ofensa por via oblíqua, concretizada pelo favorecimento recíproco, ou por cruzamento.

Cumpre acrescentar que o Supremo Tribunal Federal reconheceu a constitucionalidade da aludida Resolução sob o argumento de que se encontra em completa sintonia com os axiomas constitucionais previstos no art. 37 da Constituição Federal, destacando-se os princípios da impessoalidade, eficiência e igualdade, ao mesmo tempo que repudiou a tese de ofensa ao princípio federativo, já que o Conselho Nacional de Justiça não usurpou qualquer função atribuída ao Poder Legislativo.[64] Em 20 de agosto de 2008, passando, mais uma vez a se manifestar quanto à matéria ao analisar o Recurso Extraordinário nº 579.951, interposto pelo Ministério Público do Rio Grande do Norte contra a contratação de parentes no Município de Água Nova, os ministros da Suprema Corte afirmaram que o art. 37 da Constituição Federal, que traz os princípios administrativos, é autoaplicável, não sendo necessária lei formal para aplicação daqueles. Ricardo Lewandowski, relator do recurso, tratou de "falacioso" o argumento de que a Constituição Federal não vedou o nepotismo e, por esta razão, essa prática seria lícita. O então ministro Carlos Aires Brito comentou que a

---

[64] ADC 12-mc, Rel. Min. Carlos Aires Britto, sendo requerente a Associação de Magistrados do Brasil (informativo STF n. 416, fev/2006).

decisão do Supremo "é a confirmação de que não vale mais confundir tomar posse 'no cargo' com tomar posse 'do cargo', como se fosse um feudo, uma propriedade privada, um patrimônio particular".[65]

Após a discussão do tema, o Supremo Tribunal Federal decidiu editar a Súmula Vinculante 13, que proíbe o nepotismo nas três esferas do Poder Público com a seguinte redação:

> A nomeação de cônjuge, companheiro ou parente em linha reta, colateral ou por afinidade, até o terceiro grau, inclusive, da autoridade nomeante ou de servidor da mesma pessoa jurídica, investido em cargo de direção, chefia ou assessoramento, para o exercício de cargo em comissão ou de confiança, ou, ainda, de função gratificada na Administração Pública direta e indireta, em qualquer dos Poderes da União, dos Estados, do Distrito Federal e dos municípios, compreendido o ajuste mediante designações recíprocas, viola a Constituição Federal.

Apesar da inegável importância da posição do STF, no sentido de garantir a observância dos princípios administrativos, principalmente no provimento dos cargos comissionados, entende-se que um grande equívoco foi cometido. No julgamento do Recurso Extraordinário nº 579.951, que levou à edição da Súmula Vinculante nº 13, os nove ministros presentes fizeram uma diferenciação entre cargos administrativos – criados por lei – e cargos políticos, exercidos por agentes políticos. Nos primeiros, entenderam absolutamente vedada a admissão de parentes. Ou seja, há uma presunção absoluta da presença do nepotismo ocorrendo uma das situações constantes da redação da Súmula 13. No segundo, a admissão pode ocorrer, salvo se comprovado o nepotismo cruzado. Assim, não se estaria diante da prática de nepotismo quando o governador de Estado, por exemplo, nomeasse seu irmão para um dos cargos de secretário de Estado.

Justificando tal entendimento, o ministro Gilmar Mendes afirmou que irmãos podem estabelecer plano de eventual cooperação em cargos políticos, sem que se caracterize a prática de nepotismo. Para Carlos Ayres Britto, somente os cargos e funções singelamente administrativos são alcançados pelo art. 37 da Constituição Federal.

---

[65] Ayres Britto e presidente da OAB comentam decisão que proíbe nepotismo. Disponível em: http://www.stf.jus.br/portal/cms/verNoticiaDetalhe.asp?idConteudo=94709. Acesso em: 20 ago. 2008.

Parece, no entanto, que apesar de admitir a nomeação de parentes para os cargos políticos, o STF excepciona a hipótese da nomeação voltada a atender interesses pessoais do nomeante, senão vejamos:

> A jurisprudência do STF preconiza que, *ressalvada situação de fraude à lei*, a nomeação de parentes para cargos públicos de natureza política não desrespeita o conteúdo normativo do enunciado da Súmula Vinculante 13"[66] (grifo nosso).

Saliente-se que foi conferida repercussão geral ao Recurso Extraordinário 1.133.1, por unanimidade, no plenário virtual do Supremo Tribunal Federal, que trata da matéria. No caso dos autos, o Ministério Público de São Paulo ajuizou ação direta de inconstitucionalidade no Tribunal de Justiça do Estado para questionar a Lei nº 4.627/2013, do município de Tupã (SP), que, ao alterar a Lei Municipal nº 3.809/1999, excepcionou da regra que proíbe a nomeação de parente dos nomeantes aquelas feitas para cargo de agente político de secretário municipal. O TJ-SP assentou que a ressalva prevista na norma afrontaria a SV 13, que somente excluiu a incidência da mencionada regra de maneira excepcional.

Cumpre acrescentar que, com base na Emenda Constitucional nº 19, o preenchimento de uma parcela dos cargos de comissão dar-se-á unicamente por servidores de carreira, nos casos, condições e percentuais mínimos previstos em lei (art. 37, V, CF). Obviamente, a lei referida será de competência de cada ente político, que deverá atentar para o princípio da razoabilidade, principalmente no que concerne ao percentual mínimo, para não frustrar o intento constitucional.

Quanto à natureza do vínculo decorrente de tais cargos há os que entendem que tanto poderá ser estatutário como celetista.[67] Assim, o fato de falar-se em cargo, para alguns, é o mesmo que referir-se a certo posto submetido ao regime estatutário, percepção considerada incorreta por parte da doutrina, que utiliza a palavra "cargo" no sen-

---

[66] RE 825682 AgR, Relator Ministro Teori Zavascki, Segunda Turma, julgamento em 10.2.2015, DJe de 02.03.2015.
[67] SUNDFELD, Carlos Ari e Souza; Rodrigo Pagani de. As empresas estatais, o concurso público e os cargos em comissão. *Revista de Direito Administrativo*. São Paulo: Atlas, 2006. p. 33.

tido de posto de trabalho. Nesse contexto, Sérgio de Andréa Ferreira afirma que "em correspondência aos cargos estatutários, ou empregos administrativos podem ser, segundo a natureza de seu provimento, empregos permanentes ou temporários, inclusive de confiança, sendo, os primeiros, providos por concurso, e, os últimos, de livre provimento ou desprovimento".[68] Em todos os casos, o que justifica a exceção à regra geral de concurso público não é a natureza do vínculo, mas sim a natureza das atribuições ligadas ao posto de trabalho.

Nesta linha de raciocínio conclui-se que a dispensa da formalização do concurso público, contemplada no inciso II, do art. 37 da Carta Constitucional, abrange os empregos de confiança nas empresas estatais.

Nada impede que, para a nomeação dos titulares desses cargos, a lei faça algumas exigências. Assim ocorre com os ministros de Estado, que devem ter mais de vinte e um anos de idade e estar no exercício dos direitos políticos.

Por fim, saliente-se que os cargos comissionados devem possuir caráter de assessoramento, chefia ou direção, sendo inconstitucional a criação de cargos dessa natureza para exercício de funções técnicas, como já salientou o Supremo Tribunal Federal:

> Lei estadual que cria cargos em comissão. Violação do art. 37, inciso II e V da Constituição. Os cargos em comissão criados pela Lei n. 1.939/1998, do Estado de Mato Grosso do Sul, possuem atribuições meramente técnicas e que, portanto, não possuem o caráter de assessoramento, chefia ou direção exigido para tais cargos, nos termos do art. 37, V, da Constituição Federal. Ação Julgada Procedente.[69]

2.4. Da contratação temporária de excepcional interesse público

O art. 37, IX, da Constituição Federal, aborda o recrutamento de servidores temporários. A dispensa de concurso público, neste

---

[68] FERREIRA, Sérgio de Andréa. Empresa estatal: funções de confiança – Constituição Federal – art. 37, II (parecer). *Revista de Direito Administrativo*, n. 227, p. 400, jan./mar. 2002.
[69] ADI 3.706, Rel. Min. Gilmar Mendes, DJ 15.10.2007.

caso, justifica-se diante da temporariedade da carência e da excepcionalidade da situação de interesse público.

Tal norma constitucional é de eficácia limitada,[70] sendo necessária a edição de lei infraconstitucional para utilização dessa modalidade de recrutamento. Inexistindo a lei, não se pode falar neste tipo de contratação.

Em face da autonomia administrativa dos entes federados, cada entidade contratante deverá ter sua própria norma legal tratando da matéria. A Lei nº 8.745/1993 está de acordo com essa doutrina, porém apresenta requisitos que devem ser adotados por leis estaduais e municipais para se adequar ao dispositivo constitucional, quais sejam: a) indicação dos casos de necessidade temporária; b) exigência de processo seletivo simplificado para o recrutamento de pessoal, como forma de garantir o princípio da impessoalidade; c) o tempo determinado e improrrogável da contratação.

Quanto à taxatividade na lei dos casos que indiquem a necessidade temporária, Sérgio de Andréa Ferreira admite certa discricionariedade conferida ao gestor público diante de situações práticas. Desta forma, este autor afirma que:

> [...] com conteúdo mais aberto, assumirá feição praticamente exemplificativa, pois que tutelará através, apenas, de fórmulas amplas, de índole discricionária; cabível essa largura, já que não podemos esquecer que estamos em face de eventuais situações excepcionais de necessidade de satisfação do interesse público, o que deve permitir ao administrador público uma margem de valoração mentória.[71]

Com outro posicionamento, José Cretella Júnior[72] afirma que a lei pode definir a excepcionalidade do interesse enumerando, uma a uma, as hipóteses consideradas. Desta forma, somente será considerado "interesse público excepcional" o que for capitulado como tal

---

[70] Segundo José Afonso da Silva, norma de eficácia limitada é aquela que possui "aplicabilidade indireta, mediata e reduzida, porque somente incidem totalmente sobre interesses, após uma normatividade ulterior que lhes desenvolva a aplicabilidade" (Cf. SILVA, José Afonso da. *Aplicabilidade das normas constitucionais*. São Paulo: Malheiros, 2003. p. 139).

[71] FERREIRA, Sérgio de Andréa. *Comentários à Constituição*. Rio de Janeiro: Freitas Bastos, 1991. p. 18

[72] CRETELLA JÚNIOR, José. *Comentários à Constituição Brasileira de 1988*. Rio de Janeiro: Forense, 1992. p. 2204.

pela regra jurídica. Certamente, este é o posicionamento mais coerente, inclusive o que vem sendo adotado pelas leis infraconstitucionais que tratam da matéria, à exemplo da lei Lei nº 8.745/1993, que no art. 2º enumera os casos de necessidade temporária de excepcional interesse público. Saliente-se também, que este é o posicionamento que tem sido adotado pelo Supremo Tribunal Federal.[73]

É importante frisar que a situação de excepcionalidade não pode ser fruto de uma omissão administrativa. Nesse sentido, ao comentar o mencionado dispositivo constitucional Celso Ribeiro Bastos afirma que "seria importante que a futura lei também deixasse certo que situação de excepcionalidade resulta de circunstâncias imprevisíveis pela Administração. Em outras palavras, é necessário que não tenha ela mesma, pela sua inércia, dado azo ao surgimento, por exemplo, de uma hipótese de urgência".[74]

Divergem os doutrinadores quanto à natureza dos serviços que podem ser atendidos por contratações temporárias. Parte da doutrina entende que este tipo de vínculo é possível tanto para atender às funções de natureza temporária quanto para aquelas de caráter permanente.[75] Com efeito, poder-se-ia utilizar a contratação temporária para exercício de funções típicas de cargos efetivos ou de empregos permanentes, quando uma determinada situação excepcional tenha de ser atendida de forma imediata, não havendo tempo para a realização de concurso público. Esse entendimento já foi manifestado pelo STF.[76]

---

[73] "CONTITUCIONAL. ADMINISTRATIVO. SERVIDOR PÚBLICO. CONTRATAÇÃO TEMPORÁRIA. [...] III- A lei referida no inciso IX do art. 37, da CF, deverá estabelecer os casos de contratação temporária. No caso, as leis impugnadas instituem hipóteses abrangentes e genéricas de contratação temporária, não especificando a contingência fática que evidenciaria a situação de emergência, atribuindo ao Chefe do Poder interessado na contratação estabelecer os casos de contratação: inconstitucionalidade. IV – Ação direta de inconstitucionalidade julgada procedente.(ADI 3210/PR, rel. Min. Carlos Veloso, julgamento 11.11.2004)."

[74] BASTOS, Celso Ribeiro; MARTINS, Ives Gandra. *Comentários à Constituição do Brasil: arts. 37 a 43*. São Paulo: Saraiva, 1993. t. III, p. 98.

[75] Nesse sentido manifestam-se Celso Ribeiro Bastos (Cf. BASTOS, Celso Ribeiro; MARTINS, Ives Gandra. *Comentários à Constituição do Brasil: arts. 37 a 43*. São Paulo: Saraiva, 1993. t. III), Celso Antônio Bandeira de Mello (Cf. BANDEIRA DE MELLO, Celso Antônio. *Curso de Direito Administrativo*. São Paulo: Malheiros, 2015) e Sérgio de Andréa Ferreira (Cf. FERREIRA, Sérgio de Andréa. *Comentários à Constituição*. Rio de Janeiro: Freitas Bastos, 1991).

[76] AÇÃO DIRETA DE INCONSTITUCIONALIDADE. LEI Nº 10.843/04 SERVIÇO PÚBLICO. AUTARQUIA. CADE. CONTRATAÇÃO DE PESSOAL TÉCNICO POR TEMPO DETERMINADO. PRINCÍPIO DA CONTINUIDADE DA ATIVIDADE ESTATAL. CONSTITUCIONALIDADE. ART. 37, IX, DA CB/88. 1. O art. 37, IX, da Constituição do Brasil

Contrários a tal posicionamento, outros autores trazem como requisito para utilização do inciso IX do art. 37 da Carta Constitucional a temporariedade da função. Nesse diapasão, José dos Santos Carvalho Filho aduz: "Se a necessidade é permanente, o Estado deve processar o recrutamento através dos demais regimes. Está, por isso, descartada a admissão de servidores temporários para o exercício de funções permanente".[77] Por certo, admitir-se a utilização de contratos temporários para o exercício de funções permanente é abrir uma porta para fraudar a regra constitucional de concurso público, porém não se pode ignorar que a sociedade não poderá sofrer prejuízos em virtude da inércia administrativa. Assim, caso haja necessidade urgente de médicos em postos de saúde, por exemplo, admite-se a contratação temporária, devendo ser providenciada imediatamente a realização do concurso público, apurando-se a responsabilidade pela omissão na realização do certame no tempo devido.

No que concerne à natureza do vínculo criado entre o agente temporário e a Administração Pública, discussões foram levantadas em que alguns se manifestando pela natureza administrativa e outros pela natureza contratual. O Supremo Tribunal Federal, posicionando-se sobre a questão, entendeu que a relação entre o servidor designado temporariamente para o exercício de função pública e o Estado é uma relação jurídico-administrativa, sendo a Justiça comum competente para sua apreciação, ainda que se discuta eventual nulidade na contratação.[78]

Ressalte-se que tramita no Congresso Nacional a PEC 294/2008, que pretende modificar o inciso I, do art. 114 da Constituição Federal, para afirmar a competência da Justiça do Trabalho nos dissídios decorrentes da contratação irregular na Administração

---

autoriza contratações, sem concurso público, desde que indispensáveis ao atendimento de necessidade temporária de excepcional interesse público, que para o desempenho das atividades de caráter eventual, temporário ou excepcional, quer para o desempenho das atividades de caráter regular e permanente. 2. A alegada inércia da Administração não pode ser punida em detrimento do interesse público, que ocorre quando colocado em risco o princípio da continuidade da atividade estatal. 3. Ação Direta julgada improcedente. (ADI 3068/DF. Rel Min. Marco Aurélio. Tribunal Pleno. Julgamento 25.08.2004).

[77] CARVALHO FILHO. José dos Santos. *Manual de Direito Administrativo*. São Paulo: Atlas. 2016, p. 637.

[78] RE 588960 AgR / AM – AMAZONAS, AG.REG. NO RECURSO EXTRAORDINÁRIO, Relator(a): Min. DIAS TOFFOLI, Julgamento: 05.02.2013, Órgão Julgador: Primeira Turma.

Pública, em razão da inobservância do disposto no art. 37, II, V e IX, da Carta Republicana. Com referência ao prazo da contratação, este deverá ser determinado na lei. Segundo Celso Antônio Bandeira de Mello, "tratase, aí, de ensejar suprimento de pessoal perante contingências que desgarrem da normalidade das situações e presumam admissões apenas provisórias, demandadas em circunstâncias incomuns, cujo atendimento reclama satisfação imediata e temporária".[79] Assim, o prazo estabelecido não deve alcançar limites que extrapolem o sentido da "temporariedade".

Pode-se citar a situação do Estado da Bahia, cuja Lei Estadual nº 6.677/1994, no §1º, do art. 253, estabelece o prazo de 24 meses, com a possibilidade de uma prorrogação por igual período para as contratações temporárias de excepcional interesse público, ou seja, a lei permite que estes contratos tenham a vigência de até 48 meses. Ora, tal prazo viola frontalmente o inciso IX, do art. 37 da Constituição Federal, pois, desde quando não há que se pensar em casos que constituam ou envolvam exceções que perdurem por mais de dois anos, como permite a legislação estadual? A situação que se prolonga por tal período já adquiriu estabilidade, devendo se sujeitar à regra geral.

Prática também bastante comum é a manutenção de pessoal no serviço público por meio de sucessivos contratos temporários. Contrário a esta prática, o Superior Tribunal de Justiça já se manifestou no sentido de que sucessivas renovações do contrato temporário desvirtuam o atendimento da necessidade temporária de interesse público, estando-se diante da típica relação de trabalho.[80]

É lamentável como a contratação temporária vem servindo de "válvula de escape" da exigência constitucional do concurso público. Os entes administrativos vêm utilizando a contratação temporária de pessoal para o exercício de funções sem qualquer caráter de eventualidade, estabelecendo prazos incompatíveis com a natureza temporária do serviço. Em verdade, parece que a Administração Pública descobriu fórmula para permitir que seus apaniguados

---

[79] BANDEIRA DE MELLO, Celso Antônio. *Curso de Direito Administrativo*. São Paulo: Malheiros, 2015. p. 292.
[80] CC 101473 /MT Conflito de Competência 2008/0267969-7. Rel. Min. Castro Meira, Primeira Seção, *DJ* 11.03.2009)

ingressem no serviço público sem concurso, utilizando a estéril desculpa da ineficiência da atuação dos concursados, decorrente do regime jurídico que lhes permite a permanência no serviço público.[81]

Deve-se ressaltar que, segundo a jurisprudência dos Tribunais Superiores, a contratação temporária para o exercício de função típica de cargo público, para o qual existe concurso público dentro do prazo de validade, pode fazer nascer direito subjetivo à nomeação, senão vejamos:

> ADMINISTRATIVO. AGRAVO REGIMENTAL NO RECURSO EM MANDADO DE SEGURANÇA. CONCURSO PÚBLICO. CONTRATAÇÃO TEMPORÁRIA DENTRO DO PRAZO DE VALIDADE DO CONCURSO. COMPROVADA A PRETERIÇÃO DO CANDIDATO APROVADO NO CERTAME. RECONHECIDO O DIREITO À NOMEAÇÃO.
> 1. A jurisprudência deste Superior Tribunal é firme no sentido de que o candidato aprovado em concurso público, dentro do número de vagas previstas no edital, possui expectativa de direito à nomeação no período de validade do certame.
> 2. A expectativa de direito, todavia, convola-se em direito subjetivo à nomeação quando, na vigência do concurso, a Administração realiza contratações temporárias para o exercício do cargo, demonstrando, desse modo, a necessidade permanente de preenchimento da referida vaga, do que decorre o direito líquido e certo do candidato regularmente aprovado à nomeação.
> 3. Agravo regimental a que se nega provimento.[82]

Por fim, conforme preceitua Cármen Lúcia Antunes Rocha,[83] deve-se distinguir a contratação temporária de excepcional interesse público da convocação temporária. Esta última ocorre quando o cidadão é chamado, impositivamente, para desempenhar um múnus público por um certo prazo, sem estabelecer qualquer vínculo contratual com a Administração Pública. Como exemplo, tem-se o caso dos mesários em eleição ou jurados convocados para júri popular.

---

[81] Nesse diapasão causa estranheza a decisão por maioria, antes referida, do STF, que legitimou o recrutamento de pessoal pelo regime especial para funções permanentes do CADE – Conselho Administrativo de Defesa Econômica.

[82] STJ. AgRg no RMS 26723 / RS. AGRAVO REGIMENTAL NO RECURSO EM MANDADO DE SEGURANÇA 2008/0079032-8. Rel. Min. Og Fernandes. Sexta Turma. Data de Julgamento 20.08.2013.

[83] ROCHA, Cármen Lúcia Antunes. *Princípios constitucionais dos servidores públicos*. São Paulo: Saraiva, 1999. p. 246.

2.5 Outras exceções à regra do concurso público

Sabe-se que os cargos vitalícios, da mesma forma que os efetivos, têm como característica a predisposição de retenção dos seus ocupantes, mas com uma vocação maior para retê-los. Assim, a vitaliciedade é conferida a determinados agentes públicos em virtude das funções que lhes são atribuídas. Pela Constituição Federal são vitalícios os magistrados (art. 95, I), os membros dos Tribunais de Contas (art. 73, §3º) e os membros do Ministério Público. Dentre os cargos vitalícios, a Constituição dispensa o concurso público para a investidura dos integrantes do quinto constitucional dos Tribunais Judiciários (art. 94, CF) e para nomeação dos membros dos Tribunais de Contas (art. 73, §§1º e 2º, CF), bem como para os ministros do STF (art. 101, parágrafo único, CF) e do STJ (art. 104, parágrafo único, CF).

Quanto aos Tribunais Judiciários – TRFs e Tribunais de Justiça dos Estados, do Distrito Federal e dos Territórios (estes não existem) – determina a Constituição Federal que um quinto dos lugares será composto por membros do Ministério Público, com mais de dez anos de carreira, e de advogados de notório saber jurídico e de reputação ilibada, com mais de dez anos de efetiva atividade profissional, indicados em lista sêxtupla pelos órgãos de representação das respectivas classes. Recebidas as indicações, o Tribunal fará uma lista tríplice, remetida ao chefe do Poder Executivo, a quem caberá a escolha de um dos seus integrantes, nos vinte dias subsequentes ao recebimento. Vê-se, então, que o acesso a esses Tribunais por tal via independe de concurso público. Critica-se esta forma de escolha, uma vez que nem sempre os nomes mais destacados são conduzidos para lista tríplice, enviada ao chefe do Executivo. Não raro, as escolhas são realizadas por motivos políticos, fato que dá origem a verdadeiras campanhas políticas realizadas por candidatos buscando angariar a simpatia do Executivo.

No que concerne aos ministros do Supremo Tribunal Federal e do Superior Tribunal de Justiça, estes não se sujeitam à regra do quinto constitucional. No caso do Supremo Tribunal Federal, nunca foi concebido no conceito de "Tribunal Superior", até porque o acesso a todos os seus cargos é de livre indicação do presidente da República, com aprovação do Senado. Assim, não se exige que os seus integrantes sejam membros da magistratura. O art. 101 da Constituição Federal, de forma razoável, exige a idade mínima de 35 anos e máxima de 64. Ademais, exige-se de o pretendente à vaga notável saber jurídico e reputação ilibada. Logo, não basta que o candidato seja formado em Direito, mas necessário se faz que seja portador de renome, reconhecido pela comunidade jurídica. Outro requisito, reputação ilibada, se reporta ao campo da ética. Conforme afirma Castro Nunes "é a boa fama, a perfeita idoneidade moral, alguma coisa semelhante à *existimatio* dos romanos".[84]

No que diz respeito aos membros do Superior Tribunal de Justiça, estes estariam sujeitos a uma espécie de terço constitucional, como bem observa José Afonso da Silva.[85] Assim, diferentemente do STF, o STJ é composto por um terço de desembargadores dos TRFs e um terço de desembargadores dos Tribunais de Justiça, indicados em lista tríplice elaborada pelo próprio Tribunal; um terço, em partes iguais, dentre advogados e membros do Ministério Público Federal, Estadual, do Distrito Federal e dos Territórios, alternadamente, indicados em lista sêxtupla pelos órgãos de representação das respectivas classes, da qual o Tribunal formará lista tríplice, remetendo-a ao Poder Executivo. A escolha, então, caberá ao chefe do Poder Executivo, após aprovação do Senado. José Afonso da Silva acrescenta que o STJ deveria ser composto apenas por magistrados de carreira, uma vez que se trata de Tribunal com características de especialização e tipicamente jurisdicional".[86]

Saliente-se que o Ato de Disposições Constitucionais Transitórias traz, no art. 53, I, a hipótese dos ex-combatentes que tenham efetivamente participado de operações bélicas durante a Segunda Guerra Mundial. Trata-se de situação particular e excepcional, de difícil ou quase impossível ocorrência nos dias atuais. Este dispositivo visa a trazer benefícios aos conhecidos pracinhas, ex-combatentes da Força Expedicionária Brasileira, da Força Aérea Brasileira, da Marinha de Guerra e da Marinha Mercante do Brasil,

---

[84] NUNES, José de Castro. *Teoria e prática do poder judiciário*. Rio de Janeiro: Forense, 1941. 533.
[85] SILVA, José Afonso da. *Comentário textual à Constituição*. São Paulo: Malheiros, 2005. p. 513.
[86] SILVA, José Afonso da. *Do recurso extraordinário no Direito Processual brasileiro*. São Paulo: Revista dos Tribunais, 1963. p. 460.

que participaram efetivamente de operações bélicas na Segunda Guerra Mundial. Critica-se a inserção deste dispositivo no Ato das Disposições Constitucionais Transitórias, uma vez que não se enquadra no contexto de transição de um regime jurídico para outro.

Pode-se, ainda, abordar como hipótese de exceção à regra do concurso público a admissão de agentes comunitários de saúde e agentes de combate às endemias que, segundo consta do §4º do art. 198 da Constituição Federal, introduzido pela Emenda Constitucional nº 51/2006, podem ser admitidos por meio de processo seletivo público. O parágrafo único do art. 2º da mencionada Emenda Constitucional dispensou o processo seletivo para os profissionais que, na data da promulgação da Emenda, estavam a desempenhar as atividades de agente comunitário de saúde ou de agente de combate às endemias, desde que contratados a partir de anterior processo de seleção pública.

A Lei nº 11.350/2006, ao regulamentar o referido dispositivo constitucional, estabeleceu no art. 9º que:

> A contratação de Agentes Comunitários de Saúde e de Agentes de Combate às Endemias deverá ser precedida de processo seletivo público de provas ou de provas e títulos, de acordo com a natureza e a complexidade de suas atribuições e requisitos específicos para o exercício das atividades, que atenda aos princípios da legalidade, impessoalidade, moralidade, publicidade e eficiência.

O parágrafo único do referido artigo, em sintonia com a Emenda Constitucional nº 51/2006, dispensa a realização de processo seletivo de provas ou provas e títulos, desde que aquelas funções sejam desempenhadas por profissionais admitidos através de seleção pública, realizada com atenção aos princípios constantes do *caput* do artigo.

Da interpretação das normas citadas, percebe-se que os municípios não estão obrigados a criar cargos ou empregos para os agentes comunitários de saúde e agentes de combate às endemias, podendo a admissão ocorrer para o exercício de função pública, daí a lei exigir processo seletivo e não concurso público. Caso o ente federado opte pela criação de cargos ou empregos públicos para o exercício de tais atribuições, entende-se obrigatória a submissão às regras do concurso público existentes.

CAPÍTULO III

BURLA À REGRA DO CONCURSO PÚBLICO ATRAVÉS DO PROVIMENTO DERIVADO

3.1. Provimentos originário e derivado

Provimento é definido por José dos Santos Carvalho Filho como "fato administrativo que traduz o preenchimento de um cargo público".[87] Já Celso Antônio Bandeira de Mello entende provimento como o "ato de designação de alguém para titularizar cargo público".[88] Também Hely Lopes Meirelles[89] classifica o provimento como ato administrativo.

O provimento de cargos do Poder Executivo é de competência exclusiva do presidente da República, conforme dispõe o art. 84, XXXV, da Constituição Federal. No âmbito do Legislativo, do Judiciário, dos Tribunais de Contas e do Ministério Público o provimento de cargos compete ao respectivo presidente ou procurador-geral.

Consoante entendimento doutrinário, o provimento pode ser classificado como originário ou derivado. O provimento diz-se originário quando o preenchimento do cargo origina uma relação

---

[87] CARVALHO FILHO. José dos Santos. *Manual de Direito Administrativo*. São Paulo: Atlas, 2016. p. 650.
[88] BANDEIRA DE MELLO, Celso Antônio. *Curso de Direito Administrativo*. São Paulo: Malheiros, 2015. p. 315.
[89] MEIRELLES, Hely Lopes. *Direito Administrativo Brasileiro*. São Paulo: Malheiros, 2016. p. 530

estatutária nova, seja porque o titular não tinha qualquer vínculo anterior com a Administração Pública, seja porque pertencia a quadro funcional regido por estatuto diverso do que rege o cargo a ser provido. Vale dizer, o provimento não guarda qualquer relação com a situação anterior do provido. Desta forma, tanto é originário o provimento de cargo de médico por alguém que nunca esteve ligado à Administração Pública, como também o provimento do cargo de procurador jurídico por alguém que, anteriormente, ocupava o cargo de auditor fiscal na mesma esfera administrativa.

A única forma de provimento originário é a nomeação, definida como "provimento autônomo de um servidor em cargo público".[90] Na Administração direta, a nomeação cabe ao chefe do Executivo, por meio de decreto. Deve-se, no entanto, acrescentar que no âmbito federal tal competência é passível de delegação aos ministros de Estado, conforme consta do parágrafo único do art. 84 da Constituição Federal, hipótese em que o ato de nomeação será exteriorizado por portaria.

No provimento derivado o cargo é preenchido por alguém que já tinha vínculo anterior com o cargo a ser provido ou com outro sujeito ao mesmo estatuto. O provimento derivado pode ocorrer por promoção, readaptação e reingresso. Promoção é a elevação para cargo de nível mais alto dentro da mesma carreira. Diz-se que a promoção é um provimento derivado vertical, já que o servidor ascende a cargo mais elevado. Readaptação é a forma de provimento pela qual o servidor passa a ocupar cargo diverso do que ocupava, mais compatível com sua superveniente limitação física ou psíquica. Neste caso, o provimento é horizontal, uma vez que o servidor nem ascende nem é rebaixado. O provimento derivado por reingresso é aquele em que o servidor retorna ao serviço ativo do qual estava desligado. O reingresso comporta as seguintes modalidades: reintegração; aproveitamento; reversão; e recondução. A reintegração consiste no retorno do servidor ao cargo que antes ocupava, por ter sido desvinculado ilegalmente. A reintegração pode decorrer tanto de decisão judicial como administrativa. Em qualquer caso, o servidor reintegrado terá direito a total reparação

---

[90] BANDEIRA DE MELLO, Celso Antônio. *Curso de Direito Administrativo*. São Paulo: Malheiros, 2015.

dos prejuízos sofridos. O aproveitamento é o reingresso do servidor estável, que se encontrava em disponibilidade, no mesmo cargo ocupado anteriormente ou em outro com equivalentes atribuições e vencimentos.[91] A reversão é o reingresso do aposentado no serviço ativo. Ocorre através de solicitação do aposentado ou por determinação da Administração Pública, uma vez que tenham sido considerados insubsistentes os motivos da aposentadoria ou por não mais subsistirem as razões determinantes dela. Saliente-se que a reversão a pedido somente será deferida após análise da Administração Pública, enquanto não atingida a idade-limite da aposentadoria compulsória. Por fim, na recondução o servidor estável retornará ao cargo que ocupava anteriormente quando for desprovido de outro cargo devido à reintegração do seu então titular ou quando for inabilitado em estágio probatório relativo a outro cargo para o qual subsequentemente fora nomeado.[92]

3.2. A regra do concurso público frente aos tipos de provimento

Sabe-se que o concurso público, em regra, é exigido para a primeira investidura em cargo ou emprego público, ou seja, nos casos de provimento originário. Quanto ao provimento derivado, este depende de vínculo anterior do servidor com a Administração.

O art. 37, II, da Constituição de 1988, exige a aprovação prévia em concurso público de provas ou de provas e títulos para a investidura em cargo ou emprego público. Diferentemente, o art. 97, §1º, da Carta Constitucional de 1967, trazia a exigência do certame apenas para a primeira investidura. Vê-se, então, que a imposição do concurso

---

[91] A disponibilidade é ato pelo qual o Poder Público transfere servidor estável para a inatividade remunerada, em razão da extinção do cargo ou de sua ocupação por outrem em virtude de reintegração.

[92] Diógenes Gasparini entende que, quando o servidor é inabilitado em estágio probatório, que cumpria em razão de nomeação em outro cargo, não ocorre a recondução, uma vez que, para investidura em novo cargo, deve exonerar-se do que anteriormente ocupava. No entanto, o art. 29 da Lei nº 8.112/1990 trata desta hipótese como recondução (Cf. GASPARINI, Diógenes. *Direito Administrativo*. São Paulo: Saraiva, 2006. p. 278).

público pelo nosso sistema constitucional vigente inclui tanto os casos de provimento originário como os de provimento derivado, somente sendo admissíveis as exceções previstas na própria Constituição, quais sejam, a reintegração, o aproveitamento, a recondução e a promoção. Segundo Di Pietro[93], inclui-se, também, a reversão *ex officio*, que não tem base constitucional, mas persiste, uma vez que ao desaparecer a razão de ser da inatividade deve o servidor, necessariamente, reassumir o cargo, sob pena de ser cassada a aposentadoria. Assim, com a promulgação da Carta de 1988, foram banidas do ordenamento jurídico as formas de investidura que representam ingresso em carreira diferente daquela na qual o servidor ingressou por concurso e que, por esta razão, não são inerentes ao sistema de provimento em carreira.

Segundo Celso Antônio Bandeira de Mello:

> A existência de formas de provimento derivadas de modo algum significa abertura para costear o sentido próprio do concurso público. Como este é sempre específico para dado cargo, encartado em carreira certa, quem nele se investiu não pode depois, sem novo concurso público, ser trasladado para cargo de natureza diversa ou de outra carreira melhor retribuída ou de encargos mais nobres e elevados.[94]

Daí porque não se admite a transformação de cargos em comissão em efetivos, mantendo nos cargos transformados os ocupantes dos cargos que eram de livre nomeação e exoneração. Asseverou Diógenes Gasparini que, "quanto à transformação nenhuma crítica; a insurgência é com a manutenção, sem concurso, dos então ocupantes nos cargos de provimento efetivo".[95] Nessa linha, o Supremo Tribunal Federal, por meio da Súmula nº 685, firmou o entendimento que "é inconstitucional toda modalidade de provimento que propicie ao servidor investir-se, sem prévia aprovação em concurso público destinado ao seu provimento, em cargo que não integra a carreira na qual anteriormente investido".

---

[93] DI PIETRO, Maria Sylvia Zanella. *Direito Administrativo*. Rio de Janeiro: Forense, 2016. p. 742.
[94] BANDEIRA DE MELLO, Celso Antônio. *Regime dos servidores da administração direta e indireta*. São Paulo: Malheiros, 1995. p.55.
[95] GASPARINI, Diógenes. Concurso Público: imposição constitucional e operacionalização. In: MOTTA, Fabrício (Coord.). *Concurso público e Constituição*. Belo Horizonte: Fórum, 2005. p. 32.

Cumpre acrescentar que, em caso de cargos de carreira, ou seja, cargos escalonados em classes com as mesmas atribuições, em que seus integrantes vão percorrer uma progressão funcional, impõe-se a exigência de ingresso no serviço público na classe padrão inicial, não podendo o edital do concurso dispor de forma diversa, conforme já decidiram nossos Tribunais.[96]

3.3 Do concurso interno

Cabe, neste ponto, fazer referência ao concurso interno ou restrito, conceituado como processo seletivo realizado exclusivamente no âmbito de pessoas administrativas e órgãos públicos. Deste, podem participar tão somente os ocupantes de cargos escalonados em carreira, portanto, os já integrantes do quadro de pessoal da Administração Pública via concurso público de provas ou provas e títulos. Assim, o concurso interno só é constitucional quando utilizado para elevação de servidores na carreira, conforme exigido em lei.[97] Com efeito, não se pode utilizar esse tipo de certame para possibilitar o ingresso em cargos efetivos aos servidores que adquiriram a estabilidade em função do art. 19 do Ato das Disposições Constitucionais Transitórias.

Aliás, a questão do concurso interno ganhou relevância com o advento da regra insculpida no art. 19, §1º, do ADCT. No *caput* do referido dispositivo foi conferida estabilidade aos servidores que, na data da promulgação da Carta Constitucional, estivessem em exercício há pelo menos cinco anos continuados e que não tivessem sido admitidos através de concurso público. O §1º, por sua vez, consignou que o tempo de serviço desses servidores seria contado como título quando fossem submetidos a concurso

---

[96] Assim, acertadamente decidiu o Tribunal Regional Federal da 1ª Região "Processual civil e administrativo. Apelação não conhecida. Recurso adesivo prejudicado. Concurso público. Reposicionamento funcional. Nomeação em classe ou padrão previstos no edital. Ilegalidade. Ingresso em classe e padrão inicial da carreira" (AC 2000.01.00.030883-2 DF/ Apelação Cível. Rel. Des. Fed. Antônio Sávio de Oliveira Chaves. Primeira Turma. DJ 18.09.2006, p. 12).
[97] GASPARINI, Diógenes. *Direito Administrativo*. São Paulo: Saraiva, 2006. p. 172.

para fins de efetivação. Ora, como não foi utilizada a expressão "concurso público", alguns passaram a entender que a norma fazia referência ao "concurso interno". Em verdade esta não é a melhor interpretação a ser conferida ao dispositivo em análise. Conforme leciona Márcio Cammarosano,[98] o Legislador Constituinte pretendeu que aqueles servidores estáveis a partir do mencionado dispositivo, uma vez aprovados em concurso público para cargos efetivos, pudessem computar seu tempo anterior de serviço como título para classificação final. Assim, aqueles que não almejassem a efetivação nos cargos não precisariam se submeter ao certame, pois já teriam conquistado a estabilidade.

O Supremo Tribunal Federal, no julgamento da ADI-1854/PI, decidiu que a exigência de concurso público não mais se restringe ao primeiro provimento do cargo público. Segundo a redação da ementa do acórdão, "reputa-se ofensiva do art. 37, II, CF, toda modalidade de ascensão de cargo de carreira ao de outra, a exemplo da 'promoção por progressão vertical' impugnada".[99] Não há dúvida de que o nosso ordenamento jurídico exige aprovação prévia em concurso público para investidura em cargo ou emprego público – ressalvados os cargos em comissão – e não apenas para a primeira investidura, como na Carta Política anterior.[100]

Desta forma, não se pode utilizar o concurso interno para a passagem do servidor de uma carreira para outra, somente admitida através de concurso de provas ou de provas e títulos. Nesse sentido, vale ressaltar trecho do voto proferido pelo ministro Moreira Alves, no julgamento da ADI 231-RJ, RTJ 144/24, segundo o qual:

> Passagem de uma carreira para outra é saída daquela para ingresso nesta. Só pode decorrer de concurso público de provas ou de provas e títulos, aberto a concorrência de qualquer brasileiro que atenda aos requisitos estabelecidos em lei para esse ingresso(art. 37, I), sem possibilidade de se privilegiar alguns com 'concursos internos', de concorrência

---

[98] CAMMAROSANO, Márcio. Concurso interno para efetivação de servidores. *BDM*, p. 295, maio 1992.
[99] Rel. Min. Sepúlveda Pertence. DJ de 04.05.01, p. 02.
[100] A Constituição de 1967, com redação dada pela Emenda Constitucional nº 1, determinava no parágrafo 1º, do art. 97 que "a primeira investidura em cargo público dependerá de aprovação prévia, em concurso público de provas e títulos, salvo os casos indicados em lei".

restrita e de aferição de mérito num universo limitado, deixando aos demais brasileiros uma parte das vagas para uma concorrência sem essa restrição, e que, aí sim, permite aferição do mérito, como, moralizadoramente, o que quer a atual Constituição.

Cumpre acrescentar que estão banidas das formas de investidura admitidas pela Constituição a ascensão e a transferência, maneiras de ingresso em carreira diversas daquela na qual o servidor público ingressou por concurso, e que não são, por isso mesmo, ínsitas ao sistema de provimento em carreira. Conclui-se pela inconstitucionalidade de regras que tragam o concurso interno visando ao "enquadramento funcional".[101]

Nada obsta que os servidores do quadro permanente melhorem suas posições funcionais obtendo êxito em concurso interno, em igualdade de condições com os demais integrantes do referido quadro. Nessas situações, o concurso interno se mostra como uma maneira de garantir os princípios da impessoalidade, isonomia, moralidade e eficiência.

Nesse diapasão, aduz José dos Santos Carvalho Filho que:

> deve considerar-se admissível o concurso interno apenas para provimento de cargos de classes intermediárias e finais de carreira, ou ainda para a ascensão funcional, pela qual o servidor pretende sair de cargo da classe final de uma carreira para outro da classe inicial de carreira superior ou complementar, isso em circunstâncias especiais como aquela em que a carreira superior é complementar a inferior.[102]

Quanto aos critérios de avaliação utilizados no concurso interno, ressalte-se que este não traz as mesmas exigências do

---

[101] Nesse sentido decidiu o STJ: "RMS – CONSTITUCIONAL E ADMINISTRATIVO – REALIZAÇÃO DE CONCURSO INTERNO PARA PROVIMENTO DE CARGO PÚBLICO APÓS A VIGÊNCIA DA CONSTITUIÇÃO DE 1988 – DESCABIMENTO. 1. Após o advento da Constituição Federal de 1988 tornou-se expressamente vedado o acesso a cargo, função ou emprego público sem a prévia aprovação em concurso público de provas ou de provas e títulos(art. 37, II); assim a Lei nº 11.966/92, do Estado do Ceará, que estabeleceu regras para concurso interno promovido pela Secretaria de Saúde visando o 'enquadramento funcional' de servidores no cargo de enfermeira é de flagrante inconstitucionalidade. 2. Recurso improvido" (RMS 8.357/CE, Rel. Min. Anselmo Santiago, Sexta Turma, julgado em 17.09.1998, DJ 15.03.1999, p. 290).

[102] CARVALHO FILHO, José dos Santos. *Manual de Direito Administrativo*. São Paulo: Atlas, 2016. p. 667.

concurso público, porém o processo seletivo de promoção deverá estabelecer requisitos e procedimentos compatíveis com as exigências do cargo. Assim, o Superior Tribunal de Justiça entendeu que a prova de natação em processo seletivo de promoção na carreira de policial militar é perfeitamente compatível com as atribuições do cargo.[103]

Vale ressaltar que os Tribunais vêm anulando concursos em que servidores públicos tenham vantagens desarrazoadas em relação a terceiros na competição para o ingresso em cargos públicos, quebrando o princípio da igualdade. Com efeito, o STF já decidiu que "é desarrazoado o critério previsto em edital de concurso público que empresta ao tempo de serviço público pontuação superior àquela referente a títulos de pós-graduação".[104]

3.4 A terceirização como burla à regra do concurso público

A terceirização, bastante comum no âmbito da iniciativa privada, é hoje também utilizada pela Administração Pública na busca de parceiras para realização de suas atividades. Fala-se na terceirização como a contratação, por determinada empresa, de serviços de terceiros para o desempenho de atividades-meio".[105]

Wilson Alves Polônio entende a terceirização como "processo de gestão empresarial consistente na transferência para terceiros (pessoas físicas ou jurídicas) de serviços que originariamente seriam executadas dentro da própria empresa".[106] Ademais, na concepção do referido autor, a terceirização tem como objetivo "a liberação da empresa da realização de atividades

---

[103] Recurso Ordinário em Mandado de Segurança. RMS 22417/RR. Rel. Min. Felix Fischer. Quinta Turma. DJ 13.08.2007. p. 390.
[104] RE nº 205.535-RS. 2ª Turma, Rel. Min. Marco Aurélio, 22.05.1998.
[105] DI PIETRO, Maria Sylvia Zanella. *Parcerias na administração pública*. São Paulo: Atlas, 2006. p. 229.
[106] POLÔNIO, Wilson Alves. *Terceirização*: aspectos legais, trabalhistas e tributárias. São Paulo: Atlas, 2000. p. 97.

consideradas acessórias (ou atividades-meios), permitindo que a administração concentre suas energias e criatividades nas atividades essenciais".[107]

Já a Reforma Trabalhista, aprovada pela Lei nº 13.467/2017, apresenta um conceito bem mais amplo de terceirização, preconizando no seu art. 4-A que "considera-se prestação de serviços a terceiros a transferência feita pela contratante da execução de quaisquer de suas atividades, inclusive sua atividade principal, à pessoa jurídica de direito privado prestadora de serviços que possua capacidade econômica compatível com a sua execução". Nessa mesma linha, o Supremo Tribunal Federal, em 30 de agosto de 2018, encerrou o julgamento referente à ADPF 324 e ao RE 9.58.252, analisando em ambos os julgamentos a constitucionalidade da terceirização da "atividade-fim", sob fundamento de que não há lei que a proíba. Assim, fixou a seguinte tese de repercussão geral: 'É lícita a terceirização ou qualquer outra forma de divisão do trabalho entre pessoas jurídicas distintas, independentemente do objeto social das empresas envolvidas, mantida a responsabilidade subsidiária da empresa contratante".[108]

Por certo que a dicotomia entre "atividade-meio" e "atividade-fim", além de imprecisa, não pode ignorar a inovação tecnológica que envolve a dinâmica da economia moderna, voltada à busca da eficiência. Muitas empresas mudaram seus escopos, passando a terceirizar atividades antes consideradas centrais. Tal atitude não revela intuito fraudulento, consubstanciando, muitas vezes, estratégia para manutenção das atividades.

O Tribunal Superior do Trabalho, por meio da Súmula nº 331, estabeleceu como regra geral a ilegalidade nos contratos de fornecimento de mão de obra, ou seja, contratação de trabalhadores por empresa interposta, reconhecendo, em consequência, o vínculo entre o tomador do serviço e o trabalhador, salvo no caso de trabalho temporário. Acrescentou, ainda, que "o inadimplemento das obrigações trabalhistas, por parte do empregador, implica na responsabilidade subsidiária do tomador dos serviços

---

[107] POLÔNIO, Wilson Alves. *Terceirização*: aspectos legais, trabalhistas e tributárias. São Paulo: Atlas, 2000.
[108] STF, Pleno, RE 958.252/MG, rel. min. Luiz Fux, 30.08.2018.

quanto àquelas obrigações, desde que este tenha participado da relação processual e conste também no título executivo judicial". No que se reporta à Administração Pública, o inciso II, da referida Súmula, em sintonia com a regra do concurso público, determinou que "a contratação irregular de trabalhador, mediante empresa interposta, não gera vínculo de emprego com os órgãos da Administração Pública direta, indireta ou fundacional (art. 37, II, da CF/1988)". Apesar da manutenção do entendimento acerca do inciso II, da Súmula 331, esta resulta revogada, já que vedava a terceirização da denominada atividade-fim.

Com efeito, ainda hoje, somente se pode falar em terceirização lícita quando inexistir pessoalidade e subordinação na prestação do serviço. Assim, a contratação tem de levar em consideração qualidades da empresa, que não poderá ser apenas mera intermediária para a contratação de pessoas físicas determinadas. Por outro lado, o terceirizante não pode ser considerado superior hierárquico da terceirizada. Dora Maria de Oliveira Ramos,[109] manifestando-se quanto à matéria, aduz que a subordinação necessária para configurar o vínculo de emprego na terceirização é aquela em que o tomador dirige os serviços diretamente, dando ordens aos empregados da contratada e submetendo-os ao seu poder disciplinar.

Assim, quanto à Administração Pública, esta pode celebrar contratos de empreitada para realização de obras ou para prestação de serviços, conforme permite a Lei nº 8.666/1993, cujo art. 6º, inciso II, define serviço como "toda atividade destinada a obter determinada utilidade de interesse para a Administração, tais como: demolição, conserto, instalação, montagem, operação, conservação, reparação, adaptação, manutenção, transporte, locação de bens publicidade, seguro ou trabalho técnico profissionais".

É inegável a existência de sérias discussões doutrinárias quanto à terceirização no âmbito da Administração Pública, principalmente quando esta assume a forma de terceirização de mão de obra. Aliás, a execução indireta de atividades-meio na seara

---

[109] RAMOS, Dora Maria de Oliveira. *Terceirização na Administração Pública*. São Paulo: LTr, 2001. p. 66.

administrativa é uma realidade, inclusive com a complementaridade entre as tarefas funcionais e as terceirizadas coexistentes na mesma organização.

Nesse diapasão, a Lei de Responsabilidade Fiscal – Lei Complementar nº 101/2000 – determina no seu art. 18, parágrafo 1º, que os valores dos contratos de terceirização de mão de obra que se refiram à substituição de servidores e empregados públicos serão contabilizados como "outras despesas de pessoal". Di Pietro,[110] comentando tal dispositivo, aduz que o legislador não estava preocupado com a licitude ou ilicitude dessa forma de terceirização, mas sim com a sua inclusão no cálculo das despesas com pessoal, uma vez que essa prática se intensificou com a promulgação da Emenda Constitucional nº 19/1998, visando a escapar das consequências previstas pelo art. 169 e parágrafos da Constituição Federal, para o caso de descumprimento do limite de despesa com pessoal.

O Decreto Federal nº 9.507/2018, pretendendo amparar diretrizes, dispôs sobre a execução indireta de serviços pela Administração Pública Federal direta, autárquica e fundacional e das empresas públicas e sociedades de economia mista controladas pela União. Determina que ato do Ministro de Estado do Planejamento, Desenvolvimento e Gestão estabelecerá os serviços que serão preferencialmente objeto de execução indireta, através de contratação. Referido Decreto, no seu art.3°, veda tal forma de execução àqueles serviços que envolvam a tomada de decisão ou posicionamento institucional nas áreas de planejamento, coordenação, supervisão e controle; que sejam considerados estratégicos para o órgão ou a entidade cuja terceirização possa colocar em risco o controle de processos e de conhecimentos e tecnologias; que estejam relacionados ao poder de polícia, de regulação, de outorga de serviços públicos e de aplicação de sanção; ou, ainda, que sejam inerentes às categorias funcionais abrangidas pelo plano de cargos do órgão ou da entidade, exceto disposição legal em contrário ou quando se tratar de cargo extinto, total ou parcialmente.

---

[110] DI PIETRO, Maria Sylvia Zanella. *In*: MARTINS, Ives Granda da Silva; NASCIMENTO. Carlos Valder do (Org.). *Comentários à lei de responsabilidade fiscal*. São Paulo: Saraiva, 2001. p. 134.

Observe-se que o novo Decreto abandona a distinção linear entre "atividade-meio" e "atividade-fim", para adotar posição mais compatível com a eficiência administrativa, ampliando as possibilidades de execução indireta de serviços. No entanto, manteve a proibição, já presente no então Decreto nº 2.271/1991, de terceirizar atividades típicas de cargos ou empregos públicos, o que constitui afronta à regra do concurso público.

Desta forma, os contratos de terceirização que incorporem atividades típicas de cargos ou empregos públicos constantes da estrutura organizacional do órgão ou ente público constituem burla à regra constitucional do concurso, devendo ser declarada a sua nulidade, apurando-se a possível prática de ato de improbidade administrativa, constante do art. 11 da Lei nº 8.429/1992, por aquele responsável pelas contratações indevidas.

Infelizmente, a terceirização de atividades administrativas vem sendo uma constante no âmbito dos entes federados. No dia 27 de abril de 2015, a Controladoria Geral da União (CGU) divulgou um relatório criticando os gastos do governo federal com as empresas terceirizadas. Segundo o órgão, entre 2009 e 2013 (último ano analisado), as despesas do Poder Executivo com empresas terceirizadas de limpeza, conservação predial e vigilância aumentaram, em média, 18,45% ao ano. Em 2013, o governo gastou R$ 6,29 bilhões. Para a CGU, o governo deve rever contratos para reduzir despesas. Em determinado trecho do relatório, os técnicos da CGU criticam o aumento. "Em que pese o objetivo das terceirizações de vigilância, limpeza e conservação ser o de reduzir custos, os dispêndios com tais contratações têm crescido acentuadamente nos últimos anos", diz o relatório.

Acrescente-se que a terceirização de mão de obra travestida de contrato de terceirização de serviços continua presente na Administração Pública brasileira, destacando-se, neste ponto, a mão de obra na área de saúde, em especial de médicos. Mesmo existindo nas administrações estaduais e municipais o cargo de médico, há dificuldades na seleção concursal de certas especialidades, levando à formalização de ajustes bastante questionáveis. Assim, cite-se a contratação das "pessoas jurídicas", constituídas somente por médicos no quadro societário, que prestam diretamente os serviços.

CAPÍTULO IV

DA CONTRATAÇÃO DE EMPRESA PARA REALIZAÇÃO DE CONCURSO PÚBLICO

4.1 Do processo licitatório: antecedente necessário aos contratos administrativos

Sabe-se que, para atender às expectativas sociais, a Administração Pública direta e indireta realiza obras e serviços, faz compras e aliena bens. Porém, para exercer essas atividades precisa contratar. Ocorre que tais contratos dependem, em regra, de processo seletivo prévio denominado licitação. Com efeito, define-se licitação como procedimento administrativo mediante o qual a Administração Pública seleciona a proposta mais vantajosa para o contrato de seu interesse.[111]

Em regra, todos os contratos firmados pela Administração Pública são precedidos de processos licitatórios, conforme preceitua o art. 37, XXI, da Constituição Federal.[112] Por outro lado, o inciso XXVII do art. 22 da Carta Constitucional estabeleceu que compete privativamente à União legislar sobre "normas gerais de licitação e contratação, em todas as modalidades, para as Administrações

---

[111] MEIRELLES, Hely Lopes. *Licitação e contrato administrativo*. São Paulo: Malheiros, 2006. p. 27.
[112] Jacoby Fernandes apresenta informações quanto ao número de contratações diretas realizadas pela União no ano de 1999. Segundo o autor, naquele ano, 51% dos contratos firmados no âmbito federal não foram precedidos de licitação, enquadrando-se em hipóteses de dispensa ou inexigibilidade. Conclui-se, deste dado apresentado, que diferentemente do ponto de vista legislativo, no qual a licitação é a regra e a contratação direta a exceção, a prática vem demonstrando o contrário (Cf. FERNANDES, Jacoby. *Contratação direta sem licitação*. Brasília: Brasília Jurídica, 2000. p. 188).

Públicas diretas, indiretas, autárquicas e fundacionais da União, estados, Distrito Federal e municípios, obedecendo ao disposto no art. 37, XXI, e para as empresas públicas e sociedades de economia mista, nos termos do art. 173, §1º, III".

A Lei nº 8.666, de 21 de junho de 1993, instituiu o Estatuto Jurídico das Licitações e Contratos Administrativos pertinentes às obras, serviços, compras, alienações e locações no âmbito dos Poderes da União, dos estados, do Distrito Federal e dos municípios. Em verdade, tal diploma é aplicado integralmente à União, deixando para os demais entes federados a possibilidade de dispor sobre pontos que não possuam a característica de norma geral.

Costuma-se definir normas gerais, em matéria de licitações e contratos administrativos, como aquelas indispensáveis à implementação dos princípios constitucionais. Segundo Alice Gonzalez, são "normas necessárias para tornar pacífica e uniforme, em todo território nacional, a integral realização dos princípios que emanam ou decorrem da Constituição Federal".[113] Além disso, para que determinada norma tenha tal natureza é necessário que não viole a autonomia dos entes federados.

Desta forma, os entes federados podem dispor sobre licitações e contratos administrativos, desde que não quebrem os princípios regedores da licitação nem retirem seu caráter competitivo. Assim, nada impede que as exigências mínimas sejam ampliadas nos âmbitos estadual e municipal, mas a licitação fora dos casos enumerados na lei federal não pode ser relegada nem dispensada.

Quando a Administração Pública recorrer à realização de concurso público, a primeira averiguação administrativa a ser adotada é se o concurso será realizado diretamente por um dos seus órgãos ou se será contratada uma empresa especializada para tal fim. Normalmente, os entes administrativos escolhem a segunda opção.

Assim, decidindo contratar empresa para realização do certame, o segundo questionamento que se lança é voltado a saber da efetiva necessidade de realização de processo licitatório ou se há algum caminho que leve à contratação direta.

---

[113] GONZALEZ BORGES, Alice Maria. Normas gerais de licitação para sociedades de economia mista e empresas públicas. *In*: BORGES, Alice Maria Gonzalez. *Temas do Direito Administrativo atual*. Belo Horizonte: Fórum. 2004. p. 88.

4.2 A contratação direta de empresas para realização de concurso público

Sabe-se que na Administração Pública a regra é que todos os contratos sejam precedidos de processos licitatórios, porém a Lei nº 8.666/1993 traz alguns dispositivos que tratam da contratação direta. São situações em que a licitação formal seria impossível ou traria prejuízos ao interesse público.

A contratação direta não pressupõe a inobservância dos princípios administrativos, tampouco caracteriza uma livre atuação administrativa. Em verdade, há um procedimento administrativo que antecede a contratação, no qual deve ficar demonstrado o tratamento igualitário a todos os possíveis interessados, bem como a realização da melhor contratação possível. Se a Administração pode escolher o contratado no caso da contratação direta, é bom que fique claro que isso não significa autorizar escolhas meramente subjetivas. Assim, o parágrafo único do art. 26 da Lei nº 8.666/1993 exige a presença de certos elementos nos processos de contratação direta.

Em seu art. 17, a Lei de Licitações aborda a licitação dispensada para casos específicos de alienação de bens públicos. Segundo alguns doutrinadores, em ocorrendo uma das hipóteses previstas nesse artigo, a contratação direta torna-se imperiosa.[114] No art. 24, por sua vez, a lei apresenta hipóteses taxativas de licitação dispensável e, por fim, no art. 25 trata da licitação inexigível, apresentando três situações exemplificativas. Interessa-nos, neste momento, a análise dos artigos 24 e 25 da Lei nº 8.666/1993.

Quanto à licitação dispensável – art. 24 – esta ocorre nas situações em que, embora viável a competição entre os possíveis interessados, afigura-se inconveniente aos objetivos norteadores da atuação administrativa. Pensando-se na equação custo-benefício, a realização de processo licitatório traria maiores custos

---

[114] Não corrobora com este entendimento Marçal Justen Filho. Aliás, o mesmo autor aduz que as hipóteses previstas no art. 17 da Lei nº 8.666/1993 não possuem natureza de norma geral, uma vez que ferem o princípio da autonomia federativa a União dispor sobre requisitos de alienação de bens dos demais entes federados (Cf. JUSTEM FILHO, Marçal. *Comentários à lei de licitações e contratos administrativos*. São Paulo: Dialética, 2010. p. 226).

à Administração Pública do que benefícios. Confere razão a Jessé Torres Pereira Júnior quando afirma que "lei estadual, municipal ou distrital, bem assim regulamento interno de entidade vinculada, não poderá criar hipóteses de dispensabilidade".[115] Percebe-se, então, que o dispositivo que aborda os casos de licitações dispensáveis possui natureza de norma geral.

Voltando à contratação de empresa para realização de concurso público, dentre as trinta e três hipóteses de licitações dispensáveis previstas no mencionado dispositivo legal, duas são seguramente as mais utilizadas para justificar a contratação direta de ente destinado à realização de concurso público de provas ou provas e títulos. Os incisos II e o XIII.

Desta forma, quando a estimativa de custo para realização do certame não ultrapassar R$ 17.600,00 – no âmbito federal – ou seja, 10% do valor máximo para realização da licitação, destinada a compras e serviços, na modalidade convite, poder-se-á contratar diretamente, com fulcro no art. 24, II, da Lei nº 8.666/1993[116]
. Obviamente, esta situação é de difícil incidência, por menor que seja o número de inscritos no concurso, diante dos custos que envolvem o procedimento, que vai desde a confecção de edital e provas até a manutenção de equipe especializada para conduzir o certame. Cumpre acrescentar que a norma contida no art. 23, referente aos valores estipulados para cada modalidade de licitação, não possui natureza de norma geral, devendo cada ente da federação estabelecer seus próprios limites. Assim, no Estado da Bahia o limite de valor estipulado para cada modalidade corresponde a 70% do determinado pela Lei nº 8.666/1993.[117] Por outro lado, acrescente-se que não se fundamenta em tal hipótese os casos em que a Administração Pública contrata diretamente empresa para realização de concurso público, sob o argumento de que não há gastos para o contratante se a remuneração de tal empresa for feita exclusivamente com os valores das inscrições recolhidos. Ora, o valor pago pela inscrição no concurso tem natureza de receita pública. Logo, o quanto arrecadado deve ser

---

[115] PEREIRA JÚNIOR, Jessé Torres. *Comentários à lei de licitações e contratações da administração pública*. Rio de Janeiro: Renovar, 2002. p. 259.
[116] Valores estabelecidos pelo Decreto Federal nº 9.412/2018.
[117] Art. 55, da Lei nº 9.433, de 1º de março de 2005.

computado para fixação da modalidade de licitação cabível.[118] Sobre a matéria, trataremos mais adiante.

Muitos entes administrativos têm utilizado o disposto no art. 24, XIII, para contratação direta de "instituição brasileira incumbida regimental ou estatutariamente da pesquisa, do ensino, do desenvolvimento institucional ou da recuperação social do preso". Segundo Marçal Justen Filho, instituição corresponde a "uma organização de recursos materiais e de esforços humanos que se autonomiza em face dos seus próprios fundadores, passando a gozar de um acentuado grau de independência".[119] Para incidência de tal dispositivo, o fim da instituição deverá abranger pesquisa, ensino, desenvolvimento institucional ou a recuperação social do preso. Além disso, a instituição deve ter uma inquestionável capacidade para o desempenho da atividade objetivada e não possuir fins lucrativos.

Quanto aos fins institucionais, dúvidas não existem sobre o alcance das atividades de ensino e recuperação social de preso. Porém, cabe esclarecer o que se entende por atividades de pesquisa e de desenvolvimento institucional. A doutrina classifica a atividade de pesquisa como aquela voltada ao desenvolvimento de soluções inovadoras e desconhecidas. Porém, não deve possuir uma vinculação entre a atividade do pesquisador e a obtenção de um resultado prático e imediato, pois a atividade pode ou não produzir efeitos satisfatórios. Quanto ao desenvolvimento institucional, segundo

---

[118] ADMINISTRATIVO. IMPROBIDADE ADMINISTRATIVA. CONTRATAÇÃO DIRETA DE EMPRESA ORGANIZADORA DE CONCURSO PÚBLICO, COM FUNDAMENTO NO ART. 24, II, DA LEI DE LICITAÇÕES. VALOR DO CONTRATO ADMINISTRATIVO INFERIOR A R$ 8.000,00 (OITO MIL REAIS). RECEBIMENTO PELA EMPRESA CONTRATADA DAS TAXAS DE INSCRIÇÃO DO CONCURSO, EM MONTANTE SUPERIOR AO PERMISSIVO DA LEI LICITAÇÕES. NECESSIDADE DE PRÉVIO PROCEDIMENTO LICITATÓRIO. [...] 4. Ainda que os valores recolhidos como taxa de inscrição não sejam públicos, a adequada destinação desses valores é de interesse público primário. Mesmo que a contratação direta de banca realizadora de concurso sem licitação não afete o interesse público secundário (direitos patrimoniais da administração pública), é contrária ao interesse público primário, pois a destinação de elevado montante de recursos a empresa privada ocorrerá sem o processo competitivo, violando, dessa maneira, o princípio da isonomia, positivado na Constituição Federal e no art. 3º da Lei n. 8.666/93. (STJ. REsp. 1356260/SC. Recurso Especial 2012/0252591-0, Min. Humberto Martins. Segunda Turma. Dje: 19.02.2013.

[119] JUSTEN FILHO, Marçal. *Comentários à lei de licitações e contratos administrativos*. São Paulo: Dialética, 2010. p. 327.

Marçal Justen Filho,[120] o dispositivo se refere às instituições sociais e políticas, que promovam o desenvolvimento de outras instituições. Em pesquisa mais remota, observava-se que o Tribunal de Contas da União admitia a legalidade da contratação de instituição sem fins lucrativos, destinada à pesquisa, ensino ou desenvolvimento institucional para realização de concurso público, sem maiores contestações.[121] Verificavam-se apenas os atributos da entidade contratada. Em pronunciamentos posteriores, foi possível perceber uma divergência em torno da matéria. Assim, a Corte emitiu seguidas decisões restringindo o caráter amplo da interpretação da norma, passando a se manifestar no sentido de que somente aquelas atividades estritamente ligadas ao ensino, à pesquisa ou ao desenvolvimento institucional, dentro de suas devidas concepções, podem ser objeto de contratação direta, o que não seria o caso de promoção de concurso público.[122] Em decisão mais recente, o TCU converteu em súmula (Súmula nº 287) o entendimento, segundo o qual:

> É lícita a contratação de serviço de promoção de concurso público por meio de dispensa de licitação, com fulcro no art. 24, inciso XIII, da Lei 8.666/1993, desde que sejam observados todos os requisitos previstos no referido dispositivo e demonstrado o nexo efetivo desse objeto com a natureza da instituição a ser contratada, além de comprovada a compatibilidade com os preços de mercado.[123]

Assim, nesta linha de entendimento, diversos tribunais se posicionam favoráveis à contratação direta para realização de concurso público, com fundamento no art. 24, XIII, da Lei nº 8.666/1993, arguindo que a realização do certame concursal tem pertinência com o desenvolvimento institucional da Administração Pública. Neste sentido já decidiu o Tribunal Regional Federal da 1ª Região:

---

[120] JUSTEN FILHO, Marçal. *Comentários à lei de licitações e contratos administrativos*. São Paulo: Dialética, 2010. p. 325.
[121] Decisão 470/1993 – Plenário.
[122] O Tribunal de Contas da União recomendou: limite-se a efetuar contratações com dispensa de licitação fundamentada no art. 24, inciso XIII, da Lei nº 8.666/1993, quando houver comprovadamente nexo entre o dispositivo, a natureza da instituição contratada e o objeto contratual. (TCU. Processo n. 009.713/2000. DOU, 14 nov. 2000, p. 103-104). A Lei de Licitações e Contratos do Estado da Bahia, Lei nº 9.433/2005, no art. 59, XII, segue a mesma orientação.
[123] Plenário. 032.017/2011-1. Data de Julgamento 12.11.2014.

AÇÃO POPULAR. DISPENSA DE LICITAÇÃO NA CONTRATAÇÃO DE INSTITUIÇÃO NACIONAL. LEGITIMIDADE. LITIGÂNCIA DE MÁ-FÉ. NÃO-CARACTERIZAÇÃO.
[...]
2- Inexistência de ofensa ao disposto no art. 24, XIII, da Lei n. 8.666/93, uma vez que a Fundação Universidade de Brasília (FUB) é instituição nacional sem fins lucrativos, que se dedica ao ensino e de reconhecida idoneidade, reputação ético-profissional e capacidade na realização de concursos públicos por intermédio do CESPE _ Centro de Seleção e Promoção de Eventos, já tendo realizado dezenas de certames para admissão de pessoal em diversos órgãos e instituições, tais como, a título exemplificativo, o Superior Tribunal de Justiça, o Tribunal de Contas da União, O Instituto Nacional do Seguro Social, o Ministério Público do Trabalho, o Senado, o Ministério Público do Estado do Pernambuco, a Câmara Legislativa do Distrito Federal e o Tribunal de Justiça do Distrito Federal, dentre outros, todos com dispensa de licitação na forma do dispositivo legal acima referido.
[...]
6- Apelação provida em parte. Remessa não provida.[124]

A dificuldade na aplicação do inciso XIII, do art. 24, da Lei nº 8.666/1993, para a contratação direta de ente sem fins lucrativos, voltado à realização de concurso público, decorre da adequação do certame concursal às atividades constantes do rol taxativo expresso no texto legal. O objeto contratual deve se adequar ao conceito de pesquisa, ensino, desenvolvimento institucional ou recuperação de presos. Ora, a realização de concurso público parece se aproximar da atividade de desenvolvimento institucional, porém não de maneira absoluta.

O Conselho Nacional de Justiça, decidiu ser viável a realização de licitação para contratação de instituição visando à realização de concurso público, uma vez que há no mercado diversas instituições com vasta experiência e dotadas de notória aptidão para a realização de concurso público. Acrescentou, ainda, que a regra do art. 24, XIII, não serve de fundamento para a contratação com dispensa de licitação, de entidade para a realização de concurso público, uma vez que as atividades não estão vinculadas à pesquisa, ensino, desenvolvimento institucional ou à recuperação social

---

[124] Processo AC 1998.01.00.084552-3/DF; Relator Juiz Federal Leão Aparecido Alves; Órgão Julgador Terceira Turma Suplementar; DJ 30.10.03.

de preso.[125] Também em nota divulgada na sua página eletrônica, o CNJ, em 12 de setembro de 2013, voltou a externar tal posição, afirmando que:

> O Plenário do Conselho Nacional de Justiça (CNJ) aprovou por unanimidade, na sessão desta última terça-feira (10/9), voto que recomenda aos tribunais que não promovam a dispensa de licitação nos casos de concursos para outorga de delegação de notas e registros ou para outros cargos vinculados ao Poder Judiciário.

Diante da controvérsia existente sobre tal questão, em 27 de fevereiro de 2014, decisão plenária do CNJ, exarada nos autos do Pedido de Providências nº 0004168-55.2012.2.00.0000, de relatoria do conselheiro Bruno Dantas, reconheceu a legalidade da contratação direta de empresa para participar na realização de concurso das atividades notarial e registral, com fundamento no art. 24, XIII, da Lei nº 8.666/1993.

O Conselho Nacional do Ministério Público, por sua vez, posicionou-se favorável à dispensa de licitação na hipótese aqui abordada, destacando-se o excerto do acórdão, segundo o qual:

> É possível a contratação de entidade sem fins lucrativos por meio de dispensa de licitação para a realização de concurso público. No entanto, tal possibilidade deve ser encarada com parcimônia, especialmente diante da possibilidade concreta de realização de licitação, tendo em vista o número de interessados.[126]

Quanto à inexigibilidade de licitação, prevista no art. 25 da Lei nº 8.666/1993, esta ocorre quando há inviabilidade de competição. É difícil sistematizar todos os eventos que podem conduzir à inviabilidade de competição, tanto assim que o dispositivo sob análise traz três hipóteses exemplificativas. Marçal Justen Filho[127] enumera quatro situações que caracterizam a inviabilidade de

---

[125] Processo n. 0001444-15.2011.2.00.0000. Procedimento de Controle Administrativo. Rel. José Adonis. Data de Julgamento 05.07.2011.
[126] Processo: Pca nº 0.00.000.000758/2014-51. Relator: Conselheiro Fábio George Cruz da Nóbrega. Diário Oficial da União [da] República Federativa do Brasil, Brasília, DF, 27 mar. 2015. Seção 1, p. 107.
[127] JUTEN FILHO, Marçal. *Comentários à Lei de Licitações e Contratos Administrativos*. São Paulo: Dialética, 2010. p. 358.

competição, quais sejam: i. ausência de pluralidade de alternativas de contratação; ii. ausência de mercado concorrencial entre possíveis interessados; iii. impossibilidade de seleção com base em critérios objetivos; e iv. falta de definição objetiva da prestação a ser executada.

O conceito de inexigibilidade de licitação coloca os autores em duas vertentes. Para alguns, ocorrendo uma das hipóteses exemplificativas do art. 25 estará caracterizada a inexigibilidade de licitação, independentemente de, no caso concreto, ser ou não viável a competição. Para outros, ocorrendo uma das situações do art. 25, somente se estará diante da inexigibilidade de licitação se, na situação fática, a competição for inviável, entendimento que parece o mais coerente com os princípios administrativos consagrados no nosso ordenamento jurídico. Nessa linha de entendimento, de acordo com Jessé Torres Pereira Filho,[128] as inspetorias e procuradorias que funcionam junto aos Tribunais de Contas têm, na sua maioria, adotado o segundo posicionamento, que, também na opinião do autor, é o mais correto, tomando como base três fundamentos principais: 1º a competitividade é da essência da licitação, logo, somente será inexigível a licitação se for impossível a competição; 2º as hipóteses arroladas no art. 25 não geram presunção *juris et de jure*, uma vez que, na prática, a situação, além de se enquadrar aos ditames de um dos incisos, está também submetida ao núcleo conceitual fixado na cabeça do artigo, que exige a "inviabilidade de competição"; 3º as hipóteses dos incisos não possuem autonomia conceitual, subordinando-se, assim, ao *caput* do artigo.

Dentre as hipóteses exemplificativas do art. 25, cabe-nos analisar aquela constante do inciso II, uma vez que há os que defendem a contratação direta de empresa para realização de concurso público, utilizando como fundamento tal dispositivo.[129]

O art. 25, II, da Lei nº 8.666/1993, trata da inexigibilidade de licitação a partir do preenchimento de alguns requisitos, quais sejam,

---

[128] PEREIRA JÚNIOR, Jessé Torres. *Comentários à Lei de Licitações e Contratações da Administração Pública*. Rio de Janeiro: Renovar, 2002. p. 295.

[129] Este é o posicionamento exposto por Diógenes Gasparini (Cf. GASPARINI, Diógenes. Concurso público: imposição constitucional e operacionalização. *In*: MOTTA, Fabrício (Coord.). *Concurso público e Constituição*. Belo Horizonte: Fórum, 2005. p. 67).

ser o serviço de natureza técnica – dentre os enumerados no art. 13, do referido diploma legal –; ser também de natureza singular; e ser o contratado portador de notória especialização. Segundo Marçal Justen Filho, tal causa de inviabilidade de competição "consiste na inexistência de mercado de serviços concorrencial homogêneo".[130]

Referindo-se ao serviço de natureza técnica, Justen Filho afirma que "refletem atuação pessoal de um ser humano, com cunho de transformação do conhecimento teórico-geral ou da inventividade em solução prática-concreta".[131] Assim, a natureza da prestação produzida tem que refletir a habilidade subjetiva de conduzir a transformação de conhecimento teórico em solução prática. Quanto à singularidade do serviço, esta se refere à sua natureza, independentemente do número de pessoas capacitadas para executá-lo. Para o preenchimento desse requisito não basta reconhecer que o objeto do contrato é diverso daquele usualmente executado pela própria Administração, mas também deve-se examinar se aquele objeto necessita de um profissional que foge aos padrões comuns do mercado. Com efeito, a análise da singularidade dependerá de circunstâncias históricas e geográficas. Segundo Justen Filho:

> Sua identificação, no caso concreto, depende das condições generalizadas de conhecimento e de técnica. Algo que, em um certo momento, caracteriza-se como sendo de natureza singular pode deixar de ser assim considerado no futuro. Um certo serviço pode ser reputado como de natureza singular em certas regiões do Brasil e não ser assim qualificável em outras.[132]

A notória especialização, o terceiro dos três requisitos, vem definida no §1º do mencionado art. 25, consistindo no reconhecimento da qualificação do interessado no contrato por parte de um certo setor da comunidade. Busca-se o desempenho pessoal de ser humano dotado de capacidade especial de aplicar conhecimento – aquele teórico, para solução de problemas.

---

[130] JUSTEN FILHO, Marçal. *Comentários à Lei de Licitações e Contratos Administrativos*. São Paulo: Dialética, 2010. p. 358.

[131] JUSTEN FILHO, Marçal. *Comentários à Lei de Licitações e Contratos Administrativos*. São Paulo: Dialética, 2010. p. 368.

[132] JUSTEN FILHO, Marçal. *Comentários à Lei de Licitações e Contratos Administrativos*. São Paulo: Dialética, 2010. p. 368.

Por certo, a realização de concurso público requer conhecimento especializado, uma vez que envolve atividade de natureza intelectual na confecção das provas, bem como expertise quanto à logística na sua aplicação.

O questionamento quanto à utilização do mencionado dispositivo legal para a contratação de empresas voltadas à realização de concurso público ocorre por parte daqueles que exigem a inviabilidade de competição para a incidência das hipóteses de inexigibilidade de licitação.

Ora, nos dias atuais, não somente a Constituição Federal exige para o ingresso em cargo ou emprego público a realização de concurso, como também há uma intensa fiscalização realizada tanto pelos Tribunais de Contas, como pelos Ministérios Públicos Estaduais e Federal, voltada à observância de tal norma. Em consequência, diversas são as empresas que oferecem serviços para efetivação de certames dessa natureza, portadoras de notoriedade e reconhecimento no mercado.

Logo, não há que se falar em inviabilidade de competição, podendo a escolha ser estabelecida por critérios objetivos, fato que leva a imposição de abertura de processo licitatório, como garantia aos princípios da isonomia e de seleção da proposta mais vantajosa. Acrescente-se que tal entendimento já foi manifestado pelo Tribunal de Contas da União.[133]

Mesmo os que admitem a contratação direta sabem que, muitas vezes, a contratação de empresa para realização de concurso público se faz por processo licitatório. Aliás, esta é uma prática que vem sendo observada por diversos entes federados. Nesse ponto, discute-se a modalidade e o tipo de licitação a serem utilizados.

Tanto no caso de dispensa como na situação de inexigibilidade de licitação deve-se atentar para a justificativa dos preços praticados. De acordo com o TCU (Acordão nº 1565/2015 – Plenário), a justificativa de preços em caso de licitação dispensável será feita mediante a apresentação de, no mínimo, três cotações válidas de empresas do ramo, ou justificativa circunstanciada se não for possível obter essa quantidade mínima. Já em situação de inexigibilidade a justificativa

---

[133] Tomada de contas. TRT – 2ª Região. Contratação de empresa para a realização de concurso público sem licitação sob alegação de notória especialização. Ausência de malversação, desvio, locupletação ou dano. Contas regulares *com ressalvas*. Quitação. Determinação (Acordão 62/1998 – Plenário. Rel. Ministro Carlos Átila Álvares da Silva).

pode ser efetivada com a comparação dos preços praticados pelo fornecedor junto a outras instituições públicas ou privadas.

4.3 Da licitação para contratação de empresa voltada à realização de concurso público

Dentre as modalidades de licitações previstas no art. 22, da Lei nº 8.666/1993, temos a concorrência, a tomada de preço, o convite, o concurso, o leilão. Tem-se, ainda, o pregão estabelecido na Lei nº 10.520/2002, para aquisição de bens e serviços comuns.

Os parágrafos do art. 22 definem cada modalidade de licitação. Sabe-se que, em regra, o critério utilizado para escolha da modalidade de licitação, dentre a concorrência, a tomada de preço e o convite, é a mais econômica.[134] A Lei nº 8.666/1993 condicionou a escolha da modalidade de licitação em função do valor do contrato, porém possibilitou que contratação de valor relativamente diminuto seja antecedida de licitação em modalidade superior ao valor econômico cabível. Assim, nada impede que seja realizada licitação na modalidade concorrência para formalização de contrato cujo valor se adeque à modalidade convite. Deve-se salientar a tramitação do Projeto de Lei nº 6.814/2017, na Câmara de Deputados, referente à nova Lei de Licitações, em substituição à Lei nº 8.666/1993, à Lei nº 10.520/2002 e dispositivos da Lei nº 12.462/2011.

No que concerne à licitação para contratação de empresa destinada à realização de concurso público, de início deverá o ente licitante apresentar uma planilha de custos dos serviços englobados em tal contratação. Assim, saberá estimar o valor aproximado do contrato, estabelecendo, por conseguinte, a modalidade de licitação a ser utilizada.

---

[134] Vale ressaltar a exceção constante do art. 23, §3º, segundo o qual "a concorrência é a modalidade de licitação cabível, qualquer que seja o valor do seu objeto, tanto na compra ou alienação de bens imóveis, ressalvado o disposto no art. 19, como nas concessões de direito real de uso e nas licitações internacionais, admitindo-se, neste último caso, observados os limites deste artigo, a tomada de preço, quando o órgão ou entidade dispuser de cadastro internacional de fornecedores ou convite, quando não houver fornecedor do bem ou serviço no país".

Percebe-se, no entanto, muitas vezes, o edital determinar que a empresa a ser contratada seja remunerada com o recolhimento dos valores das inscrições, procedimento este já contestado pelo Tribunal de Contas da União.[135] Assim, no momento da formalização do vínculo não se sabe ao certo qual será o valor exato do contrato. Ora, se não há uma previsão precisa do valor da remuneração a ser paga ao contratado, o ideal é que se adote a modalidade de licitação destinada a contratos de valores mais altos, qual seja, a concorrência, que garante de forma mais eficaz os princípios da universalidade e da publicidade.

Por outro lado, a Lei nº 8.666/1993 apresenta quatro tipos de licitações no art. 45, a de menor preço, a de melhor técnica, a de técnica e preço e a de maior lance. Não há discricionariedade na escolha do tipo de licitação. Conforme afirma Marçal Justen Filho, "a natureza do objeto e as exigências previstas pela Administração condicionam o procedimento licitatório e definem o tipo de licitação".[136] A Administração Pública deve se revestir de cuidados na observância do tipo de licitação, para que não se frustre o atendimento ao interesse público.

O preço é fator relevante na seleção de qualquer proposta. É certo que a Administração sempre visa a obter a melhor proposta pelo menor custo possível. Ocorre que, nas licitações do tipo menor preço, o menor valor apresentado dentre aqueles com padrão de qualidade mínima exigido no ato convocatório, definirá o licitante vencedor. Conclui-se, então, que a licitação de menor preço admite exigências técnicas na configuração do objeto licitado, porém não serão verificadas como critério de seleção da proposta. A licitação do tipo menor preço está prevista no art. 45, §1º, I, da Lei nº 8.666/1993.

As licitações melhor técnica e técnica e preço, estabelecidas nos incisos II e III do §1º do art. 45 da Lei nº 8.666/1993, foram

---

[135] 1.4.1.1 considere como públicos os recursos financeiros oriundos de taxas de inscrição nos processos seletivos, consoante entendimento consubstanciado no Enunciado n. 214 da Súmula de Jurisprudência deste Tribunal; 1.4.1.2 abstenha-se de firmar novas avenças que tenham por objeto a delegação da administração financeira da realização de concursos públicos a entidade privada, por contrariar o disposto no art. 165 da Constituição Federal e no art. 2º da Lei n. 4.320/64;18 (grifo nosso) [...] (BRASIL. Tribunal de Contas da União. Acórdão n. 1.317/2008. TCU- Plenário, TC-014.674/2004-1. Relator: Ministro Aroldo Cedraz. DOU, Brasília, DF, 8 jul. 2008.)

[136] JUSTEN FILHO, Marçal. *Comentários à Lei de Licitações e Contratos Administrativos*. São Paulo: Dialética, 2010. p. 617.

reservadas para situações especiais. O art. 46 determina que tais tipos de licitação serão utilizados "exclusivamente para serviços de natureza predominantemente intelectual, em especial na elaboração de projetos, cálculos, fiscalização, supervisão e gerenciamento e de engenharia consultiva em geral e, em particular, para a elaboração de estudos técnicos preliminares e projetos básicos e executivos".

Percebe-se, então, que tais tipos de licitação são utilizados quando o serviço a ser realizado pressupor uma atividade predominantemente intelectual, trazendo o artigo algumas situações específicas a título exemplificativo. São hipóteses em que há uma atuação peculiar do ser humano. Será colocada em disputa a forma ou o meio de executar a prestação.

Na modalidade de licitação melhor técnica, o edital deverá fixar o limite máximo de preço dentro do qual será escolhida a proposta tecnicamente mais vantajosa. Neste tipo de licitação, os participantes deverão apresentar três envelopes, um contendo a documentação de habilitação, outro com a proposta técnica e, por fim, um terceiro com a proposta de preço. A proposta técnica é que desclassificará ou pré-classificará os licitantes para o julgamento final. Assim, aqueles que não oferecerem uma técnica aceitável serão desclassificados, sendo devolvidos a estes os envelopes de preços intactos. Por outro lado, as propostas técnicas aceitas são classificadas em ordem decrescente, passando, então, a Administração Pública a abrir os envelopes contendo as propostas de preços. Posteriormente, passa a negociar o preço com o primeiro colocado (aquele que apresentou a melhor proposta técnica), tendo em vista o menor preço oferecido dentre aqueles que tiveram a proposta técnica classificada. Não havendo acordo, a negociação segue com o segundo classificado e assim sucessivamente, até a formalização do ajuste. Percebe-se, então, que o limite de negociação exigida pela lei será sempre a proposta de menor preço entre os licitantes aptos tecnicamente a executar o objeto pretendido pela Administração. O grande problema da licitação do tipo melhor técnica é que, por fim, privilegia-se o preço, deixando-se, muitas vezes, de adquirir os serviços de melhor técnica, afinal, a melhor adequação técnica tem custos mais altos, na maioria das vezes.

Muitas das considerações acima expostas aplicam-se às modalidades de licitação técnica e de preço. Na fase de exame das propostas técnicas, o procedimento é similar ao da licitação melhor técnica, principalmente no que diz respeito à estipulação de notas técnicas, desclassificando-se aqueles que não alcançaram pontuação mínima exigida. Neste tipo de licitação há também a atribuição de notas proporcionais aos preços oferecidos. Difere-se, basicamente, do tipo melhor técnica em virtude da escolha recair sobre aquele que apresentar a melhor média ponderada, obtida com a nota da proposta técnica e a nota da proposta de preço. Os critérios para apuração das notas e para o cálculo da média são estabelecidos no ato convocatório. Assim, é pertinente a observação lançada por Edite Hupsel e Leyla Bianca, segundo a qual:

> [...] cada fator a ser pontuado, no que diz respeito à técnica, deve ter estreita correlação com o objeto desejado pela Administração. Atribuir pontuação ao número de empregados da licitante, à especificações relativas a sede física da empresa, ao local do seu funcionamento e outras situações que não se traduzem na melhor técnica desejada pela Administração é, no mínimo, desarrazoado e gera um desvio da nota técnica.[137]

Por fim, na modalidade de licitação de maior lance ou oferta utiliza-se como critério de julgamento da melhor proposta o maior valor oferecido pelo licitante. Este tipo de licitação é utilizado para alienação de bens, móveis ou imóveis,[138] sendo realizado para a modalidade leilão, que ocorre em sessão pública.

Ora, envolvendo o concurso público atividade predominantemente intelectual, seja na elaboração do edital, seja na criação das questões das provas, seja na correção das provas ou ainda, no julgamento dos recursos, é inegável a necessidade de um corpo técnico especializado na realização do certame. Consequentemente, pode-se afirmar que o tipo de licitação adequada para contratação de empresa voltada à realização de concurso será o de melhor técnica ou técnica e preço. Acrescente-se que esses tipos de licitação são

---

[137] HUPSEL, Edite Mesquita; LIMA DA COSTA, Leyla Bianca Correia. *Comentários à Lei de Licitações e Contratos do Estado da Bahia*. Belo Horizonte: Fórum, 2006. p. 148.
[138] No caso de bens imóveis pertencentes à União, a alienação através da oferta do maior lance somente ocorrerá nas hipóteses do art. 19 da Lei nº 8.666/1993, quais sejam, se o bem tiver sido adquirido em dação em pagamento ou através de processo judicial. A Lei de Licitações e Contratos do Estado da Bahia (Lei nº 9.433/2005) admite a alienação de imóveis tanto pela concorrência como pelo leilão, conforme dispõe o art. 34, I.

cabíveis mesmo na licitação de modalidade convite. Nesse sentido, José Ribeiro Mathias Duarte aduz que:

> O aspecto em questão não oferece maiores dificuldades para sua definição, sendo certo que a modalidade convite, a exemplo do que ocorre com a tomada de preço e a concorrência, pode perfeitamente adotar o tipo melhor técnica ou técnica e preço, inexistindo qualquer proibição legal para tanto.[139]

A utilização de licitação do tipo menor preço para o caso em análise pode acarretar efeito negativo, consubstanciado na adoção de parâmetros insuficiente, imperfeito e inadequado para satisfazer a necessidade estatal. A Administração desembolsará o menor preço, mas receberá prestação destituída de aptidão para satisfazer às necessidades coletivas. Como consequência, poderão ser selecionadas pessoas desprovidas de aptidão mínima para o exercício do cargo ou emprego público oferecido, comprometendo a boa prestação do serviço. Além disso, o risco da realização de um certame concursal sem um planejamento logístico adequado pode comprometer sua validade, gerando danos ao erário.

É exatamente pela natureza intelectual do serviço a ser prestado na realização de concurso público que não se admite a utilização da licitação na modalidade pregão para contratação de empresa para tal fim. Note-se que o art. 1º da Lei nº 10.520/2002 admite a utilização do pregão apenas para aquisição de bens e serviços comuns, definidos no parágrafo único deste artigo, no qual não se enquadraria a hipótese em exame. Infelizmente, muitos entes públicos vêm equivocadamente utilizando-se de tal modalidade de licitação na contratação de empresas voltadas à realização de concursos e, equivocadamente, algumas decisões aparecem favoráveis à utilização de tal modalidade.[140]

---

[139] DUARTE, João Ribeiro Mathias. *Desenvolvimento do Procedimento Licitatório*. São Paulo: Unesp, 2004. p. 59.
[140] PROCEDIMENTO DE CONTROLE ADMINISTRATIVO. TRIBUNAL DE JUSTIÇA DO ESTADO DO MATO GROSSO DO SUL. LICITAÇÃO. CONTRATAÇÃO DE EMPRESA PARA A REALIZAÇÃO DE CONCURSO PÚBLICO DE PROVAS E TÍTULOS. OUTORGA DE DELEGAÇÕES DE NOTAS E DE REGISTRO. MODALIDADE. PREGÃO ELETRÔNICO. POSSIBILIDADE.
1. Pretensão de invalidação de procedimento licitatório promovido por Tribunal, mediante pregão eletrônico, com vistas à contratação de empresa para a realização de concurso público de outorga de delegações de notas e de registro.

Por fim, deve-se salientar que irregularidades observadas na contratação de empresa para realização de concurso público podem levar à nulidade de tal contratação, mas nem sempre a nulidade atingirá o concurso público efetivado pela empresa. Nada impede que a empresa contratada de forma irregular tenha efetivado um concurso sem qualquer vício. Assim, caso a nulidade do contrato ocorra após a realização do concurso, quando os aprovados já se encontrarem, inclusive, nomeados, pode ser aplicada a teoria do fato consumado, mantendo-se o certame incólume. Neste sentido, há decisões jurisprudenciais, senão vejamos:

> APELAÇÃO CÍVEL. AÇÃO CIVIL PÚBLICA. LICITAÇÃO. CONTRATAÇÃO DE EMPRESA PARA REALIZAÇÃO DE CONCURSO PÚBLICO. MODALIDADE CONVITE. TÉCNICA MENOR PREÇO. ILEGALIDADE. SERVIÇO DE NATUREZA INTELECTUAL. MELHOR TÉCNICA E PREÇO. TRANSCURSO DO TEMPO. CONCURSO HOMOLOGADO. NOMEAÇÃO DOS APROVADOS. TEORIA DO FATO CONSUMADO. APLICABILIDADE. 1. A irregularidade na contratação da empresa que realizou o concurso público, de que resultou a admissão de servidores municipais não implica na automática nulidade da contratação destes servidores. A irregularidade está na forma de contratação da empresa que aplicou as provas do concurso, mas não se vislumbra qualquer irregularidade na realização das provas do certame.
> 2. Realizado o concurso, os aprovados foram nomeados e passaram a exercer suas atividades como servidores públicos, razão pela qual deve ser aplicada, neste caso e em caráter excepcional, a teoria do fato consumado. RECURSO NÃO PROVIDO. SENTENÇA MANTIDA EM REEXAME NECESSÁRIO.[141]

---

2. São considerados serviços comuns aqueles cujos padrões de desempenho e qualidade possam ser objetivamente definidos pelo edital, por meio de especificações usuais no mercado (artigo 1º da Lei 10.520/2002).
3. A Resolução CNJ 81, de 09 de junho de 2009, que dispõe sobre os concursos públicos de provas e títulos, para a outorga das Delegações de Notas e de Registro, e minuta de edital, é ato normativo que, juntamente com o edital elaborado pelo órgão promotor da licitação, define objetivamente os padrões a serem observados nas contratações.
4. Ausência de ilegalidade na contratação de instituição de ensino para realização de concurso público, por intermédio de procedimento licitatório na modalidade pregão.
5. Por outro lado, atendidos os requisitos legais, não há razões de se impedir a dispensa de licitação para a contratação de empresa com vistas à realização de concurso público, com fulcro no artigo 24, XIII, da Lei 8.666/1993.
7. Improcedência do pedido (Conselho Nacional de Justiça. Procedimento de Controle Administrativo 0000201-31.2014.2.00.0000. Data de julgamento: 03.06.2014).
[141] TJ-PR – CJ: 11264887 PR 1126488-7 (Acórdão), Relator: Nilson Mizuta, 5ª Câmara Cível, Data de publicação: DJ: 1300 18.03.2014.

4.4 Do projeto básico e o consequente contrato: busca da eficiência

A Lei nº 8.666/1993 trouxe no seu art. 6º, inciso IX, a definição do projeto básico. Assim, representa uma projeção detalhada da futura contratação, devendo abordar todos os ângulos de possível repercussão para a Administração. O conteúdo do projeto básico, quanto à sua complexidade e minúcia, dependerá da natureza do objeto a ser contratado.

Independente da modalidade ou tipo de licitação escolhidos pela Administração Pública, o sucesso da contratação de empresa para a realização de concurso público dependerá da formalização de um projeto básico adequado, contendo os pontos essenciais da execução do contrato.

Inicialmente, o ente interessado em realizar o certame concursal deverá observar quantos cargos e empregos públicos estão disponíveis, se existem contratados temporários exercendo funções típicas dos mencionados cargos ou empregos, quantos servidores estão próximos à aposentadoria e qual o impacto da admissão na Lei de Responsabilidade Fiscal. Deverá, ainda, atentar para as questões orçamentárias, quais sejam, autorização na Lei de Diretrizes Orçamentárias (ressalvadas as empresas públicas e as sociedades de economia mista), estimativa do impacto orçamentário-financeiro no exercício em que deva entrar em vigor e nos dois subsequentes (LRF art. 16 e 17), previsão de dotação orçamentária (CF art. 169)[142] e origem dos recursos para o custeio (LRF, art. 17, §1º).[143]

---

[142] "4. A Lei nº 8.666/93 exige para a realização da licitação a existência de "previsão de recursos orçamentários que assegurem o pagamento das obrigações decorrentes de obras ou serviços a serem executadas no exercício financeiro em curso, de acordo com o respectivo cronograma", ou seja, a lei não exige a disponibilidade financeira (fato da administração ter o recurso disponível ou liberado) mas, tão somente, que haja previsão destes recursos na leiorçamnetária" (STJ- REsp. 1121021/SP, rel. Min. Mauro Campbell Marques, em 21.08.2012).

[143] "Não vislumbro no texto constitucional exigência dessa natureza. Em verdade, o que se impõe é que as admissões ou contratações de pessoal pelos órgãos públicos somente sejam efetivadas após autorização específica na LDO, bem como que haja dotação orçamentária suficiente para atender às projeções de despesas de pessoal delas decorrentes (CF 169, §1º, incisos I e II), não se cogitando de autorização legal para a realização do próprio concurso" (TCU Acordão 599/2008 – Primeira Câmara).

Assim, o ente contratante definirá um cronograma esperado do concurso, contemplando os marcos principais, com prazos em dias, desde a assinatura do contrato até a publicação do resultado final. A empresa ou instituição contratada deverá aceitar integralmente tal cronograma.

Do projeto básico constará também, de forma clara e objetiva, as obrigações das partes que constarão do contrato, tais como os locais de realização de provas, o número de vagas, se o concurso será regionalizado, os requisitos para o preenchimento dos cargos ou empregos, as fases do concurso, características das provas (objetivas, discursivas, orais, práticas, de títulos, etc.), responsabilidade quanto aos custos de publicidade (se da instituição contratada ou do ente contratante), logística de aplicação de provas e segurança. No caso de concurso de âmbito nacional, deve-se estabelecer em quais capitais as provas serão realizadas. Normalmente, faz-se a opção pela realização das provas nas capitais dos estados no quais são oferecidas vagas.

A previsão no projeto básico de contratação de serviço médico de emergência para funcionar nos locais das provas é importante nos concursos públicos que oferecem elevado número de vagas com consequente previsão de muitos candidatos. No caso de concursos menores, por exemplo, o voltado à seleção de docentes em universidades públicas, tal contratação não se impõe.

Para a estimativa do valor contratual o ente promotor do concurso poderá realizar pesquisas em contratações recentes, consultas a licitações realizadas pela Administração Federal (Comprasnet), publicações em diários oficiais de outras contratações feitas por órgãos ou entidades públicas da mesma natureza. Também levará em consideração na estimativa de custos a locação do espaço físico (quando for o caso), contratação de pessoal para elaboração e aplicação das provas, encargos sociais, materiais de consumo, cópias, sistema de segurança a ser adotado, custos de administração, além de outras despesas necessárias à peculiaridade do caso concreto.

Com o propósito de orientar as instituições especializadas que pretendam participar do processo licitatório, o projeto básico deverá especificar a forma de apresentação de propostas.

Normalmente, as formas mais utilizadas são os chamados "contrato de risco" e o "pagamento por faixa de inscritos".

No "contrato de risco" o ente ou empresa contratada aceitará realizar o concurso apenas com o montante arrecadado dos valores das inscrições. Em consequência, assume o risco de eventual prejuízo e o bônus de eventual superávit.

Entende-se que o "contrato de risco" encontra barreiras na arrecadação dos valores de inscrição pela empresa ou ente contratado. Como se abordará de forma mais detalhada, os valores pagos pela inscrição no certame concursal têm natureza de preço público, devendo ingressar diretamente nos cofres públicos, na forma preconizada pela Lei nº 4.320/1964. Além disso, nem todo o concurso pode ser suportado apenas pela arrecadação dos valores das inscrições.

Outra forma de precificação consiste no formato em que o preço é escalonado por número de inscritos. Nesta modalidade, estabelecem-se faixas de inscritos e em cada uma delas cobra-se um valor fixo para o número de candidatos que inicia a faixa, e outro valor por candidato que exceder esse mínimo, de forma que o valor final de uma faixa coincida com o valor inicial da faixa seguinte. Neste modelo, em regra, a empresa contratada não suporta o ônus das isenções, pois a cobrança é feita por candidato inscrito, não importando se ele é pagante ou isento.

Acatando o entendimento quanto à impossibilidade de arrecadação dos valores das inscrições pelos contratados, como forma de pagamento, deve-se salientar a necessidade de previsão orçamentária para custear o concurso.

A logística de aplicação de provas é item de grande repercussão na precificação do contrato, correspondendo a aproximadamente 80% dos custos de um concurso. É importante que o projeto básico traga a especificação do número mínimo de fiscais em sala, escalonado de acordo com o número de candidatos. Muitas empresas que participam de processos licitatórios utilizam como estratégia a diminuição do número de fiscais em sala de aula para redução de custos, permitindo a apresentação de preços mais competitivos. Caso o projeto básico não faça referência ao número mínimo de fiscais em sala, o contratante correrá o risco de a empresa contratada trabalhar com apenas um fiscal por sala, o que não é suficiente. É desejável também que o projeto básico exija a presença de fiscais em banheiros.

Por certo, o êxito do concurso público está diretamente ligado ao detalhamento do projeto básico, que deverá ponderar aspectos relevantes a serem considerados, garantindo a concretização do princípio da eficiência, correspondente à otimização dos meios com a satisfatoriedade dos resultados obtidos.

CAPÍTULO V

DOS REQUISITOS PARA A REALIZAÇÃO DE CONCURSO PÚBLICO E AS EXIGÊNCIAS PARA A INSCRIÇÃO DOS CANDIDATOS

5.1 Aspectos gerais

Sabe-se que o acesso dos cidadãos a cargos e empregos públicos decorre, dentre outros, dos princípios da igualdade e da moralidade. Com efeito, o art. 37, II, da Carta Constitucional determina que:

> A investidura em cargo ou emprego público depende de aprovação prévia em concurso público de provas ou de provas e títulos, de acordo com a natureza e a complexidade do cargo ou emprego, na forma prevista em lei, ressalvadas as nomeações para cargo em comissão declarado em lei de livre nomeação e exoneração.

Também no que se refere ao ingresso no serviço público percebe-se que a Carta Constitucional, no inciso I do artigo 37, acolheu o princípio da ampla acessibilidade aos cargos, empregos e funções públicas.

Para a abertura de concurso público faz-se necessário haver a disponibilidade do cargo ou emprego que se pretende preencher. Tal disponibilidade decorre da criação de novos cargos ou empregos ou da vacância dos já existentes.

Por outro lado, para que os interessados participem da via seletiva concursal eles devem preencher os requisitos expostos no ato convocatório, isto é, o edital.

5.2 Da criação de cargos e empregos públicos

Conforme já abordado, a realização de concurso público visa à ocupação de cargos ou empregos disponíveis nos entes públicos, seja em razão de lei que criou novos cargos ou empregos ou em virtude da vacância daqueles já existentes.

O conceito de cargo público tem sido amplamente abordado pela doutrina. Segundo Hely Lopes Meirelles, "cargo público é o lugar instituído na organização do serviço público, com denominação própria, atribuições e responsabilidades específicas e estipêndio correspondente, para ser provido e exercido por um titular, na forma estabelecida em lei".[144] Odete Medauar, por sua, vez, aduz que "cargo público é o conjunto de atribuições e responsabilidades, criado por lei e em número determinado, com nome certo e remuneração específica, por meio de símbolos numéricos ou alfabéticos".[145]

O emprego público é o vínculo de trabalho existente entre o servidor e a Administração Pública, regido pela Consolidação das Leis do Trabalho e outros diplomas legais. Assim, tem como base um contrato de trabalho. A Lei nº 9.962, de 22 de fevereiro de 2000, disciplina o regime de emprego público no âmbito da Administração Federal direta, autárquica e fundacional, com base na CLT e legislação trabalhista correlata.

A regra geral para a criação de cargos e empregos públicos está prevista no art. 48, X, da Carta Constitucional. O primeiro dispositivo confere competência ao Congresso Nacional, com a sanção do presidente da República, para dispor sobre a criação, transformação e extinção dos cargos, empregos ou funções públicas. Percebe-se assim, que a criação de cargos e empregos públicos na Administração Pública, em regra, pressupõe a existência de lei.[146] No âmbito federal, o processo legislativo será desencadeado por iniciativa do presidente da República, segundo o art. 61, parágrafo 1º,

---

[144] MIRELLES, Hely Lopes. *Direito Administrativo Brasileiro*. São Paulo: Malheiros, 2016. p. 524.
[145] MEDAUAR, Odete. *Direito Administrativo moderno*. São Paulo: Revista dos Tribunais, 1998. p. 285.
[146] No que concerne à extinção de cargos ou empregos públicos, a alteração ao referido dispositivo, introduzido pela Emenda Constitucional nº 32/2001 passou a permitir que a mesma ocorra por decreto no caso de vacância.

II, *a*, da Constituição Federal, hipótese reproduzida no âmbito estadual e nas leis orgânicas municipais. Assim, encaminhado o projeto de lei pelo chefe do Executivo ao Poder Legislativo, este poderá ser emendado ou vedado. No entanto, sem aumento de despesa prevista. Desta forma, é inconstitucional a criação de cargos no âmbito do Executivo por lei de iniciativa do Poder Legislativo, mantendo-se o vício mesmo quando ocorrer a sanção da lei.[147]

Quanto à criação de cargos no âmbito da Câmara de Deputados, do Senado, dos Tribunais em geral, inclusive Tribunais de Contas, dos Ministérios Públicos, das Assembléias Legislativas dos Estados e do Distrito Federal e das Câmaras de Vereadores, a iniciativa compete a cada um desses entes. Saliente-se, no entanto, que essa regra não se aplica à organização funcional do Legislativo, que poderá dispor sobre a criação de cargos por meio de resolução, conclusão obtida a partir da análise dos artigos 51, IV, e 52, XIII, da Constituição Federal.

No que concerne aos empregos públicos nas empresas estatais, não há exigência do gênero. Assim, inexiste norma constitucional que imponha a instituição de postos nessas empresas pela via legislativa. Lembre-se que tais entes sequer são criados pela lei, mas têm a sua criação apenas submetida a autorização legislativa. A partir da lei autorizativa, as empresas estatais são criadas por atos infralegais. Desta forma, Sérgio de Andréa Ferreira aduz:

> Se para a administração pública direta e autárquica, há necessidade de lei, para a caracterização dos cargos em comissão ou empregos de

---

[147] Agravo regimental no recurso extraordinário. Competência do relator para negar seguimento a recurso manifestamente inadmissível. Lei municipal de iniciativa parlamentar. Introdução de matéria no conteúdo programático das escolas das redes municipal e privada de ensino. Criação de atribuição. Professor. Curso de formação. Regime do servidor. Aumento de despesa. Inconstitucionalidade formal. Vício de iniciativa. Prerrogativa do chefe do Poder Executivo. Precedentes. 1. É competente o relator (arts. 557, caput, do Código de Processo Civil e 21, §1º, do Regimento Interno do Supremo Tribunal Federal) para negar seguimento "ao recurso manifestamente inadmissível, improcedente, prejudicado ou em confronto com súmula ou com jurisprudência dominante do respectivo tribunal, do Supremo Tribunal Federal, ou de Tribunal Superior". 2. Ofende a Constituição Federal a lei de iniciativa parlamentar que cria atribuições para órgãos públicos e que trata do provimento de cargos e do regime jurídico dos servidores públicos, uma vez que, no caso, cabe ao chefe do Poder Executivo, privativamente, a deflagração do processo legislativo. 3. É pacífica a jurisprudência da Corte no sentido de padecer de inconstitucionalidade formal a lei de iniciativa parlamentar que, ao tratar de tema relativo a servidores públicos, acarreta aumento de despesa para o Poder Executivo. 4. Agravo regimental não provido (STF. RE 395912, AgR/SP. Ag. Reg. no Recurso Extraordinário. Rel. Min. Dias Toffoli. Julgamento 06.08/2013).

confiança, o mesmo não ocorre com as entidades administrativas de direito privado, nas quais, isso se faz, ora por decreto, no caso de certas fundações públicas; ou por atos internos dos próprios entes.[148]

Quanto à inércia na criação do cargo, entende-se que sendo atribuída àquele que possui a iniciativa de lei, pode-se propor ação de inconstitucionalidade por omissão. Nesse sentido já se manifestou o Supremo Tribunal Federal:

> AÇÃO DIRETA DE INCONSTITUCIONALIDADE. EC 54 À CONSTITUIÇÃO DO ESTADO DO CEARÁ. TRIBUNAL DE CONTAS DO ESTADO E TRIBUNAL DE CONTAS DOS MUNICÍPIOS. MODELO FEDERAL. ARTIGOS 73, §2º, INCISOS I E II, E 75 DA CONSTITUIÇÃO DO BRASIL. VAGA DESTINADA AOS MEMBROS DO MINISTÉRIO PÚBLICO E AOS AUDITORES. INEXISTÊNCIA DE LEI QUE IMPLEMENTA AS CARREIRAS. INÉRCIA DA ASSEMBLÉIA LEGISLATIVA QUANTO À CRIAÇÃO DE CARGOS E CARREIRAS DO MINISTÉRIO PÚBLICO ESPECIAL E DOS AUDITORES. OMISSÃO INCONSTITUCIONAL. 1. A nomeação livre dos membros do Tribunal de Contas do Estado e do Tribunal de Contas dos Municípios pelo Governador dar-se-á nos termos do art. 75 da Constituição do Brasil, não devendo alongar-se de maneira a abranger também as vagas que a Constituição destinou aos membros do Ministério Público e aos auditores. Precedentes. 2. O preceito veiculado pelo artigo 73 da Constituição do Brasil aplica-se, no que couber, à organização, composição e fiscalização dos Tribunais de Contas dos Estados e do Distrito Federal, bem como dos Tribunais e Conselhos de Contas dos Municípios. Imposição do modelo federal nos termos do artigo 75. 3. A inércia da Assembléia Legislativa cearense relativamente à criação de cargos e carreiras do Ministério Público Especial e de Auditores que devam atuar junto ao Tribunal de Contas estadual consubstancia omissão inconstitucional. 4. Ação direta de inconstitucionalidade por omissão julgada procedente.[149]

Situação diversa ocorre quando houver efetiva iniciativa de lei por parte da autoridade competente, sem interesse do Poder Legislativo na tramitação do projeto. Nesta situação, há os que advogam pela propositura de mandado de injunção, desconhecendo, no entanto, posição jurisprudencial quanto à matéria.

---

[148] FERREIRA, Sérgio de Andréa. Empresa estatal: funções de confiança – Constituição Federal – art. 37, II (parecer). *Revista de Direito Administrativo*, n. 227, p. 412, jan./mar. 2002.
[149] STF. ADI 3276/CE. Rel. Min. Eros Grau. Julgamento: 02.06.2005.

Na criação de cargos ou empregos públicos deve-se, obviamente, atentar para os limites de despesa de pessoal. A Constituição Federal, em seu artigo 169, fixou que "a despesa com pessoal ativo e inativo da União, dos Estados, do Distrito Federal e dos Municípios não poderá exceder os limites estabelecidos em lei complementar".

A Lei Complementar nº 101/2000 trata das despesas de pessoal nos artigos 18 a 20, enquanto no artigo 19 estipula limites sob forma de percentuais sobre a receita corrente líquida, em cada período de apuração e em cada ente da Federação. Para a União, cinquenta por cento; para os estados, sessenta por cento; e, para os municípios, também sessenta por cento. O artigo 20, por sua vez, estabelece a repartição dos limites percentuais globais para despesa de pessoal entre as esferas federal, estadual e municipal e os respectivos Poderes. Deve-se acrescentar que foi vetada a possibilidade de alteração dos limites de tais despesas dos Poderes e órgãos pela Lei de Diretrizes Orçamentários. Segundo Coelho Motta:

> o veto motivou-se pelo receio de que tal possibilidade pudesse resultar em demandas ou incentivo, especialmente no âmbito dos Estados e Municípios, para que os gastos com pessoal e encargos sociais de determinado Poder ou órgão fossem ampliados em detrimento de outros, visto que o limite global do ente da Federação é fixado pela Lei Complementar.[150]

Desta forma, pode-se afirmar que antes de suscitar a realização de concurso o ente público deve atentar para a disponibilidade orçamentária e para a adequação da despesa à Lei de Responsabilidade Fiscal. Ressalte-se que o edital deverá trazer a quantidade de cargos e empregos a serem providos.

Quanto à vacância, etimologicamente tem o sentido de vaga, de falta de ocupação. Segundo José dos Santos Carvalho Filho, a vacância de cargos públicos significa "fato administrativo-funcional indicando que determinado cargo público não está provido, ou, em outras palavras, está sem titular".[151] Há autores, no entanto, que consideram a vacância um ato administrativo, ao exemplo de Maria

---

[150] COELHO MOTA, Carlos Pinto; SANTANA, Jair Eduardo; FERRAZ, Luciano. *Lei de Responsabilidade Fiscal:* Abordagens Pontuais. Del Rey: Belo Horizonte, 2001. p. 119.

[151] CARVALHO FILHO, José dos Santos. *Manual de Direito Administrativo.* São Paulo: Atlas, 2016. p. 655.

Silvia Zanella Di Pietro.[152] O artigo 33 da Lei nº 8.112/1990 traz os casos de vacância do cargo público. Da análise das referidas hipóteses, verifica-se que as, em alguns casos, elas decorrem da prática de ato administrativo, ou seja, da declaração do Poder Público, por exemplo, a exoneração, a demissão e a promoção. Em contrapartida, outras situações são oriundas de acontecimentos que produzem efeito jurídico, como o caso do falecimento do servidor.

A realização de concurso público para provimento de cargos ou empregos que não sejam regularmente criados por lei afeta a validade do certame concursal. No entanto, em tais situações entende-se que o melhor caminho é a criação de lei, com efeito retroativo, atendendo-se, assim, aos princípios da economicidade e da boa-fé dos aprovados. Aliás, este vem sendo o posicionamento exposto pelos Tribunais de Contas.[153]

5.3 Da constituição da banca examinadora

Como a realização de concurso não está entre as atividades diárias da Administração Pública, na ocasião em de sua efetivação faz-se necessária a constituição de uma banca examinadora ou comissão de concurso, constituída e designada pela autoridade máxima do órgão ou da entidade. Caberá a esse órgão colegiado o encaminhamento do certame, com a elaboração do edital, realização das provas, até a homologação, que ficará ao encargo da autoridade máxima do respectivo órgão ou entidade. Há aqueles que distinguem a comissão do concurso da banca examinadora. Assim, a primeira seria a representação do órgão público perante os candidatos e instituição organizadora, responsável pela elaboração do edital de abertura do certame, recebimento e exame de requerimentos de inscrição

---

[152] DI PIETRO, Maria Sylvia Zanella. *Direito Administrativo*. Rio de Janeiro: Forense, 2016. p. 746.
[153] Neste sentido a ementa do Tribunal de Contas do Estado do Rio Grande do Sul: "Admissão. Concurso Público. Criação legal de cargos/empregos. Requisitos para posse. A criação legal de cargos/empregos regulariza situação funcional de servidores que ingressaram no serviço público através de concurso. Comprovado o atendimento do requisito contido no edital de abertura do certame, resta afastado o motivo ensejador de negativa de registro do ato de admissão" (Recurso de embargos. Nº 009119-02.00/95-7. Rel. Cons. Gleno Ricardo Scherer. Data de julgamento: 21.06.2000).

preliminar e definitiva, designação da comissão examinadora, homologação do resultado, aferição dos títulos e apreciação de outras questões inerentes ao concurso. Já a banca examinadora seria responsável pela seleção e seus critérios, cabendo-lhe preparar, aplicar e corrigir as provas, arguir os candidatos submetidos à prova oral, julgar recursos interpostos, velar pela preservação do sigilo das provas e apresentar a lista de aprovados à comissão do concurso.

Normalmente, a composição da comissão do concurso está prevista em lei ou regulamento. Em algumas situações, a lei pode exigir que a banca conte com a participação de representantes de determinadas entidades. Assim, a Lei Orgânica Nacional do Ministério Público (Lei nº 8.625/1993), no seu art. 59 determina que "o ingresso nos cargos iniciais da carreira dependerá da aprovação prévia em concurso público de provas e títulos, organizado e realizado pela Procuradoria-Geral de Justiça, com participação da Ordem dos Advogados do Brasil". O art. 3º da Resolução nº 14, do Conselho Nacional do Ministério Público, por sua vez, estabelece que: "As Comissões de concurso serão presididas e constituídas na forma prevista nas respectivas Leis Orgânicas".

Caso a banca seja constituída de servidores, é conveniente que participem apenas os efetivos, evitando-se influências estranhas. Segundo Hely Lopes Meirelles,[154] também é recomendável que não se escolha examinadores de hierarquia inferior à do cargo oferecido em concurso ou com titulação inferior aos pretensos candidatos.

Uma vez escolhidos os componentes da banca, a designação caberá à autoridade competente, ou seja, àquela que tiver autorizado a abertura do certame concursal. Tal designação é efetivada através de um ato administrativo, tendo a forma de portaria ou mesmo de decreto, se praticado pelo chefe do Executivo. Muitas vezes, o próprio ato estabelece quem será o presidente da banca. No entanto, em outras situações a escolha ficará a cargo do próprio órgão colegiado. As decisões serão proferidas pela banca quando reunida, através de maioria de votos.

Pode ocorrer que o concurso seja realizado por entidade estranha à Administração Pública. Nessa situação, a escolha do

---

[154] MEIRELLES, Hely Lopes. *Direito Administrativo Brasileiro*. São Paulo: Malheiros, 2016. p.543.

ente deverá ocorrer, em regra, através de um processo licitatório, conforme abordado no capítulo anterior.[155] Porém, mesmo em caso de terceirização deve ser formalizada uma comissão de concurso, responsável pelas decisões adotadas durante o certame. Obviamente, o concurso público seria de absoluta inutilidade caso inexistisse a imparcialidade da banca examinadora, responsável pelas provas. Assim, há situações que revelam a incapacidade subjetiva, absoluta ou relativa, que impede a participação no mencionado órgão colegiado. Fala-se, então, em situação de impedimento e suspeição. Tais situações, implementadoras do princípio da impessoalidade, podem ser estabelecidas, inclusive, por atos normativos passíveis de interpretação. Sérgio Ferraz e Adilson Dallari apresentam as diferenças entre o impedimento e a suspeição, segundo estes autores:

> [...] nos impedimentos o que temos são circunstâncias objetivas, situadas no campo do empírico, capazes de, somente por si mesmas, toldar a imparcialidade do julgador. Já na suspeição o obstáculo radica-se muito mais na seara das avaliações subjetivas e, dependendo do psiquismo do agente, poderá não o influenciar, minimamente que seja, na dirimência da controvérsia.[156]

Quanto às situações de impedimento, temos como exemplo o art. 20, §1º, da Resolução nº 75/2009, do Conselho Nacional de Justiça, segundo o qual "constituem também motivo de impedimento: o exercício do magistério em cursos formais e informais de preparação a concurso público para ingresso na magistratura até 3 (três) anos após cessar a referida atividade".[157]

---

[155] Nesse sentido manifestou-se o TCU: "PEDIDO DE REEXAME. CONCURSO PÚBLICO. NATUREZA PÚBLICA DOS RECURSOS PROVENIENTES DA TAXA DE INSCRIÇÃO. POSSIBILIDADE DE EXECUÇÃO TERCEIRIZADA. PRINCÍPIOS E CRITÉRIOS A SEREM OBSERVADO. PROVIMENTO PARCIAL. [...]. 2 – É possível a terceirização da execução do concurso público, mediante licitação, via de regra, ou de contratação direta, caso preenchidos os requisitos do art. 24, inciso XIII, da Lei nº 8.666/93. [...]. 4 – Ao contratar instituição para realização de concurso público, deverá ser definida com clareza a forma de remuneração dos serviços, em especial nas situações em que ocorrer mediante o recolhimento dos valores relativos às taxas de inscrição dos candidatos" (Acórdão nº 2149/2006 – Segunda Câmara. Min. Rel. Ubiratan Aguiar. DOU 11.08.2006).

[156] FERRAZ, Sérgio, Dallari, Adilson Abreu. *Processo Administrativo*. São Paulo: Malheiros, 2001. p. 108.

[157] No mesmo sentido o art. 3º, da Resolução nº 4, do Conselho Nacional do Ministério Público.

O art. 3º, §2º, da Resolução nº 14/2006, do Conselho Superior do Ministério Público, também estabelece que "será vedada a participação de membro do Ministério Público na Comissão de Concurso e pessoas outas que, de alguma forma, integrarem a organização e fiscalização do certame, que tenham, entre os candidatos inscritos, parentes consanguíneos, civis ou afins até o terceiro grau, bem como amigos íntimos ou inimigos capitais".

No que concerne à suspeição, tanto o novo Código de Processo Civil, no seu art. 145, I, como o art. 20 da Lei nº 9.784/1999, que regula o processo administrativo no âmbito da Administração Pública Federal, trazem como situação caracterizadora da mesma a "amizade íntima" e a "inimizade". Obviamente, tais situações devem ser objetivamente comprovadas.

Tanto o impedimento quanto a suspeição poderão ser arguidos no concurso público, independente de previsão legal ou editalícia, até porque violam frontalmente o princípio da impessoalidade. No entanto, é conveniente que o edital de concurso traga as hipóteses caracterizadoras de tais situações para otimizar o processo, evitando-se, assim, que discussões sejam levadas ao âmbito do Poder Judiciário. Porém, em qualquer caso, o candidato poderá recorrer ao Judiciário toda vez que tiver argumentos que revelem a parcialidade de qualquer dos membros da comissão do concurso público.

Muitas vezes, as provas do concurso público são elaboradas não pela Comissão, mas sim por profissionais vinculados à empresa ou instituição responsável pela realização do certame. Nesta hipótese, questiona-se a possibilidade, ou mesmo obrigatoriedade, de divulgação da qualificação de tais profissionais.

Sabe-se que hoje se encontra em vigor a Lei nº 12.527/2011, alcunhada de Lei de Acesso à Informação, que regulamentou o acesso dos administrados às informações constantes dos entes da administração direta e indireta dos Poderes do Estado. Em capítulo próprio, a norma legal trouxe algumas restrições de acesso à informação, considerando o risco à segurança da sociedade ou do Estado. Assim, o art. 23, da Lei dispõe:

> Art. 23. São consideradas imprescindíveis à segurança da sociedade ou do Estado e, portanto, passíveis de classificação as informações cuja divulgação ou acesso irrestrito possam:

I – pôr em risco a defesa e a soberania nacionais ou a integridade do território nacional;
II – prejudicar ou pôr em risco a condução de negociações ou as relações internacionais do País, ou as que tenham sido fornecidas em caráter sigiloso por outros Estados e organismos internacionais;
III – pôr em risco a vida, a segurança ou a saúde da população;
IV – oferecer elevado risco à estabilidade financeira, econômica ou monetária do País;
V – prejudicar ou causar risco a planos ou operações estratégicos das Forças Armadas;
VI – prejudicar ou causar risco a projetos de pesquisa e desenvolvimento científico ou tecnológico, assim como a sistemas, bens, instalações ou áreas de interesse estratégico nacional;
VII – pôr em risco a segurança de instituições ou de altas autoridades nacionais ou estrangeiras e seus familiares; ou
VIII – comprometer atividades de inteligência, bem como de investigação ou fiscalização em andamento, relacionadas com a prevenção ou repressão de infrações.

Assim, para restringir o acesso, a informação solicitada deve se adequar a uma das hipóteses do referido art. 23, o que não é o caso da divulgação dos responsáveis pela elaboração das provas do concurso. Inicialmente, vale lembrar que nos certames realizados para provimento dos cargos de promotor de Justiça e juiz de Direito existe a divulgação dos nomes dos componentes da banca, responsáveis pela elaboração das provas. Tal divulgação não gera qualquer prejuízo, ao contrário, garante a transparência do processo, pois todos saberão, na mesma medida, o perfil dos elaboradores das questões das provas. Entende-se que o sigilo na referida divulgação é que poderá levar a informações privilegiadas ou à ausência de convicção quanto ao grau de competência dos elaboradores.

Por certo, uma vez divulgados os nomes dos componentes da banca, com a devida qualificação, nascerá para os candidatos o direito de impugná-los caso, por exemplo, comprovem que aqueles não possuem a devida qualificação para avaliar os candidatos.[158]

---

[158] DIREITO ADMINISTRATIVO. CONCURSO PÚBLICO PARA PROFESSOR. BANCA EXAMINADORA. QUALIFICAÇÃO TÉCNICA DOS MEMBROS. PROFISSIONAL DE ÁREA DIVERSA DA EXAMINADA. OFENSA À RAZOABILIDADE. NULIDADE DA PROVA. APELAÇÃO IMPROVIDA.
– Cuida-se de ação visando à anulação da prova didática de concurso público para o cargo de Professor Auxiliar da Universidade Federal de Campina Grande – UFCG na área de

5.4 Das exigências para inscrição em concurso público

Quanto à participação do interessado no concurso público, esta depende da submissão dele a um processo de inscrição. A inscrição seria, então, a manifestação de vontade do candidato de participar do certame seletivo, para a qual exige-se o preenchimento de alguns requisitos.

5.4.1 Do edital de concurso

Sabe-se que o edital é ato administrativo unilateral, de natureza normativa, forma escrita, que fixa as condições de participação no concurso público, vinculando tanto a Administração Pública como os candidatos. Daí estatui o brocardo jurídico que "o edital é a lei do concurso". Desta forma, estabelece-se um vínculo entre a Administração Pública e os candidatos, igualmente ao estabelecido na Lei de Licitações Públicas, uma vez que a principal finalidade do certame é propiciar a toda a coletividade igualdade de condições no ingresso ao serviço público.

Clínica Cirúrgica. O demandante alega que dois dos componentes da banca examinadora, um com formação profissional em Enfermagem e o outro Médico Ortopedista, não teriam qualificação adequada para compor banca destinada ao provimento do cargo de Professor na especialidade de "Cirurgias de Parede Abdominal". A sentença julgou a pretensão procedente, do que apela a UFCG, alegando que o autor não impugnou os membros da banca examinadora quando teve oportunidade antes da realização do concurso e que, diante da dificuldade de formação da banca, procedeu-se a convocação de docentes de área conexa. Foi interposta apelação por candidato aprovado no concurso que restou prejudicado pela sentença.
– Violação ao artigo 13 do Regulamento de concursos da UFCG, que estabelece a formação de comissões examinadoras com professores que tenham "atuação na área de conhecimento objeto do concurso " e preferencialmente com titulação igual ou superior a exigida no concurso.
– Configura evidente ofensa à razoabilidade a formação de banca examinadora de concurso de professor universitário com profissionais de formação técnica em área diversa daquela que a ser examinada. No caso o concurso era para professor universitário de medicina com área de conhecimento em clínica cirúrgica, e a banca foi formada por três professores da UFCG, sendo um deles médico ortopedista e outra, enfermeira.
– Vício de tal natureza não pode se ter por convalidado pelo simples fato de a parte autora não ter impugnado a formação da comissão logo no início do certame.
– Apelações e remessa oficial não providas. (TRF-5ª Região. Apelação Civel – AC548701/RN. *Número do Processo*: 00080706420114058400. 4ª Turma. Data de Julgamento: 06.11.2012)

Diógenes Gasparini definiu o ato convocatório do concurso público como:

> [...] instrumento através do qual a Administração Pública interessada na admissão ou contratação de pessoal noticia a abertura de concurso público de ingresso no serviço público, fixa as condições de sua realização e de participação dos candidatos ao preenchimento dos cargos, funções ou empregos públicos postos em disputa.[159]

O edital de concurso é dividido em três partes: preâmbulo, corpo e fecho. No preâmbulo há um sumário do edital, contendo as principais informações que possam ser relevantes para os interessados que pretendem ingressar no certame, dentre as quais, identificação do concurso e da entidade que o promove, a modalidade de provas ou de provas e títulos, o número de cargos ou empregos a serem preenchidos. No corpo estão as regras fundamentais do concurso, quais sejam, exigências para inscrição, critérios de avaliação, disposições sobre os títulos, regras de classificação, normas relativas à validade e prorrogação do concurso, disciplina dos exames psicotécnico e de higidez física e mental, quando for o caso. No fecho estão estabelecidas disposições quanto à divulgação do edital, a data e assinatura da autoridade competente.

O ato convocatório do concurso deverá conter apenas os requisitos necessários ao exercício de cargo ou emprego público, de forma clara e explícita. Assim, percebe-se que a elaboração de edital de concurso é tarefa complexa e difícil, a ser realizada com cautela e minúcia.

Deve-se, também, atentar à publicação do edital, que será a mais ampla possível. No âmbito federal, a Lei nº 8.112/1990, no parágrafo 1º, do art. 12, determina que o edital seja publicado no Diário Oficial da União e em jornal de grande circulação. Essa ampla publicidade ao certame, ainda que onere os cofres públicos, justifica-se nos planos técnico e moral, uma vez que assegura notoriedade ao concurso, não sendo suficiente a publicação apenas realizada em Diário Oficial, o qual, com exceção dos servidores públicos e certas

---

[159] GASPARINI, Diógenes. Concurso público: imposição constitucional e operacionalização. *In*: MOTTA, Fabrício (Coord.). *Concurso público e Constituição*. Belo Horizonte: Fórum, 2005. p. 65.

categorias profissionais, poucos leem. Por certo, atualmente, a publicação do edital em síte oficial do órgão ou entidade responsável pela realização do concurso, bem como naqueles especializados em concurso público, é imprescindível para garantir a ampla publicidade, mostrando-se, inclusive, mais eficiente do que as publicações efetivadas nos periódicos escritos. Quanto à publicação em "jornal de grande circulação", entende-se que deva ser ponderada, considerando que atualmente a mídia impressa não conta com adesão significativa da população, substituída paulatinamente pela mídia digital. Nesse diapasão, a Lei nº 12.462/2011, que institui o Regime Diferenciado de Contratações Públicas, determina a publicação do extrato do edital no Diário Oficial e em sítio eletrônico oficial centralizado de divulgação ou mantido pelo ente encarregado do procedimento licitatório, sem prejuízo da possibilidade de publicação em jornal diário de grande circulação. No âmbito federal, o Decreto nº 9.739/2019, restringiu a publicação do edital ao Diário Oficial da União e divulgação logo após a publicação no sítio oficial do órgão ou da entidade responsável.

No que se reporta ao prazo entre a publicação do edital e a realização do concurso, este deve atender ao princípio da razoabilidade. Assim, a Lei Distrital nº 4.949/2012, que estabelece normas gerais para a realização do concurso público no âmbito do Distrito Federal, prevê no seu art. 11, I, o prazo de 90 dias. Questiona-se se tal prazo não seria demasiado em situações de necessidade de rápido preenchimento das vagas, situação em que dispositivo legal poderia prever a sua redução, desde que motivada.

Quanto ao prazo de inscrição, este deverá ser compatível com a natureza dos cargos e empregos oferecidos, o número de vagas e o possível interesse gerado pelo certame. Percebe-se também a necessidade de observância do princípio da razoabilidade na fixação de tal prazo, sob pena de violação do princípio da ampla competitividade.

Questiona-se a possibilidade de alteração do edital após a sua publicação. Em regra, havendo alteração de dispositivos do edital, esta deverá ser divulgada na mesma forma que o edital original, reabrindo-se o prazo inicialmente estabelecido, exceto quando se tratar de mera correção de erro material ou reformulação de regra contida no ato convocatório para a sua melhor compreensão. Desta forma, qualquer modificação no edital que altere ou restrinja a ampla competitividade deverá seguir a regra exposta.[160]

5.4.2 Das exigências referentes à pessoa do candidato

Qualquer que seja o concurso público, faz-se necessária a apresentação de documentos referentes à pessoa do candidato. Por menor que seja a complexidade do cargo ou emprego que se pretenda prover, impõe-se o preenchimento de requisitos mínimos para se permitir a participação do pretenso concorrente no certame.

Apesar de o inciso I do artigo 37 da Constituição Federal ter garantido a ampla acessibilidade a cargos e empregos públicos, tal dispositivo aduz que, no caso de brasileiros, estes devem preencher os requisitos constantes em lei. No que concerne aos estrangeiros, estes somente poderão se submeter a concurso público havendo previsão legal. Entende-se que, em se tratando de matéria concernente a servidor público, não há competência privativa da União.

O art. 5º da Lei nº 8.112/1990, em consonância com a Constituição Federal, determina que são requisitos básicos para investidura em cargo público a nacionalidade brasileira, o gozo de direitos políticos, a quitação com as obrigações militares (sexo masculino) e eleitorais, o nível de escolaridade exigido para o exercício do cargo, a idade mínima de dezoito anos e aptidões física e mental. Acrescenta o §1º do referido artigo que "as atribuições do cargo podem justificar a exigência de outros requisitos". Porém, conforme leciona Adilson Abreu Dallari, "somente a lei, em sentido estrito, pode fixar requisitos; ou seja, nem o regulamento nem o edital do concurso podem validamente fixar condições restritivas de participação de brasileiros".[161]

Com efeito, se a lei não faz restrições quanto à formação profissional

---

[160] AGRAVO INSTRUMENTO – ADMINISTRATIVO – CONCURSO PÚBLICO – INGRESSO NA CARREIRA MILITAR – MODIFICAÇÃO DO EDITAL, APÓS O INÍCIO DO CERTAME – IMPOSSIBILIDADE. – O poder discricionário inerente à Administração Pública não é absoluto, sendo-lhe defeso, uma vez iniciado um concurso público, modificar as respectivas regras. TJ-MG 100240951363540011 MG 1.0024.09.513635-4/001(1), Relator: WANDER MAROTTA, Data de Julgamento: 07.04.2009, Data de Publicação: 22.05.2009.

[161] DALARRI, Adilson Abreu. *Regime constitucional dos servidores públicos*. São Paulo: Revista dos Tribunais, 1990. p. 31.

para o exercício de cargo ou emprego público, não poderá a regra regulamentar impor tais restrições.

A nacionalidade brasileira constitui requisito constitucional, previsto no inciso I, do art. 37. O cidadão, para se candidatar a cargo público, deverá ser brasileiro nato ou naturalizado, não se admitindo o deferimento de inscrição para cidadão estrangeiro, salvo previsão legal expressa, como ocorre no caso de professores estrangeiros nas universidades públicas. A nacionalidade pode ser comprovada com o documento de identidade ou pelo título de eleitor.

O gozo de direitos políticos é outro requisito previsto em lei que garante ao cidadão o direito subjetivo de participar da vida política do Estado. Compreende o direito de votar e ser votado, o direito de iniciativa de proposição de lei, o direito de ingressar com ação popular, o direito de criar ou integrar partidos políticos e a legitimidade para o oferecimento de denúncia em face do chefe do Executivo, em virtude de prática de infração político-administrativa. A Carta Constitucional, no seu art. 15, após proibir expressamente a cassação, de maneira indiscriminada apresenta situações que levam à perda ou à suspensão de direitos políticos. Todos os direitos políticos possuem como alicerce comum o alistamento eleitoral do cidadão. Desta forma, aquele que perder seus direitos políticos ou os tiver suspensos estará impossibilitado de exercer a sua cidadania, não podendo votar ou ser votado.

Ainda como requisito tem-se a quitação com obrigações militares e eleitorais, que está intimamente ligado ao anterior, já que impede a investidura em cargo público daquele que se encontrar em falta com suas obrigações militares e eleitorais, que poderão ser comprovadas com a documentação militar (certificado de alistamento, certificado de dispensa de incorporação, certificado de reservista ou certificado de isenção) e eleitoral (comprovante de votação, normalmente nas últimas eleições). O art. 74, alínea *f*, da Lei nº 4.375/1964, estabelece que nenhum brasileiro, entre 1º de janeiro do ano em que completar 19 anos de idade, e 31 de dezembro do ano em que completar 45 anos de idade, poderá, sem fazer prova de que está em dia com as suas obrigações militares, inscrever-se em concurso para provimento de cargo público.

Quanto ao nível de escolaridade, diferentemente dos requisitos anteriores que se referem à pessoa do candidato, leva em consideração as atribuições do cargo. Desta forma, a lei que criar o cargo ou emprego público deve estabelecer qual o grau de escolaridade necessário para o seu provimento, que deverá ser demonstrado pelo candidato à vaga. Pode a Administração Pública alterar as atribuições e os requisitos de investidura em cargos públicos, com a reestruturação do Plano de Carreira, uma vez que não há direito adquirido a regime jurídico, em se tratando de servidor público estatutário.[162]

Além do grau de escolaridade (ensinos fundamental, médio, técnico e superior), pode-se exigir também a espécie de escolaridade, a depender das atribuições do cargo. Assim, o cargo de assessor jurídico exige a formação em Direito, como o cargo do médico exige a comprovação do candidato de que cursou a faculdade de Medicina, com registro do diploma no ente de fiscalização competente. Acrescente-se que a escolaridade deverá ser demonstrada na ocasião do provimento do cargo e não no momento da inscrição.[163] A conclusão do curso é suficiente para preenchimento do requisito de grau de escolaridade, dispensando-se a colação de grau, ato meramente formal.

Em caso de concurso para cargo ou emprego de nível técnico, sendo esse equiparado a nível médio, nada impede que aquele com formação em curso de nível superior que abranja os requisitos mínimos de conhecimento exigidos para o cargo técnico possa prestar o concurso, com direito à posse, desde que preenchidos os demais requisitos. Assim, a análise comparativa do histórico escolar do curso de nível superior com aquele referente ao curso de nível técnico indicado para o cargo, poderá indicar a razoabilidade da admissão no certame do candidato. Neste sentido já se manifestou o STF:

> Apelação Cível – Ação Ordinária – Concurso Público – Exigência de curso médio o cargo de Técnico em Metalurgia ou Mecânica – Curso de Tecnólogo em Manutenção de Máquinas e Equipamentos – Habilitação para o cargo – Manutenção da sentença. I – O curso de Tecnólogo em Manutenção de Máquinas e Equipamentos corresponde a um curso técnico de nível superior, tendo diversas atribuições dentre as quais as de um técnico; II – Se o concurso visa o preenchimento de vaga para um cargo de nível médio, não é justo que o candidato com nível de

---

[162] Neste sentido: STJ, RMS 18149/RJ. Min. Paulo Medina, Sexta Turma. DJ 12.12.2005.
[163] Súmula nº 266/STJ: "o diploma ou habilitação legal para o exercício do cargo deve ser exigido na posse e não na inscrição para o concurso público".

escolaridade superior seja prejudicado, sob o fundamento de que deve haver cumprimento dos requisitos constantes do edital; III – Permitir que um tecnólogo, com maior conhecimento do que um técnico, não possa ocupar a referida função seria agir contra o interesse público, pois estaria impedindo a contratação de pessoas com qualificação superior a mínima exigida; V – Recurso conhecido e improvido.[164]

A exigência de idade mínima de dezoito anos constante da lei decorre do previsto no art. 27 do Código Penal, que estabelece a imputabilidade penal a partir dessa idade. Atualmente, também é a partir de 18 anos de idade que se adquire a maioridade civil, conforme consta do art. 5º do Código Civil. Da mesma forma que o requisito anterior, este somente precisará ser demonstrado quando da investidura no cargo ou emprego público. Logo, nada impede que um menor de idade venha a prestar concurso público, porém, caso aprovado, somente poderá tomar posse se neste segundo momento estiver com a idade mínima exigida.[165]

Por fim, é imprescindível que o pretenso candidato demonstre a perfeita aptidão física e mental para investidura em cargo ou emprego público, com exceção da hipótese dos portadores de necessidades especiais, prevista no §2º, do art. 5º. A aptidão física, no âmbito federal, é atestada por exame médico realizado por juntas, na forma do art. 14, da Lei nº 8.112/1990, que condiciona a posse à prévia inspeção médica oficial. Quanto à aptidão mental, esta poderá ser apurada na mesma ocasião do exame médico. Assim, a junta médica indicará em um mesmo atestado que o candidato possui aptidões física e mental para prover o cargo ou emprego público. No âmbito federal, tais exames são realizados antes da posse, conforme preceitua o art. 14, da Lei nº 8.112/1990, já tendo o Superior Tribunal de Justiça decidido serem requisitos para a posse no cargo ou emprego público.[166]

---

[164] RE 599.127-AgR, Segunda Turma, Rel. Min. Ayres Britto, DJE de 04.03.11, e AI 829.036-AgR, Primeira Turma, Rel. Min. Cármen Lúcia, Dje de 24.03.11.

[165] Nesse sentido vêm se manifestando os tribunais superiores, senão vejamos: "1. A idade mínima de dezoito anos é requisito para a investidura em cargo público, não podendo ser exigida no momento da inscrição do candidato no certame. 2. A habilitação legal para o exercício do cargo deve ser exigida no momento da posse" (STF, RE 184.425-6. TRF – 1ª Região: in REO n. 2000.40.00.001113-1-PI, 5ª Turma, DJ 12.07.2002).

[166] REsp 385586 / RS. RECURSO ESPECIAL. 2001/0178985-4

Logo, percebe-se que o interessado em ingressar no exercício de cargo ou emprego público deverá possuir documento de identidade, documento de quitação para com o serviço militar, documento hábil que comprove quitação com obrigações eleitorais, certificado de escolaridade compatível com o cargo ou emprego a ser preenchido e aptidão física e mental para o exercício da função a ser exercida.

No ato de inscrição exige-se do candidato apenas a ficha de inscrição, devidamente preenchida, acompanhada da cópia do documento de identidade e comprovante de pagamento do respectivo valor da inscrição. Assim, restringe-se o caráter de ampla competitividade a exigência, por exemplo, de apresentação de "certidão negativa de débitos de tributos e contribuições federais, expedidas pelo Ministério da Fazenda, através da Secretaria da Receita Federal", no ato de inscrição.

A jurisprudência é farta no sentido de que a habilitação do candidato que participe do concurso público deve ser aferida na data da posse, e nunca quando da sua inscrição. Justifica-se tal entendimento, tendo em vista que os requisitos são estabelecidos visando ao melhor exercício das atribuições do cargo e não como condição para se submeter às provas. Senão, vejamos:

> ADMINISTRATIVO. AGRAVO REGIMENTAL. CONCURSO PÚBLICO. COMPROVAÇÃO DE ESCOLARIDADE. NO ATO DA INSCRIÇÃO. SÚMULA Nº 266 DO STJ.
> I – Consoante entendimento desta Corte, a exigência de comprovação da escolaridade (diploma ou habilitação legal) tem pertinência com o desempenho da função, não com a inscrição em concurso para o provimento do cargo, sendo, pois, forçoso concluir que somente no ato da posse a comprovação desse requisito se faz necessária (Súmula nº 266/STJ). Precedentes.
> II – Agravo regimental desprovido (STJ, AgRg no REsp 687206/SP, Quinta Turma, Rel. Min. Félix Fischer, DJU 01.07.2005, p. 613).

> CONSTITUCIONAL. ADMINISTRATIVO. SERVIDOR PÚBLICO. CONCURSO PÚBLICO. EDITAL. DIPLOMA DE CURSO SUPERIOR. APRESENTAÇÃO. MOMENTO DA INSCRIÇÃO. ILEGALIDADE. SÚMULA Nº 266/STJ.
> – O princípio constitucional que assegura a livre acessibilidade aos cargos públicos pela via legítima do concurso público, desde que preenchidos os requisitos inscritos em lei, deve ser concebido sem restrições de caráter formal, dando-se prevalência aos seus fins teleológicos.

– Se para a investidura no cargo há exigência de ser o candidato possuidor de curso superior, a obrigatoriedade de apresentação do respectivo diploma ocorre no momento da posse. Súmula nº 266/STJ.
– Recurso ordinário a que se dá provimento (STJ, RMS 11861/TO, Sexta Turma, Rel. Min. Paulo Medina, DJU 17.05.2004, p. 287)

Apesar dos posicionamentos jurisprudenciais expostos, acolhidos também pela doutrina, cumpre salientar que, em certas situações, a Administração Pública poderá realizar a análise de alguns documentos quanto da inscrição, até para evitar que pessoas totalmente inaptas para o exercício do cargo ou emprego participem do certame, gerando maiores custos ao erário. Com efeito, seria o caso de concurso para motorista com exigência de prova de direção. Neste caso, poderá o ente responsável pelo certame concursal exigir a apresentação da Carteira Nacional de Habilitação, compatível com o veículo que será guiado, quando do ato de inscrição.

Também em se tratando de concurso para a Magistratura ou Ministério Público, existe a chamada fase de inscrição definitiva. No caso da Magistratura, a Resolução nº 75/2009, no seu art. 58, traz os requisitos da inscrição definitiva que precede a realização da prova oral do certame.

Nenhum requisito pode discriminar os candidatos em função de condições estritamente pessoais, como raça, cor, credo religioso ou político e forma estética. No entanto, a depender da natureza e necessidade do cargo ou emprego podem ser estabelecidos critérios plenamente aceitáveis quanto ao aspecto da razoabilidade. Assim já decidiu o Superior Tribunal de Justiça:

> CONCURSO PÚBLICO. MÉDICO DO ESTADO DO RIO DE JANEIRO. NECESSIDADE DE REALIZAÇÃO DE RESIDÊNCIA MÉDICA. EXIGÊNCIA QUE SE ENTENDE RAZOÁVEL EM FACE DAS ATRIBUIÇÕES DO CARGO.
> 1. A discriminação feita em edital de concurso público não se considera ilegal se o fato do discrimen guardar relação de pertinência lógica com a situação fática do caso concreto. Precedentes desta corte.
> 2. Recurso provido.[167]

---
[167] STJ. RMS 16304/RJ; Recurso Ordinário em Mandado de Segurança. Rel. Min. Paulo Medina. Sexta Turma. DJ 01.08.2005. p. 555.

Conforme abordado, o §1º, do art. 5º, da Lei Federal nº 8.112/1990, permite a exigência de outros requisitos dos candidatos, desde que compatíveis com o cargo ou emprego público. Esse permissivo legal decorre do disposto no art. 39, §4º, da Carta Constitucional, segundo o qual "aplica-se aos servidores ocupantes de cargo público o disposto no art. 7º, IV, VII, VIII, IX, XII, XIII, XV, XVI, XVII, XVIII, XIX, XX, XXII, XXX, *podendo a lei estabelecer requisitos diferenciados de admissão quando a natureza do cargo o exigir*" (grifo nosso).

Obviamente, tais requisitos devem guardar razoabilidade e proporcionalidade com o cargo a ser preenchido. Assim, por exemplo, o Supremo Tribunal Federal manifestou-se favoravelmente à limitação de idades mínima e máxima para o cargo de agente penitenciário, dada à natureza das atribuições do cargo.[168] Deve-se salientar que limites de idade mínima ou máxima para cargo público, além de razoáveis e proporcionais, devem decorrer de lei, evitando-se, assim, afronta ao art. 7º, XXX, da Constituição Federal. Neste sentido, manifesta-se o STJ:

> ADMINISTRATIVO. CONCURSO PÚBLICO. EDITAL. LIMITE DE IDADE. POLÍCIA MILITAR DO ESTADO DA BAHIA. PREVISÃO LEGAL. NATUREZA DO CARGO. LEGALIDADE.
> 1. É firme no Superior Tribunal de Justiça o entendimento de que é possível a definição de limite máximo e mínimo de idade, sexo e altura para o ingresso na carreira militar, levando-se em conta as peculiaridades da atividade exercida, desde que haja lei específica que imponha tais restrições.
> 2. O art. 5º, II, da Lei estadual 7.990/2001 (Estatuto dos Policiais Militares do Estado da Bahia) aponta a idade como um dos critérios a serem observados no ingresso na Polícia Militar baiana.
> 3. Deve-se reconhecer a legalidade da exigência de idade máxima estabelecida pelo Edital SAEB/01/2008, considerada a natureza peculiar das atividades militares. Não há, portanto, falar em ofensa a direito líquido e certo do impetrante.
> 4. Agravo Regimental não provido.[169]

---

[168] Re. 17647, Rel. Min. Moreira Alves, DJU 05.09.97. Também já se manifestou neste sentido o Tribunal Regional Federal da 1ª Região: AMS 2003.34.00.027244-2/DF.Rel. Des. Federal César Augusto Bearsi. Quinta Turma. DJ 31.05.2007.

[169] AgRg no RMS 41515 / BA. AGRAVO REGIMENTAL NO RECURSO EM MANDADO DE SEGURANÇA. 2013/0070106-0. Rel. Min. Herman Benjamin. Segunda Turma. DJ 10.05.2013.

Quanto à exigência de tempo de experiência profissional, há decisões proferidas por tribunais superiores aceitando-a, seguindo, assim, entendimento exposto por Hely Lopes Meirelles, para quem "a Administração é livre para estabelecer as bases do concurso e os critérios de julgamento, desde que o faça com igualdade para todos os candidatos".[170] Nesse sentido manifestou-se o Superior Tribunal Justiça.[171] Porém, cumpre acrescentar que tal exigência tem de estar em consonância com o princípio da razoabilidade, conforme abordado. Desta forma, o TRF da 5ª Região manteve sentença que entendeu desprovida de razoabilidade a exigência de tempo mínimo de 12 anos de titulação e do exercício do magistério superior para o cargo de professor titular da UFRN, além de considerar a falta de respaldo legal.[172] Atualmente, a Lei nº 12.772/2012, no seu art. 9º, inciso II, exige para ingresso no cargo isolado de professor titular-livre do Magistério Superior 10 anos de experiência ou de obtenção do título de doutor, ambos na área de conhecimento exigida no concurso, conforme disciplinado pelo Conselho Superior de cada IFE.

Por outro lado, é perfeitamente aceitável para provimento de emprego de piloto, no âmbito da Administração indireta, a exigência de tempo de experiência. No entanto, entendemos que, somente excepcionalmente, tal exigência deve ser admitida, uma vez que há uma inegável dificuldade em se estabelecer qual o tempo de experiência necessário para atender às expectativas administrativas. Ademais, nada impede que a prova de títulos oferte maior pontuação àquele que apresentar maior tempo de exercício de profissão.

Atente-se que tempo de experiência não se confunde com tempo de graduação. Desta forma, a exigência de prazo de emissão de diploma não revela de per si a experiência do candidato. Neste sentido já se manifestou o Tribunal Regional Federal da 1ª Região:

CONSTITUCIONAL. ADMINISTRATIVO. CONCURSO PÚBLICO. PROCURADOR DA REPÚBLICA. DESPROVIDA DE RAZOABILIDADE A EXIGÊNCIA, PARA INSCRIÇÃO DE DIPLOMA EXPEDIDO HÁ PELO MENOS DOIS ANOS.

---

[170] MEIRELLES, Hely Lopes. *Direito Administrativo brasileiro*. São Paulo: Malheiros, 2016. p. 544.
[171] REsp. Especial 801982. Rel. Min. José Delgado Primeira Turma 17.05.2007.
[172] AC 529994/RN (04.10.2012). Rel. Des. Federal Manoel Erhardt.

1. Por ofensa ao princípio da razoabilidade, não pode prevalecer a exigência de apresentação de diploma obtido há pelo menos dois anos, para inscrição em concurso público, visto que o simples decurso do lapso temporal não assegura ao candidato a experiência necessária ao exercício do cargo. 2. Sentença concessiva de segurança que se confirma. 3. Apelação e remessa oficial desprovidas.[173]

Especificamente quanto ao ingresso na carreira do Judiciário e do Ministério Público, a Constituição Federal, com a Emenda Constitucional nº 45/2004, passou-se a exigir, além da comprovação do candidato habilitado de que é bacharel em Direito, no mínimo, três anos de atividade jurídica, assim dispondo o art. 93, I, e 129, §3º.

Anteriormente à referida emenda, alguns concursos na área jurídica já exigiam o requisito da prática jurídica. Apesar da imprecisão do conceito de prática jurídica, o Superior Tribunal de Justiça vem lhe conferindo interpretação abrangente. Com efeito, o STJ decidiu:

> ADMINISTRATIVO. CONCURSO PÚBLICO. PRÁTICA FORENSE. CONCEITO. INTERPRETAÇÃO ABRANGENTE. PRECEDENTES. RECURSO ESPECIAL CONHECIDO E IMPROVIDO.
> 1- O Superior Tribunal de Justiça firmou entendimento no sentido de que, para provimento de cargos públicos mediante concurso, o conceito de *prática forense* deve ser compreendido em um sentido mais amplo, não comportando apenas as atividades privativas de bacharel em direito, mais todas aquelas de natureza eminentemente jurídica.
> 2- Recurso especial conhecido e improvido.
> (Resp. 537270 – PE, Rel. Min. Arnaldo Esteves Lima. 5ª Turma, Data de julgamento 17.10.2006).

José dos Santos Carvalho Filho, manifestando-se sobre o requisito de atividade jurídica para ingresso na Magistratura e no Ministério Público aduz que:

> [...] a expressão, sem dúvida, é mais precisa que a de "prática forense", adotada em algumas leis e regulamentos de concurso. É mais ampla também, visto que englobará grande universo de interessados que, impedidos de exercer a prática de foro em si, atuam em setores

---

[173] TRF, 1ª Região. AMS 2004.38.00.027934-8/MG. Rel. Des. Federal Daniel Paes Ribeiro. DJ 25.09.2006. p. 84.

indiscutivelmente ligados à área jurídica, não sendo justo, realmente, que ficassem alijados do certame.[174]

Neste mesmo sentido, expõe Luiz Flávio Gomes, acrescentando que:

[...] o foco da exigência constitucional, como se percebe, não é só a atividade forense. O que se pretende é buscar no mercado interessados que contem com prévia experiência profissional no âmbito jurídico. Mas isso não está adstrito à advocacia. O Delegado de Polícia, por exemplo, muitas vezes até não é advogado, mas pode preencher sem sombra de dúvida as duas novas exigências constitucionais: a) ser bacharel em direito; b) ter no mínimo três anos de experiência jurídica.[175]

O Conselho Nacional de Justiça, buscando regulamentar a noção de atividade jurídica, expediu a Resolução nº 11, de 31 de janeiro de 2006, posteriormente revogada pela Resolução nº 75/2009. Assim, o art. 59 elenca cinco hipóteses caracterizadas como tal, quais sejam: atividade exercida com exclusividade por bacharel em Direito; o exercício de cargos, empregos ou funções, inclusive de magistério superior, que exija a utilização preponderante de conhecimento jurídico; o efetivo exercício de advocacia, inclusive voluntária, mediante a participação anual mínima em cinco atos privativos de advogado (Lei nº 8.906/1994, art. 1º) em causas ou questões distintas; o exercício da função de conciliador junto a tribunais judiciais, juizados especiais, varas especiais, anexos de juizados especiais ou de varas judiciais, no mínimo por 16 horas mensais e durante um ano; e o exercício da atividade de mediação ou de arbitragem na composição de litígios. A comprovação da atividade jurídica deverá ser realizada por ocasião da inscrição definitiva no concurso. Acrescente-se que a comprovação da experiência quando da "inscrição definitiva" distancia-se do princípio da razoabilidade, uma vez que a experiência somente será necessária a partir do exercício da função, que muitas vezes somente se concretiza anos após a realização do concurso público.

---

[174] CARVALHO FILHO. José dos Santos. *Manual de Direito Administrativo*. São Paulo: Atlas, 2016. p. 686.
[175] GOMES, Luiz Flávio. *Ingresso na magistratura e no Ministério Público*: a exigência de três anos de experiência jurídica garante profissionais experientes?. Disponível em: http://www.lfg.com.br. Acesso em: 19 ago. 2019.

O Conselho Nacional do Ministério Público regulamentou a matéria através da resolução nº 40/2009, alterada pela Resolução nº 57/2010, nos mesmos moldes do Conselho Nacional de Justiça, admitindo para o cômputo da atividade jurídica, desde que integralmente concluídos com aprovação, os cursos de pós-graduação em Direito ministrados pelas Escolas dos Ministério Público, Magistratura e da Ordem dos Advogados do Brasil, bem como os cursos de pós-graduação reconhecidos, autorizados ou supervisionados pelo Ministério da Educação ou pelo órgão competente. A Resolução nº 87, de 27 de junho de 2012, estabeleceu que a comprovação da atividade jurídica deveria ser documentada e formalizada no ato da posse do candidato. Tal Resolução foi revogada expressamente pela de nº 141/2016, que restabeleceu a redação original do art. 3º da Resolução nº 40/2009, segundo o qual "a comprovação do período de três anos de atividade jurídica deverá ser feita no ato da inscrição definitiva do concurso".

5.4.3 Do pagamento do valor da inscrição

Dentre outros documentos exigidos do candidato ao concurso público, tem-se o comprovante do pagamento do valor da inscrição, destinado a suportar o custo operacional do certame, referidos por muitos como "taxa de inscrição".

Questiona-se a utilização da nomenclatura "taxa" para o pagamento do valor de inscrição em concurso público, uma vez que a Constituição Federal considera "taxa" como um dos tipos de tributos. Assim, de acordo com o art. 77, do Código Tributário Nacional (Lei nº 5.172/1966), "as taxas cobradas pela União, pelos Estados, pelo Distrito Federal ou pelos Municípios, no âmbito de suas respectivas atribuições, têm como fato gerador o exercício regular do poder de polícia, ou a utilização, efetiva ou em potencial, de serviço público específico e divisível, prestado ao contribuinte ou posto à sua disposição".

A cobrança do valor da inscrição para custear a realização de concurso público encontra respaldo legal no art. 11 da Lei nº 8.112/1990, segundo o qual "o concurso será de provas ou de provas e títulos, podendo ser realizado em duas etapas, conforme dispuserem a lei e o regulamento do respectivo plano de carreira, *condicionada a inscrição do candidato ao pagamento do valor fixado no edital, quando indispensável ao seu custeio, e ressalvadas as hipóteses de isenção nele expressamente previstas"* (grifo nosso). Como a realização do certame concursal demanda gastos de grande monta, justifica-se a referida cobrança para que a realização do certame seja a contento.

Na esfera federal, o Decreto nº 86.364/1981 permitiu a cobrança do valor da inscrição correspondente a 2,5% da remuneração fixada para a referência inicial do cargo ou emprego. Com a revogação do dispositivo aplica-se, no âmbito federal, a Portaria nº 450/2002, do Ministério do Planejamento, Desenvolvimento e Gestão, com os mesmos termos do Decreto.[176]

Embora a União, como os demais entes federados, tenha editado ato normativo voltado a regulamentar o valor da inscrição em concurso, o Tribunal de Contas da União estabeleceu que tal importância deve ser fixada de modo a apenas cobrir os custos do certame.[177] Com efeito, inicialmente devem ser catalogadas todas as despesas envolvidas no concurso da forma mais precisa possível. Posteriormente, deverá ser estimado o número de candidatos considerando-se os requisitos do cargo ou emprego, número de vagas, situação de desemprego, valor da remuneração, dentre outros. Assim, dividindo-se o montante das despesas pelo número de candidatos, encontra-se o valor a ser cobrado de cada inscrição, que corresponde ao quanto, em média, cada candidato custa para a entidade que realize o concurso de ingresso. Desta forma, não se pode pensar na "taxa" de inscrição como uma forma de lucro para a Administração Pública.

Por outro lado, nada impede que a Administração Pública realize o certame arcando com todo o seu custo. Para tanto, basta que possua dotação orçamentária disponível. No entanto, caso se utilize desta prática, não poderá em contrapartida limitar o número de inscritos. Caso o limite percentual máximo do valor da inscrição não seja suficiente para cobrir os custos do concurso, as

---

[176] No Estado da Bahia, a Lei nº 12.209/2011 estabelece, no seu art. 157, valor cobrado a título de inscrição no processo seletivo calculado em até 7% da remuneração inicial do cargo, emprego ou função em disputa.
[177] Decisão nº 143/96, Rel. Min. Adhemar Paladini Ghisi. Brasília, DF, 27.03.1997.

despesas que ultrapassarem o percentual deverão ser suportadas pela Administração Pública interessada.[178]

O certo é que o valor a ser cobrado na inscrição para o certame não pode se constituir em fator discriminatório, ou seja, o poder aquisitivo do candidato é, sem dúvida, um odioso meio de seleção. A exigência de altos valores na inscrição constitui restrição injustificável à competição e pode ser arguida perante os órgãos de controle externo da Administração Pública, por exemplo, o Tribunal de Contas, que deverá examinar os fatos e circunstâncias que levaram à definição dos valores.

Registre-se também que não é razoável a realização de concurso público pelo ente administrativo com valor de inscrição única para todos os cargos ou empregos, quando estes possuírem remunerações diversas, aliás, neste sentido vêm estabelecendo as legislações quanto à matéria, por exemplo, a Lei Distrital nº 4.949/2012, no seu art. 22. Desta forma, fere o princípio da razoabilidade a cobrança de valor único para os cargos de médico e de auxiliar administrativo, como hipótese.

Por outro lado, visando a garantir os princípios da isonomia e do livre acesso aos cargos e empregos públicos, a jurisprudência vem reiteradamente reconhecendo a isenção do valor de inscrição de candidatos hipossuficientes,[179] assim considerados aqueles que não podem comprovadamente arcar com o ônus do referido valor sem sacrifício próprio ou de sua família. No âmbito federal, o Decreto nº 6.593/2008 condiciona a isenção do valor da inscrição do concurso à comprovação de estar inscrito no Cadastro Único para Programas Sociais do Governo Federal – CadÚnico – e ser membro de família cuja renda mensal seja igual ou inferior a três salários mínimos.

Mesmo que não haja no edital de concurso a previsão de tal isenção, ela poderá ser requerida pelo candidato à comissão do concurso,

---

[178] TCU – Decisão nº 143/96. 27.03.1996.
[179] CONSTITUCIONAL. AGRAVO DE INSTRUMENTO. ISENÇÃO. TAXA DE INSCRIÇÃO. CONCURSO. CANDIDATO HIPOSSUFICIENTE. POSSIBILIDADE. A regra constitucional ínsita no art. 37, I estabelece o princípio de amplo acesso ao cargo público, não podendo a Administração Pública se furtar ao cumprimento da norma para impedir expressamente a inscrição de candidatos hipossuficientes, pois esta condição pode ser também comprovada através de declaração de pobreza, nos termos da Lei nº 7.115/83(TRF da 5ª Região. AGTR nº 55457/CE, j. 03.05.2005, p. 469, Rel. Dês. Fed. Marcelo Navarro). Nesse mesmo sentido: AGTR nº 40666/CE, j. 18.05.2004, DJ. 17.06.2004, p. 540, Rel. Des. Fed. Petrúcio Ferreira.

que deverá deferir o pleito se comprovada a hipossuficiência. Acrescente-se que se considera nula, posto que ilegal, disposição editalícia que vede a concessão de isenção de pagamento de valor de inscrição.[180]

Questiona-se o direito do candidato à isenção em virtude da hipossuficiência, quando inexistir regulamentação formal pelo ente federado, responsável pelo certame. Seria, assim, a situação de um município que, por não dispor de ato normativo quanto à matéria, não admite a isenção. Neste caso, a dificuldade inicial será estabelecer quais as situações que se adequam ao direito à isenção. Por outro lado, a ausência de previsão legal não constitui obstáculo definitivo à sua obtenção, posto que é direito assegurado na Constituição Federal. Em diversas passagens a Carta Constitucional reporta-se ao direito ao trabalho (art. 5, XIII; art. 6º; art. 170, VIII), garantindo o acesso a cargos, empregos e funções a todos os brasileiros que preencherem os requisitos estabelecidos em lei (art. 37, I). Com efeito, o princípio do amplo acesso ao cargo público, aliado ao princípio da isonomia, impede a exclusão daqueles que não podem arcar com a taxa de inscrição.

No que concerne à natureza jurídica da importância paga para inscrição, Diógenes Gasparini[181] entende que, para a Administração direta, autárquica e fundacional, esta possui natureza tributária, caracterizando-se como taxa de serviço. Em consequência, deverá estar prevista na legislação tributária. Em contrapartida, quando o valor da inscrição for cobrado pelas entidades paraestatais – sociedade de economia mista ou empresa pública – entende o autor que terá natureza de preço.

Jorge Ulisses Jacoby Fernandes manifesta-se pela natureza não tributária da "taxa" de inscrição, porém acrescenta que "não deixa de ter natureza de recurso público devendo integrar os haveres do Estado".[182]

---

[180] Neste sentido já se manifestou o TRF da 1ª Região: "Embora seja legal a cobrança de inscrição em concurso público (Lei nº 8.112/90, art. 11), ilegal se mostra disposição editalícia que veda a concessão de isenção, "seja qual for o motivo alegado", por contrariar não apenas o dispositivo legal mencionado, que prevê, expressamente, casos de isenção, mas, também preceitos constitucionais que asseguram a todos igualdade de livre acesso aos cargos públicos" (MAS 23.686, Rel. Des. Daniel Paes Ribeiro. DJU 14.11.2001. p. 308)

[181] GASPARINI, Diógenes. Concurso público, imposição constitucional e Operacionalização. In: MOTTA, Fabrício (Coord.). Concurso público e Constituição. Belo Horizonte: Fórum, 2005. p. 69.

[182] FERNANDES, Jorge Ulisses Jacoby. Os tribunais de contas e o controle sobre as admissões no serviço público. Revista do Tribunal de Contas do Estado de Minas Gerais, n. 02, 2002.

Nesse diapasão, não resta dúvida de que o valor cobrado pela inscrição tem natureza de receita própria do ente contratante. Considerada receita pública, deverá obedecer ao regime das despesas e receitas instituído pela Lei nº 4.320/1964, devendo ingressar e sair dos cofres públicos obedecendo às regras estabelecidas pelo referido diploma.[183]

Tanto a doutrina[184] como a jurisprudência do Tribunal de Contas da União[185] vêm criticando os contratos de risco que entidades interessadas no concurso firmam com empresas, estabelecendo como remuneração destas os valores arrecadados na inscrição. Com efeito, os valores pagos pelas inscrições são depositados em uma conta bancária própria da contratada. Tal procedimento não encontra respaldo legal, pois viola as regras previstas na lei federal referida. Ademais, quanto a tal matéria, o TCU já consolidou entendimento por meio da Súmula nº 214, segundo a qual:

> Os valores correspondentes às taxas de inscrição em concursos públicos devem ser recolhidos ao Banco do Brasil S. A., à conta do Tesouro Nacional, por meio de documento próprio, de acordo com a sistemática de arrecadação de receitas federais previstas no Decreto-lei nº 1.755, de 31/12/79, a integrar as tomadas ou prestações de contas dos responsáveis ou dirigentes de órgãos da Administração Federal Direta, para exame e julgamento pelo Tribunal de Contas da União.

Esta prática, no entanto, é admitida por alguns quando o ente contratante possuir personalidade jurídica de Direito Privado, hipótese em que não se aplicaria a mencionada lei.

Quanto à devolução do valor de inscrição, é certo que esta não caberá no caso de seu indeferimento. Assim, caso se deixe de apresentar algum documento exigido quando da inscrição, não se poderá falar em devolução do valor pago para a participação no certame. Da mesma forma, não haverá devolução quando o candidato for reprovado ou quando não tenha alcançado classificação dentre o número de vagas.

---

[183] GASPARINI, Diógenes. Concurso público, imposição constitucional e operacionalização. In: MOTTA, Fabrício (Coord.). Concurso público e Constituição. Belo Horizonte: Fórum, 2005. p.69.

[184] GASPARINI, Diógenes. Concurso público, imposição constitucional e operacionalização. In: MOTTA, Fabrício (Coord.). Concurso Público e Constituição. Belo Horizonte: Fórum, 2005. p. 69.

[185] Decisão nº 683/1997.

Situação diversa ocorre quando o candidato não se submeter às provas do concurso em virtude de sua revogação ou anulação efetivada pela entidade interessada. Nessa situação, como o serviço do concurso de ingresso não foi prestado, deverá ser devolvido o valor pago pelos candidatos, independente de provocação, através da convocação dos inscritos por meio de publicação na imprensa e via internet. É possível também a devolução quando o ato anulatório ou revogatório ocorrer após a realização do certame, excluídos, obviamente, aqueles que porventura tenham dado causa às fraudes. Apesar de posições divergentes, entende-se também possível a devolução do valor da inscrição em virtude do adiamento do certame concursal.

CAPÍTULO VI

DAS FASES DO CONCURSO PÚBLICO: O DIREITO À NOMEAÇÃO E O CADASTRO DE RESERVA

6.1 Aspectos introdutórios

Conforme já salientado, o concurso público possui natureza jurídica de processo administrativo, desenvolvendo-se em fases. Constituem fases do concurso público a abertura, o deferimento das inscrições, a realização das provas, a análise dos títulos, a divulgação do resultado e a homologação.

6.1.1 Da abertura do concurso público

O edital é o ato administrativo unilateral que fixa as condições para a participação em concurso público. Considera-se aberto o certame concursal com a publicação do aviso do concurso em Diário Oficial e em jornal de grande circulação. O aviso de concurso deve trazer informações básicas aos possíveis interessados, dentre as quais o cargo ou emprego disponibilizado, o prazo de inscrição e a forma de acesso ao edital. Quanto à publicação do edital em jornal de grande circulação, há uma forte tendência de tal exigência ser suprida com a divulgação do certame no site oficial do ente ou órgão responsável pelo concurso. Leva-se em consideração a economicidade, lembrando que a divulgação em site já garante a ampla publicidade.

Processam-se, nesta etapa, as inscrições dos candidatos em consonância com o estabelecido no edital. Segundo José dos Santos Carvalho Filho, "inscrição é a manifestação de vontade do candidato no sentido de participar da competição".[186] Em regra, admite-se que a inscrição seja realizada por procurador, mediante entrega do respectivo mandato, acompanhada de cópia do documento de identidade do candidato e do procurador. Normalmente, a procuração fica retida no órgão responsável pela inscrição. De praxe, os prazos de inscrição em concursos variam de 15 a 30 dias, sendo injustificável o estabelecimento de prazos exíguos.

Nada impede que em situações excepcionais ocorra a prorrogação do prazo de inscrição em concurso, desde que alcance todos os candidatos. Logo, não poderá limitar a prorrogação apenas para certa categoria de candidatos, sob pena de violação do princípio da isonomia. Assim, o Superior Tribunal de Justiça, em liminar concedida em mandado de segurança pelo ministro Francisco Peçanha Martins, entendeu descabida a prorrogação de prazo de inscrição em concurso público apenas para pessoas com deficiência.[187]

Nesta etapa, também podem ocorrer impugnações ao edital. Sendo ato administrativo, o edital subordina-se ao império da legalidade estrita. Desta forma, requisitos que não tenham suporte legal ou que violem princípios consagrados no nosso ordenamento jurídico, da razoabilidade, por exemplo, devem ser impugnados. O direito à impugnação do edital baseia-se nos princípios constitucionais da ampla defesa e do contraditório (art. 5º, LIV e LV, CF), no direito de petição (art. 5º, XXXIV, "a", CF) e, por analogia, no art. 41 da Lei nº 8.666/1993. Tais impugnações serão processadas de acordo com o estabelecido em lei ou regulamento. Inexistindo previsão legal ou regulamentar, processar-se-á na forma estabelecida no ato convocatório. Trata-se, em verdade, de um controle interno provocado[188] a ser exercido pelo ente que promove o concurso.

---

[186] CARVALHO FILHO, José dos Santos. *Manual de Direito Administrativo*. São Paulo: Atlas, 2016. p. 668.
[187] STJ notícias: 24.01.2007.
[188] O controle interno, com respaldo constitucional no art. 74, classifica-se como *controle interno de ofício*, quando ninguém precisa deflagrar o controle, decorrendo do poder de autotutela da Administração, e *controle interno provocado*, quando deflagrado por terceiro (cf. CARVALHO FILHO, José dos Santos. *Manual de Direito Administrativo*. São Paulo: Atlas, 2016. p. 996).

Normalmente, as impugnações são oferecidas por possíveis candidatos que, depois de apresentarem sua qualificação, aduzem as regras e princípios que entendem violados. Os recursos impetrados depois de protocolados são instruídos pela comissão de concurso e remetidos à autoridade superior para julgamento. Essa autoridade superior normalmente é aquela que autorizou a abertura do certame, mas nada impede que seja outra por determinação legal. Julgadas procedentes as impugnações, dois caminhos podem ser traçados: ou se procede à re-ratificação do edital, devolvendo-se o prazo para inscrição; ou anula-se o procedimento, instaurando-se outro, se for o caso. Entende-se ocorrida a preclusão se o candidato não impugnar o vício do edital no momento da inscrição.[189] Nesta fase, ainda podem ser solicitadas informações sobre pontos obscuros ou omissos do ato convocatório, que deverão ser prestadas.

Ressalte-se que a inscrição não gera ao interessado direito subjetivo à realização do concurso. Por questões de conveniências administrativas, o concurso pode deixar de ser realizado. No entanto, o ato de revogação do certame deverá ser devidamente motivado, devolvendo-se eventuais importâncias pagas a título de inscrição.

6.1.2 Do deferimento das inscrições

Passada a fase das inscrições, quando será possível impugnar possíveis vícios no edital, inicia-se a etapa do deferimento ou indeferimento.

Nesta etapa, os pedidos de inscrições são submetidos ao crivo da comissão do concurso, que deverá manifestar-se pelo seu deferimento ou indeferimento. Quando o pedido acompanhar as exigências do edital será deferido. Como salientado em capítulo anterior, no ato de inscrição exige-se normalmente do candidato

---

[189] "Concurso público. Magistério. Docência de educação para o lar de deficientes de visão. Edital. Exigência de curso de especialização com duração de 600 horas. Não impugnação dessa exigência pelo interessado no ato de inscrição. Ocorrência de preclusão. Além disso, não houve ilegalidade do edital que, no particular se afina com a Lei nº 5.692/71, que prevê tratamento especial para alunos que apresentem deficiências físicas ou mentais" (Apelação em Mandado de Segurança. Processo nº 89.02.00099-0 RJ. TRF 2ª Região. Data da decisão: 09.08.1989).

apenas a ficha de inscrição, devidamente preenchida, acompanhada da cópia do documento de identidade e comprovante de pagamento da respectiva taxa. Assim, a habilitação do candidato que participar de concurso público, em regra, deve ser aferida na data da posse, e nunca por ocasião da sua inscrição.[190] A jurisprudência refere-se à inscrição definitiva como aquela realizada após as provas do concurso, quando os candidatos aprovados devem demonstrar à comissão examinadora que preenchem todos os requisitos exigidos no edital, confirmando a sua inscrição.[191] Com efeito, o deferimento da inscrição nesta fase inicial não se confunde com a declaração prévia de que todas as condições exigidas para o exercício do cargo estariam preenchidas.

Pode a comissão de concurso manifestar-se pelo indeferimento da inscrição quando não observadas as exigências do edital. Assim, a falta de apresentação do documento de identidade ou do comprovante do pagamento do valor da inscrição, bem como o preenchimento incorreto da ficha de inscrição, podem levar ao seu indeferimento. Atentando-se ao princípio da publicidade, as inscrições indeferidas devem ser publicadas em Diário Oficial.

Em qualquer caso, o ato praticado nesta fase deverá ser motivado, principalmente o indeferimento das inscrições, para possibilitar que o candidato utilize a via recursal ou ingresse com a medida judicial cabível. Quanto ao prazo para interposição do recurso, este deverá ser explicitado no edital. A confirmação da inscrição ocorre, em regra, com a remessa ao interessado do cartão de identificação.

Vale ressaltar que o edital não poderá estabelecer prazos ínfimos para a inscrição, como já abordado, sob pena de declaração de nulidade, por comprometimento do princípio da ampla competitividade. Márcio Maia e Ronaldo de Queiroz[192] listam hipóteses que também afetam tal princípio nesta fase, quais sejam: horários restritos e inadequados para a realização das inscrições; postos de

---

[190] Repita-se a Súmula 266 do Superior Tribunal de Justiça: "O diploma ou habilitação legal para o exercício do cargo deve ser exigido na posse e não na inscrição para o concurso público".
[191] STJ – Recurso Ordinário em Mandado de Segurança, RMS 16257/MG, Rel. Min. Jorge Scartezzini. DJ 08.03.2004.
[192] MAIA, Márcio Barbosa; QUEIROZ, Ronaldo Pinheiro de. *O Regime Jurídico do Concurso Público e o seu Controle Jurisdicional*. São Paulo: Saraiva, 2007. p. 95.

inscrições em número insuficiente; proibição de inscrição por intermédio de procurador; dentre outras. Desta forma, um concurso de âmbito estadual que estabeleça dois dias de prazo para inscrição e verifica-se sério tumulto durante tal processo em virtude da exiguidade de postos para referido fim, deverá ser anulado, mesmo que a Administração Pública venha a arguir e provar que no último dia os postos estiveram abertos até efetivar a inscrição do derradeiro interessado. Isto porque o princípio da dignidade da pessoa humana garante ao cidadão um tratamento condizente com a sua posição, não estando obrigado a esperar em filas que atravessem quarteirões até a madrugada, com constantes tumultos, para efetivar inscrição em concurso, em virtude de prazo exíguo conferido pelo Poder Público para tanto. Também problemas nas páginas eletrônicas destinadas à realização de inscrições online podem ser causas de ampliação do prazo de inscrição, sob pena de nulidade do certame

Apreciados os recursos eventualmente interpostos nesta fase, passa-se para a etapa subsequente.

6.2 Das provas do concurso público

Conforme preceitua o inciso II do artigo 37 da Carta Constitucional, a investidura em cargo ou emprego público depende de prévia aprovação em concurso público de provas ou provas e títulos.

Desta forma, a próxima etapa do concurso será a da realização das provas. A depender do certame, podem existir diversos tipos de provas, dentre as quais a objetiva, a discursiva, a de redação, a oral, a prova prática, a prova de aptidão física e os psicotestes.

A escolha do conteúdo programático das provas, apesar de contar com certa margem de discricionariedade, deve ter nível de complexidade compatível com o exercício das funções do cargo ou emprego, possuindo relação com as atribuições que serão assumidas. Deve, ainda, ser enunciada de forma precisa e detalhada no edital, permitindo a perfeita compreensão dos assuntos exigidos. Existindo a indicação bibliográfica das matérias cobradas, esta vinculará a instituição organizadora, devendo ser indicada a última edição existente da obra até a publicação do edital. Entende-se que na falta de indicação bibliográfica a comissão julgadora estará obrigada a aceitar como critério de correção posições técnicas, doutrinárias, teóricas e jurisprudenciais amplamente aceitas e cientificamente comprovadas.

Muitas vezes, as provas são elaboradas por professores contratados especialmente para este fim. As questões formuladas devem se adequar ao conteúdo programático apresentado no edital. A realização de questões em desacordo com tal conteúdo permite não só a interposição de recurso administrativo como também a utilização da via judicial, como já se manifestou o Superior Tribunal de Justiça.[193] No entanto, a jurisprudência atual do mesmo Tribunal orienta-se no sentido de ser defeso ao Poder Judiciário analisar critérios utilizados pela banca examinadora na formulação de questões.[194]

Caso conste do conteúdo programático das provas questões sobre atualidades, entende-se que somente podem ser cobrados conhecimentos sobre fatos ocorridos até a data da publicação do edital, devendo tais fatos possuir alcance nacional ou internacional, evitando-se a cobrança daqueles de alcance apenas regional ou local, uma vez que o concurso público não pode limitar a participação em razão do local de residência ou domicílio do candidato. Caso a questão de atualidades ou conhecimentos gerais tenha conteúdo apresentado de forma divergente ou contraditório em mais de um meio de informação, prejudicando o julgamento objetivo da questão, esta deverá ser anulada.

A prova escrita pode ser dividida em duas fases: uma objetiva, de conhecimentos gerais; outra normalmente dissertativa, de conhecimentos específicos. A prova objetiva pode ser de múltipla escolha, certo ou errado ou combinação das duas modalidades.

---

[193] "PROCESSUAL CIVIL. RECURSO ESPECIAL. ANULAÇÃO DE QUESTÃO DE PROVA DE CONCURSO PÚBLICO. LEGALIDADE DO CERTAME. ANÁLISE. DILAÇÃO PROBATÓRIA. DESNECESSIDADE. – Em tema de concurso público, é vedado ao poder judiciário reapreciar as notas das provas atribuídas pela banca examinadora, limitando-se o judicial control à verificação da legalidade do edital e do cumprimento de suas normas pela comissão responsável. – A análise da legalidade e da observância das regras do edital, para fins de anulação de questões de prova, limita-se ao cotejo do conteúdo programático previsto nas normas editalícias e a matéria contida nas questões formuladas pela banca examinadora, não requerendo dilação probatória. – Recurso Especial conhecido e provido". (Resp 286344/DF. Rel. Min. Vicente Leal. Sexta Turma. DJ 05.03.2001).

[194] STJ, AgRg no Ag 658190/RJ, Rel. Min. Paulo Gallotti, Sexta Turma, DJ 29.08.05.

O edital deve especificar quais os pontos que deverão ser abordados nas provas escritas, bem como os critérios objetivos de correção, permitindo-se, assim, o controle posterior.[195] O edital deve estabelecer se será ou não permitida consulta a algum tipo de material impresso, especificando-se, em caso positivo, quais seriam os materiais de consulta permitidos. Na correção das provas escritas deve-se justificar a perda de pontos, indicando a linha na qual foi cometido o erro formal e a sua natureza. Entende-se que a correção de tais provas deve ser realizada por três examinadores, que não se comunicam, sendo a nota final de conteúdo a média dos resultados. Tal providência visa a atenuar as consequências das discrepâncias de notas.

A prova oral é realizada em alguns concursos. Assim, ainda é utilizada na maioria dos concursos para ingresso na Magistratura e no Ministério Público. Ocorre somente após a aprovação nas provas objetivas e discursivas. Antes da sua realização, procede-se ao sorteio do tema sobre o qual discorrerá o candidato. A banca examinadora deve apresentar comentário sucinto quanto à resposta do candidato, após esta ser proferida.

Esse tipo de prova não se presta exclusivamente a aferir conhecimentos técnicos dos candidatos, buscando também a análise do equilíbrio emocional deles, experiência e fluência verbal, capacidade de argumentação, uso correto do vernáculo e articulação do raciocínio. Deve ser realizada em sessão pública, permitindo-se o acesso de qualquer interessado, desde que resguardada a ordem. Correta a posição colocada por Márcio Cammarosano, segundo a qual "provas orais devem ser gravadas, taquigrafadas ou objeto de estenografia

---

[195] "Tendo em vista a existência de critérios editalícios por demais amplos para fins de correção de redação em concurso público, não permitindo qualquer tipo de controle por parte dos candidatos – impossibilitando a aferição do peso ou da faixa de valores para cada quesito, e o verdadeiro conteúdo para cada um deles, tampouco o valor de cada erro -, além de não constar nenhuma anotação – salvo o apontamento de erros de português – na folha de prova do candidato, apta a embasar o resultado final obtido no teste, resta caracterizada a falta de motivação idônea do ato administrativo, daí resultando sua invalidade. No entanto, já passado "quase um ano da homologação final do concurso, com eventual posse e exercícios dos demais candidatos aprovados e, observando que a nova ordem de classificação normalmente influi na lotação dos servidores, é caso de permitir a aprovação [...], mas consolidada na última colocação entre os aprovados, a fim de que a coisa julgada na presente ação não atinja terceiros que não participaram dos autos. (STJ – RMS 33.825 – 2ª Turma – Rel. Min. Mauro Campbell Marques – DJ 14.06.11)

ou estenotipia",[196] garantindo-se, assim, maior sindicabilidade. O maior ou menor tempo utilizado para realização deste tipo de prova depende das características de cada candidato, situação que não fere o princípio da igualdade, conforme já se manifestou o Superior Tribunal de Justiça.[197] Por outro lado, deve ser conferido tratamento igual aos candidatos durante a realização da prova oral. Assim, caso tenha sido conferido tempo de dez minutos para certo candidato iniciar a sua resposta, não pode ser exigido de outro tempo inferior, sob pena de ferir a isonomia de tratamento.[198] Nos concursos para docentes, realizados por universidades públicas, costuma-se ter como fase a "prova didática", que seria um tipo de prova oral.

Deverá ser assegurado ao candidato surdo ou impossibilitado permanentemente de falar o direito de realizar a prova oral, por meio de comunicação com intérprete oficial da instituição organizadora, utilizando a Língua Brasileira de Sinais (Libras).

Quanto à prova de aptidão física, esta é de caráter eliminatório e sujeita o candidato a uma série de exames que testem a sua capacidade e habilidade físicas. Obviamente, a sua previsão no edital dependerá da precedente necessidade de comprovação de capacidade física, exigida por norma legal, para exercício de funções vinculadas a certos cargos ou empregos oferecidos, uma vez que, nos termos do art. 39, §3º, somente lei poderá estabelecer "requisitos diferenciados de admissão quando a natureza do cargo o exigir". Assim, somente se justifica se as atribuições a serem desempenhadas pelo

---

[196] CAMMAROSANO, Márcio. Concurso público: avaliação de provas, vinculação ou discricionariedade?. In: MOTTA, Fabrício (Coord.). *Concurso público e Constituição*. Belo Horizonte: Fórum, 2005. p. 174.

[197] RSM 19022/PI. Rel. Min. Arnaldo Esteves Lima. Quinta Turma. DJ 22.08.05.

[198] Ainda quanto a tratamento isonômico na prova oral, têm-se diversas decisões, como, por exemplo, já se manifestou o TRF da 1ª Região: "CONCURSO PÚBLICO PARA INVESTIDURA NA CARREIRA DA MAGISTRATURA DO TRABALHO. PROVA ORAL. CARÁTER ELIMINATÓRIO. CONSTITUCIONALIDADE. REVISÃO DE MÉDIA. AUSÊNCIA DE MOTIVAÇÃO E VEDAÇÃO NO EDITAL. OFENSA À ISONOMIA ENTRE OS CANDIDATOS. [...] 2. Ocorrência de ofensa aos princípios da isonomia e impessoalidade (Carta Magna, art. 5º, "caput", e 37, "caput"), uma vez que havendo no edital do certame vedação expressa ao arredondamento das médias, não poderia a Comissão Organizadora, sem fundamentação, dar provimento ao recurso de apenas uma das candidatas, majorando sua média na prova oral, para considerá-la aprovada no concurso, e não proceder da mesma forma em relação aos demais candidatos que também recorreram. Precedentes do STJ e STF em casos análogos (AC nº 2003.33.00.007825-8/BA. Des. Maria Isabel Gallotti Rodrigues. Sexta Turma. Data de Publicação 17.05.2005).

candidato após a nomeação requeiram condições físicas especiais. Com efeito, é plenamente justificável a adoção desse tipo de exame para investidura em cargos de policial civil e bombeiro, porém sem qualquer fundamento, para o cargo de juiz de Direito, por exemplo. Nesse sentido, manifestou-se o Superior Tribunal de Justiça:

> RECURSO ORDINÁRIO EM MANDADO DE SEGURANÇA – CONCURSO PÚBLICO – EXAME DE APTIDÃO FÍSICA – CARGO DE TÉCNICO PENITENCIÁRIO – EXIGÊNCIA – LEGALIDADE – RESPEITO AOS PRINCÍPIOS DA RAZOABILIDADE E EFICIÊNCIA – REVISÃO DE PROVA REALIZADA EM CONCURSO – IMPOSSIBILIDADE – RECURSO DESPROVIDO.
> 1. Havendo previsão em edital, a exigência de teste de aptidão física, além de legal, atende aos princípios da razoabilidade e eficiência, pois, o exercício das atribuições atinentes ao cargo de Técnico Penitenciário, exigirá do servidor habilidades físicas relacionadas à destreza, agilidade, flexibilidade, força e capacidade respiratória.
> 2. Sobre capacidade física para o exercício do cargo de Técnico Penitenciário, tendo a Recorrente sido considerada inapta, não cabe ao Poder Judiciário substituir-se à banca examinadora do concurso, mormente porque a revisão da prova demanda dilação probatória. Precedentes.
> 3. Recurso ordinário desprovido.[199]

Atualmente, prevalece o entendimento segundo o qual a realização desse tipo de prova em concurso público depende de previsão legal. Neste sentido, já se manifestou o Superior Tribunal de Justiça.[200] Segundo o Decreto Federal nº 9.739/2019, a realização

---

[199] STJ. RMS 19826/MS; Recurso Ordinário em Mandado de Segurança nº 2005/005228-0. Rel. Min. Paulo Medina. Sexta Turma. DJ 20.02.2006.
[200] ADMINISTRATIVO. AGRAVO REGIMENTAL. RECURSO ORDINÁRIO EM MANDADO DE SEGURANÇA. CONCURSO PÚBLICO. OFICIAL CAPELÃO DA POLÍCIA MILITAR. EXAME FÍSICO. PREVISÃO LEGAL E EDITALÍCIA. LEGALIDADE. INCOMPATIBILIDADE COM O CARGO. PODER DISCRICIONÁRIO DA ADMINISTRAÇÃO.
1. Não há, no caso, qualquer ilicitude na exigência do exame físico, tendo em vista a previsão legal e editalícia para a realização do referido exame. Precedentes.
2. "As disposições do edital inserem-se no âmbito do poder discricionário da Administração, o qual não está, porém, isento de apreciação pelo Poder Judiciário, se comprovada ilegalidade ou inconstitucionalidade nos juízos de oportunidade e conveniência", (AgRg no RMS 34.676/GO, Rel. Ministro Castro Meira, 2ªT, DJe 15.04.2013), o que não é o caso dos autos, porquanto há previsão legal para a exigência do exame físico.3. Agravo regimental a que se nega provimento. (AgRg no RMS 24791 / MSAGRAVO REGIMENTAL NO RECURSO EM MANDADO DE SEGURANÇA 2007/0181880-4, Ministro ROGERIO SCHIETTI CRUZ (1158), SEXTA TURMA, DJe 29.11.2013).

de provas de aptidão física exige que conste do edital qual será o tipo de prova, quais as técnicas admitidas e qual deve ser o desempenho mínimo para classificação (art.32).

Acrescente-se que o exame de aptidão física deverá atentar aos princípios da razoabilidade e da isonomia. Por outro lado, a banca examinadora nessa fase do concurso deverá ser constituída por pessoas que possuam capacitação profissional compatível com os exames físicos que serão aplicados. Tais exames são realizados seguindo um cronograma pré-estabelecido, não se podendo falar em simultaneidade na realização das provas de capacitação física, em virtude de sua natureza. No entanto, entende-se que tais exames não devem ser realizados entre 11:00 e 14:00 horas, quando a temperatura é mais alta, para evitar questionamentos quanto à isonomia de tratamento.

Nada impede a designação de nova data para realização do exame, caso o candidato comprove a incapacidade relativa para se submeter à avaliação na data designada, por motivo de doença, desde que não prejudique o cronograma normal do concurso.[201]

No caso de gravidez, no entanto, o entendimento que prevalece é no sentido de que a candidata gestante poderá requerer a realização da prova física após o parto ou término do período gestacional, sem prejuízo de sua participação nas demais fases do concurso. A Lei Distrital que regulamenta o concurso público (Lei nº 4.949/2012) estabelece no parágrafo único do art. 40 que "A gravidez não dispensa a realização da prova física, que deve ser realizada no prazo máximo de cento e vinte dias após o parto ou o fim do período gestacional, sem prejuízo da participação nas demais fases do concurso público". Tal disposição guarda coerência com a jurisprudência atual quanto à matéria. Caso não realize a prova no prazo máximo estabelecido, será excluída do certame.[202] Saliente-se

---

[201] Nesse sentido tem se manifestado a jurisprudência, senão vejamos: "CONCURSO PÚBLICO. AGENTE DE POLÍCIA FEDERAL. EDITAL 45/2001. MEDIDA CAUTELAR. PROVA DE CAPACIDADE FÍSICA. 1. Confirma-se sentença que julgou procedente o pedido cautelar para assegurar ao candidato a realização da prova de capacidade física em nova data, a ser fixada pela Administração, em razão de ter sido acometido por enfermidade, com prazo de incapacitação delimitado em atestado médico e compatível com cronograma do concurso. 2. Apelação e remessa oficial a que se nega provimento" (REO. Rel. Des. Federal Maria Isabel Gallotti Rodrigues. DJU``10.05.04).

[202] RECURSO ORDINÁRIO EM MANDADO DE SEGURANÇA. PERDA DE OBJETO. NÃO OCORRÊNCIA. CONCURSO PÚBLICO. GRAVIDEZ. PROTEÇÃO CONSTITUCIONAL.

que o Plenário do Supremo Tribunal Federal reconheceu o direito de candidatas gestantes à remarcação de testes de aptidão física em concursos públicos, independentemente de haver previsão no edital. A decisão majoritária foi proferida no Recurso Extraordinário nº 1058333, em 21 de novembro de 2018, cujo tema debatido teve repercussão geral,

A prova de aptidão física deverá também ser filmada, disponibilizando-se as imagens aos candidatos para fins de recurso.

Alguns concursos para cargos ou empregos que necessitem de habilidades manuais para o exercício das funções exigem a realização de provas práticas. Como exemplos de provas práticas tem-se a prova de digitação, operação de máquinas e direção de veículos. Nestes casos, o edital deverá estabelecer os aparelhos ou técnicas a serem utilizados e o desempenho do candidato deverá ser julgado por especialista de forma fundamentada. Em consonância com esse entendimento, o Decreto Federal nº 9.739/2019, no seu art. 33, determina que "as provas de conhecimentos práticos específicos indicarão os instrumentos, os aparelhos ou as técnicas a serem utilizadas e a metodologia de aferição para avaliação dos candidatos".

Há concursos que também contam com a realização de exames psicotécnicos. Tais exames visam a verificar se o candidato possui perfil compatível com o cargo ou emprego que se pretende prover. No julgamento do EDREsp nº 211.323, DJU de 09.10.2000, STJ, o ministro Gilson Dipp asseverou que "a finalidade do exame psicotécnico é a avaliação psíquica-intelectual do candidato, a fim de

---

CAPACIDADE FÍSICA. REMARCAÇÃO. AUSÊNCIA VIOLAÇÃO AO PRINCÍPIO DA ISONOMIA.
1. É entendimento firmado neste Tribunal que o exame da legalidade do ato apontado como coator em concurso público não pode ser subtraído do Poder Judiciário em decorrência pura do encerramento do certame, o que tornaria definitiva a ilegalidade ou abuso de poder alegados, coartável pela via do Mandado de Segurança.
2. A proteção constitucional à maternidade e à gestante não somente autoriza, mas até impõe a dispensa de tratamento diferenciado à candidata gestante sem que isso importe em violação ao princípio da isonomia, máxime se inexiste expressa previsão editalícia proibitiva referente à gravidez.
3. O Supremo Tribunal Federal firmou sua jurisprudência no sentido de que a gestação constitui motivo de força maior que impede a realização da prova física, cuja remarcação não implica em ofensa ao princípio da isonomia.
4. Recurso provido. (RMS 31505 / CE RECURSO ORDINÁRIO EM MANDADO DE SEGURANÇA 2010/0024856-8, Rel. Ministra MARIA THEREZA DE ASSIS MOURA, 6ª Turma, DJE 27.08.2012).

aferir sua compatibilidade com o cargo a que pleiteia". A Resolução 02/2016, do Conselho Federal de Psicologia, no seu art. 1º define avaliação psicológica para fins de seleção de candidatos como "um processo sistemático, de levantamento e síntese de informações, com base em procedimentos científicos que permitem identificar aspectos psicológicos do(a) candidato(a) compatíveis com o desempenho das atividades e profissiografia do cargo". Os métodos e técnicas psicológicas utilizados na avaliação devem possuir características e normas reconhecidas pela comunidade científica como adequadas, com evidências de validade para a descrição ou predição dos aspectos psicológicos compatíveis com o desempenho do candidato em relação às atividades do cargo.

Entende o Supremo Tribunal Federal que, havendo previsão em lei, o exame psicotécnico pode ser realizado nos concursos públicos. É a inteligência da Súmula nº 686 daquela Corte, ao estabelecer que "só por lei se pode sujeitar a exame psicotécnico a habilitação de candidato a cargo público". O psicólogo responsável pela escolha do teste a ser aplicado deverá atentar tanto para a sua eficiência como para a objetividade. É pacífico o entendimento de que a realização de exame psicotécnico deve primar pelo máximo de objetividade, oportunizando aos seus participantes conhecer de seu conteúdo e recorrer de seu resultado.[203] Logo, não há que se falar em sigilo em tais exames. Segundo a Resolução nº 02/2016, do Conselho Federal de Psicologia, antes referida, a divulgação do resultado da avaliação psicológica será feita por meio de relação nominal, constando os candidatos aptos (art. 6º), sendo facultado somente ao candidato conhecer os resultados da avaliação, através de entrevista devolutiva (§1º, art. 6º).

---

[203] A jurisprudência dos tribunais superiores vem se manifestando quanto à necessidade de objetividade dos exames psicotécnicos. Assim, vejamos: "ADMINISTRATIVO. AÇÃO CAUTELAR. CONCURSO PÚBLICO. AGENTE E ESCRIVÃO DA POLÍCIA FEDERAL. EXAME PSICOTÉCNICO. LEGALIDADE. CANDIDATOS CONSIDERADOS NÃO RECOMENDADOS. CARÁTER SIGILOSO E IRRECORRÍVEL. INVIABILIDADE. 1. A jurisprudência do STF e deste STJ é unânime em reconhecer a legalidade da exigência, em edital de concurso, da aprovação em exames psicotécnicos, sobretudo para o ingresso na carreira policial, desde que realizados em moldes nitidamente objetivos, possibilitando aos candidatos "não recomendados" o conhecimento do resultado e a interposição de eventual recurso. 2. Precedentes do STF e STJ. 3. Improvimento da remessa oficial" (ROMS 14395, Rel. Min. Paulo Medina. DJ 26.04.2004).

Caso o candidato não concorde com o resultado de exame psicotécnico que o reprovou poderá questioná-lo, inclusive judicialmente, baseado em relatório psicológico elaborado por equipe técnica formada por especialistas, concluindo por sua aptidão para o cargo. Ademais, o próprio Judiciário poderá determinar a realização de perícia por profissionais capacitados.[204] Pensa-se que para minimizar a utilização da via judicial, o próprio edital pode estabelecer a realizado do "reteste" em caso de o resultado ser a inaptidão do candidato.

Cabe razão a Celso Antônio Bandeira de Mello quando afirma que:

> Exames psicológicos só podem ser feitos como meros exames de saúde, na qual se inclui a higidez mental dos candidatos, ou, no máximo – e, ainda assim, apenas no caso de certos cargos ou empregos –, para identificar e inabilitar pessoas cujas características psicológicas revelem traços de personalidade incompatíveis com o desempenho de determinadas funções. Compreende-se, por exemplo, que um teor muito alto de agressividade não se coadunaria com os encargos próprios de quem deva tratar ou cuidar de crianças em creches e escolas maternais.[205]

6.2.1 Questões vinculadas à realização das provas

Da primeira prova do concurso público participarão todos aqueles que tiverem suas inscrições deferidas. Porém, para participação nos exames subsequentes, os candidatos terão de obter na prova anterior a nota mínima exigida no edital ou nota que permita estar inserido entre o número máximo de candidatos classificados.

---

[204] Nesse sentido manifestou-se o TRF, 1 Região: "PROCESSUAL CIVIL. AGRAVO DE INSTRUMENTO. CONCURSO PÚBLICO. CANDIDATA CONSIDERADA INAPTA EM EXAME PSICOTÉCNICO. PRODUÇÃO DE PROVA PERICIAL. CABIMENTO. PRINCÍPIO DA AMPLA DEFESA. 1. Implica cerceamento de defesa a negativa de produção de prova pericial em processo no qual se busca comprovar a aptidão de candidato reprovado em exame psicotécnico. Isso porque, não versando a lide sobre matéria exclusivamente de direito, faz jus a parte a que instrução da causa se perfaça com todas as provas que ela se propõe a produzir. 2. Agravo de instrumento a que se dá provimento para deferir o pedido de produção de prova pericial" (AG 2006.01.00.031025-1/MG. Rel. Des. Federal Fagundes de Deus. Quinta Turma. DJU 22.03.2007. p. 73).

[205] BANDEIRA DE MELLO, Celso Antônio. *Curso de Direito Administrativo*. São Paulo: Malheiros, 2015.p. 289.

Muitos concursos permitem que todos os candidatos realizem todas as suas etapas, porém somente são corrigidas as provas subsequentes dos candidatos que alcançaram nota mínima naquela realizada anteriormente.

As provas são realizadas em data, hora e local previamente anunciados, ao mesmo tempo, a todos os candidatos, garantindo-se, assim, o princípio da isonomia. Logo, a simultaneidade é importante para garantir o sigilo das provas. Em algumas situações, no entanto, a simultaneidade poderá ser quebrada. Assim, tem-se como exemplo a situação de candidato que por limitações religiosas não pode se submeter aos exames em determinado dia e horário.[206] Porém, em qualquer caso, jamais se admitirá a quebra do sigilo, sob pena de nulidade do certame.

Realizadas as provas, deverá ser publicado o gabarito com as respostas das questões formuladas, procedendo-se à correção daquelas pela comissão examinadora. A referida publicação é de grande importância, pois, além de garantir o princípio da transparência, vai permitir que os interessados manifestem seus desacordos. Muitos entes responsáveis pela realização de concursos públicos preferem divulgar o que chamam de "padrão de resposta" antes de realizarem a correção das provas, disponibilizando prazo de recurso. Considera-se que a possibilidade de recurso em face do "padrão de resposta" confere à banca examinadora maior segurança na correção das provas, reduzindo o número de recursos que geram a recorreção.

Daí é importante também que os candidatos, após a realização das provas, entreguem o gabarito, ficando com o caderno de respostas. Viola o princípio da publicidade e ampla defesa a exigência de que o candidato entregue o caderno de respostas juntamente com

---

[206] Nesse sentido já se manifestou o TRF, Primeira Região: "ADMINISTRATIVO. MANDADO DE SEGURANÇA. CONCURSO PÚBLICO PARA PROVIMENTO DE CARGOS DE POLICIAL RODOVIÁRIO FEDERAL. ADVENTISTA DO SÉTIMO DIA. REALIZAÇÃO DE EXAMES EM DIA E HORÁRIO DIVERSO DO ESTABELECIDO NO EDITAL. APROVAÇÃO NO CERTAME. SEGURANÇA CONCEDIDA. SITUAÇÃO DE FATO CONSOLIDADA. 1. Concedida a liminar para o candidato realizar os exames médico e psicológico do concurso público para provimento de cargos de Policial Rodoviário Federal, após as 18(dezoito) horas do sábado, e obtendo ele a aprovação no concurso, bem como a concessão de segurança, exsurge situação de fato consolidada, cuja desconstituição não se recomenda, por não haver prejuízo a terceiro ou ao interesse público. 2. Remessa oficial improvida. (REO nº 2002.34.00.019633-2/DF Remessa *Ex offício*. Des. Fagundes de Deus. Quinta Turma. Data da Publicação: 31.05.04).

o gabarito. Entende-se razoável, no entanto, a exigência de permanência do candidato durante certo período de tempo na sala onde for realizada a prova, para que possa receber o caderno de respostas. Tal exigência visa a garantir lisura no concurso, evitando-se a chamada "cola" nas provas, facilitada pelo rápido conhecimento do seu conteúdo por agentes externos ao concurso.

Após a correção das provas, o resultado deverá ser publicado pela imprensa oficial, através de site próprio na internet ou afixado em quadro no ente que realizou o certame, conforme previsão editalícia.

Há divergências jurisprudenciais quanto à possibilidade de reexame judicial de questões.[207] Argumenta-se que, ao proceder à anulação de questão acolhendo a tese segundo a qual a banca examinadora considerou como certa alternativa errada, o Judiciário estaria substituindo o órgão examinador, ingressando na seara do mérito administrativo, o que não seria permitido. No entanto, Tribunais têm admitido o reexame judicial de questões, quando a impugnação se fundamenta na ilegalidade da avaliação.[208] Tal situação é mais comum nas provas de múltipla escolha, quando apenas uma alternativa é aceita pela banca e o candidato comprova que há na questão mais de uma alternativa correta. Caso desta natureza deve levar à anulação do

---

[207] À exemplo temos decisão do Superior Tribunal Federal, nos seguintes termos: "PROCESSO CIVIL. ADMINISTRATIVO. CONCURSO PÚBLICO. QUESTÕES OBJETIVAS. VIOLAÇÃO DA CF. INCOMPETÊNCIA DO STJ. ANULAÇÃO. IMPOSSIBILIDADE. SUBSTITUIÇÃO À BANCA EXAMINADORA. LIMITE DE ATUAÇÃO DO PODER JUDICIÁRIO. Esta Corte não tem competência para apreciar a alegação de ofensa à Carta Magna, consoante o disposto no artigo 105, inciso III, alínea "a". Não compete ao Poder Judiciário, atuando em verdadeira substituição à banca examinadora, apreciar critérios na formulação de questões; correção de provas e outros, muito menos a pretexto de anular questões. Limite de atuação. Recurso provido (STJ, REsp 721067/DF, Rel. Min. José Arnaldo da Fonseca, Quinta Turma, DJ 27.06.2005, p. 444).

[208] Assim, tem-se decisão proferida pelo Tribunal Regional Federal, da 2ª Região: "ADMINISTRATIVO. CONCURSO PÚBLICO. ANULAÇÃO DE QUESTÕES. Ação ordinária proposta em face da União Federal, objetivando anulação de questões referentes ao concurso público para o cargo de Auditor Fiscal da Receita Federal, com o conseguinte cômputo dos pontos, de modo a que os Autores sejam considerados habilitados para a segunda fase do certame. Tratando-se de prova envolvendo contabilidade, ciência exata, a prova é objetiva, podendo o Judiciário se manifestar quando há erro de fato. Concluindo o laudo pericial pela correção das respostas dos candidatos, é nula a sentença, eis que esta divorciou-se dos elementos constantes nos autos, não tendo sido observado o princípio da persuasão racional do Magistrado e do seu livre conhecimento. Em resposta ao princípio da economia processual, impõe-se anular as questões em tela, para admitir que os candidatos habilitados prossigam no concurso" (TRF, Segunda Região. Apelação Cível – 213600, Processo nº 1999.02.01.048427-1/RJ. Segunda Turma. DJU 18.03.2003, p. 275).

quesito contestado, atribuindo-se aos candidatos os pontos perdidos, salvo outra solução constante do edital, uma vez que, nesta hipótese, o que há é contrariedade aos termos do ato convocatório que determinar a existência de apenas uma alternativa certa.

No que concerne às provas dissertativas prevalece o entendimento segundo o qual há certa discricionariedade conferida à comissão examinadora na correção, que levaria em consideração outros critérios além dos estritamente ligados ao conhecimento. Segundo José dos Santos Carvalho Filho, "esses critérios não podem ser reavaliados no Judiciário, pois que, além de serem privativos da Administração, sua reapreciação implicaria ofensa ao princípio da separação dos Poderes".[209] O posicionamento esposado acompanha o entendimento que vem sendo estabelecido pelo Superior Tribunal de Justiça, que se firmou no sentido de que "o critério de correção de provas e atribuições de notas estabelecido pela Banca Examinadora não pode ser discutido no Judiciário, limitando-se a atuação deste ao exame de legalidade do procedimento administrativo".[210]

Tal posicionamento deve, no entanto, ser analisado com certa reserva. Ao corrigir a prova dissertativa deverá a banca motivar a nota conferida ao candidato. Ora, segundo a teoria dos motivos determinantes, os fatos que servirem de suporte à decisão administrativa integram a validade do ato. Logo, enunciados os motivos que ensejaram a atribuição daquela nota, esta só será válida se as justificativas tiverem procedência. Segundo já se manifestou o Supremo Tribunal Federal, "os critérios adotados pela Banca Examinadora de um concurso não podem ser revistos pelo Poder Judiciário, salvo se houver inconstitucionalidade ou ilegalidade".[211] Percebe-se que o Pretório Excelso considerou a possibilidade do controle judicial da constitucionalidade do procedimento de correção das provas. Logo, além da legalidade, a banca examinadora deve atentar para os outros princípios constitucionais. Assim, viola o princípio da isonomia a utilização de critérios diferenciados para a correção das provas dos candidatos. Já a desconsideração de respostas apresentadas em

---

[209] CARVALHO FILHO, José dos Santos. *Manual de Direito Administrativo*. São Paulo: Atlas, 2016. p. 677.
[210] ROMS 270/BA, Rel. Min. Anselmo Santiago.
[211] MS 21.176. Rel Min. Aldir Passarinho.

conformidade com o entendimento de parte da doutrina viola o princípio da razoabilidade. Por outro lado, a falta de apresentação dos motivos da nota conferida ao candidato afronta o princípio da motivação. Assim, poderíamos apresentar uma série de situações que, violando princípios administrativos, permitem o controle jurisdicional das provas dissertativas.

Fala-se na jurisprudência alemã em resposta tecnicamente sustentável, assegurando-se ao candidato o direito a uma "margem de resposta", de forma que uma resposta sustentável não pode ser avaliada como falsa, mesmo que aquele não seja o entendimento do examinador.[212]

Existindo dúvida quanto à ocorrência de vício na correção da prova dissertativa, nada impede que ela seja submetida ao exame do Poder Judiciário, que poderá, inclusive, utilizar-se de prova pericial para resolver o impasse. Porventura detectado algum vício, determinará o reexame da prova pela banca examinadora, não podendo ele mesmo fazê-lo, sob pena de comprometer o princípio de igualdade, além de colocar em xeque o princípio da separação de poderes.

É importante salientar que as provas do concurso devem trazer questões claras, de fácil compreensão para evitar contradições intrínsecas. Com efeito, as questões redigidas de modo ininteligível devem ser anuladas, preservando-se o princípio da razoabilidade.

O certo é que a correção não poderá ser pautada em critérios de natureza subjetiva, sob pena de violar o direito fundamental de livre acesso ao Judiciário. Conforme já se manifestou o ministro Moreira Alves ao afirmar que:

> [...] se a lesão é praticada com base em critérios subjetivos, ou em critérios não revelados, fica o Poder Judiciário impossibilitado de prestar a tutela jurisdicional, porque não terá como verificar o acerto ou desacerto de tais critérios e, por via oblíqua, estaria sendo afastada da apreciação do Poder Judiciário lesão a direito.[213]

Tal regra vale também para os exames orais, cujos critérios a ser observados pela comissão devem estar expressos no edital.

---

[212] MORAES, Germana de Oliveira. *Controle Jurisdicional da Administração Pública*. São Paulo: Dialética, 2004. p. 180.
[213] RE 125.556/BA. *Revista de Direito Administrativo*, p. 149, out./dez. 1992.

Neste tipo de prova, observa-se que muitas vezes os examinadores acabam sendo conduzidos por critérios subjetivos, o que impossibilita o acesso ao Poder Judiciário. Aliás, o caráter subjetivo é inerente do exame oral, e a atribuição das notas aos candidatos é prerrogativa discricionária do examinador. Deve-se atentar que tal discricionariedade não se confunde com arbitrariedade. Tomás R. Fernández[214] classifica como arbitrário todo ato desprovido de motivação e sem qualquer vínculo com a realidade, fruto da mera vontade e capricho do administrador. Já a discricionariedade seria atuação administrativa com margem de liberdade administrativa conferida pela lei. Nesta linha, ensina Almiro de Couto e Silva:

> O concurso público para admissão nos serviços do Estado é um procedimento sério de seleção de candidatos, no qual deverá existir, em linha de princípio, a possibilidade de controle – não apenas administrativo, pelos caminhos dos recursos pertinentes – mas também de caráter jurisdicional, dos critérios de correção das provas, sob pena de poder transformar-se em fraude e burla dos interesses dos competidores. Já foi anteriormente ressaltado que a Administração Pública não tem o poder incontrastável de reputar como certo o que bem lhe parece, pois isso seria arbítrio".[215]

Prevalece na doutrina e na jurisprudência que o controle jurisdicional neste caso está restrito à clara violação de princípios administrativos, notadamente o da legalidade e o da razoabilidade.

6.3 Da análise dos títulos e outras possíveis fases do certame

Divulgada a relação dos aprovados na ordem decrescente de classificação, passa-se à análise dos títulos, se for o caso, daqueles que lograram classificação para permanência no certame.

---

[214] FERNÁNDEZ, Tomás-Ramón. *De la arbitrariedad de la administración*. Madrid: Civitas, 1997. p. 81.
[215] COUTO E SILVA, Almiro. *Direito Público*. In: WAGNER JUNIOR, Luiz Guilherme da Costa. Estudos em homenagem ao professor Adilson Abreu Dallari. Belo Horizonte: Del Rey, 2001. p. 26.

Normalmente, quando a Administração entende que a experiência é fundamental para o exercício do cargo ou emprego em disputa instaura concurso de provas e títulos. Assim, o papel dos títulos é valorar o passado profissional e acadêmico dos candidatos. Segundo o ex-ministro do Supremo Tribunal Federal Carlos Ayres Britto, "a competição pelo título homenageia a experiência do candidato, antes do exercício do cargo disputado".[216] Com efeito, os títulos apresentados pelos candidatos revelam um tipo de habilitação ou conhecimento apenas presumido e não testado, uma vez que o candidato não é posto à prova quanto ao seu efetivo preparo, expresso apenas em histórico da vida profissional e intelectual de cada concorrente. Não constituindo tipo de prova, os títulos não aprovam nem reprovam.[217]

Ainda de acordo com Carlos Ayres Britto:

> Os títulos servem tão somente como critério de classificação dos candidatos, até porque se ostentassem natureza eliminatória, fariam com que os candidatos carecedores de densos currículos (os mais jovens e mais pobres, principalmente) já entrassem para a prova de conhecimentos com a obrigação de saber mais do que os outros. E é intuitivo que tal "obrigação antecipada" de saber mais lesionaria o princípio da igualdade.[218]

Em posição contrária, o Superior Tribunal de Justiça entendeu que é "possível, consoante entendimento deste STJ, a atribuição de caráter eliminatório à prova de títulos, desde que respeitados os princípios administrativos da legalidade, moralidade, impessoalidade, publicidade e finalidade".[219]

---

[216] BRITTO, Carlos Ayres. Concurso público: requisitos de inscrição. *Revista Trimestral de Direito Público*. São Paulo: Malheiros. 1994, n. 6. p. 69.
[217] CONCURSO PÚBLICO. TÍTULOS. REPROVAÇÃO, Coaduna-se com o princípio da razoabilidade constitucional conclusão sobre circunstância de a pontuação dos títulos apenas servir à classificação do candidato, jamais definindo aprovação ou reprovação. Alcance emprestado por tribunal de justiça à legislação estadual, em tudo harmônico com o princípio da razoabilidade, não se podendo cogitar de menosprezo aos critérios da moralidade e impessoalidade; (STF. AI 194188 AgR. Rel. Min. Marco Aurélio. Segunda Turma. Julgado em 30.03.1998).
[218] BRITTO, Carlos Ayres. Concurso público: requisitos de inscrição. *Revista Trimestral de Direito Público*, n. 6. p. 70, 1994.
[219] CONCURSO PÚBLICO. PROCURADOR DO TRABALHO. PROVA DE TÍTULOS. CARÁTER ELIMINATÓRIO. CONSTITUCIONALIDADE. 1. Nos termos do edital respectivo a prova de títulos no concurso público de Procurador do Trabalho tem caráter eliminatório. Precedente específico desta Corte. 2. Não é inconstitucional o caráter eliminatório da prova de títulos. Precedentes desta Corte, do TRF da 4ª Região, do STJ

Os critérios de avaliação dos títulos devem apresentar o maior grau de objetividade possível, o que impõe que seja estabelecida desde o lançamento do certame a titulação a ser considerada e a pontuação a ela referente.[220] Quanto à pontuação, não pode ser de tal magnitude que minimize desarrazoadamente o peso das provas.

Por outro lado, os títulos exigidos devem guardar consonância com o cargo ou emprego a ser preenchido. Assim, não se pode valorar diploma de nível superior para preenchimento de cargo cuja lei exige apenas nível médio de escolaridade. O Superior Tribunal de Justiça já se manifestou pela possibilidade de o edital estabelecer data-limite para obtenção dos títulos.[221]

É importante que o edital determine a forma de recebimento dos títulos, não podendo o candidato ser eliminado do certame em caso de não apresentação desses documentos, quando o edital estabelecer que possuirão caráter meramente classificatórios. Também os critérios de pontuação a ser alcançada pela apresentação de cada título e o máximo de pontos a ser obtidos nesta fase devem constar do ato convocatório.

Para guardar consonância com o inciso II do art. 37 da Constituição Federal, determinando que os concursos públicos serão de provas ou provas e títulos, não se admite que seja atribuído peso superior aos títulos frente às provas, devendo o edital estabelecer de forma clara qual o seu valor.

Por certo que a cobrança de títulos acontece, na maioria das vezes, em concursos de nível superior, mesmo porque o próprio dispositivo constitucional mencionado estabelece que as provas de títulos devam se adequar à natureza e à complexidade do cargo ou emprego. No entanto, atualmente, percebe-se maior incidência de pontuação de titulação em concursos de nível médio, mas, nesses casos, em lugar de

---

e do STF. 3. Irrelevância, na apreciação da aprovação da impetrante, do fato de a banca examinadora ter conferido a todos os candidatos que comprovaram o exercício de advocacia, pública ou privada, a mesma quantidade de pontos, porquanto resguardado o caráter isonômico desse ato, bem como porque ela não apresentou sequer um título. 4. Apelação improvida. (TRF-1 – AMS: 2432 DF 96.01.02432-8, Relator: JUIZ LEÃO APARECIDO ALVES (CONV.), Data de Julgamento: 27.06.2001, TERCEIRA TURMA SUPLEMENTAR, Data de Publicação: 09.07.2001 DJ p.51)

[220] Neste sentido já se manifestou o Tribunal Regional Federal, da 4ª Região: REO – REMESSA EX OFFICIO. Proc. 1999.04.01.018974-5. Terceira Turma. Data da decisão: 29.06.2000.

[221] RMS 16929/MG. Rel. Min. Arnoldo Esteves Lima. Quinta Turma. DJ 24.04.06.

títulos acadêmicos, pontua-se a comprovação de experiência em cargos similares aos oferecidos no certame, salientando-se que não se pode pontuar tempo de serviço, somente a demonstração da experiência.

Visando a atender ao princípio da publicidade, a abertura dos envelopes contendo os títulos deverá ocorrer em sessão pública, possibilitando a participação de todos os interessados.

Conforme já salientado, existem concursos públicos que também estabelecem uma fase de curso de formação. Assim ocorre, por exemplo, em concursos para provimento de cargos de escrivão de polícia, agente de polícia civil, dentre outros. No entanto, a jurisprudência tem entendido que na maioria dos casos tais cursos constituem um pré-requisito para nomeação, que depende da aprovação e da classificação no curso de formação profissional.[222]

Existem concursos públicos que exigem também a realização de exame toxicológico e verificação de vida pregressa.[223] No caso do exame toxicológico, este depende de previsão legal. Assim, uma lei paulista (Lei Estadual nº 10.859/2001) traz a exigência de realização de tal exame quando da admissão do policial pelas corporações da Polícia Militar e Polícia Civil, bem assim como a Lei Distrital nº 11.134/2005, que faz a mesma exigência para ingresso no Corpo de Bombeiros do Distrito Federal.

---

[222] CURSO DE FORMAÇÃO. APRESENTAÇÃO DE DIPLOMA OU CERTIFICADO DE CONCLUSÃO DE CURSO SUPERIOR. MOMENTO. Consoante jurisprudência dominante nesta Corte, o curso de formação não constitui etapa de concurso público para ingresso na carreira militar, mas ato de investidura inicial equivalente à posse no cargo, tendo em vista que o candidato passa a integrar os quadros da corporação. Portanto, perfeitamente legal a exigência de apresentação pelo candidato de comprovante de escolaridade previsto no edital por ocasião de sua inscrição para o curso de formação, porquanto respaldada na legislação que rege a carreira, sendo inaplicável o enunciado 266/STJ. Recurso conhecido e provido (TJ-GO. Apelação 04083106420178090051. Data da Publicação 03.06.2019).

[223] Ação de anulação de ato administrativo. Indeferimento de pedido de antecipação dos efeitos da tutela. Concurso público de admissão no curso de formação de soldado da Polícia Militar do Estado do Rio de Janeiro. Reprovação de candidato na fase de exame social e documental em razão do resultado positivo de seu exame toxicológico. Ausência de qualquer ilegalidade na exclusão do candidato do certame, por tratar-se de motivo objetivo conhecido e previsto no edital. Observância aos princípios da vinculação ao instrumento convocatório e isonomia. Fundamentação razoável e proporcional. A realização pelo agravante de novo exame toxicológico cinco meses após o primeiro não possui o condão de provar qualquer inexatidão a seu respeito. Decisão proferida pelo Juízo a quo, em sede de cognição sumária, que não se mostra teratológica, contrária à lei ou à prova nos autos. Enunciado 59 da súmula de jurisprudência deste Tribunal. RECURSO A QUE SE NEGA SEGUIMENTO. (0053844-40.2012.8.19.0000 – AGRAVO DE INSTRUMENTO. DES. PATRICIA SERRA VIEIRA – Julgamento: 06.02.2013 – DECIMA CAMARA CIVEL. AGRAVO DE INSTRUMENTO).

Os testes toxicológicos para concurso público abrangem duas modalidades: exame em urina; e exame em pelos ou cabelos. O exame de urina, adotado por ser mais barato, pode dar um resultado falso positivo. O exame de cabelos é mais confiável, pois evita a adulteração. Caso o resultado do exame seja um falso positivo, o candidato poderá apresentar recurso administrativo ou judicial, requerendo a realização de contra prova, utilizando outra técnica, de preferência analítica instrumental mais avançada. Caso faça uso de medicação que tenha influenciado no resultado do exame, o candidato deverá apresentar receita médica acompanhada de laudo atestando que a medicação foi prescrita por especialista. A substância tomada pelo candidato não pode constar do rol taxativo de drogas ilícitas constante da Portaria nº 344 da Anvisa.

A verificação da vida pregressa do candidato ou investigação social visa a observar se há algum fato gerador de empecilho ou obstáculo ao exercício do cargo. O resultado da avaliação deve atender ao princípio da razoabilidade e motivação, garantindo-se o contraditório e a ampla defesa. Logo, deve-se evitar a utilização de expressões como: "o candidato não está apto" ou "há fatos em sua vida que violam a honra". Por certo que a sindicância de vida pregressa considerará apenas elementos e critérios de natureza objetiva, sendo vedada a exclusão do concurso de candidato que responda a mero inquérito policial ou a processo criminal sem sentença condenatória transitada em julgado ou proferida por órgão colegiado.

A jurisprudência do STJ é pacífica no sentido de que a omissão em prestar informações, conforme demandado no edital, na fase de investigação social ou de sindicância da vida pregressa, enseja a eliminação de candidato do concurso público. No caso de concurso para carreira policial, entende-se que a investigação social não se resume em analisar a vida pregressa do candidato quanto às infrações penais, mas também quanto às condutas moral e social no decorrer de sua vida, uma vez que peculiaridades do cargo exigem retidão, lisura e probidade do agente público.[224]

---

[224] STJ. Recurso Ordinário em Mandado de Segurança. RMS 56376 – DF 2018/004660-8. Data de Publicação: 13.11.2018

6.4 Da divulgação dos resultados e homologação do concurso

Ao analisar a pontuação dos títulos, quando admitidos, em consonância com as notas obtidas nas provas realizadas, a comissão de concurso se reunirá divulgando listas montadas em ordem decrescente de classificação. Tal classificação deverá ser publicada em imprensa oficial, estabelecendo-se prazo de recurso, a ser interposto em petição fundamentada.

Mais uma vez, chama-se a atenção para a necessidade de divulgação do gabarito, em se tratando de prova objetiva, também do espelho da prova, no caso da prova dissertativa, para garantir a concretização dos princípios da transparência e da motivação.

Dentre os critérios de classificação, tem-se o número máximo de aprovados e a nota mínima para a classificação. Quando o edital estabelecer como critério o número máximo de aprovados, os candidatos poderão ser desclassificados mesmo que atinjam a nota mínima constante do edital. O Decreto Federal nº 9.739/19, que revogou o Decreto nº 6.944/2009, no seu art.39, §3º, determina que nenhum candidato empatado na última classificação de aprovados será considerado reprovado.

Será considerada não escrita a cláusula que vedar a interposição de recurso em face de prova ou fase do concurso. Deve ser assegurada ao candidato vista de todas as provas aplicadas, preferencialmente por meio digital. Quanto ao prazo de recurso, este deve guardar relação com o princípio da razoabilidade. As decisões dos recursos devem ser motivadas de forma clara, vedada a argumentação vazia, obscura, imprecisa. A decisão de recurso que anular questão objetiva levará a novo cálculo de nota de todos os candidatos que tiverem participado da prova, mesmo aqueles que não apresentarem recursos. Apreciados os recursos interpostos, havendo alteração na ordem de classificação, impõe-se nova publicação da relação dos aprovados.

É recomendável que o edital traga não só a forma de divulgação do resultado, mas também os locais e as prováveis datas e horários de consulta.

Divulgado o resultado, a comissão de concurso deverá elaborar um relatório circunstanciado contendo todo o ocorrido durante o certame, encaminhando-o à autoridade competente para promover, se for o caso, a sua homologação.

Dentre as espécies de ato administrativo, a doutrina classifica a homologação como "ato administrativo de controle pelo qual a autoridade superior examina a legalidade e a conveniência de ato anterior da própria Administração, de outra entidade ou de particular, para dar-lhe eficácia".[225] A homologação deve ser realizada em conformidade com o estabelecido em edital e nas demais normas legais que regerem a matéria.

Assim, à autoridade competente para homologação do concurso, normalmente aquela que determinou a sua abertura, cabe verificar se o edital do concurso é coerente com as normas constantes do ordenamento jurídico e se o certame transcorreu com total observância do ato convocatório. Por outro lado, realizará também análise da sua conveniência, ou seja, se efetivamente há necessidade de provimento de cargos ou empregos oferecidos, ressaltando o direito subjetivo à nomeação que possuem aqueles aprovados dentro das vagas ofertadas. Com efeito, caso constate irregularidade no concurso deverá anulá-lo. Decidindo pela sua inconveniência ou inoportunidade caberá a revogação. No que concerne à revogação, entendemos cabível a utilização subsidiária do preceito previsto no artigo 49, da Lei nº 8.666/1993, segundo o qual a autoridade competente para a homologação do procedimento somente poderá revogá-lo por razões de interesse público decorrente de fato superveniente, devidamente comprovado, pertinente e suficiente para justificar tal conduta.

Os atos que dependam de homologação não produzem efeitos até recebê-la. Em contrapartida, a autoridade homologante não pode alterar o ato controlado, limitando-se a confirmá-lo ou rejeitá-lo. Em regra, o ato homologado torna-se eficaz a partir da sua homologação.

Da publicação da homologação do resultado final do concurso conta-se o prazo de sua validade.[226] Sabe-se que a Constituição

---

[225] MEIRELLES, Hely Lopes. *Direito Administrativo brasileiro*. São Paulo: Malheiros, 2001. p. 215.
[226] ADMINISTRATIVO. RECURSO ORDINÁRIO EM MANDADO DE SEGURANÇA. CONCURSO PÚBLICO. ESCREVENTE TÉCNICO JUDICIÁRIO. HOMOLOGAÇÃO DO RESULTADO FINAL. *TERMO INICIAL* PARA A CONTAGEM DO *PRAZO* DE *VALIDADE* DO *CERTAME*. PUBLICAÇÃO. PRINCÍPIO DA PUBLICIDADE. ABERTURA DE NOVO CONCURSO NO ÚLTIMO DIA DE *VALIDADE*. DIREITO SUBJETIVO À NOMEAÇÃO.

Federal, no inciso III do art. 37, estabeleceu em dois anos o prazo máximo de validade do concurso, possibilitando a sua prorrogação por uma só vez, em igual período. A prorrogação do concurso público é atribuição discricionária da Administração Pública, logo, trata-se de uma faculdade e não de uma obrigação. No entanto, nada impede que seja requerida pelos participantes do concurso. No âmbito federal, a possibilidade de prorrogação do concurso está condicionada à sua previsão expressa no edital (art. 43, §1º, Decreto nº 9.739/2019). A Procuradoria Geral de São Paulo fixou o mesmo entendimento. Logo, a omissão do edital quanto à possibilidade de prorrogação do certame, torna-o improrrogável (Súmula 22, PGE/SP).

Caso haja sindicância da vida pregressa do candidato, na forma já abordada, esta deverá ser concluída até o último momento antes da homologação final do concurso.

6.5 Do direito à nomeação

Por muito tempo, a doutrina e a jurisprudência dos tribunais superiores, alheias à evolução do Estado de Direito, vinham repetindo que os candidatos aprovados em concurso público detêm apenas mera expectativa de direito à nomeação.[227] Assim, sendo realizado o concurso público, não estaria a Administração Pública obrigada a convocar os aprovados, cabendo-lhe uma análise quanto à conveniência e oportunidade de tal convocação.

---

1. O ato de homologação do resultado final do concurso público só produz efeitos a partir de sua publicação; data a partir do qual se inicia o *prazo* de *validade* do *certame*. 2. Nos *termos* do art. 37, IV, da Constituição Federal, a abertura de novo concurso, enquanto vigente a *validade* do *certame* anterior, confere direito líquido e certo a eventuais candidatos cuja classificação seja alcançada pela divulgação das novas vagas. Nesse sentido, dentre outros: AgRg no RMS 30.310/MS, Rel. Ministro Marco Aurélio Bellizze, Quinta Turma, DJe 19.10.2012; REsp 1108772/SC, Rel. Ministro Sebastião Reis Júnior, Sexta Turma, DJe 30.05.2012. 3. No caso, o resultado final do *certame* fora homologado em 23 de março de 2005, ato cuja publicação se deu em 30 de março de 2005; assim, a abertura de novo *certame*, em 30 de março de 2007, para preenchimento de mais 3 vagas para o mesmo cargo, na mesma circunscrição judiciária, confere direito líquido e certo à impetrante de ser nomeada, porquanto, classificada na 144ª posição, a última convocação alcançou até o 141º classificado. 4. Recurso ordinário provido. (STJ. Recurso Ordinário em Mandado de Segurança. RMS 33719 SP 2011/0022207-5. Data de publicação 12.06.2013).

[227] "Aprovação em concurso público gera mera expectativa de direito à investidura no cargo pleiteado" (STF. AI 373054 AGR/SP. Rel. Min. Ellen Gracie. DJ 27.02.2002. p. 100).

Logo, considerando-se esse entendimento, ou seja, que o ato de nomeação seria uma liberalidade da Administração Pública, até os aprovados dentro do número de vagas oferecidas no edital ficavam sem qualquer garantia de ingresso no serviço público.

Por diversas vezes foi abordada neste trabalho a submissão da Administração Pública aos princípios consagrados no nosso ordenamento. Com efeito, a discricionariedade, que confere a possibilidade de análise da conveniência da atuação administrativa, não está isenta do cumprimento dos deveres inseridos nos princípios administrativos.

Celso Antônio Bandeira de Mello, manifestando-se quanto à discrição na norma e a discrição no caso concreto, afirma que:

> Discricionariedade administrativa não pode significar campo de liberdade para que o administrador, dentre as várias hipóteses abstratamente comportadas pela norma, eleja qualquer delas no caso concreto. Em última instância, o que se está dizendo é o seguinte: o âmbito de liberdade do administrador perante a norma, não é o mesmo do âmbito de liberdade que a norma lhe quer conferir perante o fato. Está-se afirmando que a liberdade administrativa, que a discrição administrativa, é maior na norma de direito, do que perante a situação concreta.[228]

Ressalte-se, no entanto, que mesmo aqueles que concordavam com a discricionariedade na nomeação de candidatos aprovados em concurso afirmavam que estes não poderiam ser preteridos por outros candidatos com classificação inferior nem por outros aprovados em novo concurso público, caso ainda estivesse em vigência o concurso anterior. Tal entendimento se respalda no inciso IV do art. 37 da Constituição Federal, segundo o qual "durante o prazo improrrogável previsto no edital de convocação, aquele aprovado em concurso público de provas ou de provas e títulos será convocado com prioridade sobre novos concursados para assumir cargo ou emprego, na carreira".

Concordamos que a Administração Pública pode realizar a análise discricionária da necessidade de preenchimentos de vagas e a possibilidade de preenchê-las, em razão dos limites estabelecidos

---

[228] BANDEIRA DE MELLO, Celso Antônio. *Discricionariedade e controle jurisdicional*. São Paulo: Malheiros, 2000. p. 36.

na Lei de Responsabilidade Fiscal (Lei Complementar nº 101/2000). Porém, quando a Administração Pública decidir realizar um concurso público significa que reconheceu a necessidade de suprir cargos ou empregos públicos vagos e já realizou análise sobre o impacto das nomeações na Lei de Responsabilidade Fiscal. Assim, elabora o edital prevendo o número de vagas oferecidas em razão da necessidade administrativa e da disponibilidade orçamentária.

A partir da publicação do edital, havendo candidatos aprovados, estes deverão ser convocados para preencher as vagas oferecidas. Trata-se não de expectativa de direito do candidato, mas sim de direito subjetivo à nomeação ou contratação.

Lembre-se que está vigente no nosso ordenamento jurídico o princípio da vinculação ao instrumento convocatório, que obriga não somente os administrados como também a Administração Pública. Logo, se as vagas foram oferecidas o ente responsável pelo certame concursal tem o dever de preenchê-las.

Outro não pode ser o entendimento, considerando que vivemos em um Estado Democrático de Direito que, ao menos no campo abstrato, privilegia o princípio da dignidade da pessoa humana. Não se pode admitir que se instaure um concurso público, crie-se uma expectativa de emprego em um país com milhões de desempregados, e, ao final, decida-se não convocar os regularmente aprovados dentro do número de vagas ofertadas no edital, que investiram, não só financeiramente como emocionalmente, na promessa documentada de um meio de subsistência. Faz-se imperioso que a Administração Pública tenha um mínimo de responsabilidade para com os atos que pratica, principalmente quando afeta de maneira direta a esfera jurídica dos cidadãos.

Nessa linha de entendimento, houve a evolução da jurisprudência dos Tribunais Superiores, que passou a considerar os direitos subjetivos à nomeação e à posse dos candidatos aprovados e classificados dentro do número de vagas previstas no edital. Tal posição teve como marco a decisão do Superior Tribunal de Justiça no Recurso em Mandado de Segurança nº 20.718, do Estado de São Paulo.[229] Na mesma trilha, o Supremo Tribunal

---

[229] RMS 20718. Rel. Min. Paulo Medina. Sexta Turma. Data de julgamento 18.12.2007.

Federal, no julgamento do Recurso Extraordinário 227.480 – RJ, assentou que:

> Se o Estado anuncia em edital de concurso público a existência de vagas, ele se obriga ao seu provimento, se houver candidato aprovado. Em voto de desempate, o Min. Carlos Aires Britto observou que no caso, o Presidente do TRF da 2ª Região deixara escoar o prazo de validade do certame, embora patente a necessidade de nomeação de aprovados, haja vista que, passados 15 dias de tal prazo, fora aberto concurso interno destinado a ocupação dessas vagas, por ascensão funcional.

O dever de convocação dos candidatos aprovados dentro do número de vagas ofertadas será exercido dentro do prazo de validade do concurso, obedecida a ordem de classificação. Assim, homologado o certame concursal, não estará a Administração Pública obrigada a convocar imediatamente todos os aprovados dentro das vagas ofertadas. Poderá, sim, estabelecer um cronograma de nomeação, atendendo às necessidades administrativas. Eventualmente, comprovada a existência de vaga real ocupada indevidamente, poderá o candidato buscar a sua nomeação imediata, desde que observada a ordem de classificação. Ocorrendo a desistência do candidato convocado, aquele que aparecer logo em seguida na lista de classificação terá direito subjetivo à imediata convocação para nomeação.

Sabe-se, no entanto, que podem existir situações que impeçam a convocação de candidatos, mesmo que aprovados dentro do número de vagas. Seria o caso de a convocação exceder o limite de despesa de pessoal, estabelecido na Lei de Responsabilidade Fiscal. No entanto, nesses casos, apesar de razoavelmente justificada a não convocação, poderá ser apurada a responsabilidade do agente que tiver determinado a realização indevida do certame concursal, inclusive por improbidade administrativa, na modalidade violação de princípios (art. 11, da Lei nº 8.429/1992). Segundo o STF, "quando se afirma que a Administração Pública tem a obrigação de nomear os aprovados dentro do número de vagas previsto no edital, deve-se levar em consideração a possibilidade de *situações excepcionalíssimas* que justifiquem *soluções diferenciadas*, devidamente motivadas de acordo com o interesse público. Não se pode ignorar que determinadas situações excepcionais podem exigir a recusa da

Administração Pública de nomear novos servidores".²³⁰ A excepcionalidade da situação deve ser demonstrada pelas suas supervenência, imprevisibilidade, gravidade e necessidade.

Deve-se salientar, no entanto, que, segundo entendimento dos Tribunais Superiores, a simples existência de contratações temporárias não gera direito subjetivo à nomeação. É necessário que se faça prova não só da coincidência das funções desempenhadas pelos contratados temporários e as atribuições do cargo ou emprego, bem como que aqueles estão ocupando vagas reais.²³¹

Outra questão relevante tem sido a forma de convocação dos candidatos após a publicação da nomeação no diário oficial. Ora, podendo a Administração Pública realizar a nomeação dentro do prazo de validade do certame, não se pode exigir que os candidatos aprovados acompanhem diariamente as publicações constantes do Diário Oficial. Logo, o mais razoável é que haja comunicação da nomeação aos candidatos por carta ou telefone.²³²

---

²³⁰ RE 598.099, Rel.Min. Gilmar Mendes, P.j 10.08.11.
²³¹ ADMINISTRATIVO. CONCURSO PÚBLICO. CANDIDATOS APROVADOS ALÉM DO NÚMERO DE VAGAS PREVISTO NO EDITAL. EXPECTATIVA DE DIREITO À NOMEAÇÃO. CONTRATAÇÃO TEMPORÁRIA DE FUNCIONÁRIOS NA VIGÊNCIA DO CERTAME. PRETERIÇÃO QUE, PARA FICAR CONFIGURADA, EXIGE A COMPROVAÇÃO DE QUE OS TEMPORÁRIOS FORAM ADMITIDOS PARA DESEMPENHAR AS ATRIBUIÇÕES DE CARGOS EFETIVOS VAGOS, EM DETRIMENTO DOS APROVADOS NO CONCURSO. 1. Candidato aprovado em concurso público além do número de vagas oferecido no edital adquire o direito à nomeação, respeitada a ordem de classificação, na hipótese em que a administração, no prazo de validade do certame, havendo cargos efetivos a preencher e estando evidenciada a necessidade dos serviços, promove contratação temporária de funcionários para o desempenho de atribuições próprias desses cargos, em detrimento dos aprovados no certame. Precedentes. 2. No caso examinado nos autos, não há falar em preterição, porquanto a contratação questionada pelas recorrentes deu-se em caráter precário e temporário, não tendo sido apresentada nenhuma prova da existência de novos cargos efetivos vagos, na Secretaria Regional de Diamantino, além daqueles três oferecidos no concurso de 2005, que foram preenchidos em estrita obediência à ordem de classificação. 3. Agravo regimental a que se nega provimento (AgRg nos EDcl no RMS 31083 / MG AGRAVO REGIMENTAL NOS EMBARGOS DE DECLARAÇÃO NO RECURSO EM MANDADO DE SEGURANÇA 2009/0238355-1. Rel. Ministro Moura Ribeiro. Quinta Turma. Data da Publicação: Dje 22.05.2014).
²³² ADMINISTRATIVO. SERVIDOR ESTADUAL. CONCURSO PÚBLICO. CONVOCAÇÃO SOMENTE POR PUBLICAÇÃO NO DIÁRIO OFICIAL DO ESTADO. EDITAL QUE EXIGIA MANUTENÇÃO DE ENDEREÇO ATUALIZADO. PREVISÃO IMPLÍCITA DE COMUNICAÇÃO PESSOAL.
1. Cuida-se de recurso ordinário interposto por candidato aprovado em cadastro de reserva na 170ª posição, em certame que previu apenas 10 (dez) vagas no edital de abertura. O referido edital demandava que os aprovados mantivessem seu endereço atualizado na Administração (itens 7.2 e 7.3) no trecho que menciona a sistemática de provimento.
2. Da leitura dos itens do Edital, pode ser deduzido que haveria comunicação por carta ou telefone para dar ciência de que a nomeação havia sido publicada no Diário Oficial do Estado.

6.6 Do concurso para cadastro de reserva

Após consolidar-se a jurisprudência quanto ao direito subjetivo à nomeação dos aprovados dentro do número de vagas ofertadas no certame concursal, muitos entes públicos começaram a realizar concursos públicos exclusivamente para cadastro de reserva. Assim, determina-se a abertura e realização do concurso público sem que haja cargos ou empregos vagos. Logo, aqueles aprovados somente terão direito subjetivo à nomeação com o surgimento de vagas reais.

Questiona-se a legalidade de realização de concurso público somente para cadastro de reserva. Acredita-se possível a impugnação desse tipo de procedimento, tomando-se como base os princípios administrativos.

Sabe-se que toda atuação administrativa deve ser respaldada em determinado interesse público. Ou seja, todo ato administrativo tem que estar fundamentado na satisfação de uma necessidade ou conveniência administrativa.

Sendo um procedimento que envolve elevados custos para a Administração Pública, bem como para os candidatos, justifica-se a abertura de concurso somente quando exista a necessidade de imediata admissão de pessoal, quer dizer, quando houver vagas a serem preenchidas.

Existem situações em que se justifica o concurso com cadastro de reserva, desde que não instaurado exclusivamente para tal fim. Pense-se no caso da realização de concurso para professor para o ensino médio, no âmbito de uma Secretaria Estadual de Educação. Imagine-se a hipótese em que existem vagas reais para professores de Matemática, Química, Biologia, Inglês e Português. No entanto, não há, no momento da realização do certame, vagas para professores de História e de Educação Física. Nesta situação, atendendo-se

---

3. O caso concreto justifica a analogia com situações nas quais havia longo transcurso temporal, já que foram previstas poucas vagas, e não seria possível construir uma expectativa evidente de nomeação em prazo curto. Precedentes: (RMS 34.304/ES, Rel. Min. Mauro Campbell Marques, Segunda Turma, DJe 14.9.2011; e AgRg no Ag 1.369.564/PE, Rel. Min. Hamilton Carvalhido, Primeira Turma, DJe 10.3.2011.
Agravo regimental improvido (AgRg no RMS 35494 / RS AGRAVO REGIMENTAL NO RECURSO EM MANDADO DE SEGURANÇA 2011/0201147-1. Rel. Min. Humberto Martins. Segunda Turma. Dje 23.03.2012).

ao princípio da economicidade e eficiência, nada impede que dentro do mesmo concurso sejam ofertadas as vagas efetivamente existentes e quanto aos cargos para professores de História e Educação Física seja determinada apenas a formação de cadastro de reserva.

Deve-se salientar que o Decreto nº 9.739/2019 admite a realização de concurso público para formação de cadastro de reserva. Assim, no seu art. 29 estabelece que:

> Excepcionalmente, atendendo a pedido do órgão ou da entidade que demonstre a impossibilidade de se determinar, no prazo de validade do concurso público, o quantitativo de vagas necessário para pronto provimento, o Ministro de Estado da Economia poderá autorizar a realização de concurso público para formação de cadastro de reserva para provimento futuro.

Acrescente-se que decisão proferida no âmbito do Superior Tribunal de Justiça (MS 17.886/DF, Rel. Min. Eliana Calmon, DJ 14.10.2013), em alinhamento ao decidido pelo STF nos autos do RE 598.099/MG, os candidatos aprovados em concurso para cadastro de reserva não possuem direito líquido e certo à nomeação, mesmo que as novas vagas surjam dentro do prazo de validade do concurso (por criação de lei ou por força de vacância), cujo preenchimento está sujeito ao juízo de conveniência e oportunidade da Administração.

CAPÍTULO VII

RESERVA DE VAGAS EM CONCURSO PÚBLICO E AÇÕES AFIRMATIVAS

7.1 Da perspectiva do princípio da igualdade frente às desigualdades

A justiça somente se afirma quando sensível à diferença, não somente diferença de valores individuais e coletivos, mas diferença também entre as esferas de comunicações, que podem ser artísticas, culturais, religiosas etc. Neste ponto, insta observar que embora o conceito de justiça compreenda diversas esferas, nele estará sempre presente a ideia de igualdade. Assim, segundo Marcelo Neves, a justiça relacionada ao princípio da igualdade é compreendida como "modelos normativos de avaliação do tratamento consistente e adequadamente complexo da diferença "igual-desigual", que são construídos com pretensão de universalidade no plano de observação de segunda ordem do sistema jurídico".[233]

A necessidade de concretização do princípio da igualdade nasce da heterogeneidade da sociedade, caracterizada pela diversidade de valores, interesses, crenças e etnias em um mesmo espaço social e político. Logo, o princípio da igualdade somente tem razão de ser diante da diferença igual ou desigual.

---

[233] NEVES, Marcelo. *Justiça e diferença numa sociedade global complexa*. In: SOUZA, Jessi de (Org.). *Democracia hoje*: novos desafios para a teoria democrática contemporânea. Brasília: UnB, 2001. p. 23.

No sentido normativo, segundo Luhmann,[234] o princípio da igualdade pressupõe como regra o tratamento igual e, como exceção, o tratamento desigual. Na concepção sistêmica luhmanniana, este princípio na dimensão jurídica exige o tratamento igual dos "casos" iguais e, na dimensão política, o tratamento igual dos "homens".[235] Desta forma, Luhmann restringe o princípio da igualdade, em sua dimensão jurídica, à exigência da regularidade da aplicação normativa, que significa a observação do princípio da legalidade, diante da positivação do direito na modernidade.

Segundo o entendimento de Kelsen, "quando os indivíduos são iguais – mais rigorosamente: quando os indivíduos e as circunstâncias externas são iguais –, devem ser tratados igualmente, quando os indivíduos e as circunstâncias externas são desiguais, devem ser tratados desigualmente".[236] Compreende o princípio da igualdade na sua dimensão jurídica como a igualdade perante a lei, entendendo-se "lei" no sentido de norma geral, ou seja, a correta aplicação da lei, qualquer que seja o conteúdo que esta lei possa ter. Na visão kelseniana, a igualdade perante a lei não é igualdade, mas conformidade com a norma.[237] Na dimensão política, como conteúdo de preceito constitucional, significaria a igualdade na lei. A igualdade na lei, de acordo com Kelsen, resultaria na impossibilidade de a lei fundar uma diferença de tratamento sobre certas distinções muito determinadas, tais como as que respeitem à raça, à religião, à classe social ou à fortuna. Como exemplo, este autor cita o caso de uma lei que confira apenas aos homens, e não às mulheres, o direito de voto, não existindo, sob este aspecto, igualdade na lei, porém poderá subsistir o princípio da igualdade perante a lei.

---

[234] LUHMANN *apud* NEVES, Marcelo. Justiça e Diferença numa Sociedade Global Complexa. In: SOUZA, Jessi de (Org.). *Democracia hoje*: novos desafios para a teoria democrática contemporânea. Brasília: Editora UnB, 2001. p. 26.

[235] LUHMANN *apud* NEVES, Marcelo. Justiça e Diferença numa Sociedade Global Complexa. In: SOUZA, Jessi de (Org.). *Democracia hoje*: novos desafios para a teoria democrática contemporânea. Brasília: Editora UnB, 2001. p. 26.

[236] KELSEN, Hans. *Os problemas da justiça*. Trad. João Batista Machado. São Paulo: Martins Fontes, 1998. p. 54.

[237] KELSEN, Hans, *Os problemas da justiça*. Trad. João Batista Machado. São Paulo: Martins Fontes, 1998. p. 60.

A integração igualitária, apontada na definição do princípio da igualdade, apresentada por Marcelo Neves,[238] significa a igual integração dos homens no ordenamento jurídico. Segundo este autor, a noção de integração igualitária pode ser vista a partir de duas perspectivas diversas: uma referente à neutralização das desigualdades fáticas na consideração jurídica dos indivíduos e grupos; e outra relacionando-se à necessidade de ser desenvolvida, na esfera pública pluralista, a ideia de que as diferenças sejam recíprocas e simetricamente respeitadas. Para tanto, os procedimentos constitucionais terão de ser sensíveis ao convívio dos diferentes e, assim, possibilitar um tratamento jurídico igualitário.

7.2 Das ações afirmativas

Após a Segunda Guerra Mundial, os sistemas constitucionais passaram a conferir maior atenção ao princípio da igualdade, formalizando-o como direito fundamental. Ocorre que a simples proibição de condutas discriminatórias não se fazia suficiente para garantir a igualdade jurídica no âmbito social. Com efeito, em 1965, através da Executive Order 11.246, do presidente Lyndon Johnson, nos Estados Unidos, consolidou-se a expressão "ação afirmativa" (*affirmative actions*) na ordem jurídica federal norte-americana, significando a exigência de benefícios a algumas minorias socialmente inferiorizadas, vítimas de preconceitos que precisavam ser superados com o propósito de se atingir a igualdade garantida constitucionalmente. Assim, determinou-se naquele ordenamento que as empresas empreiteiras contratadas pelas entidades públicas ficavam obrigadas a uma "ação afirmativa" para aumentar a contratação de grupos de minorias.[239] Também foram estabelecidas como garantias, por exemplo, vagas reservadas nas escolas, universidades e hospitais para determinados

---

[238] NEVES, Marcelo. Justiça e diferença numa sociedade global complexa. *In*: SOUZA, Jessi de (Org.). *Democracia hoje*: novos desafios para a teoria democrática comtemporânea. Brasília: Editora UNB, 2001. p. 28.
[239] ROCHA, Carmem Lúcia Antunes. Ação afirmativa: o conteúdo democrático do princípio da igualdade jurídica. *Revista Trimestral de Direito Público*, n. 15, p. 87, 1997.

grupos.[240] A discriminação negativa, que apresenta obstáculos ao exercício do direito, justifica a discriminação positiva para a integração igualitária, através de ações afirmativas.

Pode-se conceituar ação afirmativa como sendo uma medida jurídica voltada a minimizar as dificuldades sociais sofridas por certas minorias. Joaquim B. Barbosa Gomes define tais ações como "políticas públicas (e também privadas) voltadas à concretização do princípio constitucional da igualdade material e à neutralização dos efeitos das discriminações racial, de gênero, de idade, de origem nacional e de compleição física".[241] De acordo com o referido autor, "a introdução das políticas de ação afirmativa representou, em essência, a mudança da postura do Estado, que, em nome de uma suposta neutralidade, aplicava suas políticas governamentais indistintamente, ignorando a importância de fatores como sexo, raça e cor".[242]

A Constituição brasileira, seguindo modelo voltado a firmar a impossibilidade de desequiparações fortuitas ou injustificáveis, estabelece no *caput* do art. 5º que todos são iguais perante a lei. Mais adiante, no inciso XLI do mesmo artigo, determina que "a lei punirá qualquer discriminação atentatória dos direitos e liberdades fundamentais" e, posteriormente, no inciso XLII estabelece que "a prática do racismo constitui crime inafiançável e imprescritível sujeito à pena de reclusão, nos termos da lei". Assim, na lição de Celso Antônio Bandeira de Mello, "não só perante a norma posta se nivela os indivíduos, mas, a própria edição dela assujeita-se ao dever de dispensar tratamento equânime às pessoas".[243]

É certo, no entanto, que vivemos em uma sociedade plural. Logo, não se pode pretender que as ações afirmativas funcionem como fator "igualador". Um Estado que faz a opção pelo pluralismo não pode pretender "igualar" as pessoas. Assim, seria mais coerente tratar as ações afirmativas como meios voltados a assegurar dignidade às minorias.

---

[240] COMPARATO, Fábio Konder. Igualdade, desigualdades. *Revista Trimestral de Direito Público*, p. 77, jan. 1993.
[241] GOMES, Joaquim B. Barbosa. *Ação afirmativa e princípio constitucional da igualdade*. Rio de Janeiro: Renovar, 2001. p. 6.
[242] GOMES, Joaquim B. Barbosa. *Ação afirmativa e princípio constitucional da igualdade*. Rio de Janeiro: Renovar, 2001. p. 23.
[243] BANDEIRA DE MELLO, Celso Antônio. *Conteúdo jurídico do princípio da igualdade*. São Paulo: Malheiros, 2000. p. 09.

Atente-se que não se pretende a realização de novas discriminações através das ações afirmativas, desta vez em desfavor das maiorias. Portanto, para se evitar a ocorrência do extremo oposto, os planos e programas de ações afirmativas adotados devem observar a fixação de percentuais mínimos garantidores da presença das minorias que por eles se buscavam igualar.[244]

Em nosso país convive-se com o grave problema da pobreza, que impossibilita, inclusive, a efetivação do princípio da dignidade da pessoa humana. Problemas que seriam "das minorias" no Estado brasileiro, infelizmente, atingem um grande percentual da população, que necessita da instituição de programas e políticas públicas voltadas à erradicação da pobreza e, consequentemente, da marginalidade.

O art. 3º, IV, da Constituição Federal traz como um dos objetivos da República Federativa do Brasil "promover o bem de todos, sem preconceitos de origem, raça, sexo, cor, idade e quaisquer outras formas de discriminação". Assim, pretende o dispositivo que ocorra a realização de ações afirmativas voltadas a promover o bem de todos, sem discriminações, minimizando os efeitos das diferenças entre os cidadãos.

7.3. Da pessoa com deficiência e a sua especial proteção

Há muito, a preocupação social com as pessoas com deficiência e a possibilidade de automanutenção delas constitui uma das atribuições do Estado.

Na Europa, após as duas Grandes Guerras, houve a preocupação em inserir os mutilados resultantes desses conflitos bélicos no mercado de trabalho. Em 1923, a Organização Internacional do Trabalho (OIT) recomendou a aprovação de leis nacionais que obrigassem as entidades públicas e privadas a empregar certo montante de pessoas deficientes, mutiladas em batalhas. Em 1944, na Reunião da Filadélfia, a OIT voltou a sua atenção às pessoas com deficiência não combatentes, recomendando aos países integrantes que empregassem quantidade razoável delas.

---

[244] ROCHA, Carmem Lúcia Antunes. Ação afirmativa: o conteúdo democrático do princípio da igualdade jurídica. *Revista Trimestral de Direito Público*, n. 15, p. 88, 1997.

Em 1975, a Organização das Nações Unidas (ONU) aprovou a Declaração dos Direitos das Pessoas Deficientes, garantindo os direitos inerentes à dignidade humana, assim como as necessidades especiais deveriam ser consideradas nos planejamentos econômico e social. Em 1982, a ONU aprovou o Programa de Ação Mundial para as Pessoas Deficientes, a Resolução nº 37/52, que tinha como postulado básico a igualdade de oportunidades, garantindo a todos o acesso ao sistema geral da sociedade – meios físico e cultural, a habitação, o transporte, os serviços sociais e de saúde, as oportunidades de educação e de trabalho, as vidas cultural e social, inclusive as instalações esportivas e de lazer.

Nesse processo evolutivo, cumpre mencionar a Convenção da OIT nº 159/1983, referendada pelo Brasil, que versa sobre a reabilitação e emprego da pessoa com deficiência.

A Constituição brasileira de 1988 também dispensou especial atenção às pessoas com deficiência, oferecendo-lhes uma série de garantias constitucionais.

Um dos objetivos fundamentais da República Federativa, conforme já abordado, é promover o bem-estar de todos, sem preconceitos de origem, raça, sexo, cor, idade e quaisquer outras formas de discriminação (art. 3º, IV, CF). O artigo 7º, XXXI, da Carta Constitucional, por sua vez, proíbe qualquer tipo de discriminação no tocante aos salários e critérios de admissão do trabalhador com deficiência.

A Constituição atribui à União, estados, municípios e Distrito Federal a responsabilidade de cuidar da saúde e da assistência pública, da proteção e garantia das pessoas com deficiência (art. 23, II). Por outro lado, a competência legislativa sobre regras de proteção e integração social das pessoas com deficiência pertence a todos os entes federados (art. 24, XIV). A assistência social será prestada aos necessitados, independentemente de contribuição à seguridade social, com objetivo de habilitar e reabilitar as pessoas com deficiência e promover a sua integração à vida comunitária, garantindo um salário-mínimo mensal à pessoa deficiente que comprovar não possuir meios de prover a própria manutenção ou de tê-la provida por sua família (art. 203, IV e V).

Além disso, o Estado tem o dever de garantir o atendimento educacional especializado às pessoas com deficiência (art. 208) e criar programas de prevenção e atendimento especializado para pessoas com deficiência física, sensorial ou mental, bem como a integração social do adolescente com deficiência, mediante o treinamento para o trabalho e a convivência, e a facilitação do acesso aos bens e serviços coletivos, com a eliminação de preconceitos e obstáculos arquitetônicos (art. 227).

Ainda tratando da proteção da pessoa com deficiência no plano constitucional, determina o art. 37, VIII, da Carta Constitucional, que "a lei reservará percentual dos cargos e empregos públicos para as pessoas portadoras de deficiência e definirá os critérios de sua admissão".

7.4 Reserva de vagas em concurso público para pessoas com deficiência como ação afirmativa

Segundo a Organização das Nações Unidas, no ano 2000 havia 500 milhões de deficientes no mundo, dos quais 80% estão nos países em desenvolvimento. A Organização Mundial de Saúde (OMS)[245] estimou, na mesma época, haver no Brasil 16 milhões de pessoas com deficiência, ou seja, 10 % da população.

Sem dúvida, por um longo período as pessoas com deficiência eram totalmente privadas de oportunidades de trabalho e de liberdade para se realizarem como seres humanos. O sentimento de egoísmo que envolveu, e até hoje envolve, a sociedade voltava-se a uma seleção natural dos indivíduos, ou seja, excluía-se aqueles privados pela natureza de certas habilidades. Com efeito, o advento da norma constitucional contida no art. 37, VIII, veio garantir o princípio da igualdade, determinando a reserva de cargos e empregos públicos para categorias de pessoas historicamente discriminadas e colocadas à margem da sociedade produtiva.

Para análise da aplicabilidade do art. 37, VIII, da Carta Constitucional, que trata da reserva de vagas e empregos públicos para pessoas com deficiência, necessário se faz fixar o rol daqueles que se enquadram no conceito de "pessoas com deficiência", expressão aprovada após debate mundial e utilizada no texto da Convenção sobre os Direitos das Pessoas com Deficiência, aprovada na Assembleia Geral da ONU, em 13 de dezembro de 2006.

---

[245] Agência especializada, criada em 7 de abril de 1948, subordinada à ONU.

O art. 3º, inc. I, do Decreto nº 3.298/1999, define deficiência como "toda perda ou anormalidade de uma estrutura ou função psicológica, fisiológica ou anatômica que gere incapacidade para o desempenho de atividade, dentro do padrão considerado normal para o ser humano". O art. 4º do referido decreto, alterado pelo Decreto nº 5.296/2004, por sua vez, apresenta as definições específicas de deficiências física, visual, auditiva e mental.

Considera-se deficiência física a alteração completa ou parcial de um ou mais segmentos do corpo humano, acarretando o compro-me/timento da função física, apresentando-se sob a forma de paraplegia, paraparesia, monoplegia, monoparesia, tetraplegia, tetraparesia, triplegia, triparisia, hemiplegia, hemiparesia, ostomia, amputação ou ausência de membros, paralisia cerebral, nanismo, membros com deformidades congênitas ou adquiridas, exceto as deformidades estéticas e as que não produzam dificuldades para o desempenho de funções. Quanto à deficiência auditiva, o referido decreto a define como a perda bilateral, parcial ou total, de 41decibéis (dB) ou mais, aferida por audiograma nas frequências 500HZ, 1000 HZ, 2000 HZ e 3000HZ. Por fim, a deficiência visual é caracterizada no mencionado diploma como a cegueira, na qual a acuidade visual é igual ou menor que 0,05 no melhor olho, com a melhor correção óptica; a baixa visão, que significa a acuidade visual entre 0,3 e 0,05 no melhor olho, com a melhor correção óptica; os casos nos quais a somatória da medida do campo visual em ambos os olhos for igual ou menor que 60º; ou a ocorrência simultânea de quaisquer das condições anteriores.

Quanto à visão monocular (em um único olho) o Supremo Tribunal Federal, seguindo decisões anteriormente proferidas pelo Superior Tribunal de Justiça,[246] em 13 de novembro de 2007, decidiu que visão monocular é uma necessidade especial e legitima o portador a concorrer às vagas especiais nos concursos públicos.

---

[246] ADMINISTRATIVO. RECURSO ORDINÁRIO EM MANDADO DE SEGURANÇA. CONCURSO PÚBLICO. CANDIDATO COM VISÃO MONOCULAR. PORTADOR DE DEFICIÊNCIA. INCLUSÃO NO BENEFÍCIO DE RESERVA DE VAGA. 1. O candidato portador de visão monocular, enquadra-se no conceito de deficiência que o benefício de reserva de vagas tenta compensar. Exegese do art. 3º c/c 4º do Decreto n. 3.298/99, que dispõe sobre a Política Nacional para a Integração da Pessoa Portadora de Deficiência. Precedentes desta Quinta Turma. 2. Recurso conhecido e provido" (STJ. RMS 22489/DF. Rel. Min. Laurita Vaz, Quinta Turma, DJ 18.12.06. p. 414).

No que concerne à deficiência auditiva, o Superior Tribunal de Justiça também já se pronunciou pela desnecessidade de a deficiência ser bilateral, podendo ser apenas parcial, atingindo um único ouvido.[247] Obviamente, a deficiência não se confunde com a invalidez, que implicaria a plena impossibilidade de exercer funções na Administração.

No âmbito do concurso público, a conceituação da deficiência é fundamental em razão de prevenir enquadramentos equivocados, declarados pelo próprio candidato ou pela equipe multidisciplinar.

Note-se que a Carta Constitucional faz menção à lei específica que deverá determinar o percentual de cargos ou empregos a ser preenchido por pessoas com deficiência. Trata-se de norma de eficácia limitada, de aplicabilidade indireta. Logo, necessita que o legislador edite lei de modo a assegurar a integração de sua eficácia, sem a qual o direito não pode ser exercido.[248]

Abordando as normas constitucionais de eficácia limitada, José Afonso da Silva[249] apresenta distinção sob o aspecto da obri-

---

[247] ADMINISTRATIVO. SERVIDOR PÚBLICO. CONCURSO PÚBLICO. POSSE DE DEFICIENTE AUDITIVO UNILATERAL. POSSIBILIDADE.
1. Hipótese em que o Tribunal de origem, embora reconheça a surdez unilateral, julgou improcedente o mandamus, considerando que a impetrante não se enquadra no conceito de deficiente físico preconizado pelo art. 4º do Decreto 3.298/1999, com redação dada pelo Decreto 5.296/2004 (vigente ao tempo do edital). 2. A jurisprudência do Superior Tribunal de Justiça firmou-se no sentido de que, no concurso público, é assegurada a reserva de vagas destinadas aos portadores de necessidades especiais acometidos de perda auditiva, seja ela unilateral ou bilateral. 3. Reexaminando os documentos anexos à exordial, depreende-se que, segundo o laudo médico emitido, a candidata tem malformação congênita (deficiência física) na orelha e perda auditiva no ouvido direito, o que caracteriza a certeza e a liquidez do direito ora vindicado, na espécie. 4. Agravo Regimental não provido. (AgRg no RMS 34.436/PE, Rel. Ministro HERMAN BENJAMIN, SEGUNDA TURMA, DJe 22.05.2012)

[248] Nesse sentido já decidiu o STJ: "CONSTITUCIONAL E ADMINISTRATIVO – NORMA QUE ASSEGURA A PARTICIPAÇÃO DE DEFICIENTES FÍSICOS EM CONCURSO PÚBLICO – ART. 37, INCISO VIII DA CONSTITUIÇÃO FEDERAL – EFICÁCIA LIMITADA – APLICABILIDADE MEDIATA – REGULAMENTAÇÃO IMPOSITIVA – RECURSO DESPROVIDO. I- O art.37, inciso VIII da Carta Magna é norma de eficácia limitada e de aplicabilidade mediata ou indireta. Logo, necessita que o legislador edite lei complementar ou ordinária, de modo a assegurar a integração de sua eficácia, sem a qual o direito não pode ser exercido. II- A regulamentação da circunstância pelo legislador ordinário em hipóteses como a presente não é facultativa, mas impositiva. Isto significa dizer que o legislador encontra-se obrigado a emitir a lei e, enquanto assim não o fizer, o direito reclamado não pode ser exercido. [...] IV- Recurso desprovido" (Recurso Ordinário em MS n. 14.001-SC, Rel. Min. Gilson Dipp, data de julgamento: 25 maio 2004).

[249] SILVA, José Afonso da. *Aplicabilidade das Normas Constitucionais*. São Paulo: Malheiros, 1999. p. 126.

gatoriedade, podendo ser impositivas ou facultativas. Impositivas são as que determinam ao legislador, em termos peremptórios, a emissão de uma legislação integrativa. As facultativas, por sua vez, limitam-se a dar ao legislador ordinário a possibilidade de instituir ou regular a situação nelas prevista.

Quanto ao disposto no art. 37, VIII, pode-se afirmar que se trata de norma impositiva em função de estatuir a obrigatoriedade de o legislador emitir uma lei, para os fins previstos. José Afonso da Silva questiona a eficácia da obrigatoriedade contida em tais normas. Em outras palavras, quais medidas podem ser adotadas ocorrendo a omissão legislativa? Com efeito, faz referência a instrumentos que visam à eficácia das normas constitucionais, dentre os quais estão a ação de inconstitucionalidade por omissão, o mandado de injunção e a iniciativa popular na apresentação de projeto de lei. Quanto ao mandado de injunção, este permitirá que a pessoa com deficiência ingresse em Juízo, bastando, para tanto, comprovar a falta da norma regulamentadora do seu direito e que é beneficiário direto da prerrogativa reclamada. A utilização deste remédio não visa à regulamentação prevista na norma constitucional, mas sim realizar concretamente o direito em favor do interessado. De acordo com José Afonso da Silva:

> Não importa a natureza do direito que a norma constitucional confere; desde que seu exercício dependa de norma regulamentadora, e desde que esta falte, o interessado é legitimado a propor o mandado de injunção, quer a obrigação de prestar o direito seja do Poder Público, quer incumba a particulares.[250]

A Lei nº 13.146, de 06 de julho de 2015, que dispõe sobre a Inclusão de Pessoa com Deficiência, visa a assegurar e promover, em condições de igualdade, o exercício dos direitos e das liberdades fundamentais por pessoa com deficiência, visando à sua inclusão social e cidadania. O Estatuto dos Servidores Públicos Federais (Lei nº 8.112/1990) estabelece que serão reservadas até 20% das vagas oferecidas no concurso para pessoas com deficiência. Já o Decreto Federal nº 9.508/2018, que regulamenta a reserva às pessoas

---

[250] SILVA, José Afonso da. *Comentário contextual à Constituição*. São Paulo: Malheiros, 2005. p. 167

com deficiência percentual de vagas em concursos públicos e em processos seletivos, no âmbito federal, estabelece o percentual mínimo de 5% das vagas oferecidas para o provimento de cargos efetivos e para a contratação por tempo determinado para atender à necessidade temporária de excepcional interesse público.

O percentual exato de vagas destinadas às pessoas com deficiência em cada concurso será uma escolha discricionária da Administração Pública, atentando ao princípio da razoabilidade e aos limites normativos. Alguns entendem que, caso o concurso seja para provimento de cargos cujas atribuições sejam compatíveis com algum tipo de deficiência, oferecendo-se mais de uma vaga, impõe-se a reserva. Nessa linha de entendimento, Fabrício Motta pondera que "a mera estipulação de critérios para cálculo que, em sua aplicação, não possibilitem a reserva de uma vaga sequer, trilha caminho oposto ao sinalizado pela Constituição Federal e constitui-se em condenável formalismo que atenta contra a boa-fé e confiança dos candidatos".[251]

Em regra, as vagas para pessoas com deficiência somente são ofertadas para provimento imediato, quando a aplicação do percentual no número total de vagas para o cargo ou emprego permitir o surgimento de uma vaga deste tipo. Assim, se há norma estabelecendo que 20% das vagas do concurso deverão ser ofertadas a pessoas com deificência, existindo cinco vagas uma será destinada à ação afirmativa. Caso o número de vagas ofertadas não possibilite a imediata reserva, ocorrendo a abertura de novas, dentro do prazo de validade do concurso, o edital deve garantir, no mínimo, a reserva do percentual a pessoas com deficiência. Logo, se o concurso ofertar quatro vagas, a quinta que surgir durante o prazo de validade do certame concursal será destinada à pessoa com deficiência. No entanto, há entendimento segundo o qual caso o concurso ofereça apenas uma única vaga, por exemplo, não poderá ocorrer a reserva, devendo a pessoa com deficiência concorrer diretamente com os demais candidatos.[252] O certo

---

[251] MOTTA, Fabrício. A reserva de vagas no concurso público para portadores de deficiência – análise do art. 37, inc. VIII da Constituição Federal. *In*: MOTTA, Fabrício (Coord.). *Concurso público e Constituição*. Belo Horizonte: Fórum, 2005. p. 209.

[252] Nesse sentido já se manifestou o STJ: "MANDADO DE SEGURANÇA. SERVIDOR PÚBLICO. CONCURSO PÚBLICO. RESERVA DE VAGAS. CONSTITUCIONALIDADE. LEGALIDADE. INAPLICABILIDADE AO CASO DE EXISTÊNCIA DE APENAS UMA VAGA. PARTICIPAÇÃO NA SEGUNDA ETAPA DO CERTAME. SEURANÇA

é que o edital do concurso deverá apresentar, de forma clara, os critérios utilizados para o cálculo da reserva, bem como a distribuição das vagas. Segundo consta do art. 1º, §3º, do Decreto nº 9.508/2019, caso a aplicação do percentual resulte em número fracionado, este deverá ser elevado até o primeiro número inteiro subsequente, em todo caso observado o percentual máximo estabelecido pela norma.

Também de acordo com o referido decreto, a pessoa com deficiência participará do concurso em igualdade de condições com os demais candidatos no que concerne ao conteúdo das provas, à avaliação e aos critérios de aprovação, ao horário e ao local de aplicação das provas e à nota mínima exigida para todos os demais candidatos (art. 2º)

Determina, ainda, o art. 3º, III, que o edital de concurso, além de conter o número de vagas reservadas a pessoas com deficiência, deverá trazer a previsão de adaptação de provas, do curso de formação e do estágio probatório, conforme a deficiência do candidato. Por outro lado, conforme o inciso V, do referido artigo, o edital também trata da sistemática de convocação dos candidatos classificados, observado o percentual previsto.

Desta forma, as pessoas com deficiência concorrem a todas as vagas constantes do edital, sem prejuízo de concorrer às vagas reservadas. O resultado do concurso contará com duas listas, uma com todos os candidatos, inclusive os deficientes, e outra somente com as pessoas com deficiência. Caso o deficiente tenha passado em primeiro lugar da lista geral, por exemplo, não utilizará a vaga destinada à ação afirmativa.

Demonstrando preocupação com a avaliação dos candidatos com deficiência, o art.5º do referido decreto aduz que o órgão responsável pela realização do concurso contará com assistência de equipe multiprofissional, composta por três profissionais capacitados e atuantes nas áreas de deficiência em questão, sendo um deles médico e três profissionais integrantes da carreira almejada pelo candidato. A

CONCEDIDA EM PARTE. (...) IV- No caso em que se disputa apenas uma vaga, a aplicação da regra implica na reserva absurda de 0,05% vagas, portanto não pode ser aplicada. De outro turno, a reserva da única vaga para deficientes físicos implica em percentual de 100% o que, além de absurdo, não está previsto no edital (MS n. 8.417 – DF. Rel. Min. Paulo Medina. Data de julgamento: 12 maio 2004).

referida equipe emitirá parecer observando as exigências contidas no § Único do mencionado artigo. Entende-se que o referido parecer possui natureza vinculante, não podendo ser contestado pela Comissão do Concurso, salvo em caso de vício de legalidade. Caberá também à equipe avaliar a compatibilidade entre as atribuições do cargo e a deficiência do candidato durante o estágio probatório.

Questiona-se a possibilidade de o candidato que se sentir prejudicado com a decisão proferida pela mencionada equipe multiprofissional contestá-la judicialmente. Nesse diapasão, cumpre fazer referência à discricionariedade técnica, que significa aquele tipo de decisão que, apesar de não ser discricionária, estaria fora do controle judicial em virtude de seu conteúdo exigir um elevado grau de conhecimentos técnicos, possuído apenas pelos administradores, diante de sua formação.[253] Concordamos com as críticas feitas ao instituto pelo professor Antônio Francisco de Sousa,[254] que se refere à possibilidade de o juiz recorrer a peritos para buscar esclarecimentos quanto ao fato que decide, caso trate de matéria dotada de complexidade técnica.

7.5 Outras ações afirmativas

Apesar de a Constituição Federal somente ter estabelecido reserva de vagas em concurso público para as pessoas com deficiência, nada impede que os entes federados estabeleçam novas reservas, desde que voltadas à implementação de ações afirmativas, ou seja, à concretização do princípio da igualdade.

Em 9 de junho de 2014, foi publicada a Lei nº 12.990, que reserva 20% das vagas em concursos públicos da administração federal para candidatos que se declarem negros ou pardos. Segundo consta da referida lei, a aplicação do percentual se dará sempre que o número de vagas oferecidas no concurso público seja igual

---
[253] SOUSA, Antônio Francisco de. *Conceitos indeterminados no Direito Administrativo*. Coimbra: Almedina, 1994. p. 105.
[254] SOUSA, Antônio Francisco de. *Conceitos indeterminados no Direito Administrativo*. Coimbra: Almedina, 1994. p. 107.

ou superior a três. Determina, também, que os candidatos negros concorrerão concomitantemente em duas listas, as "reservadas" e as de "ampla concorrência". De acordo com a classificação e para efeito de preenchimento da vaga, tem prioridade a aprovação de candidatos que se autodeclararem negros ou pardos na lista de "ampla concorrência", liberando-se a vaga "reservada". Em caso de desistência de um candidato negro aprovado por meio das cotas, o próximo candidato negro classificado será convocado. Estipula, ainda, que a vigência da norma se iniciará a partir de sua publicação e findará depois de transcorridos 10 anos, não sendo aplicável a concursos cujos editais tiverem sido editados anteriormente à publicação da referida lei.

Na justificativa que acompanhou o projeto da referida lei, alega-se que, embora existam ganhos importantes em diversos campos sociais, persistem as desigualdades entre negros e brancos. Estas diferenças raciais se mantêm na composição dos cargos públicos da Administração federal, ainda que ocupados por meio de concursos públicos calcados na meritocracia e na transparência. Ou seja, esses mecanismos pretensamente neutros, assim como nas políticas universais, ainda não conseguiram reverter este quadro, justificando a necessidade de ações afirmativas.

Os Tribunais Superiores vêm exarando posições favoráveis à adoção de ações afirmativas com critério racial. Assim, o Supremo Tribunal Federal, no julgamento da Arguição de Descumprimento de Preceito Fundamental (ADPF) 186, que questionou o programa de cotas com critério racial na Universidade de Brasília (UnB), o ministro relator Ricardo Lewandowski argumentou em seu voto que, visando a alcançar a igualdade material, o Estado pode desenvolver tanto políticas universais como ações afirmativas. Segundo o relator, critérios objetivos de seleção, empregados de forma linear em sociedades tradicionalmente marcadas por desigualdades interpessoais profundas, como a nossa, acabam por consolidar ou acirrar as distorções existentes. No que concerne especificamente às cotas raciais, aduz que possui um papel simbólico ao sinalizar a possibilidade de ascensão dessa parcela populacional, permitindo a compensação pela discriminação sofrida, bem como a promoção de novas lideranças negras. Por fim, considera que as ações afirmativas devem ter período determinado e ser desenvolvidas de formas proporcional e razoável.

No caso do STJ, a jurisprudência dirige-se de forma direta ao instituto da ação afirmativa para negros em concursos públicos, conforme relatório do ministro Felix Fischer, sobre o Recurso em Mandado de Segurança (RMS) 26.089-PR27.[255] Muitos se manifestam contrários às cotas raciais em concurso público, argumentando que as cotas existentes nas universidades já seriam suficientes para que os negros pudessem alcançar melhores posições no mercado de trabalho. Outros afirmam que as cotas raciais pervertem o sistema de mérito no concurso público. Assim, William Douglas, em seu artigo "Cotas Raciais nos Concursos Públicos: O Exagero só Atrapalha", aduz que:

> Não devemos ter cotas raciais nos concursos, como se propõe. Uma coisa é ter cotas nas escolas, nas universidades, nos estágios. Aí sim, pois estamos falando de preparação para a vida e para o mercado. Essas cotas devem ser mantidas, aperfeiçoadas e, com o passar do tempo, obtido seu bom efeito, suprimidas. Mas as cotas nos concursos pervertem o sistema do mérito. Para o direito e oportunidade de estudar, é razoável dar compensações diante de um país e sistema ainda discriminadores, mas não para se alcançar os cargos públicos.[256]

Sem dúvida, a Lei nº 12.990/2014 vem gerando uma série de ponderações que necessitam reflexões mais aprofundadas. Apesar da importância das cotas universitárias, é certo que essa política se fará impactar progressivamente. Com efeito, das 129 instituições de ensino superior (IES) com cotas até junho de 2012, apenas 52 tinham cotas ou subcotas específicas para população negra (INCT, 2012). Com a Lei nº 12.711/2012, que estabeleceu cotas nas IES federais para egressos de escolas públicas, um levantamento do Instituto

---

[255] O recurso está relacionado com o concurso público para cargo de enfermeiro realizado pelo Hospital Universitário do Oeste do Paraná. O respectivo edital não estabeleceu reserva de vagas para negros, embora houvesse legislação estadual sobre o tema. Por esse motivo, o concurso foi anulado. Os aprovados ingressaram com ação judicial, questionando, entre outros pontos, a constitucionalidade das cotas para afrodescendentes, por violarem, em seu entendimento, o princípio da igualdade. O Tribunal de Justiça do Paraná, em acordão, posicionou-se a favor da Lei estadual que assegura as referidas cotas, posicionamento ratificado pelo STJ, que, por meio da sua quinta turma, aprovou o relatório do ministro Felix Fischer. Da mesma forma, posicionou-se a Subprocuradoria Geral da República em relação ao referido recurso.

[256] DOUGLAS, William. *Cotas raciais nos concursos: o exagero só atrapalha*. 2011. Disponível em: http://www.williamdouglas.com.br/conteudo04.php?id=931. Acesso em: 16 maio 2014.

Nacional de Estudos e Pesquisas Educacionais Anísio Teixeira (Inep) revelou que a Lei de Cotas ampliou o número de alunos cotistas nas instituições públicas de ensino superior na ordem de 39% entre os anos de 2012 e 2016. A alteração do art. 3º da referida Lei, por meio da Lei nº 13.409/2016, determinou que 50% das vagas nas instituições federais de educação sejam preenchidas, por curso e turno, por autodeclarados pretos, pardos e indígenas e por pessoas com deficiência, nos termos da legislação, em proporção ao total de vagas, no mínimo, igual à proporção respectiva de pretos, pardos, indígenas e pessoas com deficiência na população da unidade da Federação onde estiver instalada a instituição, segundo o último censo da Fundação Instituto Brasileiro de Geografia e Estatística (IBGE). Tal alteração repercutiu de forma decisiva para minimizar as distorções até então observadas.

Como vê, apesar de a Lei de Cotas ter modificado o quadro universitário no que diz respeito a políticas públicas, as cotas raciais nas universidades não eliminam todas as distorções observadas de forma imediata. Contudo, a implantação de referida ação afirmativa nos concursos públicos federais, já adotadas por diversos entes estaduais e municipais, busca atenuar as desigualdades raciais de maneira mais rápida, tanto que a Lei nº 12.990/2014, no seu art. 6º, estabelece prazo de vigência de 10 anos, a contar da sua publicação.

Questão relevante relaciona-se à autodeclaração racial. Em 06 de abril de 2018, o Ministério do Planejamento, Desenvolvimento e Gestão definiu novas regras para analisar a veracidade da autodeclaração feita por candidatos às vagas reservadas em concursos públicos federais, através da Portaria nº 4, uma vez que a autodeclaração do candidato goza de presunção relativa de veracidade. Assim, foi instituído o procedimento de heteroidentificação, que seria a identificação por terceiros da condição autodeclarada. A partir das regras definidas, aqueles que optarem por concorrer pelo sistema de cotas raciais serão analisados por uma comissão responsável por avaliar presencialmente os "aspectos fenótipos" dos candidatos, antes da homologação do concurso. Consta da referida Portaria a possibilidade de recurso, caso a comissão não concorde com a declaração do candidato Tal determinação normativa visa a evitar fraudes no processo de autodeclaração, que certamente distorce os objetivos dessa ação afirmativa.

O certo é que as implementações de ações afirmativas devem estar em consonância com o princípio da isonomia, evitando-se, assim, a criação de privilégios injustificáveis. Neste ponto, cumpre apresentar, como exemplo, o §3º, do art. 6º, da Lei Complementar do Município de Salvador nº 01/91, que implantou o sistema de cotas obrigatórias para ex-presidiários em concursos públicos municipais. Tal dispositivo, inclusive, foi objeto de uma ação direta de inconstitucionalidade proposta pelo Ministério Público Estadual. Argumenta-se na referida demanda que o dispositivo viola o princípio da isonomia, criando um privilégio injustificável. Acrescenta que, sob argumento de ajudar a inserir o ex-presidiário no convívio da sociedade, termina-se por premiar aqueles que optaram por viver à margem da cidadania, praticando todo tipo de delito.

Com efeito, deve haver um esforço constante de implementação de ações afirmativas no Brasil, levando-se em consideração as desigualdades existentes entre diversas parcelas da população. No entanto, impõe-se também atentar para a forma de efetivação das referidas ações, que devem estar pautadas em justificativas capazes de demonstrações concretas de real eficácia, evitando-se, assim, lamentáveis distorções.

CAPÍTULO VIII

DA EXTINÇÃO DO CONCURSO PÚBLICO E O DESVIO DE FINALIDADE NA REALIZAÇÃO DE NOVO CERTAME NO PRAZO DE VALIDADE DE CONCURSO ANTERIOR: QUESTÕES CORRELATAS

8.1 Da anulação de atos e procedimentos administrativos

A Administração é criação abstrata do Direito e não uma emanação pessoal de um soberano. Atua, desta forma, submetida à legalidade objetiva que se sobrepõe à Administração.[257]

O princípio da legalidade está previsto no artigo 5º, II, e artigo 37, *caput*, da Constituição Federal. No primeiro caso, expressa o direito de liberdade do indivíduo, que não poderá ser obrigado a fazer ou deixar de fazer alguma coisa senão em virtude de lei. No segundo, constitui um dever imposto à Administração Pública, expresso na ausência de liberdade.[258]

Diante da submissão da Administração Pública aos princípios da legalidade e da satisfação do interesse público há uma presunção de

---

[257] ENTERRÍA, Eduardo García de; FERNÁNDEZ, Tomás-Ramón. *Curso de Derecho Administrativo I*. Madrid: Civitas, 2000, p. 434.
[258] ROCHA, Cármen Lúcia Antunes. *Princípios constitucionais da administração pública*. Belo Horizonte: Del Rey, 1994. p. 81.

validez da atuação administrativa. Sabe-se, no entanto, que tal presunção não possui caráter absoluto, uma vez que os atos administrativos podem apresentar-se viciosos, em decorrência da inobservância de preceitos legais, quando, então, serão invalidados. Em época pretérita, entendia-se a nulidade como a falta de adequação entre um ato concreto e o modelo normativo abstrato. Assim, qualquer desconformidade entre a lei e o fato conduzia à nulidade. Ocorre que a própria evolução mostrou que a validade ou invalidade do ato administrativo não poderia ficar limitada à sua compatibilidade externa com a lei. Desta forma, passou-se a agregar um componente finalístico, exigindo-se para a configuração da nulidade uma análise da heterogeneidade qualitativa dos defeitos e uma escala de gravidade dos vícios.

Com efeito, os vícios do ato administrativo podem se apresentar em qualquer um dos seus elementos,[259] quais sejam, na competência, na forma, na finalidade, no motivo ou no objeto.[260] Segundo Weida Zancaner a invalidação consiste na "eliminação, com eficácia *ex tunc*, de um ato administrativo ou da relação jurídica por ele gerada ou de ambos, por haverem sido produzidos em dissonância com a ordem jurídica".[261] Conclui-se, então, que a invalidação decorre de vícios nos elementos do ato administrativo.

Como mencionado, não é qualquer vício que gera a invalidação do ato administrativo. Neste diapasão, cumpre distinguir os vícios sanáveis, que atingem o ato em aspectos menos relevantes, dos vícios insanáveis, que afetam o ato de forma grave em elemento essencial. Assim, sendo o vício sanável, o ato poderá permanecer no ordenamento jurídico, porém sendo o vício insanável deverá ser extirpado. Seabra Fagundes[262] refere-se a atos absolutamente inválidos e relativamente

---

[259] Utiliza-se neste trabalho a terminologia "elementos do ato administrativo" para facilitar o estudo, porém há autores que preferem guardar tal denominação apenas para a forma e conteúdo do ato, aduzindo que os demais "elementos" são, na verdade, pressupostos do ato administrativo (Cf. BANDEIRA DE MELLO, Celso Antônio. *Curso de Direito Administrativo*. São Paulo: Malheiros, 2015. p. 402).

[260] Há autores que diferenciam o objeto do conteúdo do ato. Assim, o objeto seria aquilo a que o ato se refere (pressuposto de existência) e o conteúdo seria aquilo que o ato dispõe (elemento do ato). (Cf. BANDEIRA DE MELLO, Celso Antônio. *Curso de Direito Administrativo*. São Paulo: Malheiros, 2015. p. 403)

[261] ZANCANER, Weida. *Da convalidação e da invalidação do ato administrativo*. São Paulo: Malheiros, 2001. p. 45.

[262] FAGUNDES, Seabra. *O controle dos atos administrativos pelo poder judiciário*. Rio de Janeiro: Forense, 2005. p. 65.

inválidos. Com efeito, os primeiros violam regras fundamentais atinentes à manifestação da vontade, ao motivo, à finalidade ou à forma, sendo de indispensável observância. Os segundos também podem atingir os cinco elementos do ato, mas, em face de razões concretamente consideradas, tem-se melhor atendido ao interesse público a sua parcial validez. Agustín Gordillo,[263] por sua vez, refere-se a atos nulos e anuláveis de acordo com a gravidade do vício constante do ato administrativo, apresentando tratamento diverso a cada espécie.

Dentre as classificações apresentadas pela doutrina referentes à invalidação do ato administrativo, merecem destaque as categorias apresentadas por Weida Zancaner.[264] Segundo esta autora, quanto aos vícios os atos podem ser absolutamente insanáveis, relativamente insanáveis, absolutamente sanáveis e relativamente sanáveis.

Os atos absolutamente insanáveis seriam aqueles que têm por objeto a prática de um ato criminoso, o que impede qualquer amparo do sistema normativo. Tais atos jamais poderão obter estabilidade, posto que sobre eles não incide o instituto da prescrição. Bandeira de Mello classifica tais atos como inexistentes.[265] Os atos relativamente insanáveis não podem ser refeitos sem vícios, ou seja, não podem ser convalidados pela Administração Pública nem por ato do particular afetado, porém podem ser atingidos pela prescrição, adquirindo estabilidade. A doutrina também os classifica como atos nulos.[266] Os atos absolutamente sanáveis são aqueles maculados por pequenos vícios irrelevantes, como erros de grafia, referência inexata ao ano de publicação de uma lei, dentre outros. Seabra Fagundes denomina tais atos de irregulares.[267] Por fim, os atos relativamente sanáveis são aqueles que devem ser reproduzidos pela Administração Pública validamente em razão de os vícios que os eivam serem de menor potencial ofensivo. Também classificados pela doutrina como atos anuláveis.

---

[263] GORDILLO, Agustín. *Tratado de Derecho Administrativo*. Belo Horizonte: Del Rey, 2003. t. 3, p. XI-34.
[264] ZANCANER, Weida. *Da convalidação e da invalidação do ato administrativo*. São Paulo: Malheiros, 2001. p. 90.
[265] BANDEIRA DE MELLO, Celso Antônio. *Curso de Direito Administrativo*. São Paulo: Malheiros, 2015. p. 490.
[266] BANDEIRA DE MELLO, Oswaldo Aranha. *Princípios gerais do Direito Administrativo*. Rio de Janeiro: Forense, 1978. p. 578.
[267] FAGUNDEZ, Seabra. *O controle dos atos administrativos pelo poder judiciário*. Rio de Janeiro: Forense, 2005. p. 72.

Observa-se com esta classificação que existem diversos graus de tolerância em relação aos vícios que acometem os atos administrativos. Assim, há vícios que pouco afetam o interesse finalístico procurado pelo Direito, como é o caso de vício de competência nos atos de conteúdo vinculado. Caso haja o preenchimento dos requisitos legais por parte do beneficiário do ato, não há que se falar em dano se aquele tiver sido praticado por funcionário de fato,[268] por exemplo. Por outro lado, existem vícios que, quando presentes, impedem a manutenção do ato administrativo no mundo jurídico pelos prejuízos advindos ao interesse público. Seria a situação de ato praticado com desvio de finalidade.[269]

Weida Zancaner, manifestando-se quanto à manutenção de atos administrativos viciados, afirma que "o princípio da legalidade não predica necessariamente a invalidação, como se poderia supor, mas sim a invalidação ou a convalidação, uma vez que ambas são formas de recomposição da ordem jurídica".[270] Acrescenta, ainda, que "é mais consentâneo com o interesse público insuflar vida nos atos e nas relações jurídicas passíveis de convalidação do que desconstituí-los, mesmo porque a invalidação poderá levar à responsabilização estatal no que pertine aos lesados de boa-fé".[271]

Celso Antônio Bandeira de Mello conceitua a convalidação como "o suprimento da invalidação de um ato com efeitos retroativos".[272] Cumpre salientar, que a Administração, em regra, não pode convalidar um ato viciado se este já tiver sido impugnado, administrativa ou judicialmente.[273] Por outro lado, sedimenta-se na doutrina a posição contrária à convalidação quando o vício decorrer da má-fé.

---

[268] Entende-se por funcionário de fato aquele que se encontra de forma irregular investido no exercício de função pública.
[269] Ocorre o desvio de finalidade quando se utiliza do ato para buscar uma finalidade que não pode ser buscada ou, quando possa, não pode sê-lo através do ato utilizado.
[270] ZANCANER, Weida. *Da convalidação e da invalidação dos atos administrativos*. São Paulo: Malheiros, 2001. p. 56.
[271] ZANCANER, Weida. *Da convalidação e da invalidação dos atos administrativos*. São Paulo: Malheiros, 2001. p. 58.
[272] BANDEIRA DE MELLO, Celso Antônio. *Curso de Direito Administrativo*. São Paulo: Malheiros, 2015. p. 486.
[273] Celso Antônio Bandeira de Mello apresenta como exceção a tal regra o caso de ato vinculado expedido sem motivação. Neste caso, mesmo após a impugnação poderá ser convalidado o ato, demonstrando-se que os motivos preexistiam (Cf. BANDEIRA DE MELLO, Celso Antônio. *Curso de Direito Administrativo*. São Paulo: Malheiros, 2015. p. 487).

Os vícios podem não somente atingir atos administrativos, como também contaminar todo o processo, levando à sua invalidação. Sabe-se que o processo administrativo é composto por uma série de atos e fatos administrativos que antecedem a produção do ato final. Com efeito, a nulidade pode incidir sobre todo o processo ou algum dos atos praticados no seu curso. Assim, no caso de concurso público, estando presente vício insanável no edital, por exemplo, o direcionamento do certame para certos candidatos, ou mesmo a falta de publicação do ato convocatório, todo o processo deverá ser anulado. Em contrapartida, caso o vício se verifique na análise dos títulos, somente esta fase será atingida.[274] Por outro lado, nada impede que o vício atinja apenas determinado candidato, como no caso da comprovada perseguição de um certo componente da banca a um dos inscritos, situação em que mantém-se o concurso, alterando a situação do candidato perseguido.

Pode ocorrer também que o vício verificado no certame concursal seja convalidado. Assim, caso o vício detectado não alcance direitos dos candidatos ou terceiros, não cause qualquer prejuízo ao interesse público nem tenha sido fruto de situação forjada pela malícia, caberá a convalidação pela própria Administração. Nesse sentido, dispõe o art. 55 da Lei nº 9.784/1999, que regula o processo administrativo no âmbito da Administração Pública Federal, que "Em decisão na qual se evidencie não acarretarem lesão ao interesse público nem prejuízo a terceiros, os atos que apresentarem defeitos sanáveis poderão ser convalidados pela própria Administração".

Assim, caso conste do edital de concurso de professor de universidade pública, por exemplo, que os candidatos serão convocados para segunda fase por meio de publicação no site da instituição e, por equívoco, a convocação seja realizada através de contato telefônico, mantido com todos os candidatos, tal vício não levará à anulação do certame, cabendo a convalidação.

---

[274] Também caso conste da prova de concurso questão em desacordo com o edital, somente esta será anulada. Neste sentido manifestou-se o Tribunal Regional Federal da 3ª Região: "ADMINISTRATIVO. CONCURSO PÚBLICO. ANULÇÃO DE QUESTÃO ALHEIA AO PROGRAMA CONTIDO NO EDITAL. 1. a Administração Pública viola as normas contidas em edital ao indagar os candidatos acerca de questões não compreendidas no programa do concurso. 2. Ilegalidade passível de correção pelo Poder Judiciário, sem que isso implique na substituição da banca examinadora, a qual compete proceder à avaliação das questões objetivas" (TRF, 3ª Região, REOMS – 253207/SP, REl. Juiz Mairan Maia, Sexta Turma, *DJU* 02.10.2006, p. 366).

8.1.1 Do processo invalidador do concurso público e seu limite temporal

A Administração Pública, em face da autotutela administrativa, não precisa recorrer ao Poder Judiciário para obter a invalidação de um ato viciado. O STF já sumulou que a Administração Pública pode anular seus próprios atos ilegais, "porque deles não se originam direitos"[275] Nesse diapasão, a Lei nº 9.784/1999 conferiu relevância à autotutela administrativa, dispondo no seu art. 53 que "a Administração deve anular seus próprios atos quando eivados de vício de legalidade, e pode revogá-los por motivo de conveniência ou oportunidade, respeitados os direitos adquiridos".

Assim, a anulação do concurso por vício insanável pode ser efetivada pela própria Administração Pública de ofício ou provocada por qualquer candidato ou cidadão.[276] Bocanegra Sierra,[277] manifestando-se quanto à autotutela, aduz que é a mesma parte da atividade administrativa com a qual a Administração Pública resolve por si mesma os conflitos potenciais ou atuais que surgem com outros sujeitos em relação a seus atos e pretensões.

Com efeito, ao detectar ato administrativo portador de vício insanável, a Administração Pública, com fundamento no princípio da autotutela, poderá invalidá-lo, porém tal invalidação não se processa de forma imediata. Assim, entre a constatação do vício e a invalidação do ato, deverá ocorrer um processo invalidador, ao final do qual, o ato eivado de vício será invalidado. Segundo Clarissa Sampaio Silva, "a invalidação já não pode ser vista como ato único, decisão *one shot*, mas como o resultado de um procedimento cujos participantes devem ser aqueles diretamente atingidos por dada medida".[278]

Não se pode admitir, no atual estágio do Estado de Direito, que a Administração Pública invalide seus atos, possuidores do atributo

---

[275] STF. Súmula nº 473.
[276] No que se refere ao cidadão poderá provocar a Administração Pública com fundamento no direito de petição, previsto no art. 5º, XXXIV, "a", da Carta Constitucional.
[277] BOCANEGRA SIERRA, Raúl. *La revisión de oficio*. Madrid: Instituto de Estúdios de Administración Local, 1977. p. 216.
[278] SILVA, Clarissa Sampaio. *Limites à invalidação dos atos administrativos*. São Paulo: Max Limonad, 2001. p. 142.

de presunção de legitimidade, sem conceder àqueles atingidos pela decisão administrativa a oportunidade de sustentar defesa, demonstrando que não cabe a invalidação, seja por inexistência de vícios, seja pela ocorrência de vícios sanáveis, ou seja, ainda, pela presença de alguns dos fatores impeditivos da invalidação.

Aliás, tem sido este o entendimento que vem prevalecendo reiteradamente nos Tribunais pátrios, para os quais não se afigura viável a anulação de atos administrativos sem instauração do respectivo procedimento administrativo, assegurando-se aos interessados o contraditório e a ampla defesa.[279]

Quanto ao concurso público, têm-se duas situações: uma, se o concurso for anulado no curso do certame; outra, caso anulado após a nomeação dos concorrentes.

Na opinião de José dos Santos Carvalho Filho, "se a ilegalidade ocorre no curso do certame a Administração pode invalidar sem que seja assegurado qualquer direito de defesa aos participantes contra a anulação".[280] Fundamenta sua posição, aduzindo que o candidato possui apenas mera expectativa de direito em relação ao ato de investidura. Posição contrária possuía Diógenes Gasparini,[281] para quem há necessidade de instauração de processo administrativo, assegurado o contraditório e a ampla defesa àqueles que estiverem concorrendo aos cargos e empregos postos em disputa.

Concordamos que a invalidação do concurso público – mesmo durante a realização de certame – deva ser precedida de um processo invalidador, assegurado o contraditório e a ampla defesa aos participantes que, com certeza, podem ter sérios danos advindos de tal invalidação. Sabe-se, no entanto, que esta não é uma prática usual na Administração Pública brasileira, bem como a sua adoção poderá trazer prejuízos ao interesse público diante da demora na conclusão do procedimento instaurado. O direito dos participan-

---

[279] Várias são as decisões adotadas neste sentido. Assim, o Supremo Tribunal Federal manifestou-se no RMS 23.518-DF, rel. Min. Ilmar Galvão, *DJU* 10.11.2000. No Superior Tribunal de Justiça, dentre outros julgados, tem-se o ROMS 10.673-RJ, rel. Min. Francisco Falcão, *DJU* 26.06.2000.

[280] CARVALHO FILHO, José dos Santos. *Manual de Direito Administrativo*. São Paulo: Atlas, 2016. p. 680.

[281] GASPARINI, Diógenes. Concurso público: imposição constitucional e operacionalização. *In*: MOTTA, Fabrício (Coord.). *Concurso público e Constituição*. Belo Horizonte: Fórum, 2005. p. 41.

tes de obter indenização pelos danos eventualmente sofridos pela não conclusão do concurso pressupõe a aplicação das garantias do contraditório e ampla defesa.

Por outro lado, quanto à declaração de nulidade após a investidura dos candidatos nos cargos ou empregos públicos para os quais concorreram, é certo que se impõe a instauração de processo administrativo, assegurado contraditório e ampla defesa, sob pena de configurar-se a arbitrariedade. Aliás, essa não é somente posição firmada na doutrina, como também vem sendo reiteradamente acolhida pelos Tribunais.[282]

Deve-se, ainda, atentar-se ao limite temporal da autotutela administrativa, o que tem sido alvo de algumas discussões.

Prevalecia, de início, o entendimento segundo o qual, inexistindo prazo fixado por norma legal para a invalidação do ato administrativo, esta poderia ocorrer a qualquer tempo. Tal posição foi expressa por Hely Lopes Meirelles.[283] A Lei nº 8.112/1990, por seu turno, dispôs no art. 14 que "a Administração deverá rever seus atos, a qualquer tempo, quando eivados de ilegalidade".

Com a evolução do Estado de Direito foi se firmando o entendimento de acordo com o qual a Administração Pública deveria dispor de um limite temporal para exercer a autotutela sobre seus atos, declarando sua invalidade. Tal limite visa a resguardar o consagrado princípio da segurança jurídica, vinculado à necessidade de assegurar estabilidade a certas situações jurídicas, em virtude do decurso do tempo e da boa-fé.[284] Com efeito, a Lei nº 9.784/1999,

---

[282] Nesse sentido já se manifestou o Superior Tribunal de Justiça *"Administrativo, Concurso Público, Cancelamento. É ilegal o ato de exoneração de servidores aprovados em concurso público, estando em estágio probatório, sem processo administrativo em que se assegure ampla defesa"* (REsp. nº 1.970-MA, 1ª Turma, Rel. Min. Garcia Vieira, julg. Em 31.10.1990).". *"Recurso Ordinário em Mandado de Segurança. Concurso Público. Nomeação. Posse e Exercício. Anulação do Ato Administrativo. Possibilidade. Aplicação da Súmula n. 473 do STF. Inobservância dos Princípios do Contraditório e Ampla Defesa. Ilegalidade. Precedente do STJ.* 1. Conquanto a Administração Pública, ao rever seus próprios atos eivados de ilegalidade, possa anulá-los quando viciados, está sujeita às regras constitucionais e à observância dos princípios do devido processo legal, da ampla defesa e do contraditório. 2- Tendo a invalidação do ato sido efetivada pela Administração, de plano, sem que nenhum procedimento administrativo fosse sequer instaurado, resta configurada a arbitrariedade. 3. Recurso provido (MS n. 19.980 – RS (2005/0071487-5. Rel Min. Laurita Vaz. Data de julgamento: 28 set. 2005).

[283] MEIRELLES, Hely Lopes. *Direito Administrativo Brasileiro*. São Paulo: Malheiros, 2016. p. 232.

[284] Assim, manifesta-se a jurisprudência quanto à necessidade de observância dos prazos prescricionais previstos nas legislações administrativas: "ADMINISTRATIVO. PROCESSO

preceitua no seu art. 54 que "o direito da Administração de anular os atos administrativos de que decorram efeitos favoráveis para os destinatários decai em 5 (cinco) anos, contados da data em que foram praticados, salvo comprovada má-fé". Caso a Administração Pública não invalide o ato eivado de vício no referido prazo, este adquire estabilidade jurídica. De acordo com Juarez Freitas, o prazo quinquenal, previsto no referido art. 54 da Lei nº 9.784/1999, não vale apenas para a anulação na esfera administrativa. Segundo o autor, o uso da expressão decai pela lei estabeleceu a perda do próprio direito de tal forma que tal prazo também é utilizado para a anulação judicial.

Saliente-se que o prazo é de cinco anos, contados do ato viciado, para se proceder a efetiva invalidação, e não para instauração do processo invalidador. Neste sentido, o ministro Luiz Fux, enquanto ministro do Superior Tribunal de Justiça, já destacava que "a Lei não concede à administração cinco anos para iniciar a anulação do ato, por isso que se assim o fosse, a conclusão poder-se-ia eternizar a pretexto de ter-se iniciado tempestivamente. Destarte, a segurança jurídica como bem tutelável em primeiro lugar pela administração não conviveria com tamanha iniquidade e instabilidade. Em resumo, a administração dispõe de cinco anos para efetivamente anular o ato, sob pena de eventual situação antijurídica convalidar-se, como é usual no Direito".[285]

No que concerne ao concurso público, caso o vício esteja no edital, a Administração Pública terá o prazo de cinco anos, contados da sua publicação, para anular o certame. Também este é o prazo para utilização da via judicial, em se tratando de ação popular, de acordo com o disposto no art. 21 da Lei nº 4.717/1965. Vale salientar

---

DISCIPLINAR. PRESCRIÇÃO. INTERRUPÇÃO. DECLARAÇÃO DE NULIDADE DO PROCESSO. EXTENSÃO DOS EFEITOS. CONTAGEM DO PRAZO PRESCRICIONAL. 1. O reconhecimento da nulidade do processo administrativo implica na desconstituição de todos os seus atos, inclusive o de instauração da comissão disciplinar, o que resulta na inexistência do ato interruptivo da prescrição, que deve ser contada, consequentemente, desde o conhecimento do fato lesivo até a instauração do segundo processo disciplinar. 2. *In casu*, entre o conhecimento do fato que se deu em dezembro de 1997, e a instauração de procedimento disciplinar válido, ocorrida em julho de 1998, exauriu-se o prazo prescricional de 180(cento e oitenta) dias previsto no inciso III do art. 142 da Lei nº 8112/90 para as infrações apenadas com advertência. 3. Recurso especial não conhecido" (STJ, REsp 456829/RN, Rel. Min. Vicente Leal, Sexta Turma, *DJ* 09.12.2002, p. 410).

[285] STJ, AgRg no MS 8.692, relator: ministro Luiz Fux.

que, em se tratando de mandado de segurança, o prazo, nesta hipótese decadencial, será de cento e vinte dias da ciência do ato impugnado, como determina o art. 18, da Lei nº 1.533/1951.

8.1.2 Dos efeitos da invalidação do concurso público e o direito à indenização

As expressões *ex tunc* e *ex nunc*, de acordo com Cretella Júnior,[286] formadas de elementos latinos, são usadas pelos juristas de todos os países com relação aos momentos em que se fazem sentir os efeitos de uma decisão. Segundo este autor:

> [...] *ex tunc* refere-se a efeitos que se projetam para o passado, que operam desde o momento exato em que a decisão fez seu aparecimento, real ou virtual, no mundo jurídico; *ex nunc* refere-se tão somente a efeitos que se projetam para o futuro, que operam a partir do momento da decisão, sem qualquer idéia de retrogressão.[287]

Os efeitos da invalidação consistem em fulminar o ato viciado e seus efeitos, atingindo-o *ab initio*, ou seja, retroativamente. Bandeira de Mello esclarece que "significa recusar validade ao que já se passou",[288] quer dizer, em regra, a invalidação opera efeitos *ex tunc*, porém tal regra comporta exceções.

O ato administrativo, mesmo que eivado de vício insanável, pode modificar uma realidade jurídica como se fosse um ato válido.[289] Sabe-se que a Administração Pública conta com meios para impor tais modificações. Daí um ato nulo poder provocar de imediato uma modificação na realidade, afetando particulares. Pergunta-se então: poderia a declaração de nulidade do ato administrativo apagar todos os efeitos já produzidos pelo ato viciado, como se este jamais tivesse existido?

---

[286] CRETELLA JÚNIOR, José. *Do ato administrativo*. São Paulo: Bushatsky, 1977. p. 282.
[287] CRETELLA JÚNIOR, José. *Do ato administrativo*. São Paulo: Bushatsky, 1977. p. 282.
[288] BANDEIRA DE MELLO, Celso Antônio. *Curso de Direito Administrativo*. São Paulo: Malheiros, 2015. p. 490.
[289] ENTERRÍA, Eduardo García de; FERNÁNDEZ, Tomás-Ramón. *Curso de Derecho Administrativo I*. Madrid: Civitas, 2000. p. 609.

Ora, muitas vezes a declaração de nulidade ocorre após a realização de despesas por parte do particular ou após já ter efetivado modificações em sua rotina em virtude do ato viciado. Logo, é errado afirmar que os atos nulos não produzem efeitos. Aliás, caso não produzissem efeitos não haveria necessidade de sua invalidação.

Ao refletir sobre o assunto, Bandeira de Mello parte da distinção entre os atos restritivos e atos ampliativos da esfera jurídica dos administrados. Para este doutrinador:

> Nos atos unilaterais restritivos da esfera jurídica dos administrados, se eram inválidos, todas as razões concorrem para que sua fulminação produza efeitos *ex tunc*, exonerando por inteiro quem fora indevidamente agravado pelo Poder Público das conseqüências onerosas. Pelo contrário, nos atos unilaterais ampliativos da esfera jurídica dos administrados, se este não concorreu para o vício do ato, estando de boa-fé, sua fulminação só deve produzir efeitos *ex nunc*, ou seja, depois de pronunciada.[290]

Jesús González Peréz[291] acrescenta que as partes que intervêm no nascimento do ato administrativo atuam, em regra, lealmente, com a intenção de que o ato produza seus efeitos, uma vez que se tivessem conhecimento da nulidade, teriam tratado de evitá-la enquanto podiam.

Assim, o nomeado em virtude de concurso público inválido, que tomou posse e ingressou no exercício das funções, não terá que restituir o que percebeu pelo tempo que trabalhou. Da mesma forma, o beneficiário de ato de autorização de uso de bem público, declarado nulo por vício de competência, não terá de devolver o que lucrou durante o período de utilização, salvo se agiu de má-fé.

Por outro lado, caso a invalidação do ato ocorra antes de o administrado incorrer em despesas em virtude disso, não há que se falar em indenização. Abordando tal questão, Diógenes Gasparini[292] refere-se à situação em que a invalidação do ato viciado ocorrer após a realização de despesas ou investimentos pelo particular. Nesta situação, deve-se verificar se o beneficiário do ato estava ou não de

---

[290] BANDEIRA DE MELLO, Celso Antônio. *Curso de Direito Administrativo*. São Paulo: Malheiros, 2015. p. 478.
[291] PERÉZ, Jesús González. *El principio general de la buena fé em el Derecho Administrativo*. Madrid: Civitas, 1999. p. 131.
[292] GASPARINI, Diógenes. *Direito Administrativo*. São Paulo: Saraiva, 2006. p. 116.

boa-fé. Assim, se estava de boa-fé tem direito a uma indenização, caso contrário não tem tal direito. O mesmo raciocínio vale com relação ao terceiro de boa-fé, quando alcançados pelos efeitos da invalidação.

No que concerne ao concurso público, é certo que pode ser anulado quando eivado de vício insanável. A invalidação produz efeito *ex tunc*, ou seja, vai alcançar o momento mesmo de sua edição. Assim, ocorrerá o desfazimento de todas as relações jurídicas que se originaram do ato inválido. No entanto, deve-se distinguir a invalidação do concurso antes e depois da investidura dos aprovados.

Na opinião de José dos Santos Carvalho Filho,[293] se a ilegalidade ocorrer no curso do certame será descabida qualquer indenização. Este autor fundamenta sua posição aduzindo que o candidato possui apenas mera expectativa de direito em relação ao ato de investidura.

Contrário a tal entendimento, Diógenes Gasparini aduz que "a anulação investe os candidatos do direito de serem indenizados quando não contribuíram de modo direto ou indireto para a ocorrência do vício".[294] Assim, os participantes inocentes têm direito de pleitear da Administração Pública indenização correspondente aos gastos realizados para integrar o certame anulado, mesmo que o vício tenha sido causado por outro candidato.

Apesar de concordarmos que o concurso público gera apenas expectativa de direito antes da sua finalização, é inegável que a declaração de nulidade pode gerar prejuízos aos participantes. Pense-se na situação atual de desemprego que atinge todo Brasil e tem feito com que muitos se desloquem de seus Estados para prestar concursos públicos em diversas partes do país. Ora, é inegável haver prejuízos decorrentes da anulação do concurso para certos candidatos, da mesma maneira que é evidente tais prejuízos decorrerem da atuação estatal, ou seja, há um nexo de causalidade entre tais prejuízos e a declaração de nulidade do concurso feita

---

[293] CARVALHO FILHO, José dos Santos. *Manual de Direito Administrativo*. São Paulo: Atlas, 2016. p. 680.
[294] GASPARINI, Diógenes. Concurso Público – Imposição Constitucional e Operacionalização. *In*: MOTTA, Fabrício (Coord.). *Concurso Público e Constituição*. Belo Horizonte: Fórum, 2005. p. 41.

pela Administração Pública. Logo, pode-se afirmar que o dever de indenizar, neste caso, decorre da responsabilidade objetiva do Estado. Conforme salienta Marçal Justen Filho, "o reconhecimento da nulidade impõe como dever o desfazimento de todos os atos; isso não significa a ausência de responsabilidade por perdas e danos produzidas pela conduta dos agentes da Administração Pública".[295] Acrescenta, ainda, que "o particular não pode exigir a manutenção do ato nulo ou o respeito a seus efeitos. Mas pode pleitear que a Administração responda pelos efeitos nocivos da conduta viciada. A prática de atos viciados produz a responsabilidade civil do Estado".[296] O reconhecimento do vício importa na necessidade de renovação dos atos e, consequentemente, na repetição de todas as despesas realizadas pelos participantes. Por outro lado, caso o vício tenha sido causado por algum candidato, este deverá ressarcir a Administração. Como exemplo, tem-se a situação do candidato que obteve a prova antes do concurso, distribuindo-a entre amigos.

Saliente-se que o entendimento do Superior Tribunal de Justiça é no sentido de descabimento de indenização por danos morais em virtude de anulação de concurso público eivado de vícios. Quanto à indenização por danos materiais, exige-se a culpa subjetiva da Administração.[297]

Situação comum em concursos públicos é aquela que o candidato reprovado no certame recorre ao Judiciário e obtém decisão definitiva favorável à sua nomeação. Neste caso, questiona-se se ele terá ou não direito à indenização em razão da nomeação e posse tardias. O Supremo Tribunal Federal já considerou que possui repercussão geral a controvérsia sobre tal matéria[298]. O Superior Tribunal de Justiça manifestou-se pela inexistência do direito à indenização:

ADMINISTRATIVO E PROCESSUAL CIVIL. VIOLAÇÃO DO ART. 535 DO CPC NÃO CARACTERIZADA. CONCURSO PÚBLICO. NO-

---

[295] JUSTEN FILHO, Marçal. *Comentários à Lei de licitações e Contratos Administrativos*. São Paulo: Dialética, 2010. p. 683.
[296] JUSTEN FILHO, Marçal. *Comentários à Lei de licitações e Contratos Administrativos*. São Paulo: Dialética, 2010. p. 683.
[297] AGrg no aresp 442443 / RS Agravo Regimental no Agravo em Recurso Especial 2013/0391563-9. Rel.Min. Humberto Martins. 2ª Turma. data da publicação: 17.02.2014
[298] STF RE 724347/DF/2013.

MEAÇÃO TARDIA. DISCUSSÃO JUDICIAL. INDENIZAÇÃO POR DANOS MATERIAIS. REMUNERAÇÕES RETROATIVAS. DESCABIMENTO. REPERCUSSÃO GERAL. SOBRESTAMENTO DO FEITO. DESNECESSIDADE.
1. Afasta-se a alegada contrariedade ao art. 535 do CPC, pois o Tribunal de origem utilizou fundamentação suficiente para solucionar a controvérsia, sem incorrer em omissão, contradição ou obscuridade.
2. A partir de posicionamento do Pretório Excelso (AgRg no RE593.373, 2ª Turma, Min. Joaquim Barbosa, DJ de 18.04.2011), o Superior Tribunal de Justiça firmou entendimento no sentido de que o candidato, cuja nomeação tardia decorreu de decisão judicial, não tem direito à indenização pelo tempo que aguardou a solução definitiva pelo Judiciário, uma vez que esse retardamento não configura preterição ou ato ilegítimo da Administração Pública a justificar uma contrapartida indenizatória. Precedentes.
3. O reconhecimento de repercussão geral em recurso extraordinário não determina automaticamente o sobrestamento do recurso especial, apenas impede a ascensão de eventual recurso de idêntica matéria ao Supremo Tribunal Federal. Precedentes.
4. Recurso especial provido.[299]

Cumpre salientar que em outras oportunidades o mesmo Superior Tribunal de Justiça reconheceu direito à indenização em face da nomeação tardia, senão vejamos:

ADMINISTRATIVO. CONCURSO PÚBLICO. NOMEAÇÃO TARDIA. INDENIZAÇÃO. POSSIBILIDADE. REMUNERAÇÃO. CRITÉRIO PARA FIXAÇÃO DO MONTANTE INDENIZATÓRIO.
[...] 5. No mérito, a Corte Especial do STJ pacificou o entendimento de que a nomeação tardia de candidato aprovado em concurso público por conta de ato ilegal da administração gera direito à indenização (EREsp 825.037/DF, Rel. Min. Eliana Calmon). Ademais, o valor da compensação pode ser estimado com base na remuneração do respectivo cargo público.
6. No julgamento dos EREsp 825037/DF, a indenização em favor dos prejudicados, arbitrada judicialmente, correspondeu à diferença entre a remuneração que perceberam na ocupação profissional anterior à nomeação e aquela atinente ao cargo público em que ingressaram.
7. De fato, o julgador deve apreciar o caso concreto e fixar a indenização de modo que efetivamente corresponda ao dano causado, podendo, para isso, adotar o valor da remuneração como critério balizador.

---

[299] REsp 1200520 / PR RECURSO ESPECIAL 2010/0115923-4. Min Eliana Calmon. Segunda Turma. Dje 07.05.2014.

8. O acórdão recorrido alinha-se estritamente à jurisprudência fixada pela Corte Especial, devendo ser mantido.
9. Agravo Regimental não provido.[300]

8.2 Da convalidação do concurso público

A presunção de legitimidade dos atos administrativos se traduz em um princípio favorável à manutenção destes. Logo, os atos classificados como anuláveis podem ser mantidos no ordenamento jurídico com a supressão do vício de legalidade. Assim, pode-se conceituar a convalidação como ato pelo qual se expunge vício de legalidade do ato administrativo, com efeito retroativo à data de sua prática. Agustín Gordillo fala em saneamento, acrescentando que "se o vício não é muito grave é possível manter a vigência do ato suprindo ou corrigindo o vício que o afeta".[301]

A possibilidade ou não de convalidação do ato administrativo depende do vício que o macula. Os vícios podem ser encontrados em qualquer dos elementos do ato administrativo, quais sejam: competência, forma, objeto (conteúdo), motivo e finalidade. Os vícios de competência admitem a convalidação do ato administrativo na hipótese de ele ter sido praticado por aquele que estava de forma irregular investido no exercício de função pública,[302] desde que não se trate de competência exclusiva. Quanto à forma, admite-se a convalidação caso esta não seja essencial à validade do ato. O vício no objeto ou conteúdo não admite convalidação.[303] Segundo o art. 2º da Lei nº 4.717/1965, "a ilegalidade do objeto ocorre quando o resultado do ato importa em violação de lei, regulamento ou outro

---

[300] AgRg no REsp 1150140 / DF AGRAVO REGIMENTAL NO RECURSO ESPECIAL 2009/0140721-7 Rel. Min. Herman Benjamin. Segunda Turma. Dje 05.09.2011.

[301] GORDILLO, Agustín. *Tratado de Derecho Administrativo*. Belo Horizonte: Del Rey, 2003. t. 3, p. XII-9.

[302] Tal vício é denominado pela doutrina de função de fato. Por outro lado, não é admitida a convalidação nos casos de usurpação de função pública e de excesso de poder (Cf. ZANELLA DI PIETRO, Maria Sylvia. *Direito Administrativo*. Rio de Janeiro: Forense, 2016. p. 284).

[303] Registre-se que não adotamos neste trabalho a distinção feita por Guido Zanobini entre objeto e conteúdo do ato. De acordo com o referido autor conteúdo é aquilo que o ato determina, prescreve, enquanto que objeto é aquilo a que o ato se reporta (Cf. ZANOBINI, Guido. *Corso di Diritto Amministrativo*. Milão: Giuffrè, 1936. p. 279).

ato normativo". Também não é passível de convalidação vícios concernentes à finalidade, bem como aos motivos do ato administrativo. Questiona-se se a convalidação constitui um poder ou um dever, quer dizer, se há ou não discricionariedade na convalidação. Neste ponto, concordamos com Weida Zancaner,[304] quando aduz que sempre que se estiver diante de um ato administrativo passível de saneamento e que não tenha sido impugnado pelo interessado deverá proceder-se à convalidação, salvo na hipótese de vício de competência em ato de conteúdo discricionário. Com efeito, afirma a autora que:

> [...] só existe uma hipótese em que a Administração Pública pode optar entre o dever de convalidar e o dever de invalidar segundo critérios discricionários. É o caso de ato discricionário praticado por autoridade incompetente. Destarte, nestes casos, pode a Administração Pública, segundo um juízo subjetivo, optar se quer convalidar ou invalidar o ato viciado.[305]

Tal posicionamento tem como base o princípio da segurança jurídica somado ao princípio da boa-fé, considerando-se que todos os atos administrativos possuem a presunção de legitimidade. Weida Zancaner[306] acrescenta a estes fundamentos o fato da discricionariedade decorrer de lei, não existindo, por conseguinte, lei alguma que confira ao administrador livre opção entre convalidar ou invalidar. Assim, passível de convalidação, esta deverá ser a medida adotada pelo Administrador Público.

Para que se admita a convalidação faz-se necessário que não tenha havido impugnação do ato pelo interessado atingido, o interesse público não tenha sido lesado e ainda os direitos de terceiros estranhos à relação não tenham sido atingidos.

Também a má-fé na prática do ato viciado impede a sua convalidação. Nesse sentido, Hartmut Mauer[307] manifesta-se pela

---

[304] ZANCANER, Weida. *Da convalidação e da invalidação dos atos administrativos*. São Paulo: Malheiros, 2001. p. 54.
[305] ZANCANER, Weida. *Da convalidação e da invalidação dos atos administrativos*. São Paulo: Malheiros, 2001. p. 55.
[306] ZANCANER, Weida. *Da convalidação e da invalidação dos atos administrativos*. São Paulo: Malheiros, 2001. p. 57.
[307] MAURER, Hartmut. *Lê Drot Administratif Allemand*. Tradução Michel Fromont. Paris: LGDJ, 1995. p. 298.

impossibilidade da convalidação quando o beneficiário da situação jurídica viciada a provocou por malícia ou é o responsável direto pela ilegalidade, decorrente de falsas declarações ou, ainda, quando conhecia a ilegalidade ou deveria necessariamente conhecê-la.

Obviamente, pode-se também falar em convalidação de processo ou procedimento administrativo. Sérgio Ferraz e Adilson Dallari, manifestando-se quanto ao assunto, aduzem "no processo administrativo a convalidação é sempre uma atuação estatal. Isso porque, em razão do princípio do oficialismo, não fica ao talante dos interessados, ou das partes, voltar o curso processual, mesmo que para corrigi-lo".[308]

No concurso público, existindo vícios sanáveis, impõe-se a convalidação do certame, desde que não ocorra uma das situações impeditivas acima expostas.

Com efeito, pode-se pensar no caso em que a autoridade que venha a homologar o concurso esteja de forma irregular exercendo tal função e em razão deste ato todos os aprovados já tenham sido nomeados. Ora, sendo a homologação um ato administrativo de controle, de natureza vinculada, caso não haja vício de legalidade no concurso que imponha a sua invalidação a autoridade competente pela homologação deverá convalidar o ato, sob pena de causar sérios prejuízos não somente aos candidatos já nomeados, como também à Administração Pública. Entendemos também ser possível a convalidação do concurso caso não tenha havido o ato formal de homologação, caracterizado como vício de forma (formalidade) não essencial, uma vez que a falta de homologação, por si só, é incapaz de causar danos seja aos candidatos ou ao ente responsável pelo certame.

A convalidação de concurso público é matéria também abordada pelos Tribunais. Com efeito, já se manifestou o Superior Tribunal de Justiça quanto a vícios de legalidade em concursos passíveis de convalidação, senão vejamos:

> RECURSO DE MANDADO DE SEGURANÇA. Investidura em cargo mediante concurso público. Lei que criou cargos julgada inconstitucional por vício de iniciativa. Novo diploma legal convalidando os atos de

---
[308] FERRAZ, Sérgio; DALLARI, Adilson Abreu. *Processo administrativo*. São Paulo: Malheiros, 2012. p. 319.

provimento e investidura. Restabelecimento da validade do ato de provimento. Recurso provido.[309]

Por outro lado, deve-se atentar ao fato de que existem vícios capazes de atingir o concurso público que não são passíveis de convalidação. Assim, não se pode convalidar ato de entrega de título fora do prazo estabelecido no edital em função de constituir afronta aos princípios estabelecidos na Carta Constitucional,[310] violando direitos dos demais candidatos.

8.3. Da revogação do concurso público: limites e consequências

A estabilidade do ato administrativo válido e perfeito, que garante a sua manutenção no mundo jurídico, é fenômeno natural

---

[309] RMS 12816/DF. Rel Min. Gilson Dipp. Quinta Turma. Data de Julgamento: 18.03.2004. ADMINISTRATIVO. ANULAÇÃO. CONCURSO PÚBLICO PROFESSOR. CONVALIDAÇÃO VÍCIOS FORMAIS. PROVA. O Judiciário, ao realizar o controle do ato administrativo, deve hierarquizar o vício quanto ao grau de sua validade. O controle pelo Judiciário, instância definitiva para a solução do litígio, tem que se assentar na premissa de que nem todos os vícios dos atos administrativos invariavelmente conduzam à sua nulidade, mesmo em se tratando de atos vinculados. Quando o ato administrativo, apesar de não ter sido praticado com absoluta conformidade à lei, conforma-se ao princípio da boa-fé; se dele não decorrem danos ou prejuízos a terceiros ou não foi fruto de fraudes ou outros vícios quanto sua à licitude, deve ser convalidado.A indisfarçável desconfiança quanto à lisura da correção das provas, por si só, não é elemento suficiente para concluir que a Banca Examinadora não agiu com a necessária imparcialidade na correção das provas. Os atos praticados no concurso não podem ser analisados isoladamente, ressaltando-se o aspecto formal, isto é, se houve obediência ou não à forma, mas no conjunto. O rigor no controle dos atos administrativos é prudente, mas deve-se dar atenção à situação concreta, a fim de se verificar se ocorreu ou não vício que afronte as garantias do administrado e os demais princípios que norteiam a atuação da administração.Se o ato administrativo foi praticado sem estrita observância à forma pré-estabelecida, atingindo, contudo, a sua finalidade, sem a ocorrência de prejuízos, deve ser convalidado.Apelações providas. (TRF4. AC 42384 RS 97.04.42384-5. Rel Hermes Siedler. DJ 17.01.2001)

[310] Nesse sentido já decidiu o Tribunal Regional Federal da 5ª Região "ADMINISTRATIVO. CONCURSO PÚBLICO. TÚTULOS. ENTREGA EXTEMPORÂNEA CANDIDATO ÚNICO. VÍCIO NÃO SANÁVEL. REPROVAÇÃO. 1- A violação à regra do edital, consistente no recebimento de título fora do prazo demarcado, constitui irregularidade não passível de convalidação, ainda que se trate de candidato único, sob pena de ofensa aos princípios da impessoalidade, da igualdade e da legalidade, aos quais a Administração Pública é obrigada a guardar consonância. 2- Hipótese em que, mesmo admitindo o computo dos títulos apresentados a destempo, o candidato não logrou aprovação. 3- Apelação da UFPE e remessa oficial providas. Apelo do impetrante improvido" (AMS 2002.83.00.019625-0. Quarta Turma. Rel. Dês. Federal Luiz Alberto Gurgel de Faria. Data de Julgamento: 03.08.2004).

que preside sua produção. Ocorre que, em certos casos, em razão do princípio da supremacia do interesse público, permite-se a sua revogação, ou seja, a eliminação de sua capacidade produtiva de efeitos, deixando íntegros os já produzidos.[311]

Roberto Dromi define a revogação como "a declaração unilateral de um órgão no exercício de uma função administrativa, através da qual se extingue, substitui ou modifica um ato administrativo, por razões de oportunidade ou ilegitimidade".[312]

O referido autor distingue a revogação por interesse público da revogação por questão de legitimidade, atribuindo a esta última sentido amplo, compreendendo qualquer forma de retirada do ato administrativo.

Oswaldo Aranha Bandeira de Mello aborda a distinção entre as formas de retirada do ato administrativo em função do fundamento. Assim, qualifica como revogação "a retirada de precedente ato administrativo pela sua inconveniência ou inoportunidade, e como nulidade ou anulabilidade, pela sua invalidade ou ilegitimidade".[313]

Para Hely Lopes Meirelles, "a revogação é a supressão de um ato administrativo legítimo e eficaz, realizada pela Administração – e somente por ela – por não mais lhe convir a existência".[314]

Fala-se que a revogação decorre de um poder e não de uma obrigação, ou seja, não se reflete em relação a terceiros. Daí decorre as suas características de irrenunciabilidade, intransmissibilidade e imprescritibilidade.[315] Logo, é poder somente exercido por pessoa a quem a norma atribuir determinada competência, não podendo ser cedido a terceiros.

Na opinião de alguns autores, não sendo um direito da Administração, não está o poder sujeito a qualquer prazo extintivo. Recente orientação doutrinária e jurisprudencial, no entanto, exige que a revogação também se submeta a prazo decadencial, em

---

[311] OLIVEIRA, Regis Fernandes de. *Ato administrativo*. São Paulo: Revista dos Tribunais, 2001. p. 107.
[312] DROMI, Roberto. *Derecho Administrativo*. Buenos Aires: Ciudad Argentina, 2001. p. 303.
[313] BANDEIRA DE MELLO, Oswaldo Aranha. *Princípios Gerais de Direito Administrativo*. Rio de Janeiro: Forense, 1969. p. 558.
[314] MEIRELLES, Hely Lopes. *Direito Administrativo Brasileiro*. Malheiros: São Paulo, 2016. p. 227.
[315] OLIVEIRA, Regis Fernandes de. *Ato Administrativo*. São Paulo: Revista dos Tribunais, 2001. p.109.

homenagem ao princípio da segurança jurídica.[316] Assim, Sérgio Ferraz, no que concerne ao prazo para a revogação, afirma que "a instauração de processo administrativo com vistas à revogação de ato administrativo só poderá ocorrer até um máximo de cinco anos, contados da sua produção".[317] Apesar de se entender necessária a fixação de prazo para a revogação, a solução exposta pelo referido autor não parece a mais adequada. Por certo, passados cinco anos do deferimento do ato é possível ocorrer situação que o torne inoportuno ao interesse público. Pense-se na autorização deferida a estabelecimento comercial para colocação de mesas e cadeiras na calçada e que, passados dez anos, em virtude da construção de um terminal de ônibus naquela localidade, a referida utilização cause transtornos aos milhares de transeuntes que passam por aquele espaço. Desta forma, acolhe-se a posição exposta por Raquel Melo Urbano de Carvalho, para quem "a circunstância que tornou inconveniente o ato que se pretende revogar é que poderia funcionar como termo inicial do prazo de decadência para o exercício do direito potestativo revogatório, não o próprio ato a ser revogado".[318]

O poder de revogar pressupõe a disponibilidade atual sobre o objeto, por envolver competência não exaurida. Assim, é preciso que não tenha esgotado a competência administrativa com respeito à questão versada. Segundo Celso Antônio Bandeira de Mello,[319] fundamenta-se na competência de dispor discricionariamente sobre situação que já fora objeto de anterior provimento, tendo como motivo a inadequação do ato ao interesse público. Ademais, para que se possa falar em revogação necessário se faz a existência de relação de caráter continuado, que dizer, não se revoga ato de efeitos exauridos, uma vez que a revogação não se volta ao passado.

Muito embora a revogação seja considerada um "poder", é de bom alvitre lembrar que, no atual estágio do Estado de Direito, não mais cabe falar em poder sem características instrumentais

---

[316] MS n. 24.268-MG, rel. Min. Gilmar Mendes, Pleno do STF, DJU 05.02.2004.
[317] FERRAZ, Sérgio. Extinção dos atos administrativos: algumas reflexões. *Revista de Direito Administrativo*, n. 231, p. 66, jan./mar. 2003
[318] URBANO DE CARVALHO, Raquel Melo. *Curso de Direito Administrativo*. Salvador: Juspodivm, 2009. p. 453.
[319] BANDEIRA DE MELLO, Celso Antônio. *Curso de Direito Administrativo*. São Paulo: Malheiros, 2015. p. 464.

de efetivação de um dever. Desta forma, a revogação pressupõe a análise da situação fática que demonstre a efetiva inconveniência de manutenção do ato.

Conforme assevera Enterría e Fernandez,[320] um ato que declare direitos em favor do administrado não pode ser revogado de ofício pela Administração sob o pretexto de que o ato se tornou inconveniente ou inoportuno em determinado momento. São nos atos discricionários que a revogação encontra seu campo de absoluta aplicação. No que concerne aos atos vinculados, advoga-se pela sua irrevogabilidade. Este princípio proibitivo que constitui uma garantia aos particulares, em certas situações, segundo estes autores, torna-se demasiadamente rígido. Acrescentam ainda Enterría e Fernandez que:

> [...] uma solução de equilíbrio que garantiria tanto o interesse público como o dos particulares seria a de permitir a revogação por motivo de oportunidade ou conveniência, condicionando-a, sem embargo, ao reconhecimento e pagamento de uma indenização adequada que compensasse a perda dos direitos reconhecidos pelo ato revogado.[321]

Posição favorável à revogação dos atos vinculados é exposta por Oswaldo Aranha Bandeira de Mello.[322] Porém, prestigiados doutrinadores acolhem a tese da irrevogabilidade dos atos vinculados.[323]

Quanto aos efeitos produzidos, o ato revogador produz efeitos *ex nunc*, ou seja, as consequências decorrentes do ato são mantidas, posto que produzidas sob o manto da validade. O que ocorre é a retirada da capacidade produtiva de efeitos do ato. Assim, desativa-se o ato como gerador de efeitos.

---

[320] ENTERRÍA, Eduardo García de; FERNÁNDEZ, Tomás-Ramón. *Curso de Derecho Administrativo I*. Madrid: Civitas, 2000. p. 657.
[321] ENTERRÍA, Eduardo García de; FERNÁNDEZ, Tomás-Ramón. *Curso de Derecho Administrativo I*. Madrid: Civitas, 2000. p. 658.
[322] BANDEIRA DE MELLO, Oswaldo Aranha. *Princípios Gerais de Direito Administrativo*. Rio de Janeiro: Forense, 1969. p. 570.
[323] Nesse sentido manifesta-se Regis Fernandes de Oliveira (Cf. OLIVEIRA, Regis Fernandes de. *Ato Administrativo*. São Paulo: Revista dos Tribunais, 2001. p. 122) e Diógenes Gasparini (Cf. GASPARINI, Diógenes. *Direito Administrativo*. São Paulo: Saraiva, 2006. p. 109), dentre outros. Acrescente-se que há precedentes antigos no Supremo da década de 1980, RE 118.226/RJ e 105.634/PR, nos quais o STF admitiu a revogação de um ato vinculado. Nesses julgados, o Supremo declarou a possibilidade da revogação de licença para construir, ato vinculado, desde que a execução da obra não tivesse sido iniciada, a doutrina critica bastante essas decisões, mas elas são exceções à regra.

Nesse diapasão, sendo a realização de concurso público uma escolha discricionária da Administração Pública, nada impede que, após instaurado o certame, com a publicação do edital, seja o concurso revogado por não mais atender às expectativas administrativas. É sabido que a discricionariedade não se confunde com arbitrariedade.

Tomás R. Fernandez[324] classifica como arbitrário o ato desprovido de motivação e sem qualquer vínculo com a realidade, fruto de mera vontade ou capricho do administrador público. Oswaldo Aranha Bandeira de Mello[325] afirma que, no arbítrio, o agente atua segundo seu exclusivo critério, desconhecendo limites jurídicos. Com efeito, a motivação é o marco inicial da diferença entre arbitrariedade e discricionariedade. Se não houver motivação que sustente a decisão administrativa, o único apoio dessa decisão será a vontade de quem a adotar, apoio este insuficiente em um Estado de Direito que não dá margem para o poder puramente pessoal.[326]

Desta forma, para ocorrer a revogação do concurso público necessário se faz a demonstração de que o certame instaurado se tornou inconveniente ou inoportuno. Com efeito, deve-se demonstrar a incidência de circunstâncias novas, inexistentes ou desconhecidas à época anterior. Pensamos que, para a revogação do concurso público, aplica-se subsidiariamente a regra constante do art. 49, da Lei nº 8.666/1993, ou seja, faz-se necessária a demonstração de razões de interesse público decorrente de fato superveniente, pertinente e suficiente para justificar tal conduta. Seria o exemplo de ordem judicial determinando a reintegração de três professores de universidade pública, após a abertura de concurso, para ocupação dos referidos cargos que se encontravam vagos.

Da mesma forma que a declaração de nulidade, para a revogação de concurso público deve-se instaurar um processo administrativo, assegurado o contraditório e a ampla defesa dos

---

[324] FERNANDEZ, Tomás Ramón. *De la arbitrariedad de la administración*. Madrid: Civitas, 1997. p. 81.
[325] BANDEIRA DE MELLO, Oswaldo Aranha. *Princípios gerais de Direito Administrativo*. Rio de Janeiro: Forense, 1969. v. I, p. 423.
[326] FERNANDEZ, Tomás Ramón. *De la arbitrariedad de la administración*. Madrid: Civitas, 1997. p. 82.

candidatos. Àqueles que estejam participando do certame quando da sua revogação, cabe direito de indenização dos gastos realizados e comprovados.

Conforme explicitado, a revogação produz efeitos *ex nunc*, quer dizer, mantêm-se os resultados já produzidos. De acordo com o professor Oswaldo Aranha Bandeira de Mello, não se poderá revogar ato administrativo para "suprimir nem perturbar as relações jurídicas definitivamente constituídas, por atos administrativos regularmente praticados".[327] Assim, não há que se falar em revogação de concurso público após a nomeação dos candidatos, aliás este é o entendimento sumulado pelo Supremo Tribunal Federal, de acordo com o qual "funcionário nomeado por concurso tem direito a posse".[328] Também nesse sentido já decidiu o Tribunal Regional Federal da 1ª Região:

> ADMINISTRATIVO. CONCURSO PÚBLICO. INVESTIDURA EM CARGO PÚBLICO. NOMEAÇÃO. DIREITO DE POSSE. IMPOSSIBILIDADE DE REVOGAÇÃO DO ATO DE NOMEAÇÃO. DIREITO SUBJETIVO DO CANDIDATO. SÚMULA 16 DO SUPREMO TRIBUNAL FEDERAL.
> – A nomeação do candidato aprovado em concurso público não pode ser revogada, porquanto o que era mera expectativa de direito transmudou-se em direito subjetivo à posse.
> – Funcionário público nomeado por concurso tem direito a posse (súmula 16 do STF).
> – Apelação e remessa oficial improvidas.[329]

Como o concurso público tem natureza jurídica de processo administrativo, não é possível se pensar em revogação de determinada fase do certame. Nesse sentido, José dos Santos Carvalho Filho aduz que são insuscetíveis de revogação "os atos integrativos de um procedimento administrativo, pela simples razão de que se opera a preclusão do ato anterior pela prática do ato sucessivo".[330] Com

---

[327] BANDEIRA DE MELLO, Oswaldo Aranha. *Princípios gerais de Direito Administrativo*. Forense: Rio de Janeiro, 1969. p. 564.
[328] Súmula nº 16.
[329] Apelação em Mandado de Segurança nº 1998.01.00.048215-5/DF. Juiz Julier Sebastião da Silva, Terceira Turma Suplementar. DJ 15.10.2001. p. 232.
[330] CARVALHO FILHO, José dos Santos. *Manual de Direito Administrativo*. São Paulo: Atlas, 2016. p. 176.

efeito, não se pode pensar em revogação da fase de apresentação de títulos após a homologação do concurso.

Por outro lado, quanto às limitações ao ato revogador, algumas devem ser observadas no caso de concurso público. Como explicitado, fala-se na irrevogabilidade de atos que geram direitos a terceiros, de atos vinculados e de atos de duração instantânea.[331]

Sobre a matéria, há precedente do Superior Tribunal de Justiça, *verbis:*

> ADMINISTRATIVO. FUNCIONÁRIO. CONCURSO PÚBLICO. PRAZO DE VALIDADE. PRORROGAÇÃO. ATO ADMINISTRATIVO. REVOGAÇÃO. LIMITES.
> O princípio de que a Administração pode revogar seus próprios atos, por motivo de conveniência ou oportunidade, encontra empeços diante da ocorrência de certas circunstâncias, ente elas e a situação jurídica definitivamente constituída e direito adquirido.
> Conceituação doutrinária sobre a revogabilidade do ato administrativo.
> A Administração ao prorrogar o prazo de validade de concurso público, no uso de sua atribuição discricionária não mais pode revogar o ato, porquanto transformou em direito a expectativa dos candidatos aprovados.
> Mandado de segurança concedido (MS 4822 – DJ: 24/06/1996 – p. 22703 rel. Min. Willian Patterson).

Insta salientar que nada impede que a revogação do concurso público seja questionada judicialmente. Para tanto, basta que se comprove ilegalidade no processo revogatório. Como já observado, a discricionariedade não se confunde com a arbitrariedade. Com efeito, caso o concurso tenha sido revogado alegando-se ausência de interesse público, porém descobre-se que o ato revogatório foi expedido em virtude da reprovação de um candidato protegido do gestor público, está caracterizado o vício de desvio de finalidade na revogação, o que pode levar a declaração de nulidade do concurso pelo Judiciário. Também após a homologação do certame não mais se pode falar em revogação do concurso diante do direito subjetivo gerado aos candidatos aprovados dentro do número de vagas ofertadas.

---

[331] OLIVEIRA, Regis Fernandes de. *Ato administrativo.* São Paulo: Revista dos Tribunais, 2001. p. 122.

8.4 Do prazo de validade do concurso público e o desvio de finalidade na abertura de novo certame concursal

Conforme explicitado, o inciso III do art. 37 da Carta Constitucional estabelece o prazo máximo de validade do concurso público de dois anos, prorrogável, uma vez, por igual período.

Vê-se, assim, que a Constituição estabeleceu prazo máximo de validade, deixando que a Administração Pública discricionariamente venha a fixar outro, desde que respeitado o referido limite. Nada impede que lei geral do ente que realizar o certame estabeleça prazo menor àquele previsto constitucionalmente, desde que atento ao princípio da razoabilidade.

Fixado teto máximo, o edital do concurso poderá definir o prazo de validade do certame, observados tais parâmetros. No entanto, esta discricionariedade, repita-se, é limitada pelo princípio da razoabilidade. Assim, não se justifica, por exemplo, o concurso cuja realização tenha se arrastado por um ano ter validade de apenas três meses.

Se, porventura, não existir lei estabelecendo prazo de validade de concurso e, ainda, o edital for omisso, entende-se aplicado o limite estabelecido na Constituição Federal. Lembre-se que o prazo de validade do concurso começa a correr a partir da publicação da homologação do certame.

Por outro lado, há também discricionariedade na prorrogação ou não do prazo do concurso. Porém, caso estabelecida, terá o mesmo prazo de validade inicial. Assim, sendo de um ano o prazo de validade do concurso previsto no edital, caso a Administração Pública decida prorrogá-lo, somente poderá fazê-lo por igual período, qual seja, um ano. Cumpre esclarecer, no entanto, que pode configurar desvio de finalidade a decisão do gestor público de não prorrogar o certame, instaurando imediatamente novo concurso com as mesmas vagas após escoar o prazo de validade.[332]

---

[332] Neste sentido já decidiu o STF: "CONCURSO PÚBLICO. EDITAL. PARÂMETROS. OBSERVAÇÕES. As cláusulas constantes do edital de concurso obrigam candidatos e Administração Pública. Na feliz dicção de Hely Lopes Meirelles o edital é lei interna

A Procuradoria-Geral do Estado da São Paulo manifestou-se no sentido da impossibilidade de prorrogação de prazo do concurso, caso não haja previsão no edital. Assim, a mencionada Procuradoria expediu a Súmula nº 22 com a seguinte redação:

> O Edital de convocação de concurso público deve fixar o prazo de sua validade (na forma que dispuser lei específica, se houver, no máximo de dois anos) e estipular a possibilidade, ou não, de sua prorrogação, por uma única vez e por prazo idêntico ao inicial, devendo a prorrogação ser publicada no Diário Oficial antes de expirado o prazo original. Se o Edital não consignar, expressamente, a possibilidade de prorrogação, o prazo de validade fixado é improrrogável.

Saliente-se que tal posicionamento não é pacífico no ordenamento jurídico brasileiro, inexistindo norma expressa quanto à matéria.

Advirta-se que a prorrogação deve ser decidida durante o prazo de validade do concurso e não após o seu escoamento. Caso ocorra situação dessa natureza, as nomeações realizadas durante o prazo de prorrogação viciado serão nulas, conforme já se manifestou o Supremo Tribunal Federal.[333]

Determina o inciso IV do art. 37 da Constituição Federal que "durante o prazo improrrogável previsto no edital de convocação, aquele aprovado em concurso de provas ou de provas e

---

da concorrência. CONCURSO PÚBLICO – VAGAS – NOMEAÇÃO. O princípio da razoabilidade é conducente a presumir-se, como objetivo do concurso, o preenchimento das vagas existentes. Exsurge configurador de desvio de poder, ato da Administração Pública que implique nomeação parcial de candidatos, indeferimento da prorrogação de prazo de concurso sem justificativa socialmente aceitável e publicação de novo edital com idêntica finalidade. "Como o inciso IV (do art. 37 da Constituição Federal) tem o objetivo manifesto de resguardar precedências na sequência dos concursos, segue-se que a Administração não poderá, sem burlar o dispositivo e sem incorrer em desvio de poder, deixar escoar deliberadamente o período de validade de concurso anterior para nomear os aprovados em certames subsequentes. Fora isso possível e o inciso IV tornar-se-ia letra morta, constituindo-se na mais rúptil da garantia" (Celso Antônio Bandeira de Mello, "Regime Constitucional dos Servidores da Administração Direta e Indireta", página 56)". (STF. RE192568/PI. Rel. Min. Marco Aurélio. Órgão Julgador: Segunda Turma. Data de Julgamento: 26.04.96).

[333] "CONCURSO PÚBLICO. PRAZO DE VALIDADE. PRORROGAÇÃO APÓS O TÉRMINO DO PRIMEIRO BIÊNIO.IMPOSSIBILIDADE, ART. 37, III DA CF/88. 1. Ato do poder público que, após ultrapassado o primeiro biênio de validade de concurso público, institui novo período de dois anos de eficácia do certame, ofende o art. 37, III da CF/88. 2. Nulidade das nomeações realizadas com fundamento em tal ato, que pode ser declarada pela Administração sem a necessidade de prévio processo administrativo, em homenagem à súmula STF nº 473. 3. Precedentes. 4. Recurso extraordinário conhecido e provido".(RE 352258/BA. Rel. Min. Ellen Gracie. Órgão Julgador Segunda Turma. Data do Julgamento: 27.04.2004).

títulos será convocado com prioridade sobre novos concursados para assumir cargo ou emprego, na carreira". Vê-se, então, que a Carta Constitucional não impede que no prazo de validade do concurso seja realizado novo certame para o preenchimento dos mesmos cargos ou empregos públicos, desde que se observe a precedência dos aprovados em condições de nomeação do concurso anterior. No entanto, conforme explicitado no capítulo anterior, o candidato aprovado não poderá ser preterido por outro com classificação inferior à sua nem por aquele aprovado em novo concurso público, caso ainda em vigência o certame por ele prestado. Assim, Celso Antônio Bandeira de Mello esclarece que "como consequência dessa prioridade, a Administração só com eles poderá preencher as vagas existentes dentro de seu período de validade, quer já existissem quando da abertura do certame, quer ocorridas depois".[334] Logo, mesmo que o concurso tenha oferecido certo número de vagas e todas sido preenchidas, existindo candidatos aprovados estes terão preferência para preenchimento de novas vagas que surjam durante o prazo de validade do concurso.[335]

Para garantir o entendimento constitucional esposado no art. 37, IV, da Carta Constitucional, o art. 12, §2º, da Lei nº 8.112/1990 determina que "não se abrirá novo concurso enquanto houver candidato aprovado em concurso anterior com prazo de validade não expirado". Mas as cautelas adotadas pelo legislador não são suficientes para impedir os desvios de finalidade ocorridos em questões desta natureza.

---

[334] BANDEIRA DE MELLO, Celso Antônio. *Curso de Direito Administrativo*. São Paulo: Malheiros, 2015. p. 288.

[335] Nesse sentido manifestou-se o Superior Tribunal de Justiça: "RECURSO ORDINÁRIO EM MANDADO DE SEGURANÇA. CONCURSO PÚBLICO. CANDIDATA APROVADA FORA DO NÚMERO DE VAGAS. NOMEAÇÃO DE CANDIDATO APROVADO MAS INTEGRANTE DE LISTA DE CLASSIFICAÇÃO DIVERSA. PRETERIÇÃO COMPROVADA. DIREITO LÍQUIDO E CERTO VIOLADO. I – O candidato aprovado em concurso público possui apenas expectativa de nomeação, que se converte em direito quando houver quebra na ordem classificatória ou em caso de contratação temporária. 2- Na espécie, a recorrente concorreu a uma das 89 vagas inicialmente previstas para o cargo de Enfermeiro da Secretaria de Saúde do Estado do Rio de Janeiro, com opção de lotação no Hospital Estadual Rocha Faria, obtendo a 120ª classificação final no concurso. A Administração convocou 119 candidatos dessa lista e mais um candidato que concorreu a uma das vagas de enfermeiro, mas com opção de lotação em unidade hospitalar diversa, violando direito subjetivo da recorrente à nomeação. Recurso ordinário provido" (RMS 23897/RJ. Rel. Min. Felix Fischer. Quinta Turma. DJ 29.06.2007. p. 669).

Segundo Carmem Chinchilla Marin,[336] se a Administração Pública se afastar do fim que expressar ou tacitamente for estabelecido na norma que a habilitar a atuar, diz-se que incorreu em desvio de finalidade. Assim, o desvio de finalidade é vício que afeta o fim, elemento vinculado de todo ato administrativo. Desta forma, enquanto os motivos são os pressupostos de fato e de direito sobre os quais se fundam o ato administrativo, quer dizer, os antecedentes objetivos, os fins constituem as intenções e os desejos da Administração.

De acordo com Hauriou,[337] a doutrina do desvio de poder elaborada pelo Conselho de Estado francês para fiscalizar a atuação discricionária estaria associada ao princípio da moralidade. Segundo o mestre de Toulouse, a tese do desvio de poder submetia a Administração a um controle de moralidade. Assim, o desvio de poder seria caracterizado pela utilização do poder para fins ou motivos diversos daqueles para os quais este poder foi atribuído, isto é, diferentes daqueles que impõe a moralidade administrativa, pressupondo um juízo das intenções da Administração.

Ocorre que, naquele momento, dominavam as teses positivistas. Por isso, a doutrina, procurando explicar tal comportamento jurisprudencial,[338] considerou o domínio dos fins como próprio da lei, ou seja, como matéria de legalidade.[339] Assim, vinculou-se o desvio de poder ao vício de legalidade.[340]

Hoje, autores como Garcia de Enterría e Fernández Rodríguez consideram o desvio de poder como vício de estrita legalidade, afirmando: "O que se controla através desta técnica é o cumprimento

---

[336] MARIN, Carmem Chinchilla. *La desviacion de poder*. Madrid: Civitas, 1999. p. 111.
[337] HAURIOU apud BRANDÃO, Antônio José. Moralidade Administrativa. *Revista de Direito Administrativo*, Rio de Janeiro, n. 25, p. 457, jul./set. 1955.
[338] De acordo com José Guilherme Giacomuzzi, um exame nas decisões do *Conseil* no século XX mostra que o recurso do desvio de poder se presta somente ao ataque do ato ilegal (Cf. GIACOMUZZI, José Guilherme. *A moralidade administrativa e a boa-fé da administração pública*: o conteúdo dogmático da moralidade administrativa. São Paulo: Malheiros, 2002. p. 110).
[339] QUEIRÓ, Afonso Rodrigues. A teoria do "desvio de poder" em Direito Administrativo. *Revista de Direito Administrativo*, Rio de Janeiro, n. 6, p. 41-78, 1968.
[340] Segundo José Guilherme Giacomuzzi, o próprio Welter, em 1929, concordou com o fato de que a legalidade, se entendida em sentido lato, poderia, em verdade, abranger aquilo que ele considerava como controle da moralidade (Cf. GIACOMUZZI, José Guilherme. *A moralidade administrativa e a boa-fé da administração pública*: o conteúdo dogmático da moralidade administrativa. São Paulo: Malheiros, 2002. p. 108).

do fim concreto que sinala na norma jurídica e esse controle se realiza mediante critérios jurídicos estritos e não mediante regras morais".[341] Carmen Chinchila Marin,[342] após ter afirmado que o desvio de poder é vício de legalidade, acrescentou que ao Direito e ao Tribunal responsável pela sua aplicação somente interessa a "moral", na medida em que esta se identifica com valores expressos nas normas.

Muitos gestores públicos, movidos por questões de natureza política, deixam propositalmente ocorrer a expiração do prazo de validade do concurso, sem convocar os candidatos para os cargos ou empregos existentes, lançando, logo em seguida, novo edital para ocupação das mesmas vagas. Caso isso ocorra, estará configurado o desvio de poder, vício insanável de legalidade, que desaguará em duas consequências: i) declaração de nulidade do novo concurso, por vício no elemento do ato – finalidade; ii) o direito subjetivo à nomeação dos candidatos aprovados no primeiro certame, uma vez que a atitude da Administração Pública em convocar novo certame revela a necessidade de preenchimento do cargo ou emprego.[343]

No que concerne ao direito à nomeação, vale lembrar da contratação temporária de pessoal, com fundamento no art. 37, IX, da Constituição Federal, para o exercício de função idêntica àquela constante de cargo ou emprego, oferecidos em concurso com prazo de validade em vigor, com candidatos aprovados e ainda não nomeados. É inegável que, quando o ente público realizar tal contratação temporária, estará por reconhecer a necessidade de pessoal. Portanto, este reconhecimento gera direito subjetivo à nomeação do candidato aprovado e não nomeado, bem como a declaração de nulidade da contratação temporária por desvio de poder, salvo,

---

[341] "Que se controla a través de esta técnica es el cumplimiento del fin concreto que señala la norma habilitante y ese control se realiza mediante criterios jurídicos estrictos y no mediante reglas morales" (ENTERRÍA, Eduardo Garcia de; FERNÁNDES, Tomás-Ramón. Curso de Derecho Administrativo I. Madrid: Civitas, 2000. p. 468.).

[342] MARIN, Carmen Chinchilla. La Desviacion de Poder. Madrid: Civitas, 1999. p. 175.

[343] Nesse sentido merece citação o acórdão do STF, da lavra do Min. Marco Aurélio que deferiu direito de nomeação a candidato aprovado em concurso público, cujo prazo de validade se expirou, sem plausível justificativa da Administração Pública, com a imediata publicação de edital pra preenchimento das mesmas vagas (STF – 2ª Turma – RE nº 192.568 – Rel. Min. Marco Aurélio – RDA 206/185).

é claro, se a Administração Pública demonstrar que a contratação temporária atende à situação excepcional, sem ocupação de vaga real. Assim, seria o caso da contratação de professor para substituir um afastado em razão de licença, por exemplo.

Lembre-se de que a discricionariedade em nomear ou não candidato aprovado no certame não se traduz em vontade subjetiva, ao contrário, existe em prol do interesse público. Em consequência, a não nomeação quando houver o reconhecimento expresso ou tácito da necessidade administrativa constitui ato arbitrário, extrapolando a esfera de discricionariedade.[344]

Obviamente, nesses casos deve-se atentar para a responsabilidade do agente público responsável por tais contratações, uma vez que o desvio de finalidade constitui ato de improbidade por violação de princípios, nos termos do art. 11, I, da Lei nº 8.429/1992, que será analisada mais adiante.

8.5 Realização de concurso público em ano eleitoral

Segundo disposição contida no art. 21, parágrafo único, da Lei Complementar nº 101/2000 (Lei de Responsabilidade Fiscal), é nulo o ato que resulte em aumento de despesa com pessoal expedido nos 180 dias anteriores ao final do mandato. Logo, a princípio, em ano de eleição, a partir de 1º de julho não pode ser concedido aumento salarial, readequação de carreiras, concessão de vantagens, gratificações ou encargos especiais aos servidores. Quanto à realização de concurso e provimento de cargos neste período, a matéria deve ser abordada com cautela.

Para efeito da LRF (art. 18), entende-se por despesa de pessoal o somatório dos gastos do ente da Federação com os ativos, os inativos, os pensionistas, relativos a mandatos eletivos, cargos, funções ou empregos, civis, militares e de membros de Poder, com quaisquer

---

[344] Nesse sentido o STJ firmou entendimento segundo o qual "nasce o direito à nomeação, se dentro do prazo de validade do concurso para o provimento dos cargos ocorre contratação precária, até mesmo dos próprios aprovados no certame, com manifesto desprezo ao resultado do concurso" (STJ, ROMS 9745/MG, 5ª Turma, Rel. Min. José Arnaldo da Fonseca, DJ 26.10.1998. p. 133).

espécies remuneratórias, tais como vencimentos e vantagens, fixas e variáveis, subsídios, proventos de aposentadoria, reformas, pensões, inclusive adicionais, gratificações, horas extras e vantagens pessoais de qualquer natureza, bem como encargos sociais e contribuições recolhidas pelo ente às entidades de previdência; ainda computa-se como "outras despesas de pessoal" os valores dos contratos de terceirização de mão de obra que se referem à substituição de servidores e empregados públicos. O §2º do referido artigo aduz que "a despesa total com pessoal será apurada somando-se a realizada no mês em referência com as dos onze imediatamente anteriores, adotando-se o regime de competência".

É certo que a despesa de pessoal representa, em geral, a maior parcela de gastos dos entes públicos. Tal fato, no entanto, não deve gerar perplexidade, já que a maioria dos órgãos públicos é, na sua essência, prestadora de serviços. Ocorre que a Lei de Responsabilidade Fiscal trouxe importantes limitações para a realização deste tipo de despesa. Assim, o parágrafo único, do art. 21 da LRF criou um período de suspeição, dentro do qual será considerado nulo qualquer ato de que resulte aumento de despesa de pessoal. Em verdade, este dispositivo visa a impedir aumento de despesa dessa natureza, objetivando prevenir riscos capazes de desequilibrar as contas públicas. Além do aspecto fiscal, há o aspecto eleitoral, pois visa a impedir o abuso do poder político. Acrescente-se que a vedação é endereçada indistintamente a todos os órgãos de todos os Poderes, incluindo também o Ministério Público.

Assim, excluídas as situações excepcionais que passaremos a tratar, a nomeação de pessoal no período eleitoral são atos inválidos, podendo a Administração anulá-los.

Porém, deve-se atentar à correta interpretação do dispositivo analisado. Sabe-se que "a interpretação é como uma sombra que adere ao Direito, pois, do mesmo modo que o corpo não pode se livrar de sua sombra, o Direito não se realiza sem sua interpretação".[345] Logo, o intérprete deve optar pelo sentido que seja mais adequado ao objetivo prático a que a norma se destina.

---

[345] DINIZ, Márcio Augusto Vasconcelos. *Constituição e hermenêutica constitucional*. Belo Horizonte: Mandamentos, 1998. p. 19.

Com efeito, Maria Sylvia Zanella Di Pietro, referindo-se ao sentido do parágrafo único do art. 21, da LRF, aduz que:

> O dispositivo não proíbe os atos de investidura ou os reajustes de vencimentos ou qualquer outro tipo de ato que acarrete aumento de despesa, mas veda que haja aumento de despesa com pessoal no período assinalado. Assim, nada impede que atos de investidura sejam praticados ou vantagens pecuniárias sejam outorgadas, desde que haja aumento da receita que permita manter o órgão ou Poder no limite estabelecido no art. 20 ou desde que o aumento da despesa seja compensado com atos de vacância ou outras formas de diminuição das despesas com pessoal. As proibições de atos de provimento em período eleitoral costumam constar de leis eleitorais, matéria que escapa aos objetivos da Lei de Responsabilidade Fiscal. A intenção do legislador com a norma do parágrafo único foi impedir que, em fim de mandato o governante pratique atos que aumentem o total de despesas com pessoal, comprometendo o orçamento subsequente ou até mesmo superando o limite imposto pela lei, deixando para o sucessor o ônus de adotar as medidas cabíveis para alcançar o ajuste. O dispositivo, se fosse entendido como proibição indiscriminada de qualquer ato de aumento de despesa, inclusive atos de provimento, poderia criar situações insustentáveis e impedir a consecução de fins essenciais, impostos aos entes públicos pela própria Constituição. Basta pensar nos casos de emergência a exigir contratações temporárias com base no art. 37, IX, da Constituição.[346]

Ademais, não se deve confundir aumento de despesa com realização de despesa. Quando a despesa de pessoal constar do orçamento, haverá simples realização de despesas e não aumento. Assim, na realização de despesa há o desembolso de recursos para enfrentamento de despesas constantes do orçamento, enquanto no aumento de despesas há inovação, acréscimo de despesas, não previstas no orçamento. Segundo a lição de Vanice Regina do Valle quanto à matéria "ato, portanto, que provoque o aumento da despesa de pessoal – identificado pelo art. 21, *caput*, da Lei Complementar nº 101/2000 – há de ser aquele que inova nas relações já estabelecidas em sede legislativa, e não os que traduzem mera aplicação do sistema normativo existente".[347] Manifestando-se quanto ao parágrafo

---

[346] DI PIETRO, Maria Sylvia Zanella. *In*: MARTINS, Ives Granda da Silva; NASCIMENTO, Carlos Valder do. *Comentários à lei de responsabilidade fiscal*. São Paulo: Saraiva, 2001. p 156.
[347] VALLE, Vanice Regina do. *Despesa de pessoal, a chave da gestão fiscal responsável*. Rio de Janeiro: Forense, 2001. p. 178.

único do art. 21, a referida autora acrescenta que "a *contrario sensu*, se a providência administrativa, ainda que adotada nos cento e oitenta dias anteriores ao término do mandato eletivo não gerou o aumento de despesa, tem-se por autorizada".[348] Pode-se, então, concluir que as despesas com pessoal já previstas no orçamento poderão ser executadas. Logo, será possível a reposição de mão de obra, por exemplo, nas hipóteses de desligamento do profissional dos quadros da Administração Pública por exoneração ou demissão.

Por outro lado, deve-se também fazer referência à Lei nº 9.504/1997, que estabelece normas para as eleições. O art. 73 desta lei relaciona condutas que são vedadas aos agentes públicos, servidores ou não, por considerá-las tendentes a afetar a igualdade de oportunidades entre candidatos nos pleitos eleitorais. Dentre as condutas proibidas, encontra-se no inciso V "nomear, contratar ou de qualquer forma admitir, demitir sem justa causa, suprimir ou readaptar vantagem ou por outros meios dificultar ou impedir o exercício funcional e, ainda, *ex officio*, remover, transferir ou exonerar servidor público, na circunscrição do pleito, nos três meses que o antecedem e até a posse dos eleitos, sob pena de nulidade de pleno direito".

Segundo Pedro Roberto Decomain, tal regra tem aplicação no âmbito da Administração direta, autarquias e fundações com personalidade de Direito Público, da circunscrição do pleito, uma vez que se referiu a "servidor público" no sentido de servidores públicos estatutários e celetistas. Logo, não se aplica aos empregados das sociedades de economia mista e empresas públicas, nas quais o vínculo com pessoal é regido pela legislação trabalhista comum. Assim, aduz o autor que:

> Será ele aplicável, portanto, ao servidores e empregados públicos da administração direta e das autarquias, qualquer que seja a natureza do vínculo com elas mantido. Não, porém, aos empregados das empresas públicas e sociedades de economia mista. Seu vínculo com o seu pessoal é regido pela legislação trabalhista comum, e em relação a eles não incidem as proibições de admissão, demissão sem justa causa, ou remoção. Se o legislador tivesse pretendido fazer alcançar por essas proibições

---

[348] VALLE, Vanice Regina do. *Despesa de pessoal, a chave da gestão fiscal responsável*. Rio de Janeiro: Forense, 2001.

também as empresas públicas e sociedades de economia mista, teria feito no mínimo referência expressa a administração pública direta e indireta, o que não fez. Antes, pelo contrário. Referiu-se a "exercício funcional" e remoção, transferência ou exoneração de "servidor público", expressões compatíveis com os funcionários e empregados da administração direta e das autarquias, mas não com os empregados das empresas públicas e sociedades de economia mista.[349]

Acrescente-se que tal vedação também não atinge o Poder Judiciário, o Ministério Público e os Tribunais ou Conselhos de Contas.

O dispositivo, todavia, ressalva algumas hipóteses, previstas nas alíneas "a" a "e". Destacam-se, dentre as exceções trazidas no mencionado inciso V, do art. 73, aquelas estabelecidas nas alienas "c" e "d", que tratam, respectivamente, da "nomeação dos aprovados em concursos públicos homologados até o início daquele prazo" e da "nomeação ou contratação necessária à instalação ou ao funcionamento inadiável de serviços públicos essenciais, com prévia e expressa autorização do Chefe do Poder Executivo". Em princípio, todo serviço público é essencial ao interesse da coletividade, porém, entende-se que no caso do referido dispositivo essencial é o serviço público emergencial, diretamente ligado à sobrevivência, saúde ou segurança da população. Além disso, o serviço essencial não pode sofrer solução de continuidade, sob pena de prejuízos irreparáveis aos seus destinatários.

Analisando-se em consonância as disposições contidas na Lei de Responsabilidade Fiscal e aquelas constantes no art. 73, V, alíneas "c" e "d", da Lei nº 9.504/1997, percebe-se que nada impede a abertura ou continuidade de concurso público nos períodos estabelecidos. Porém, os aprovados não poderão ser nomeados nos três meses que antecedem a eleição e até a posse dos eleitos, mesmo que fique comprovado não haver aumento de despesa. No entanto, comprovado que não houve aumento de despesa de pessoal, nada impede a nomeação dos aprovados em concurso, cujo resultado já tenha sido homologado antes dos três meses imediatamente anteriores ao pleito ou cuja necessidade para o serviço público seja inadiável, neste caso, com prévia e expressa autorização do chefe

---

[349] DECOMAIN, Pedro Roberto. *Improbidade administrativa*. São Paulo: Dialética, 2007. p. 178.

do Executivo. Acrescente-se que tais regras valem também para as contratações temporárias, realizadas com fulcro no inciso IX, do art. 37, da Constituição Federal. Caso a nomeação dos aprovados em concurso público ocorra muito próxima ao início do período vedado pela Lei Eleitoral, a posse poderá perfeitamente ocorrer durante este período.

CAPÍTULO IX

O CONTROLE DOS ATOS DE ADMISSÃO NO SERVIÇO PÚBLICO

9.1 Noções introdutórias

Todas as atividades da Administração Pública são limitadas pela subordinação à ordem jurídica. O procedimento administrativo pressupõe a existência de uma fonte primária, de um texto de lei, sem o qual não tem existência jurídica. Porém, não basta que tenha sempre por fonte a lei. É necessário também que se desenvolva segundo a orientação nela contida, obedecendo seus limites, pois, somente assim, o procedimento será legítimo.

Ocorre que, por vezes, a limitação normativa à atividade administrativa perde parcialmente a rigidez, permitindo-se ao Poder Executivo certa margem de liberdade. Nesta situação, age-se no uso da competência discricionária que, conforme abordado neste trabalho, deve também observar os limites impostos pelo ordenamento jurídico.[350]

Com efeito, extrapolando-se os limites traçados no nosso ordenamento, seja na atuação vinculada, seja na atuação discricionária, a Administração Pública estará sujeita a uma série de controles. Segundo Odete Medauar, o controle da atividade administrativa

---

[350] Segundo Seabra Fagundes "subsistem mesmo na hipótese de competência discricionária, limitações às atividades administrativas, como as referentes à forma, à competência, à finalidade, etc., vinculando-se à legalidade" (Cf. FAGUNDES, M. Seabra. *Controle dos atos administrativos pelo poder judiciário*. Rio de Janeiro: Forense, 2005. p. 123).

seria "a verificação da atuação desta a um cânone, possibilitando ao agente controlador a adoção de medida ou proposta em decorrência do juízo formado".[351] A Declaração dos Direitos do Homem e do Cidadão, de 1789, no seu art. 15, estabeleceu que "a sociedade tem o direito de pedir conta, a todo agente público, quanto a sua administração". Assim, já se explicitava a possibilidade de controle das atividades desenvolvidas no âmbito da Administração Pública.

Assevera Celso Antônio Bandeira de Mello[352] que, quando o controle for efetuado por órgãos integrantes do próprio Poder Executivo, estaremos diante do controle interno. Já o controle externo é aquele efetuado por órgãos estranhos ao aparelho da Administração Pública.

Classifica-se, ainda, o controle da Administração Pública em razão da natureza do controlador. Fala-se, então, em controles administrativo, legislativo e jurisdicional.

O controle administrativo, também chamado de autotutela, origina-se da própria Administração Pública, sendo exercido por órgãos que a compõem. Uma das suas vantagens é melhor acobertar o erário contra possíveis reparações futuras que os erros dos agentes administrativos, caso reconhecidos na via judicial, poderão acarretar. Como elemento de amparo a interesses do administrado, a autotutela se exerce de ofício ou por recursos administrativos, quando terá lugar *a posteriori* e condicionado à existência de um interesse direto, atual e pessoal daquele que o provocar.

O controle legislativo ou parlamentar compete ao Poder Legislativo. Tal controle vem previsto na Constituição Federal, não podendo ser ampliado pelas constituições estaduais ou leis complementares ou orgânicas, sob pena de violação do princípio da separação dos poderes. Dispõe o inciso X, do art. 49, que, entre os atos de competência exclusiva do Congresso Nacional, incluem-se os de "fiscalizar e controlar, diretamente, ou por qualquer de suas Casas, os atos do Poder Executivo, incluídos os da Administração Indireta". Segundo Seabra Fagundes, é essencialmente político, voltando-se à fiscalização da atuação administrativa no aspecto geral da sua legalidade e conveniência ao interesse coletivo, somente

---

[351] MEDAUAR, Odete. *Direito Administrativo brasileiro*. São Paulo: Malheiros, 1995. p. 570.
[352] BANDEIRA DE MELLO, Celso Antônio. *Curso de Direito Administrativo*. São Paulo: Malheiros, 2015. p. 966.

amparando o direito individual de forma indireta.[353] Nesse diapasão, cumpre acrescentar o controle exercido pelo Tribunal de Contas, que tem como função atuar em auxílio ao Legislativo. Acrescente-se que alguns autores entendem impossível considerá-lo inserido na estrutura deste Poder, razão pela qual abordam o controle por ele exercido em tópico separado.[354]

O controle jurisdicional, levado a efeito pelo Poder Judiciário, ocorre quando este é chamado a resolver questões contenciosas entre a Administração Pública e os indivíduos.[355] Neste controle, o administrado é situado em uma relação de igualdade, decidida por órgão independente e sem subordinação.[356] Além de útil para a proteção do administrado, também o é para o mecanismo da Administração Pública, uma vez que é do interesse do próprio Estado que se recomponha a normalidade jurídica perturbada por atos irregulares dos seus agentes. No Estado brasileiro, sendo o regime presidencialista, acentua-se a importância do controle jurisdicional diante da insignificância do controle político exercido pelo Legislativo, cuja ineficácia é atribuída a vários fatores, tais como: falta de interesse político na sua realização; ausência, na maioria dos casos, de sanções, dentre outros.[357]

O concurso público estará sempre sujeito ao controle exercido pela Administração Pública, pelo Judiciário e pelo Legislativo, através do Tribunal de Contas. Obviamente, para a realização de tais controles os critérios utilizados pelos examinadores na avaliação dos candidatos devem ser de caráter objetivo. Aliás, a jurisprudência é firme no sentido de que é inaceitável a realização de qualquer fase de concurso público segundo critérios subjetivos do avaliador, face à possibilidade de ocorrer procedimento seletivo discriminatório.

---

[353] FAGUNDES, M. Seabra. *O controle dos atos administrativos pelo poder judiciário*. Rio de Janeiro: Forense, 1957. p. 122.
[354] Assim procede Odete Medauar (Cf. MEDAUAR, Odete. *Direito Administrativo moderno*. São Paulo: Revista dos Tribunais, 2004. p. 462) e Celso Antônio Bandeira de Mello (Cf. BANDEIRA DE MELLO, Celso Antônio. *Curso de Direito Administrativo*. São Paulo: Malheiros, 2015. p. 967).
[355] FAGUNDES, M. Seabra. *O controle dos atos administrativos pelo poder judiciário*. Rio de Janeiro: Forense, 1957. p. 125.
[356] FIORINI, Bartolome A. *Manual de Derecho Administrativo*. Buenos Aires: La Ley, 1968. p. 1036.
[357] MEDAUAR, Odete. *Direito Administrativo moderno*. São Paulo: Revista dos Tribunais, 2004. p. 460.

Também não se pode negar vista da prova nem direito a recurso, com ampla defesa e contraditório, aos candidatos que se sentirem prejudicados no certame.[358] Logo, para que se verifique a real obediência aos princípios da legalidade, impessoalidade e moralidade no concurso público, ele deve se desenvolver de forma a viabilizar a possibilidade de controle, seja interno ou externo.

9.2 O controle administrativo do concurso público

Sabe-se que o controle administrativo decorre da prerrogativa da autotutela conferida aos órgãos da Administração Pública. Segundo José dos Santos Carvalho Filho,[359] três são os objetivos desse tipo de controle: o de confirmação, o de correção e o de alteração. No primeiro objetivo, confirmação, a Administração Pública atesta a legitimidade dos seus atos. Já no segundo, correção, a Administração reconhece a ilegalidade ou inconveniência de sua atuação ou ato, retirando-o do mundo jurídico. No terceiro objetivo, de alteração, a Administração Pública retifica parte do ato e substitui a outra parte.

Sendo o concurso público um processo administrativo composto por uma série de atos, estará sujeito ao controle administrativo. Este poderá ocorrer na fase interna ou externa do concurso público. Na fase interna, quando serão definidos todos os termos do certame concursal, por exemplo, a execução através de empresa contratada, os cargos que serão disponibilizados, os requisitos a serem preenchidos pelos candidatos, o valor da inscrição, as provas que serão prestadas com seus respectivos conteúdos e pesos, o concurso sujeita-se ao controle hierárquico, de legalidade ou de mérito, ou ainda, ao controle decorrente de relação de vinculação existente entre os órgãos da Administração direta e os entes da Administração indireta que lhe são vinculados. Na fase externa do concurso, após a publicação do edital, o controle administrativo poderá decorrer também por iniciativa dos

---

[358] Nesse sentido decisão do Tribunal Regional Federal da 2ª Região: Apelação Cível nº 221329/RJ. Sexta Turma. DJU: 23.11.2006. p. 289.
[359] CARVALHO FILHO, José dos Santos. *Manual de Direito Administrativo*. São Paulo: Atlas, 2016. p. 1000.

candidatos, através de recursos administrativos. Assim, afirma-se que o controle administrativo poderá ocorrer *de ofício*, quando a Administração Pública de *per si* detectar vício de legalidade ou inconveniência nos seus termos, ou provocado quando os interesses dos concorrentes forem atingidos por conduta administrativa ilegítima.

O controle administrativo pressupõe a existência de meios que o possibilite. Dentre os instrumentos jurídicos que concretizam o controle administrativo interessa-nos, neste trabalho, o recurso administrativo.

9.2.1 O recurso administrativo como meio de impugnação do concurso público

Os recursos administrativos são todos os meios de controle por intermédio dos quais o interessado postula a revisão de determinado ato administrativo pela própria Administração pública. Sérgio Ferraz e Adilson Dallari definem o recurso administrativo como "um pedido de reforma de decisão anteriormente proferida por agente administrativo, dirigido a seu superior hierárquico imediato".[360] Desta forma, quando o administrado tiver seus interesses contrariados pela atuação administrativa, poderá utilizar a via recursal.

Dentre outros fundamentos que embasam os recursos administrativos, tem-se o direito de petição, previsto no art. 5º, XXXIV, "a", da Carta Constitucional, a todos assegurados, independentemente do pagamento de taxas, em defesa de direito ou contra ilegalidade ou abuso de poder. Percebe-se, então, que constituem uma forma de exercer o direito de petição.

Ao contrário dos recursos judiciais, previstos em leis específicas, os recursos administrativos estão previstos em diversas leis e atos administrativos e podem não ter a tramitação previamente determinada.

Em se tratando de concurso público, deve o edital trazer um item destinado a abordar os recursos ao certame. Em tal dispositivo

---
[360] FERRAZ, Sérgio; DALLARI, Adilson Abreu. *Processo administrativo*. São Paulo: Malheiros, 2012. p. 281.

estabelece-se o prazo para interposição do recurso, com o termo inicial, a forma da peça impugnativa e os meios de remessa, prazo para decisão, medidas a serem adotadas em caso de deferimento do recurso com anulação de questões, dentre outras informações necessárias. Entende-se que a entidade organizadora do certame concursal deve disponibilizar sistema de elaboração de recursos pela internet.

Cláusula prevista no edital de concurso que impeça explicitamente a utilização de recurso administrativa será nula, contrariando expressamente dispositivo constitucional. Assim, conforme afirma Bandeira de Mello, "o direito de recorrer não pode ser recusado",[361] já que decorre da garantia constitucional da ampla defesa, prevista no art. 5º, LV, da Carta Magna. Logo, existindo cláusula vedando a interposição de recurso administrativo no certame concursal, além de estar sujeita ao controle administrativo, poderá submeter-se também ao controle jurisdicional, uma vez que constitui vício de legalidade.

Por outro lado, a omissão do edital quanto à possibilidade de interposição de recurso administrativo não impede a sua utilização em função do direito de petição assegurado pelo inciso XXXIV, "a", do art. 5º da Constituição Federal, bem como em razão da estrutura hierarquizada da Administração Pública, que confere a prerrogativa de rever atos praticados por subordinados hierárquicos. O único problema diante de tal omissão será a falta de regulamentação da utilização do recurso. Entes federados que não possuem leis específicas sobre concurso público podem utilizar normas constantes de leis específicas de processo administrativo, a exemplo do que ocorre com o Estado da Bahia, que possui a Lei nº 12.209/2011.

Além de trazer a previsão de interposição de recurso administrativo, o edital deverá estabelecer o prazo para sua utilização que, logicamente, deve ser razoável, pois a previsão de prazo exíguo também viola o direito do contraditório, podendo ser questionado judicialmente. Estabelecido o prazo, este deverá ser rigorosamente observado tanto pelo candidato como pela Administração Pública, com intuito de garantir o princípio da isonomia.[362]

---

[361] BANDEIRA DE MELLO, Celso Antônio. *Curso de Direito Administrativo*. São Paulo: Malheiros, 2015. p. 122.
[362] TRF, Primeira Região: "ADMINISTRATIVO. CONCURSO PÚBLICO. EDITAL. HORÁRIO PARA PROTOCOLO DE RECURSO. NÃO-OBSERVÂNCIA POR PARTE DO

Os recursos interpostos devem conter a motivação, mesmo que esta não esteja exigida no edital. Segundo Hugo de Brito Machado,[363] a motivação é o escudo do cidadão contra arbitrariedades e desvios invertebrados. Seja o ato praticado no exercício de competência vinculada ou no exercício de competência discricionária, a motivação mostra-se necessária para garantir a adequação da atividade administrativa aos princípios consagrados no ordenamento jurídico. Mesmo na atuação vinculada não se pode pensar na subsunção automática das regras ao caso, sem preocupação ao menos com a razoabilidade. Segundo Hartmut Maurer:

> A motivação serve, em primeiro lugar, como autocontrole para a autoridade que, por meio dela, é obrigada a estudar com rigor a sua decisão, tanto do ponto de vista material como do ponto de vista jurídico, cercando-se, assim, e garantias suficientes. Ela serve, igualmente, ao cidadão, que, graças a motivação, e só a ela, adquire condições de apreciar a legalidade do ato administrativo e as conveniências de um recurso.[364]

Juarez Freitas,[365] por sua vez, acrescenta que a autoridade administrativa deve expor na sua motivação os fundamentos de observância da lei e do sistema. Com efeito, o controle da motivação deverá estar atento à vinculação ao sistema, compreendido como rede de princípios, regras e valores, seja ao tratar da indeterminação de conceitos normativos seja na escolha das consequências de seus atos.

CANDIDATO. MANDADO DE SEGURANÇA. DENEGAÇÃO. 1 – Se o candidato não observa as normas do edital, às quais livremente aderiu, e protocola recurso fora do horário previsto, direito líquido e certo não lhe assiste para que seu recurso seja recebido pela comissão. 2 – O recebimento do recurso fora do horário estabelecido no edital, que vincula tanto às partes, como à administração, seja por força de determinação judicial ou administrativamente, representa quebra do princípio da isonomia quanto aos demais concorrentes. 3. Sentença confirmada. 4. Apelação desprovida" (AMS 2004.34.00.012261-7/DF, Rel. Des. Federal Daniel Paes Ribeiro. Sexta Turma. DJ 21.05.2007. p. 186).

[363] MACHADO, Hugo de Brito. Motivação dos Atos Administrativos e Interesse Público. *Interesse Público*, Belo Horizonte, v. 1, n. 3, jul. 1999. p. 7.

[364] MAURER apud FREITAS, Juarez. *Discricionariedade administrativa e o direito fundamental a boa administração pública*. São Paulo: Malheiros, 2007. p. 55.

[365] FREITAS, Juarez, *Discricionariedade administrativa e o direito fundamental a boa administração pública*. São Paulo: Malheiros. 2007. p. 55.

É inegável que, no nosso ordenamento jurídico, a era da motivação começa a se consolidar tanto na esfera doutrinária[366] como na jurisprudência.[367] Assim, no que concerne aos recursos interpostos contra decisões proferidas em sede de concurso público, exige-se tanto a motivação nas razões dos recursos interpostos[368] como nas decisões proferidas em face destes. A simples denegação do pleito revisional sem exposição das razões que levaram à decisão viola o princípio da motivação, prejudicando o direito de recorrer, inclusive, ao Judiciário. Não basta a simples indicação de determinado dispositivo legal para motivar a decisão, é essencial que se aponte os fundamentos. Visando a garantir total imparcialidade na decisão do recurso, este deverá ser analisado por profissional diverso daquele que elaborou a questão.

Acrescente-se que, caso a utilização do recurso administrativo por um candidato leve à alteração do certame, deve-se também assegurar o direito à interposição ao candidato porventura prejudicado, sob pena de afronta à isonomia e à ampla defesa.[369]

Quanto aos efeitos do recurso, é sabido que, em geral, podem ter efeitos devolutivos e suspensivos. O efeito devolutivo significa que a matéria decidida em primeiro grau é devolvida para revisão da autoridade hierarquicamente superior. Já o efeito suspensivo explicita que a decisão recorrida ficará com a sua execução suspensa até decisão do recurso.

---

[366] Como exemplo tem-se Celso Antônio que se refere à motivação como requisito indispensável a validade do ato administrativo (Cf. Discricionariedade e controle jurisdicional. São Paulo: Malheiros, 2001. p. 102.

[367] Conforme assinalou o Min. Gilson Dipp em sua relatoria no RMS n. 12.856-PB. DJU 01.07.2004. p. 214: "o princípio da motivação possui natureza garantidora quando os atos levados a efeito pela administração pública atingem a seara individual dos servidores".

[368] PROCESSUAL CIVIL. MANDADO DE SEGURANÇA. CONCURSO PÚBLICO PARA JUIZ FEDERAL SUBSTITUTO. RECURSO DESMOTIVADO. SUPRIMENTO TARDIO DA DEFICIÊNCIA. NÃO CONHECIMENTO. INEXISTÊNCIA DE ILEGALIDADE. Não há nenhuma ilegalidade no ato, praticado por presidente de comissão examinadora, que, em primeiro, não conhece de recurso administrativo interposto pela candidata, com pretensão de elevação de nota, sem a motivação exigida pelo edital; e, em segundo, também não conhece de petição que, apresentada fora do prazo, pretende serodiamente suprir a fundamentação não apresentada em tempo útil. Denegação de segurança (TRF, 1ª Região, MS 2006.1.00.041737-3/ DF; Rel. Des. Federal Olindo Menezes, Corte Especial, DJ 02.03.2007, p. 2.).

[369] Nesse sentido manifestou-se o Tribunal Regional Federal da 1ª Região: "Administrativo. Concurso Público. Analista do BACEN (Edital nº 1/1997). Segundo gabarito publicado com modificação da resposta da questão. Ausência, de acordo com o edital, de prazo para interposição de recurso contra a alteração da situação do certame, com prejuízo injustificado a candidato. Infringência à isonomia e ampla defesa (TRF1. AC 2000.01.00.000510-0/MG; Apelação Cível. Rel. Des. Fed. Fagundes de Deus. Quinta turma. DJ 10.09.2006, p. 131).

No caso dos recursos administrativos, em geral, possuem apenas o efeito devolutivo, admitindo reexame de toda a matéria de fato e de direito, salvo determinação legal em contrário. No que concerne ao efeito suspensivo a regra se inverte, possuindo-o apenas quando a lei mencionar. Justifica tal tratamento a presunção de legitimidade dos atos administrativos e o princípio da supremacia do interesse público. No entanto, mesmo que não haja previsão legal do efeito suspensivo, nada impede que a autoridade recorrida suste, de ofício ou provocado, os efeitos do ato hostilizado quando houver justo receio de prejuízo de difícil ou incerta reparação. Neste sentido dispõe expressamente o art. 61, da Lei nº 9.784/1999.

Em se tratando de recursos administrativos interpostos contra atos praticados em concurso público, normalmente possuem tanto o efeito devolutivo como o suspensivo, isso porque o prosseguimento do certame, com a existência de recurso em andamento, poderá não somente gerar prejuízos ao recorrente como também ao ente da Administração Pública responsável, que, a depender da decisão proferida no recurso, terá que rever atos já praticados.

Acrescente-se que, caso o recurso tenha apenas o efeito devolutivo, não suspende nem interrompe o prazo prescricional. Assim, a prescrição é contada da data da decisão impugnada através de recurso. Por outro lado, quando possuir efeito suspensivo, a interposição do recurso suspenderá o prazo prescricional.[370]

Deve-se atentar para o fato de o candidato que pretender impugnar o concurso ter o direito de dispensar a utilização da via administrativa, ingressando imediatamente na esfera judicial.[371] Tem-se, muitas vezes, preferido este caminho diante da discutível imparcialidade das decisões adotadas no âmbito administrativo.

---

[370] CARVALHO FILHO, José dos Santos. *Manual de Direito Administrativo*. São Paulo: Atlas, 2016. p. 1013.

[371] Segundo entendimento pacificado nos tribunais não há necessidade de esgotamento da via judicial para se recorrer ao judiciário. Neste sentido reiteradas decisões do Superior Tribunal de Justiça, senão vejamos: "RECURSO ESPECIAL. ADMINISTRATIVO E PROCESSUAL CIVIL. MANDADO DE SEGURANÇA. REAJUSTAMENTO DE BENEFÍCIO. DESNECESSIDADE DE ESGOTAMENTO DA VIA ADMINISTRATIVA. Nos termos dos precedentes jurisprudenciais desta Corte de Justiça, não se faz necessário o esgotamento da via administrativa para se ingressar na via judicial. Recurso desprovido (REsp. 664682/RS. Rel. Min. José Arnaldo da Fonseca. Quinta Turma. *DJ* 21.11.2005, p. 282).

9.3 O controle exercido pelos Tribunais de Contas nos concursos públicos

O controle externo da Administração Pública pode ser exercido pelo Poder Legislativo, com o auxílio do Tribunal de Contas, podendo este último ser definido como órgão parajudicial, funcionalmente autônomo, ao qual cabe o controle externo da execução financeiro-orçamentária dos Poderes do Estado, com decisões sem definitividade jurisdicional.[372] Hely Lopes Meireles[373] o classifica como órgão independente, mas auxiliar do Legislativo e colaborador do Executivo. Assim, o *caput* do art. 71 da Carta Constitucional esclarece que o titular do controle externo é o Congresso Nacional, que o exercerá com o auxílio do Tribunal de Contas da União. O art. 71 também elenca, nos incisos I a XI, diversas competências atribuídas diretamente ao Tribunal de Contas. Neste sentido, Frederico Perdini afirma que:

> É ao Tribunal de Contas que compete o exercício e a prática da maioria absoluta das atividades de controle externo, ou seja, o exercício da fiscalização contábil, financeira, orçamentária, operacional e patrimonial dos atos e desempenho dos órgãos e entidades da administração direta e indireta, quanto à sua legalidade, legitimidade e economicidade, fiscalização esta que, como dispõe o art. 70, será exercida mediante controle externo, e pelo controle interno de cada poder.[374]

Ressalte-se que a Carta Constitucional de 1988 ampliou as atribuições das Cortes de Contas, reforçando o seu caráter democrático e o comprometimento com a gestão transparente dos recursos públicos. Ademais, assegurou as mesmas prerrogativas e garantias conferidas ao Judiciário (art. 73, *in fine*, c/c art. 96), razão pela qual autores como Odete Medauar[375] consideram impossível tê-lo como

---

[372] GUALAZZI, Eduardo Lobo Botelho. *Regime jurídico dos tribunais de contas*. São Paulo: Revista dos Tribunais, 1992. p. 60.
[373] MEIRELLES, Hely Lopes. *Direito Administrativo Brasileiro*. São Paulo: Malheiros, 2016. p. 842.
[374] PARDINI, Frederico. *Tribunal de Contas:* órgão de destaque constitucional. Tese (Doutorado em Direito Público) – Orientador: Jose Alfredo de Oliveira Baracho. Universidade Federal de Minas Gerais, Belo Horizonte, 1997. p. 99.
[375] MEDAUAR, Odete. *Controle da administração pública*. São Paulo: Revista dos Tribunais, 1993. p. 140.

subordinado ao Legislativo, sendo desvinculado da estrutura de qualquer dos Poderes da República.

Segundo Diogo de Figueiredo Moreira Neto, "os Tribunais de Contas no Brasil são, assim, um nítido exemplo de órgãos dotados de autonomia constitucional no contexto da ordem jurídica brasileira",[376] sendo inequivocamente obrigatória a sua cooperação no exercício da função de controle externo.

Quanto às pessoas controladas, acolhe-se do parágrafo único do art. 70 da Constituição Federal, que abrange a União, os estados, os municípios, o Distrito Federal, bem como entidades da Administração indireta e qualquer pessoa física ou jurídica que utilize, arrecade, guarde, gerencie, ou administre dinheiro, bens e valores públicos ou pelos quais a União responda, ou que, em nome desta, assuma obrigações de natureza pecuniária.

Apesar de a Constituição Federal ter se referido ao Tribunal de Contas da União, por força do art. 75 determina a aplicação, no que couber, daquele modelo aos Tribunais ou Conselhos de Contas estaduais, do Distrito Federal e dos municípios. Quanto aos municípios, o constituinte de 1988 foi mais restrito, vedando a sua criação a partir da vigência do texto constitucional, no §4º, do art. 31. Porém, no §1º do mesmo artigo permite a manutenção dos Tribunais de Contas municipais até então criados. Saliente-se que a Constituição admite a coexistência de dois Tribunais de Contas no âmbito estadual, desde que assim decida o constituinte estadual, sendo um responsável pelo auxílio à Assembléia Legislativa no controle das contas estaduais e o outro competente para prestar auxílio a todas as Câmaras Municipais do estado no controle das contas do respectivo município, conforme esclarece Luciano Ferraz.[377]

Por muito tempo, a natureza das atribuições conferidas ao Tribunal de Contas foi debatida. Para alguns, teria natureza jurisdicional, uma vez que ao julgar a regularidade das contas dos gestores da coisa pública o Tribunal estaria exercendo função judicante. Outros se manifestavam pela natureza administrativa das suas atribuições,

---

[376] MOREIRA NETO, Diogo de Figueiredo. Transformações das cortes de contas: de órgão do parlamento a órgão da sociedade. *In*: MOREIRA NETO, Diogo de Figueiredo. *Mutações do Direito Público*. Rio de Janeiro: Renovar, 2006. p. 135.
[377] FERRAZ, Luciano. *Controle da Administração Pública*. Belo Horizonte: Mandamentos, 1999. p. 125.

posição que prevalece na atualidade,[378] uma vez que o Tribunal de Contas atua de ofício e não dirime conflitos de interesses, além de não estar elencado no art. 92 da Constituição Federal como órgão do Poder Judiciário. Di Pietro, no entanto, aduz que não se pode conferir às atribuições das Cortes de Contas apenas natureza administrativa, pois não teria sentido que os atos controlados tivessem a mesma força dos atos de controle, acrescentando que:

> A decisão do Tribunal de contas faz coisa julgada, não só no sentido assinalado para a coisa julgada administrativa, mas também e principalmente no sentido de que ela deve ser necessariamente acatada pelo órgão administrativo controlado, sob pena de responsabilidade, com a única ressalva para a possibilidade de impugnação pela via judicial.[379]

Manifestando-se quanto às atribuições do Tribunal de Contas, Edmir Netto de Araújo aduz que:

> Não lhe cabe exercer poder regulamentar (as regras que baixar, exceto operacionais internas, não serão gerais e abstratas, mas específicas) e , na competência sancionatória e de sustação, devem ser obedecidas (art. 5º, LIV e LV, da CF) as garantias constitucionais do devido processo legal e da ampla defesa e contraditório e, em nenhuma hipótese o Tribunal de Contas anula atos ou contratos, mas propõe sua invalidação, para que se tornem insubsistentes.[380]

No que concerne ao controle do certame concursal exercido pelo Tribunal de Contas, este é respaldado no inciso III do art. 71 da Carta Constitucional, o qual deve ser também aplicado aos estados, Distrito Federal e municípios. De acordo com o referido dispositivo, compete ao Tribunal de Contas da União:

> III – apreciar, para fins de registro, a legalidade dos atos de admissão de pessoal, a qualquer título, na administração direta e indireta, incluídas as fundações instituídas e mantidas pelo Poder Público, excetuadas as nomeações para cargos de provimento em comissão, bem como a das

---

[378] Neste sentido manifestou-se José Cretella Júnior (Cf. CRETELLA JÚNIOR, José. Natureza das decisões do Tribunal de Contas. *Revista do Tribunal Federal de Recursos*, n. 145, p. 45-56, maio 1987).
[379] DI PIETRO, Maria Sylvia Zanella. Coisa julgada: APLICABILIDADE E DECISÕES DO Tribunal de Contas da União. *Revista do Tribunal de Contas da União*, n. 70. p. 31, out./dez. 1996.
[380] ARAÚJO, Edmir Netto. *Curso de Direito Administrativo*. São Paulo: Saraiva, 2014. p. 1285.

concessões de aposentadorias, reformas e pensões, ressalvadas as melhorias posteriores que não alterem o fundamento legal do ato concessório.

Diz-se que o ato final do processo relativo à admissão de pessoal é o seu registro perante o Tribunal de Contas, condição *sine qua non* para que aquele adquira perfeição e afirme a sua validade. Caso não haja o referido registro, deve o Tribunal de Contas estipular prazo para o exato cumprimento da lei, seguindo-se a determinação para a sustação em caso de descumprimento, sob pena de responsabilidade solidária quanto ao ressarcimento porventura existente. Pode o Tribunal de Contas negar o registro de admissão de pessoal, quando observadas irregularidades, a exemplo do preenchimento de cargos criados por resolução, bem como ilegalidades ocorridas no concurso público.

Assim, quando da publicação do edital do concurso, o ente público responsável deverá encaminhar ao Tribunal de Contas competente os seguintes documentos: despacho de motivação para abertura do concurso com a autorização da autoridade competente; cópia do contrato social da empresa vencedora e contratada para realizar o concurso; cópia da lei que tiver autorizado a criação dos cargos para o certame; demonstrativo da estimativa do impacto orçamentário-financeiro no exercício em que a despesa entrará em vigor; declaração do ordenador de despesas da adequação orçamentária e financeira com a LOA e compatibilidade com o PPA e a LDO; comprovante da publicação do ato administrativo que designar a comissão do concurso; cópia da íntegra do edital do concurso; comprovante da publicação resumida do edital; e parecer da unidade de controle interno.

Dentre os pontos a serem fiscalizados pelos Tribunais de Contas nos editais, tem-se a publicidade, a constituição da comissão examinadora, a entidade executora, o prazo de inscrição, o valor e a isenção da inscrição, vagas reservadas, provas e fases, recursos, limite de despesas de pessoal e previsão orçamentária da despesa. Desta forma, diversas são as decisões proferidas no âmbito dos Tribunais de Contas referentes a irregularidades em concurso público, tais como:

[...] dar ciência à Dataprev que, consoante o disposto na Constituição Federal, em seu art. 37, inciso III, a *prorrogação da validade de concurso público deve ser por igual período da fixação inicial,* ficando a critério do administrador a prerrogativa de decidir prorrogar ou não a validade do concurso, mas, na hipótese da decisão favorável, há que ser observado o dispositivo constitucional, entendimento este consubstanciado no jurisprudência deste Tribunal, a exemplo dos Acordãos 2.366/2005 – Segunda Câmara e 236/2004 – Plenário.[381]

[...] No subitem 2.17 "que não serão recebidas inscrições por via postal, fax-simile, condicional ou extemporânea", ou seja, somente de forma presencial. Ressalte-se, neste particular, que a possibilidade de outras formas de inscrição é sempre necessária e salutar, pois possibilita o acesso de um maior número de candidatos. Sem contar que o edital do concurso desautorizou a inscrição pela internet, impedindo que a inscrição fosse feita por via postal, isso viola o Princípio da Acessibilidade.[382]

9.4 Meios de controle jurisdicional do concurso público

O concurso público, estabelecido neste trabalho como um processo administrativo, encontra-se também sujeito ao controle exercido pelo Poder Judiciário. Aliás, em virtude da imparcialidade típica deste Poder, muitas vezes prefere-se debater controvérsias existentes no certame concursal no âmbito do Judiciário. Assim, apresenta-se os meios processuais mais utilizados no combate aos vícios ocorridos nos concursos públicos.

9.4.1. Extensão do controle jurisdicional da atividade administrativa

Ao Estado cabe a satisfação dos interesses da coletividade. Para atender à sua finalidade, tem direito a determinadas prestações, ou seja, pode impor obrigações aos indivíduos, visando ao atendimento dos interesses comuns. Por outro lado, os particulares também têm direito de exigir do Estado o cumprimento de suas obrigações. Caso no desenvolvimento das relações recíprocas um ou outro falte com

---

[381] TCU Acordão 360/13 – Plenário.
[382] TCE-MT Acordão 274/13 – Plenário.

seus deveres, aparecem situações contenciosas em que o Estado e os indivíduos ocupam posições opostas. Perante tais conflitos, surge a questão do controle jurisdicional da atividade administrativa.

Segundo Seabra Fagundes, "quando o Poder Judiciário, pela natureza da sua função, é chamado a resolver as situações contenciosas entre a Administração Pública e o indivíduo, tem lugar o controle jurisdicional das atividades administrativas".[383]

O controle jurisdicional da atividade administrativa, preconizado no nosso ordenamento jurídico pelo art. 5º, XXXV, da Carta Constitucional, com o passar do tempo vem ampliando o seu alcance.

A princípio, tal controle limitava-se apenas à verificação de formalidades extrínsecas. Paulo Magalhães da Costa Coelho,[384] manifestando-se quanto à matéria, reporta-se ao acórdão inserido ao Arquivo Judiciário, 48/301, da lavra do ministro Carvalho Mourão, segundo o qual "no exame dos atos administrativos, o Judiciário se limita a considerá-lo sob o estrito ponto de vista de sua legalidade, não de seu mérito intrínseco, ou seja, de sua justiça ou injustiça". De acordo com o referido autor, essa postura jurisprudencial começou a ser combatida no exame das ações que impugnavam as punições disciplinares, que ocorriam no âmbito da Administração Pública. Assim, foi proferido o voto inovador do ministro Laudo de Camargo, na Apelação Cível nº 6.845, inserto na Revista Forense 76/494, segundo o qual:

> Alega-se que o ato foi legítimo e legal, porque foi precedido do processo administrativo. Mas que importa essa precedência, se o processo não justificava a medida? A lei, quando exigiu a feitura prévia de um processo administrativo para autorizar a demissão, por certo exigiu igualmente que as provas dele resultantes fossem contra o funcionário, do contrário, seria o regime do arbítrio, coisa que nunca teria passado pelo espírito de quem legislou.

Em nosso ordenamento jurídico é bastante clara a ampliação do controle jurisdicional da atividade administrativa. Aliás,

---

[383] FAGUNDES, M. Seabra. *O controle dos atos administrativos pelo poder judiciário*. Rio de Janeiro: Forense, 2005. p. 133.
[384] COELHO, Paulo Magalhães da Costa. *Controle jurisdicional da administração pública*. São Paulo: Saraiva, 2002. p. 43.

tal ampliação condiz com a evolução do Estado de Direito. Não se admite mais decisões absolutas, incontestáveis, mesmo que decorram do exercício de competência discricionária.[385] A submissão da Administração Pública direta e indireta aos princípios administrativos, pautada no artigo 37, *caput*, da Carta Constitucional, não excepcionou a atividade discricionária. Desta forma, conforme aduz Juarez Freitas, as escolhas administrativas, frutos da atividade discricionária, somente serão legítimas "se – e somente se – forem sistematicamente eficazes, motivadas, proporcionais, transparentes, imparciais, respeitadoras da participação social, da moralidade e da plena responsabilidade".[386]

Assim, violados princípios administrativos, entende-se ocorrida uma lesão ou ameaça de lesão, que irá legitimar a intervenção do Poder Judiciário, caso provocado. Nesse sentido, cabe lembrar a lição de Lúcia Valle Figueiredo, segundo a qual:

> Especificamente, cabe-nos salientar, ainda que em breve bosquejamento, a atividade judicial controlada pela Administração Pública. Até onde pode chegar? Pode atingir a chamada "área discricionária" da Administração? Tem também o magistrado discricionariedade, ou sua atividade é apenas de subsunção? Afigura-se-nos, sem sombra de dúvida, que a prestação judicial há de ser implementada sempre que solicitada, como também já afirmamos em tópico próprio referente à discricionariedade. E concluímos que o ato administrativo, individual ou de caráter normativo, deve ser esmiuçado até o limite em que o próprio magistrado entenda ser seu campo de atuação. Não há atos que se preservem ao primeiro exame judicial. O exame judicial terá de levar em conta não apenas a lei, a Constituição, mas também os valores principiológicos do texto constitucional, os *standards* da coletividade.[387]

Obviamente, a evolução do controle judicial da atividade discricionária, considerada por alguns autores o "último reduto da arbitrariedade",[388] vem ocorrendo de maneiras diferentes a

---

[385] Discricionariedade entendida como margem de liberdade conferida a Administração Pública para definir o que convém para a melhor satisfação do interesse geral.
[386] FREITAS, Juarez. *Discricionariedade Administrativa e o Direito Fundamental à Boa Administração Pública*. São Paulo: Malheiros, 2007. p. 21.
[387] FIGUEIREDO, Lúcia Valle. *Curso de Direito Administrativo*. São Paulo: Malheiros, 1998. p. 316.
[388] ENTERRÍA, Eduardo García; FERNÁNDEZ, Tomás-Ramón. *Curso de Derecho Administrativo I*. Madrid: Civitas, 2000. p. 465.

depender do país e sistema jurídico adotado. A questão, em verdade, gira em torno da noção do mérito administrativo, que, em alguns momentos da história, cedendo às tentações totalitárias, se agigantou de forma demasiada.

Na lição de Seabra Fagundes, "o mérito é de atribuição exclusiva do Poder Executivo, e o Poder Judiciário, nele penetrando, faria obra de administrador, violando destarte o princípio de separação e independência dos poderes".[389] Este vem sendo o argumento utilizado por aqueles que negam a possibilidade do controle jurisdicional do mérito administrativo – a violação do princípio da separação dos poderes.

Para Rogério Ehrhardt Soares:

> O princípio da separação dos poderes, mesmo numa compreensão diferente da tradicional, reclama o reconhecimento à Administração de uma capacidade de realização da idéia de Direito, que passa, até onde for possível, pela liberdade de preenchimento do sentido dos preceitos legais. Junta-se a isto o princípio de respeito pela Administração autônoma, que joga nesse domínio a favor duma maior liberdade.[390]

Com efeito, entende-se que a discricionariedade, como uma das formas de manifestação do poder da Administração Pública, recusa a subordinação ao juiz, porque a este não caberá substituir-se à Administração para refazer juízos valorativos de ponderação de interesses em conflito.

Tais posicionamentos devem ser racionalmente ponderados.

O princípio da separação de poderes, ou melhor, a tripartição das funções do Estado, remota à Antiguidade helênica com Heródoto e Aristóteles, posteriormente abordada por Cícero e John Locke, tendo sido definitivamente sistematizada por Montesquieu.

Montesquieu define a doutrina da tripartição de funções do Estado em duas perspectivas. Uma de natureza funcional e outra de implementação. Na perspectiva funcional, as funções do governo são classificadas em executivas, legislativas e judiciais.

---

[389] FAGUNDES, Seabra. *O controle dos atos administrativos pelo poder judiciário*. Rio de Janeiro: Forense, 1957. p. 167.
[390] SOARES, Rogério Ehrhardt. Princípio da legalidade e administração constitutiva. *Boletim da Faculdade de Direito da Universidade de Coimbra*, v. VII, p. 14, 1981.

Na perspectiva de implementação a doutrina propõe a separação dos organismos que exercem essas funções, visando a evitar a concentração de poder. Assim, propõe um sistema de freios e contrapesos para evitar abusos, uma vez que o poder vai até onde encontrar limites. Daí percebe-se que não se pode pensar em uma separação total dos poderes, desde quando houver necessidade constante de controles a serem exercidos entre os poderes do Estado.

O controle jurisdicional da atuação administrativa discricionária não viola o princípio da separação dos poderes, desde quando não haveria uma substituição do administrador pelo juiz, pois a este caberia apenas afirmar – ou não – a conformidade da atuação administrativa com o ordenamento jurídico.

Determina o art. 5º, XXXV, da Constituição Federal que "a lei não excluirá da apreciação do Judiciário lesão ou ameaça a direito", o que faz supor que qualquer atuação administrativa, seja ela vinculada ou discricionária, poderá submeter-se a apreciação judicial caso lesione direito alheio.

No Estado de Direito, pretende-se evitar que condutas dos agentes públicos, vinculados a qualquer um dos poderes – Executivo, Legislativo ou Judiciário – causem lesão ou ameaça a direito. Assim, a lesão potencial ou efetiva autoriza a interferência de um poder sobre a atuação do outro.

Não se pode pretender que a discricionariedade sirva de manto para encobrir atuações administrativas desastrosas, cujo único prejudicado seja o cidadão. Conforme preceitua Castro Nunes, "a discrição cessa onde começa o direito individual".[391]

Quanto ao concurso público, a Administração Pública interessada submete-se, da mesma forma que os candidatos, ao edital por ela estruturado, que deverá traçar todas as diretrizes de sua atuação. Logo, a discricionariedade administrativa em matéria de concurso público limita-se a escolha de alguns pontos fixados no edital, por exemplo, os cargos que serão disponibilizados, os tipos de provas que serão realizados, data e local das provas, prazos para recursos, dentre outros. Obviamente, a violação de princípios no exercício

---

[391] NUNES, Castro. *Teoria e prática do poder judiciário*. Rio de Janeiro: Forense, 1953. p. 606.

desta competência pode ensejar a intervenção pelo Judiciário. Assim, por exemplo, há discricionariedade conferida à Administração Pública para estabelecer no edital de concurso o prazo para interposição do recurso. No entanto, se apresentar prazo exíguo, este poderá ser contestado, tomando como fundamento a violação dos princípios da razoabilidade e da ampla defesa. Por outro lado, estabelecidos os requisitos do concurso no edital, a atuação administrativa torna-se vinculada aos seus termos.

9.4.2 O mandado de segurança como meio de controle do concurso público

Segundo Hely Lopes Meirelles:

> Mandado de segurança é o meio constitucional posto à disposição de toda pessoa física ou jurídica, órgão com capacidade processual, ou universalidade reconhecida por lei, para a proteção de direito individual ou coletivo, líquido e certo, não amparado por *hábeas corpus ou hábeas data*, lesado ou ameaçado de lesão, por ato de autoridade, seja de que categoria for e sejam quais forem as funções que exerça.[392]

Tal definição traz os requisitos para utilização do mandado de segurança, que estão no inciso LXIX do art. 5º da Carta Constitucional. Assim, exige-se a existência de direito líquido e certo a ser protegido, não tutelável por *habeas corpus* ou *habeas data*, além de ato ou omissão marcado por ilegalidade ou abuso de poder de autoridade ou agente de pessoa jurídica no exercício de atribuições do Poder Público.

Sérgio Ferraz, manifestando-se quanto a este remédio constitucional, aduz que "trata-se de uma ação que visa proteger um bem da vida em jogo, lesado ou ameaçado. Não se satisfaz ela com reparações subsidiárias ou recompensas pecuniárias [...]. Nela se busca a reparação *in concreto* ou a salvaguarda da integridade do bem de vida tutelado".[393]

---

[392] MEIRELLES, Hely Lopes; WALD, Arnoldo; MENDES, Gilmar Ferreira. *Mandado de segurança e ações constitucionais*. São Paulo: Malheiros, 2014. p. 25.
[393] FERRAZ, Sérgio. *Mandado de Segurança*. São Paulo: Malheiros, 2014. p. 73.

Para que se utilize o mandado de segurança em caso de concurso público deve-se demonstrar a lesão ou ameaça de lesão à direito próprio do candidato, manifesto na sua existência e comprovado de plano, uma vez que não se admite dilação probatória no mandado de segurança.

O impetrante será, via de regra, o candidato ou pretenso candidato, titular do direito líquido e certo. Quanto à autoridade coatora, sabe-se que em mandado de segurança é aquela que detém as atribuições para a prática e a reversão do ato impugnado, e não o superior hierárquico que o recomenda ou normatiza. Segundo preconiza Hely Lopes Meirelles, "incabível é a segurança contra autoridade que não disponha de competência para corrigir a ilegalidade impugnada. A impetração deverá ser sempre dirigida contra a autoridade que tenha poderes e meios para praticar o ato ordenado pelo Judiciário".[394]

Ora, no caso do concurso público a proposição de mandado e segurança será contra a autoridade máxima do órgão ou da entidade respectiva. Para garantir-se a lisura do concurso público são criados, muitas vezes, órgãos colegiados para a execução das atividades voltadas à seleção e recrutamento de pessoal. Tais órgãos, denominados banca examinadora ou comissão de concurso, são responsáveis pela confecção do edital, realização das provas, julgamento dos recursos, ou seja, pela condução do concurso, conforme já abordado neste trabalho. Assim, sendo atacado ato praticado pela Comissão Examinadora, poderá ser apontado o seu presidente como autoridade coatora.[395] No entanto, na maioria das vezes o presidente da comissão do concurso é

---

[394] MEIRELLES, Hely Lopes; WALD, Arnoldo; MENDES, Gilmar Ferreira. *Mandado de segurança e ações constitucionais*. São Paulo: Malheiros, 2014. p. 63.
[395] PROCESSUAL CIVIL E ADMINISTRATIVO. CONCURSO PÚBLICO. INDEFERIMENTO DE INSCRIÇÃO. AUTORIDADE COATORA. ILEGITIMIDADE AD CAUSAM. PRECEDENTES. AGRAVO DESPROVIDO. I- O mandado de segurança deve ser impetrado apontando como autoridade coatora, o agente público que praticou ou deixou de praticar o ato impugnado. Com isso, é condição sine qua non, a demonstração do ato inquinado como lesivo a direito líquido e certo e a respectiva autoridade responsável pelo desmando. A identificação tem de ser explícita, de forma clara, propiciando a correlação entre o ato vergastado e a autoridade que o praticou ou absteve-se de praticá-lo. Precedentes. II- Sendo atacado ato da Comissão Examinadora do Concurso, não se configura a ilegitimidade passiva ad causam do Presidente da referida Comissão, autoridade imediatamente responsável pelo ato lesivo ao direito invocado. III- Agravo interno desprovido (AgRg no RMS 16.553/MG, Rel. Ministro Gilson Dipp, Quinta Turma, DJ 21.06.2004, p. 232)

a autoridade máxima do órgão ou da entidade. Assim, pode-se trazer como exemplo os concursos promovidos pelos Ministérios Públicos Estaduais, nos quais os respectivos procuradores-gerais de Justiça são os presidentes da comissão, sendo então apontados como autoridades coatoras em casos de mandado de segurança contra ilegalidade praticada na condução do concurso.

Questiona-se se a errônea indicação da autoridade coatora leva à carência de ação ou permite correção com o prosseguimento do mandato contra o verdadeiro coator. Apesar da hesitação jurisprudencial quanto ao tema, concordamos com Hely Lopes Meirelles,[396] que sustenta a possibilidade de o juiz encaminhar a notificação para a autoridade certa. Justifica tal posicionamento pela complexa estrutura dos órgãos administrativos, a qual nem sempre permite a identificação precisa do agente coator.[397]

O prazo para impetração do mandado de segurança contra ato praticado durante o processo concursal será de cento e vinte dias, a contar da data em que o interessado tiver conhecimento oficial do ato a ser impugnado.[398] Assim, a fluência do prazo somente se inicia quando aquele estiver apto a produzir efeitos. No caso em análise,

---

[396] MEIRELLES, Hely Lopes; WALD, Arnoldo; MENDES, Gilmar Ferreira. *Mandado de segurança e ações constitucionais*. São Paulo: Malheiros, 2014. p. 74.

[397] Há decisões jurisprudenciais em sentido diverso. Senão vejamos: PROCESSAL CIVIL. ADMINISTRATIVO. CONCURSO PÚBLICO. INDICAÇÃO ERRÔNEA DE AUTORIDADE COATORA. SECRETÁRIO DE ESTADO. ILEGITIMIDADE PASSIVA AD CAUSAM. – Em sede de mandado de segurança, deve figurar no pólo passivo a autoridade que, por ação ou omissão, deu causa à lesão jurídica denunciada e é detentora de atribuições funcionais próprias para fazer cessar a ilegalidade. – No caso, sendo o certame público realizado sob a responsabilidade do então Secretário de Estado de Administração, Recursos Humanos e Previdência (atual Gerente de Administração e Modernização), não tem legitimidade passiva ad causam para o writ o Secretário de Estado de Educação (atual Gerente Executivo de Desenvolvimento Humano do Estado). – Em sede de mandado de segurança, a errônea indicação da autoridade coatora importa na extinção do processo, sem julgamento de mérito, já que incumbe ao impetrante comprovar a autoria do ato lesivo violador de seu direito líquido e certo. Tal indicação errônea não é suprida com o ingresso do Estado na lide, como litisconsorte passivo necessário. – Recurso ordinário desprovido (RMS 12.256/MA. Rel. Min. Vicente Leal, Sexta Turma, DJ 01.07.2002. p. 396)

[398] Cumpre acrescentar que certos doutrinadores contestam a constitucionalidade do art. 18 que estabelece prazo para impetração do *writ*, sob argumento de que uma garantia constitucional não poderia ser fulminada por decurso de prazo estabelecido em lei ordinária. Nesse sentido, pode-se citar Sergio Ferraz (cf. FERRAZ, Sérgio *Mandado de Segurança*. São Paulo: Malheiros, 2006. p. 227), Amir José Sarti (cf. SARTI, Amir José. O prazo preclusivo para impetração do mandado de segurança. *Revista de Processo*, n. 65-68. São Paulo: Editora Revista dos Tribunais, 1992).

diante da publicidade que se confere ao concurso público, o termo *a quo* para impugnar vício do edital será normalmente a publicação do ato convocatório na imprensa oficial, excluindo-se da contagem o dia inicial. Porém, caso se pretenda combater ato omissivo da Administração revelado pela não nomeação daquele aprovado em concurso, preferindo-se realizar contratações temporárias para o exercício das mesmas funções, não se falará em decadência caso o direito de impetrar mandado de segurança seja exercido dentro do prazo de validade do concurso, uma vez que nesta situação estar-se-á diante de relação de trato sucessivo. Neste sentido, inclusive, já se manifestou o Superior Tribunal de Justiça:

> ADMINISTRATIVO. CONCURSO PÚBLICO. NOMEAÇÃO DE CANDIDATO. ATO OMISSIVO. RELAÇÃO DE TRATO SUCESSIVO. DECADENCIA NÃO CONFIGURADA. RECORRENTE CLASSIFICADO EM PRIMEIRO LUGAR. CONTRATAÇÃO TEMPORÁRIA DENTRO DO PRAZO DE VALIDADE DO CERTAME. DIREITO SUBJETIVO À NOMEAÇÃO. PRECEDENTES. RECURSO ORDINÁRIO PROVIDO.
> 1. Em se tratando de ato omissivo, consistente em não nomear candidato aprovado em concurso público, a relação é de trato sucessivo, que se renova continuamente, razão pela qual não há decadência do direito de impetrar mandado de segurança, desde que referido direito seja exercido dentro do prazo de validade do certame. Precedentes.
> 2. Embora aprovado em concurso público, tem o candidato mera expectativa de direito à nomeação. Porém, tal expectativa se transforma em direito subjetivo para os candidatos aprovados dentro das vagas previstas no edital se dentro do prazo de validade do certame, há contratação precária ou temporária para o exercício dos cargos.
> 3. Hipótese em que o próprio recorrente firmou contrato de trabalho por tempo determinado, que vem se renovando há longa data, para a função de médico, especialista em gastroenterologia, na cidade de Chapecó/SC, exatamente para o qual prestou concurso público e foi aprovado em 1º lugar, demonstrando a necessidade perene de vaga.
> 4. Recurso ordinário provido.[399]

Uma questão que se coloca refere-se à contagem do prazo para impetração do *writ* quando houver recurso administrativo. Sabe-se que o recurso administrativo possui, em regra, efeito devolutivo e,

---

[399] STJ. Recurso Ordinário em Mandado de Segurança n. 21123/SC. Rel. Min. Arnaldo Esteves Lima. Quinta Turma. DJ 06.08.2007, p. 542.

excepcionalmente, efeito suspensivo. A Lei nº 12.016/2009 estabelece no seu art. 5º, I, que não se dará mandado de segurança quando se tratar "de ato de que caiba recurso administrativo com efeito suspensivo, independente de caução". Obviamente, tal dispositivo não obriga o particular a exaurir a via administrativa para, só então, recorrer ao Judiciário. Assim, poderá o prejudicado decidir entre a propositura de recurso administrativo, com efeito suspensivo, ou a impetração imediata do mandado de segurança. Ocorre que, quando optar pela utilização do recurso, não poderá ingressar concomitantemente com o remédio constitucional, uma vez que o efeito suspensivo daquele retira a exequibilidade da decisão impugnada e, consequentemente, a lesão ou ameaça de lesão, requisitos necessários para propositura dessa medida judicial. Desta forma, utilizando-se o recurso administrativo com efeito suspensivo, independente de caução, o prazo para interposição do *mandamus* somente começa a correr após a decisão do referido recurso. Na situação em que o recurso possui apenas efeito devolutivo admite-se, inclusive, a utilização concomitante do mandado de segurança, desde quando a decisão recorrida permanece exequível, podendo causar lesão ou ameaça de lesão ao recorrente. Assim, entendem alguns que a falta de previsão legal de efeito suspensivo ao recurso administrativo faz com que o prazo de cento e vinte dias passe a transcorrer, não sendo suspenso pela interposição tempestiva do recurso administrativo hierárquico. Para outros, no entanto, o prazo para interposição do mandado de segurança só começará a contar da data em que o interessado tomar ciência da denegação do recurso, tenha ele efeito suspensivo ou não.[400]
Assim, acrescentam Sérgio Ferraz e Adilson Dallari:

> o direito constitucional assegurando o duplo grau de jurisdição administrativa não pode ser entendido como uma armadilha ao recorrente, que, por ter recorrido administrativamente, perderia um direito maior, de maior significação para a ordem jurídica. Se esta deu ao recorrente o direito de recorrer, dando à autoridade administrativa hierarquicamente superior o dever de decidir, é contra esta nova decisão que deve caber mandado de segurança.[401]

---
[400] NUNES, Castro. *Do mandado de segurança*. Rio de Janeiro: Forense, 1980. p. 336.
[401] FERRAZ, Sérgio; DALLARI, Adilson Abreu. *Processo administrativo*. São Paulo: Malheiros, 2012. p. 291.

Concordamos com tal posição, acrescentando que, em qualquer caso, o recurso administrativo deverá ser tempestivo. No caso específico do concurso público, normalmente os recursos administrativos possuem efeito suspensivo. Assim, o concurso restará paralisado no prazo definido para apreciação dos recursos administrativos. Se, porventura, o edital determinar que a revisão administrativa interposta contra o certame contará apenas com o efeito devolutivo ou caso não haja previsão de recurso administrativo no edital, o prazo de cento e vinte dias para propositura do mandado de segurança terá seu *die a quo* da decisão do recurso eventualmente oferecido.

A competência para julgar mandado de segurança é definida em razão da autoridade coatora e pela sua sede funcional.[402] Assim, a competência para apreciação do mandado de segurança é estabelecida por normas constitucionais ou pelas leis de organização judiciária. Em se tratando do concurso público, deverá ser indicada a autoridade coatora e, a partir daí, estabelecido o Juízo competente.

Outro ponto a ser abordado sobre o tema é o que se refere à concessão de liminar. Esta é admitida pela própria lei de mandado de segurança, no seu art. 7º, III, para suspender o ato que tiver dado motivo ao pedido, quando for relevante o fundamento e do ato impugnado puder resultar a ineficácia da medida, caso seja deferida, sendo facultado exigir do impetrante caução, fiança ou depósito com o objetivo de assegurar o ressarcimento à pessoa jurídica. A concessão de medida liminar visa a evitar o total aniquilamento do direito do postulante em face de tardio reconhecimento deste direito. Há, no entanto, dois pressupostos que deverão ser preenchidos para a concessão da medida, são eles: o *periculum in mora* e o *fumus boni iuris*. O primeiro pressuposto afere-se com a análise da possibilidade – ou não – de recomposição do direito diante da suposta demora da prestação jurisdicional. O segundo decorre da plausividade de que

---

[402] "A jurisprudência do STJ entende que, em se tratando de Mandado de Segurança, a competência absoluta para processamento e julgamento da demanda é estabelecida em consonância com a sede funcional da autoridade que praticou o ato coator. Verificada a ocorrência de equívoco no apontamento da autoridade coatora pela impetrante, deve ser acolhida a preliminar de incompetência absoluta suscitada, sendo os autos remetidos ao juízo competente, conservados os efeitos das decisões proferidas no curso do processo" (TJ-MG. AP Cível/Remessa Necessária nº AC 10000190384263001 MG, Data da Publicação 05.06.2019).

os fatos descritos levem às consequências pleiteadas. A lei possibilita que o magistrado, consoante a peculiaridade do caso concreto, possa impor caução para assegurar eventual resultado infrutífero se, ao final, o pedido do impetrante for rejeitado.

O Código de Processo Civil, no Livro V, utiliza a terminologia tutela provisória, que poderá ser de urgência, cautelar ou antecipada, ou de evidência (art. 294, CPC). No caso do mandado de segurança, a medida constante do art. 7º, III, seria a tutela provisória de urgência.

Assim, quanto à concessão de tutela provisória à candidato reprovado na prova objetiva para garantir sua participação nas demais fases do concurso não terá o condão de assegurar a nomeação, caso o impetrante seja aprovado nas etapas subsequentes. Nesta hipótese, não há direito líquido e certo à nomeação, devendo o Judiciário se limitar a determinar a reserva de vaga até a resolução de mérito do *writ*.[403] Desta forma, caminha a jurisprudência no sentido de não admitir a chamada "nomeação precária" em cargo público, decorrente de deferimento de tutela de urgência. Aliás, nessa direção já decidiu o Superior Tribunal de Justiça em diversas oportunidades.[404] Nessas situações, o candidato deve aguardar o trânsito em julgado da sentença para obter a nomeação.[405]

---

[403] CONCURSO PÚBLICO. Concedida liminar para reserva de vaga. Agravada impedida de tomar posse por constar apontamento criminal em seu nome. Evidências de que se trata de homônimo. Razoável manter reserva de vaga para a agravada até o julgamento da ação. Medida reversível e que evita dano grave e de difícil reparação para a agravada. Recurso não provido. (TJ-SP – AI: 20469577420138260000 SP 2046957-74.2013.8.26.0000, Relator: Edson Ferreira, Data de Julgamento: 22.01.2014, 12ª Câmara de Direito Público, Data de Publicação: 24.01.2014).

[404] ADMINISTRATIVO. SERVIDOR PÚBLICO. CONCURSO PÚBLICO. APROVAÇÃO FORA DO NÚMERO DE VAGAS. DIREITO À NOMEAÇÃO. INEXISTÊNCIA. CURSO DE FORMAÇÃO. LIMINAR. TEORIA DO FATO CONSUMADO. INAPLICABILIDADE. 1. Hipótese em que a Corte de origem assentou nos autos a compreensão de que não houve preterição de candidato, em razão deste não ter se classificado dentro do número de vagas. 2. O candidato aprovado em Curso de Formação, por força de liminar, não possui direito líquido e certo à nomeação e à posse, mas à reserva da respectiva vaga até que ocorra o trânsito em julgado da decisão que o beneficiou. Precedentes. 3. Não há situação fática consolidada a ser preservada pela conclusão do curso de formação, com base em decisão de caráter precário, sobretudo se já expirado o prazo de validade do certame. Precedente. 4. Agravo regimental a que se nega provimento. (AgRg no REsp 1137920 / CE. AGRAVO REGIMENTAL NO RECURSO ESPECIAL 2009/0082604-7. Min. ALDERITA RAMOS DE OLIVEIRA (DESEMBARGADORA CONVOCADA DO TJ/PE). Sexta Turma. DJe 14.06.2013.

[405] Nessa linha o Supremo Tribunal Federal decidiu que se a participação e aprovação do candidato em alguma etapa do concurso público decorreram de concessão de medida liminar em ação judicial, não há para o interessado direito subjetivo à nomeação – STF. RMS nº 23.813-DF, 2ª Turma. Rel. Min. Maurício Corrêa. Julg. em 21.08.2001.

Em consonância com tal entendimento, José dos Santos Carvalho Filho sustenta que, em se tratando de providência cautelar, esta deve ater-se à reserva de vaga e à consequente garantia. Assim, criticando a postura de alguns órgãos do Judiciário que concedem medidas liminares para o efeito de ser o candidato nomeado e empossado no cargo, acrescenta que "é a reserva de vaga – e não a nomeação e a posse – que garante o interessado contra o *periculum in mora* decorrente da demora na solução do litígio".[406] A questão não é tão simples quanto parece.

Não há dúvida de que, em certas situações, não se justificaria outra determinação judicial senão a reserva de vagas. Assim, seria o caso do candidato que contesta a sua reprovação em concurso público, diante do resultado do exame psicotécnico, que se utilizou exclusivamente de critérios subjetivos para a avaliação. Nessa hipótese, o mais prudente seria determinar a reserva de vaga, mesmo porque poderá ocorrer a repetição do exame, a depender do caso.[407] Situação diversa, no entanto, é aquela em que o candidato aprovado em primeiro lugar em concurso já homologado para certo cargo não é nomeado, mas há contratação temporária realizada para o exercício de função típica daquele cargo. Ora, nesta situação a liminar deverá ser deferida no sentido de determinar a imediata nomeação daquele, mesmo que precária. Posição contrária levaria a beneficiar a Administração Pública por sua própria torpeza. Leve-se em consideração a demora na tramitação dos processos no Judiciário brasileiro, que traz sérios e, muitas vezes, irremediáveis prejuízos aos particulares que necessitam dos préstimos judiciais.

---

[406] CARVALHO FILHO. José dos Santos. *Manual de Direito Administrativo*. São Paulo: Atlas, 2016. p. 671.

[407] Acrescente-se que o STJ já se manifestou quanto a casos dessa natureza, inclinando-se para a concessão de reserva de vaga e não da "nomeação precária". Senão vejamos: "RECURSO ESPECIAL – ADMINISTRATIVO – CONCURSO PÚBLICO PARA PROVIMENTO DE CARGO DE POLICIAL CIVIL – PARTICIPAÇÃO NO CERTAME MEDIANTE LIMINAR – DECISÃO SUB JUDICE – DIREITO APENAS A TER GARANTIDA A RESERVA DE VAGA ATÉ O TRÂNSITO EM JULGADO DA DECISÃO QUE CONCEDEU A LIMINAR. Nos termos de reiterados julgados desta Corte, o candidato aprovado em concurso público mediante a obtenção de medida liminar, faz jus à garantia da reserva de vaga até o trânsito em julgado da decisão que concedeu a continuidade da participação no certame. Não tem direito líquido e certo à nomeação, ainda que entenda que foi preterido com a nomeação de candidatos com classificação inferior à obtida pelo impetrante. Recurso especial provido apenas para conceder parcialmente a segurança a fim de que seja garantida a reserva de vaga à impetrante, até o trânsito em julgado da decisão que concedeu a liminar" (REsp. 677072-AL. Rel. Min. José Arnaldo da Fonseca. Quinta Turma. Data de Julgamento: 08.11.2005).

Apesar do posicionamento contrário à "nomeação precária", muitas vezes ocorre não somente a nomeação, mas também a posse do candidato *sub judice*, com a posterior denegação de segurança. Questiona-se, então, como ficaria a situação do candidato que, anos depois da nomeação e posse em razão de liminar, vem a ser surpreendido com a referida denegação da segurança. Poder-se-ia falar, nesta hipótese, na teoria do fato consumado?[408]

Segundo já se manifestou o Superior Tribunal de Justiça, "a teoria do fato consumado incide apenas em casos excepcionalíssimos, nos quais a inércia da Administração ou a morosidade do judiciário deram ensejo a que situações precárias se consolidassem pelo decurso do tempo".[409] Pensamos que se deve analisar a situação fática em tais casos. Inicialmente, concordamos que os atos administrativos praticados por servidores nomeados precariamente, em regra, devem ser mantidos, considerando o atributo da presunção de legitimidade das declarações administrativas. Quanto à manutenção do agente no serviço público após a denegação de segurança, entendemos que apesar de esse caminho violar o princípio da legalidade estrita, em certas ocasiões deverá ser trilhado, conferindo-se preferência aos princípios da dignidade da pessoa humana, da boa-fé e da segurança jurídica. Seria por assim dizer, estabelecer, no caso concreto, os princípios que devem prevalecer na hipótese de colisão. Desta forma, o Superior Tribunal de Justiça se manifestou quanto à matéria ao apreciar embargos de divergência, decidindo que:

> EMBARGOS DE DIVERGÊNCIA EM RECURSO ESPECIAL – APLICAÇÃO DA TEORIA DO FATO CONSUMADO EM CONCURSO PÚBLICO – POSSIBILIDADE – PRECEDENTES – PREVALÊNCIA E RELEVANCIA DOS PRINCÍPIOS DA DIGNIDADE DA PESSOA JURÍDICA, D BOA-FÉ E DA SEGURANÇA JURÍDICA SOBRE O PRINCÍPIO DA LEGALIDADE ESTRITA – EMBARGOS ACOLHIDOS.
> 1. A aplicação da "teoria do fato consumado", em concurso público, é possível, uma vez que corresponde a convalidação de uma situação de fato e legal, que se perdurou ao longo do tempo, dada a relevância e a

---
[408] Considera-se fato consumado sinônimo de direito líquido e certo à manutenção de uma situação irregular.
[409] AgRg no RMS 34189/2012.

preponderância dos princípios da dignidade da pessoa humana, da boa-fé e da segurança jurídica, sobre o próprio princípio da legalidade estrita. Precedentes. 2. Urge se conceber o princípio da primazia da norma mais favorável ao cidadão, juntamente com a "teoria do fato consumado", quando o jurisdicionado, de boa-fé, permanece no cargo, ao longo de vários anos, dada a demora da prestação jurisdicional e a inércia da Administração. Efetividade a garantia prevista no art. 5, inciso LXXVIII, CR/88, com a redação dada pela Emenda Constitucional nº 45/2003. 3. Embargos de divergência acolhido.[410]

Caso o impetrante obtenha judicialmente o reconhecimento de sua aprovação, após ter sido reprovado no concurso público, questiona-se qual será a situação jurídica desse novo servidor frente aos demais aprovados no concurso e nomeados preteritamente.

José dos Santos Carvalho Filho[411] apresenta razoável solução para tal impasse. Segundo este doutrinador, quanto à questão funcional o ato de nomeação deve retroagir ao momento em que houve as nomeações anteriores, devendo o servidor ser inserido na ordem classificatória, como se tivesse sido nomeado juntamente com os demais aprovados. Assim, tendo havido progressões funcionais, a exemplo de promoções, estas devem alcançar tal servidor, uma vez que ele não pode ser prejudicado pelo erro administrativo. Porém, no que concerne ao aspecto de natureza remuneratória, não terá direito à percepção de vencimentos e vantagens relativas ao período anterior ao efetivo exercício da função.[412] A equação

---

[410] STJ. REsp 446077/DF. Embargos de divergência em recurso especial – 2004/0127683-8. Rel. Min. Paulo Medina. Terceira Seção. DJ 28.06.2006.
[411] CARVALHO FILHO, José dos Santos. *Manual de Direito Administrativo*. São Paulo: Atlas, 2016. p. 672.
[412] CONSTITUCIONAL. ADMINISTRATIVO. CONCURSO PÚBLICO. AÇÃO REPARATÓRIA POR DANOS MATERIAIS. *POSSE E NOMEAÇÃO TARDIA*. RESPONSABILIDADE CIVIL DO ESTADO. SERVIDOR NOMEADO POR DECISÃO JUDICIAL APÓS O RECONHECIMENTO DA ILEGALIDADE. INDENIZAÇÃO DOS VENCIMENTOS E VANTAGENS NO PERÍODO EM QUE TEVE CURSO O PROCESSO JUDICIAL. IMPOSSIBILIDADE SOB PENA DE ENRIQUECIMENTO SEM CAUSA. PRECEDENTES DO STF, STJ E TJDFT. SENTENÇA MANTIDA. 1. A nomeação e *posse tardias* em cargo público, mesmo que ocasionadas por ato ilegal ou considerado nulo por decisão judicial, não geram direito à indenização correspondente à remuneração do cargo, devida desde a data em que o candidato deveria ter tomado *posse*, tampouco ao cômputo do tempo de serviço respectivo. Em caso tais, a demora não configura preterição ou ato ilegítimo da Administração Pública a justificar uma contrapartida indenizatória. Entendimento em sentido contrário representaria indevido privilégio previdenciário, acréscimos pecuniários e funcionais sem a devida causa e nítido favorecimento pessoal do servidor, o que é

apresentada é irreparável quanto ao segundo aspecto, merecendo certa ponderação no que diz respeito ao primeiro, principalmente nas situações em que as nomeações não ocorrem de uma só vez. Desta forma, muitas vezes será impossível conceder promoções deferidas a outros nomeados. Pode-se citar como exemplo as promoções por merecimento no âmbito do Poder Judiciário e do Ministério Público. Como estendê-las a um membro de um desses entes, recém nomeado, em virtude de decisão judicial? Com efeito, o mais correto é que os danos decorrentes da tardia nomeação por ordem judicial deverão ser solvidos em ação de indenização contra o Estado, fundada no art. 37, §6º da Constituição Federal. Saliente-se que o Supremo Tribunal Federal, apreciando a tese 671 de repercussão geral, decidiu que, na hipótese de posse em cargo público determinada por decisão judicial, o servidor não faz jus à indenização, sob o fundamento de que deveria ter sido investido em momento anterior, salvo situação de arbitrariedade flagrante.

Diversos são os direitos dos concorrentes, em se tratando de concurso público, que podem ser defendidos por mandado de segurança. Assim, poderíamos citar: o direito de isenção de taxa do hipossuficiente; o direito à exigência dos requisitos de habilitação para o concurso somente na posse ou no ato de contratação; o direito de utilizar recurso administrativo; o direito de observância da ordem de classificação do concurso;[413] direito à nomeação em caso de contratação precária, dentre outros.

Deve-se acrescentar a importância que tem o controle judicial exercido por meio do mandado de segurança para restabelecer os direitos daqueles que se submetem ao certame concursal e têm suas expectativas frustradas por ilegalidades praticadas pelos entes patrocinadores do certame.

---

inadmissível pelo ordenamento jurídico. Precedentes do STF, STJ e TJDFT. 2. Apercepção de vencimentos está atrelada ao efetivo exercício de cargo público, sendo certo que, na hipótese de atraso de *nomeação*, inexiste qualquer contraprestação laboral, o que obsta o pagamento de retribuição pecuniária, sob pena de se configurar enriquecimento sem causa e de mácula aos princípios da legalidade, da moralidade e da indisponibilidade do patrimônio público. Recurso conhecido e desprovido. (Apelação Cível 20130111562268 (TJ-DF), data da publicação 10.02.2015)

[413] Segundo a Súmula 15 do STF "Dentro do prazo de validade do concurso, o candidato aprovado tem direito à nomeação, quando o cargo for preenchido sem observância da classificação".

9.4.3 Da ação popular no controle do concurso público

A ação popular, disciplinada pela Lei nº 4.717/1965, é instrumento constitucional de defesa dos interesses da coletividade, disponível a qualquer um dos seus membros. A terminologia utilizada decorre exatamente do fato de se atribuir a qualquer cidadão a tutela jurisdicional de pretensão que não lhe pertence individualmente, fazendo valer um interesse que só lhe cabe como membro da coletividade. Logo, o beneficiário direto e imediato desta ação não é o autor, mas o povo.

No âmbito constitucional, a ação popular aparece no art. 5º, LXXIII, dispondo que "qualquer cidadão é parte legítima para propor ação popular que vise a anular ato lesivo ao patrimônio público ou de entidade de que o Estado participe, à moralidade administrativa, ao meio ambiente e ao patrimônio histórico e cultural, ficando o autor, salvo comprovada má-fé, isento de custas judiciais e do ônus de sucumbência". José Afonso da Silva[414] atribui à ação popular natureza política, constituindo-se manifestação direta da soberania popular, prevista no art. 1º, parágrafo único, da Carta Constitucional.

É inegável que a ação popular teve seu objeto ampliado com a Constituição de 1988, que passou a incluir a proteção da moralidade administrativa, do meio ambiente, e do patrimônio histórico e cultural – lembrando que este último já estava contemplado em lei que regula o processo popular.

Tradicionalmente, apresentava-se como pressupostos da ação popular o ato ilegal e a lesividade ao patrimônio público, sendo este, inclusive, o entendimento externado por Hely Lopes Meirelles,[415] bem como pelo saudoso Ministro da Suprema Corte, Moacyr Amaral Santos.[416]

---

[414] SILVA, José Afonso da. *Comentários contextual à Constituição*. São Paulo: Malheiros, 2005. p. 170.
[415] MEIRELLES, Hely Lopes, Wald, Arnaldo, MENDES, Gilmar Ferreira. *Mandado de Segurança*. São Paulo: Malheiros, 2014. p.141.
[416] Em acórdão o referido Ministro relatou "são pressupostos da ação, sem os quais é inatendível a pretensão: a) a lesividade do ato ao patrimônio público (da União, do Distrito Federal, dos Estados, dos Municípios, das entidades autárquicas, etc.); b) que o ato lesivo seja contaminado de vício ou de defeito de nulidade ou anulabilidade (RTJ 54/95).

A análise do dispositivo constitucional mencionado deixa a impressão de que continua a exigir-se o binômio "ilegalidade-lesividade" como causa de pedir da ação popular.[417] No entanto, concordamos com Paulo Barbosa de Campos Filho, quando afirma que a lesividade dificilmente vem só, acrescentando que "precede-a, sempre, algum outro vício de nulidade, ou anulabilidade – erro, dolo, coação, simulação, falta de causa, causa falsa ou ilícita, afronta direta ou indireta às leis e demais normas imperativas, excesso ou desvio de poder, *et coetera* – defeitos sem algum dos quais o ato não poderia sequer ser lesivo".[418]

Deve-se, no entanto, fazer menção à correta ponderação realizada por José Afonso da Silva, para quem a tendência com a Carta de 1988 é a de "erigir a lesão, em si, à condição de motivo autônomo da nulidade do ato".[419] É inegável que a conduta administrativa com afronta ao princípio da moralidade administrativa viola a legalidade no sentido amplo, entendida não como violação às regras formais, mas a todo o direito acolhido no nosso ordenamento. A própria jurisprudência do Superior Tribunal de Justiça vem ponderando de forma mais coerente a exigência dos requisitos da ação popular, senão vejamos:

ADMINISTRATIVO. AÇÃO POPULAR. CABIMENTO. ILEGALIDADE DE ATO ADMINISTRATIVO. LESIVIDADE AO PATRIMÔNIO PÚBLICO. COMPROVAÇÃO DE PREJUÍZO. NECESSIDADE.
1. A ação popular visa proteger, entre outros, o patrimônio público material, e, para ser proposta, há de ser demonstrado o binômio "ilegalidade/lesividade". Todavia, a falta de um ou outro desses

---

[417] Assim, na análise dos julgados dos tribunais superiores, percebe-se que normalmente a ação popular, em sede de concurso público, é utilizada para afrontar ilegalidades. Senão vejamos: "ADMINISTRATIVO. AÇÃO POPULAR. ANULAÇÃO DE CONCURSO PÚBLICO PARA JUIZ DO TRABALHO DA E. TRT 1ª REGIÃO. ALEGAÇÃO DE NULIDADE DO CERTAME EM RAZÃO DA ANULAÇÃO DE QUESTÕES EM 2ª ETAPA. INEXISTÊNCIA DE INFRAÇÃO À LEI, TAMPOUCO AO EDITAL DO CONCURSO. AUSÊNCIA DE EVIDÊNCIA QUANTO A PREJUÍZO DO PATRIMÔNIO PÚBLICO. IMPROCEDÊNCIA DO PEDIDO. 1. Inexiste qualquer irregularidade, como apontada pelos autores populares, na anulação de questões mal formuladas, em segunda etapa, e conseqüente atribuição dos pontos aos candidatos que participaram da prova. 2. Ausência de qualquer erro na formulação de perguntas na primeira fase do certame a justificar idêntico procedimento. 3. Nesse sentido não há que se cogitar em ofensa ao princípio da isonomia. 4. Remessa necessária improvida. Recurso dos autores improvido." (91.02.00551-4/RJ. TRF 2ª Região. Sexta Turma. Apelação Cível. DJU 05.09.2005, p. 268).
[418] CAMPOS FILHO, Paulo Barbosa. *Ensaio sobre ação popular*. São Paulo: Saraiva, 1939. p. 52.
[419] SILVA, José Afonso da. *Comentários contextual à Constituição*. São Paulo: Malheiros, 2005. p. 172.

requisitos não tem o condão de levar, por si só, à improcedência da ação. Pode ocorrer de a lesividade ser presumida, em razão da ilegalidade do ato; ou que seja inexistente, tais como nas hipóteses em que apenas tenha ocorrido ferimento à moral administrativa.
2. Não se pode presumir que o erário público tenha sido lesado por decreto concessivo de descontos substanciais para pagamento antecipado de impostos e que, embora declarado nulo, conte com o beneplácito do Poder Legislativo local, que editou lei posterior, concedendo remissão da dívida aos contribuintes que optaram pelo pagamento de tributos com os descontos previstos no decreto nulo.
3. Na hipótese em que não cabe a presunção de lesividade apenas pela ilegalidade do ato anulado, não cabe condenação a perdas e danos, como previsto no art. 11, da Lei nº 4.717/65.
4. Recurso especial parcialmente conhecido e, nessa parte, não provido.[420]

A finalidade da ação popular é invalidar atos lesivos aos interesses difusos da sociedade, podendo também ter uma finalidade condenatória, consistente na condenação dos responsáveis e possíveis beneficiários do ato lesivo ao ressarcimento de danos. De acordo com Rodolfo Mancuso, "cuida-se, pois, de um pedido a um tempo constitutivo-negativo e condenatório, cabendo lembrar que também se admite o pedido cautelar, para a hipótese da lesão virtual ou iminente".[421]

No caso específico do concurso público poderá ser proposta ação popular visando a contestar vícios constantes no edital do concurso ou na sua tramitação.[422] Outra possibilidade é a de se arguir,

---

[420] STJ. REsp. 479803/SP. Rel. Min. João Otávio de Noronha. Segunda Turma. *DJ* 22.09.2006. p. 247.
[421] MANCUSO, Rodolfo de Camargo. *Ação popular*. São Paulo: Revista dos Tribunais, 2001. p. 85.
[422] Neste sentido, apresenta-se como exemplo a seguinte ementa do Tribunal Regional Federal da 4ª Região: "ADMINISTRATIVO. AÇÃO POPULAR. CONCURSO PÚBLICO. DECLARAÇÃO DA NULIDADE DA PROVA PRÁTICA DE INFORMÁTICA. A paridade de condições de concurso, além de ser regra do direito positivo, também o é do ordenamento moral. Admissível, portanto, a ação popular que, como a presente, vise a apurar a quebra da isonomia entre os candidatos que disputam o certame" (Apelação Cível nº 2002.72.00.013293-0/SC, Quarta Turma, *DJU* 10.09.2003. p. 1031).
– AGRAVO DE INSTRUMENTO. AÇÃO POPULAR. CONCURSO PÚBLICO DE PROFESSOR REALIZADO PELO IFPB. DECISÃO QUE SUSPENDEU OS ATOS POSTERIORES À DIVULGAÇÃO DE RESULTADO DO CERTAME. CANDIDATO CLASSIFICADO EM PRIMEIRO LUGAR CUJA ESPOSA FOI INTEGRANTE DA BANCA EXAMINADORA. PRESSUPOSTOS AUTORIZADORES DA MEDIDA IMPUGNADA. INEXISTÊNCIA DE PERICULUM IN MORA INVERSO, TENDO EM VISTA QUE, UMA VEZ JULGADA IMPROCEDENTE A AÇÃO, O RÉU/AGRAVANTE TERÁ SEUS DIREITOS RECONHECIDOS RETROATIVAMENTE. AGRAVO DE INSTRUMENTO

através do referido remédio constitucional, a contratação irregular de pessoal, realizada pela Administração Pública, em substituição à nomeação precedida de aprovação em certame concursal.[423] A ação popular, proposta pelo cidadão, terá no seu polo passivo, além das pessoas jurídicas, públicas ou privadas, em nome das quais o ato ilegal foi praticado, os agentes públicos que, de alguma forma, concorram para o ato sindicato, bem como os beneficiários do ato, direta e indiretamente, agentes públicos ou não. Muito embora o art. 6º, §5º, da Lei nº 4.717/1965 admita litisconsortes e assistentes apenas do autor, entendemos possível tais formas de intervenção também no polo passivo. Nesse sentido, Hely Lopes Meirelles acrescenta que:

> [...] a só referência à assistência e ao litisconsórcio *ativos* não exclui os intervenientes passivos que tenham legítimo interesse na defesa da causa, tais como os funcionários não citados para integrar a lide mas que, se procedente a ação e declarada sua culpa no ato ou contrato lesivo, poderão ser regressivamente responsabilizados pelo dano (art.11). Estes, inegavelmente, poderão ingressar na ação na qualidade de assistentes ou litisconsortes do réu.[424]

O Ministério Público, qualquer que seja sua forma de intervenção, jamais poderá desgarrar-se da sua missão de defensor da lei e da ordem jurídica, como bem preconiza José Afonso da Silva.[425] No caso específico da ação popular, o §4º, do art. 6º, da Lei nº 4.717/1965 proíbe o Ministério Público de assumir a defesa do ato impugnado ou dos seus autores. Provavelmente, tal previsão legal parte do pressuposto de que o autor popular estará sempre atuando em favor da coisa

---

DESPROVIDO. (TRF- 5ª REGIÃO. Ag 52776420134050000. Rel. Des. Federal Lázaro Guimarães. Publicado 31.07.14)

[423] CONSTITUCIONAL. ADMINISTRATIVO. AÇÃO POPULAR. SERVIDOR PÚBLICO. CONTRATAÇÃO SEM CONCURSO PÚBLICO: NULIDADE. C.F. art. 37, II e IX. I. – A investidura no serviço público, seja como estatutário, seja como celetista, depende de aprovação em concurso público, ressalvadas as nomeações para cargo em comissão declarado em lei de livre nomeação e exoneração. CF art. 37, II. A contratação por tempo determinado, para atender a necessidade temporária de excepcional interesse público, tem como pressuposto lei que estabeleça os casos de contratação. CF, art. 37. Inexistindo essa lei, não há falar em tal contratação. III. – R.E. conhecido e provido (RE 168566, Rel. Carlos Velloso, 2ª Turma, Julgamento: 20.04.1999).

[424] MEIRELLES, Hely Lopes; WALD, Arnaldo, MENDES, Gilmar Ferreira. *Mandado de Segurança*. São Paulo: Malheiros, 2014. p. 195.

[425] SILVA, José Afonso da. *Ação popular constitucional*. São Paulo: Revista dos Tribunais, 1968. p. 204.

pública e que o ato impugnado será sempre ilegal e lesivo ao patrimônio público. Assim, como cabe ao promotor de Justiça oficiante atuar voltado à satisfação do interesse público, não poderá demandar em lado contrário ao do autor da ação popular. No entanto, caso no curso da ação fique demonstrada a inexistência de ato ilegal e lesivo ao patrimônio público, ou mesmo patenteado que o autor popular foi conduzido por motivação política, nada impede que o *Parquet* venha a opinar pela improcedência da ação. Nessa correta linha de entendimento, argumenta Ruy Armando Gessinger que "o Ministério Público deve atuar na ação popular como o requer o interesse público, não a versão do autor. Não lhe cabe a automática obrigação de defender interesse de quem o processo demonstre, afinal, não ter direito".[426]

A competência para processar e julgar a ação popular é determinada pela origem do ato sindicado. Com efeito, caso a ação popular trate de atuação atribuída à União, suas autarquias, fundações e empresas estatais, com exceção de suas sociedades de economia mista,[427] será proposta na seção judiciária competente da Justiça Federal. Se o ato impugnado, no entanto, for praticado pela Administração Pública direta e indireta de um dos estados da federação, a competência é do Juízo que a organização judiciária estadual atribuir competência para julgar as causas do interesse do estado. Por fim, caso o ato guerreado tenha sido praticado pelos órgãos do município ou um dos seus entes da Administração indireta, a competência será do juiz da comarca a que o município interessado pertencer, observando-se também a lei de organização judiciária. Não há foro por prerrogativa de função na ação popular. Desta forma, será proposta perante a Justiça do primeiro grau mesmo que a ação seja ajuizada contra chefes do Poder Executivo ou membros das Casas Legislativas.[428]

Em caso de ações populares propostas contra "as mesmas partes e sob os mesmos fundamentos", determina o §3º, do art. 5º, da

---

[426] GESSINGER, Ruy Armando. *Da ação popular constitucional*. Rio Grande do Sul: Ajuris, 1985. p. 36.
[427] Segundo a Súmula 556 do STF "é competente a justiça comum para julgar as causas em que é parte sociedade de economia mista".
[428] Cumpre acrescentar que apesar da inexistência de foro por prerrogativa na ação popular, o STF decidiu ser de sua competência originária o julgamento de ação popular na qual, pela sua natureza peculiar, a decisão pudesse criar um conflito entre um Estado e a União (Recl. 424-4-RJ, Rel. Min. Sepúlveda Pertence, RT 738/206).

Lei nº 4.717/1965, que a primeira que tiver sido proposta "prevenirá a jurisdição". Em verdade, o mais adequado seria falar em "prevenção de competência", uma vez que esta é a medida da jurisdição. Cumpre acrescentar que a prevenção não é critério de "determinação de competência", mas sim de "fixação de competência". Cabe razão a Rodolfo de Camargo Mancuso,[429] quando afirma que os "mesmos fundamentos" exigidos no referido dispositivo para prevenção da competência devem ser verificados à luz do princípio da razoabilidade, não se exigindo perfeita identidade, mas um liame entre as ações que as faça passíveis de decisão unificada.[430]

No caso de concurso público promovido pela Administração direta ou indireta federal, por exemplo, a propositura de várias ações populares em diversas cidades do Brasil contra ilegalidades do certame impõe a reunião de todas, como forma de se evitar decisões contraditórias. Assim, o Juízo perante o qual foi primeiramente distribuída a ação popular estará prevento para conhecer as demais ações posteriormente intentadas contra as mesmas partes e sob os mesmos fundamentos, segundo o §3º, do art. 5º, reafirmando princípio geral previsto no Código de Processo Civil (art. 58, CPC). Nesta situação, estará o Juízo prevento também para as ações individuais que porventura questionem também a validade do concurso.

9.4.4 A ação civil pública na impugnação do certame concursal

A Lei nº 7.347, de 24 de julho de 1985, segundo consta do seu preâmbulo, "disciplina a ação civil pública de responsabilidade por danos causados ao meio ambiente, ao consumidor, a bens e

---

[429] MANCUSO, Rodolfo de Camargo. *Ação popular*. São Paulo: Revista dos Tribunais, 2001. p. 186.
[430] Nesse sentido manifestou-se o Tribunal Regional Federal da 2ª Região: "CONSTITUCIONAL, ADMINISTRATIVO E PROCESSUAL CIVIL. – AÇÃO POPULAR – PREVENÇÃO DE COMPETÊNCIA – REUNIÃO DE PROCESSOS – AÇÕES POPULARES E AÇÕES INDIVIDUAIS – EDITAL DE CONCURSO PÚBLICO DA ECT PARA PROVIMENTO DE EMPREGOS PÚBLICOS (EDITAL Nº 104/97) – CONFLITO DE COMPETÊNCIA JÁ SUSCITADO PERANTE O E. STJ – PERTINÊNCIA DA REUNIÃO DOS PROCESSOS IN CASU."(Agravo de Instrumento nº 93901/RJ, Sexta Turma. Rel. Sérgio Schwaitzer. DJU 24.09.2003, p. 129).

direitos de valor artístico, estético, histórico, turístico e paisagístico". A norma constitucional que contempla a ação civil pública e por tal razão é fonte primária desse específico instrumento protetivo, encontra-se no art. 129, III, que reafirma a função institucional do Ministério Público, através desse instituto, "para a proteção do patrimônio público e social, do meio ambiente e de outros interesses difusos e coletivos".

Diante de tal dispositivo constitucional, inicialmente estabeleceu-se o critério subjetivo para a caracterização desta ação judicial. Édis Milaré,[431] manifestando-se quanto à matéria, aduz que, até há pouco, pensava-se que a característica da ação civil pública era ditada pela legitimação, e não pelo direito substancial discutido em Juízo. Ação civil pública, então, era aquela que tinha como titular ativo uma parte pública – o Ministério Público. Porém, observa este autor que "com a edição da Lei nº 7.347/1985, que conferiu legitimidade para a ação civil pública de tutela de alguns interesses difusos não só ao Ministério Público, mas também às entidades estatais, autárquicas paraestatais e às associações que especificam (art. 5º), novo posicionamento se impõe diante da questão". Acrescenta-se a legitimidade conferida à Defensoria Pública (art. 5º, II).

Hugo Nigro Mazzilli[432] posiciona-se no sentido de caracterizar a ação civil pública como a via judicial voltada à defesa de interesses metaindividuais, proposta por diversos co-legitimados, entre os quais, o próprio Ministério Público. Obviamente, o Ministério Público está em melhor posição para o ajuizamento desta ação, por sua independência institucional e atribuições funcionais. Ademais, quando não for o autor da ação, deverá nela intervir como fiscal da lei.

Porém, não se justifica a utilização do termo "pública" em virtude da legitimidade conferida ao *Parquet*, já que não lhe foi deferida a titularidade exclusiva da ação, mas sim em razão do seu largo espectro social de atuação, como bem observa Rodolfo de Camargo Mancuso,[433] permitindo o acesso à justiça de certos

---

[431] MILARÉ, Edis. O Ministério Público e a ação ambiental. *Cadernos Informativos* – Curadoria do Meio Ambiente, São Paulo, 1998, p. 33.

[432] MAZZILLI, Hugo Nigro. *A defesa dos interesses difusos em juízo*. São Paulo: Revista dos Tribunais, 1999. p. 52.

[433] MANCUSO, Rodolfo de Camargo. *Ação civil pública*: em defesa do meio ambiente, do patrimônio cultural e dos consumidores. São Paulo: Revista dos Tribunais, 2002. p. 19.

interesses metaindividuais, que, de outra forma, permaneceriam em um certo "limbo-jurídico".

A ação civil pública revela-se o instrumento adequado para reprimir ou impedir danos morais e patrimoniais ao meio ambiente, ao consumidor, a bens e direitos de valor artístico, estético, histórico, turístico e paisagístico, por infração da ordem econômica e da economia popular, à ordem urbanística, à honra e à dignidade de grupos raciais, étnicos ou religiosos, ao patrimônio público ou social e a qualquer outro interesse difuso ou coletivo (art. 1º). Legislação posterior assegurou também o uso desta ação em defesa das pessoas com deficiência, dos investidores no mercado de capitais, das crianças e adolescentes, dos idosos, dos torcedores de modalidades esportivas, dentre outros. Aliás, como bem salienta José dos Santos Carvalho Filho, a redação do art. 129, III, da Constituição Federal tornou mais amplo o objeto da tutela da ação civil pública. Segundo o autor, "além de alcançar a proteção ao patrimônio público, converteu em simplesmente enumerativa a relação taxativa que a lei contemplava, já que se referiu a *outros* interesses coletivos e difusos".[434]

No caso do concurso público é patente que há direito difuso não só à observância da norma contida no art. 37, II, da Constituição Federal, que torna obrigatória a realização de concurso para provimento em cargos ou empregos públicos, com exceção dos comissionados, como também sua correta condução. Logo, a ação civil pública torna-se meio processual adequado para exigir a realização de concurso público, quando este se mostra necessário,[435] como também para impugnar certames realizados sem a correta observância dos princípios consagrados no nosso ordenamento jurídico, protegendo-se, assim, o patrimônio público moral do Estado.[436] A ação civil pública também poderá ser utilizada para

---

[434] CARVALHO FILHO, José dos Santos. *Ação civil pública*: comentários por artigos. Rio de Janeiro: Lúmen Júris, 2007. p. 07.

[435] Tal situação se daria na hipótese, por exemplo, de contratação temporária de pessoal, com fundamento no art. 37, IX, da Carta Constitucional, para exercício de funções típicas de cargos públicos, revelando burla à regra de obrigatoriedade do certame concursal.

[436] Assim, já decidiu o STJ: "AÇÃO CIVL PÚBLICA. CONCURSO PARA PROFESSOR UNIVERSITÁRIO. LEGITIMIDADE DO MINISTÉRIO PÚBLICO. 1. O Ministério Público é parte legítima para ajuizar ação civil pública em defesa dos princípios que devem reger o acesso aos cargos públicos por meio de concurso, configurando o interesse social relevante. 2. embargos de divergência conhecidos e providos" (EREsp 547704/RN. Rel Min. Carlos Alberto Menezes Direito. DJ 17.04.2006. p. 160). Na mesma linha manifestou-se também o

desconstituir ato administrativo de enquadramento de servidor público em afronta ao Texto Constitucional, por consubstanciar defesa do patrimônio público e tutela do interesse difuso da coletividade à adequada gestão da coisa pública.[437]

Discute-se, tanto na doutrina como na jurisprudência, a legitimidade do Ministério Público para pleitear direitos individuais homogêneos através da ação civil pública. O núcleo da discussão decorre da interpretação dos artigos 81, 82 e 91 do Código de Defesa do Consumidor. Tais dispositivos dão conta da legitimidade do Ministério Público para a defesa coletiva de interesses e direitos individuais homogêneos, definidos como aqueles afetados a um grupo de pessoas determinadas, ligadas entre si para um fim comum decorrente de origem comum. Segundo Teori Albino Zavascki, os interesses individuais homogêneos "são individuais, porque há perfeita identificação do sujeito, assim da relação dele como o objeto do seu direito. A ligação que existe com outros sujeitos decorre da circunstância de serem titulares (individuais) de direitos com 'origem comum'".[438] A origem comum do direito é que lhe confere a extensão social, na visão de Humberto Dalla Bernadina de Pinto,[439] pois, se diversas pessoas se encontram na mesma situação jurídica, automaticamente aquela situação passa a produzir efeitos na coletividade. Conclui, então, o autor que "sendo um direito coletivamente tutelado, passa a ser indisponível em razão dessa mesma extensão social".[440] Em verdade, a legitimidade ou não do Ministério Público em se tratando de direito individual homogêneo

---

TRF, da Primeira Região: "Ação Civil Pública. Concurso público que teria sido realizado com irregularidades. Legitimidade do Ministério Público Federal, mérito – inexistência de vícios no concurso. 1- O MPF tem legitimidade para ajuizar ação civil pública visando questionar a lisura de concurso público, pois assim agindo defende o patrimônio público contra possível contratação irregular, além de defender a probidade administrativa, tudo dentro de sua missão institucional, a teor do art. 129, III, da Constituição [...]" (Apelação Cível nº 1999.38.02.001253-6/MG. Rel. Des. Fagundes de Deus, data de julgamento: 21.03.2007).

[437] Neste sentido já decidiu o TRF da 1 Região: AC 1999.35.00.002582-0/GO. Apelação Cível. Des. Rel. José Almicar Machado. 1ª Turma. Data da decisão: 21.03.2007.

[438] ZAVASCKI, Teori Albino. Defesa de direitos coletivos e defesa coletiva de direitos. *Revista da Associação dos Juízes Federais do Brasil*, ano 10, p. 7-21.

[439] PINTO, Humberto Dalla Bernadina de. *Direito individual homogêneo:* uma leitura e releitura do tema. p. 9. Disponível em: www.humbertodalla.pro.br/artigo. Acesso em: 10 set. 2007.

[440] PINTO, Humberto Dalla Bernadina de. *Direito individual homogêneo:* uma leitura e releitura do tema. p. 9. Disponível em: www.humbertodalla.pro.br/artigo. Acesso em: 10 set. 2007.

deverá ser aferida em razão da relevância social do bem jurídico tutelado. Assim, os Tribunais têm admitido ações civis públicas em diversos temas, presente que esteja a relevância social do interesse metaindividual.[441] Nesse sentido, inclusive já se manifestou a Jurisprudência do Tribunal Regional Federal, da Primeira Região:

> ADMINISTRATIVO. AÇÃO CIVIL PÚBLICA. ENSINO SUPERIOR. ISENÇÃO DE TAXA DE INSCRIÇÃO EM VESTIBULAR. NECESSÁRIA COMPROVAÇÃO DE CARÊNCIA FINANCEIRA.
> 1. O Ministério Público Federal possui legitimidade ativa para ajuizar ação civil pública com o escopo de defender interesses individuais homogêneos, quando tais direitos têm repercussão no interesse público, como é o caso dos autos, em que a matéria versada na lide diz respeito ao direito social à educação, expresso no art. 6º da Constituição. Precedentes.
> 2. A cobrança da taxa de inscrição no vestibular, que tem a finalidade de compensar os custos operacionais do processo seletivo, não conflita com o princípio da gratuidade do ensino público, desde que prevista a isenção do encargo aos candidatos comprovadamente carentes. Precedentes.
> 3. Apelação da UFPA e remessa de ofício a que se dá provimento (Apelação cível nº 2000.39.00.012359-0/PA. Rel. Des. Fagundes de Deus. Quinta turma. Data da decisão 12.02.2007).

Dispõe o art. 3º da Lei nº 7.347/1985 que "a ação civil poderá ter por objeto a condenação em dinheiro, ou o cumprimento de obrigação de fazer ou não fazer". Nesta linha, o art. 11 acrescenta que "na ação que tenha por objeto o cumprimento de obrigação de fazer ou não fazer, o juiz determinará o cumprimento da prestação da atividade devida ou a cessação da atividade nociva, sob pena de execução específica, ou de cominação de multa diária, se esta for suficiente ou compatível, independentemente de requerimento do autor". Percebe-se, então, que o ideal é a execução específica, repondo-se o bem ou interesse lesado ao *status quo ante*, mas não sendo esta possível, a solução será a condenação em dinheiro, revertido em favor do fundo, destinado à reconstituição dos bens

---

[441] Assim como: regularização de loteamento (TJSP, JTJ 203/9, rel. Des. Cambrea Filho, j. 19.03.1997), defesa de adquirentes de unidades em conjunto habitacional, ameaçadas de ruína (TJSP, JTJ 192/227, rel. Des. César Peluso, j. 23.04.1996), financiamentos habitacionais (STJ, AgRgREsp nº 229.226-RS, rel. Min. Castro Meira, RT 828/172). Acrescente-se a Súmula 643, do STF, segundo a qual "o Ministério Público tem legitimidade para promover ação civil pública cujo fundamento seja a ilegalidade de reajuste de mensalidades escolares".

lesados, abordado no art. 13 da lei. O art. 11 reporta-se também à cominação de multa diária pelo não cumprimento da obrigação estabelecida. Assim, sendo o réu condenado a determinada obrigação de fazer, o juiz pode fixar o *quantum* da multa, estabelecendo, ao mesmo tempo, prazo para o cumprimento da obrigação. Caso não seja efetivada tal obrigação até o término do prazo estipulado, começará a ser contabilizada a multa.

O STJ tem entendimento consolidado quanto à possibilidade de a Fazenda Pública ser alvo de multa coercitiva, posicionamento não corroborado por muitos doutrinadores que pensam inexistir em tais determinações qualquer efeito cominatório, já que não é o administrador renitente quem irá pagá-la. Buscando a efetividade das decisões, alguns defendem a incidência da multa coercitiva sobre os representantes da pessoa jurídica. Fredie Didier,[442] defendendo o poder geral de efetivação do juiz, entende que nada impede o magistrado cominar astreintes diretamente ao agente público. A multa coercitiva aplicada diretamente ao administrador responsável é medida processual, que não está integrada aos efeitos materiais da coisa julgada. Observe-se, neste caso, que o suposto "terceiro" possui relevante papel na prestação da tutela específica, fator que justifica ser alcançado por uma decisão judicial em uma relação jurídica paralela. Assim, seria o caso de multa pessoal imposta ao chefe do Executivo para cumprimento de decisão, transitada em julgado, que determine a nomeação de candidatos aprovados dentro do número de vagas em concurso público, havendo, inclusive, contratados temporários exercendo as funções típicas dos cargos do certame. O Superior Tribunal de Justiça começa a apresentar sinais favoráveis a esta posição.[443]

O art. 83 da Lei nº 8.078/1990 estabelece que a ação civil pública poderá ainda ter como objeto comando cautelar, declaratório, constitutivo, mandamental de execução e qualquer outra espécie,

---

[442] DIDIER JR, Fredie; CUNHA, Leonardo Carneiro da; BRAGA, Paula Sarno; OLIVEIRA, Rafael Alexandre de. *Curso de Direito Processual Civil*: Execução. Salvador: JusPodivm, 2017. p. 627.

[443] Processual civil. Mandado de Segurança. Imposição de multa diária à própria autoridade coatora. Possibilidade. Aplicação subsidiária do art 461, §§4º e 5º do CPC. Recurso Especial do Estado desprovido (REsp 1399842/ES, Rel. Ministro SÉRGIO KUKINA, PRIMEIRA TURMA, julgado em 25.11.2014, DJe 03.02.2015)

desde que necessário à tutela dos direitos difusos, coletivos ou individuais homogêneos. Assim, a ação civil pública pode ser utilizada pelo Ministério Público visando à declaração de nulidade do concurso público, tendo como fundamento o art. 25, IV, *b*, da Lei nº 8.625/1993 (Lei Orgânica do Ministério Público).

O foro competente para a propositura da ação civil pública e das respectivas tutelas provisórias é o do local onde ocorrer o dano (art. 2º), cujo Juízo terá competência funcional para processar e julgar a causa. Optou o legislador pela competência territorial. Não há prerrogativa de foro para o julgamento de ação civil pública, que deve ser processada na primeira instância mesmo que figure como réu ministro de Estado ou presidente da República. Havendo interesse da União, entidade autárquica federal ou empresa pública federal, desloca-se a competência para a Justiça Federal. Note-se que, com o processo de interiorização pelo qual vem passando a Justiça Federal, é possível que o local onde ocorreu o dano se encontre sob a jurisdição de uma das varas federais localizadas no interior dos estados. Entendia-se que se na comarca não houvesse juízo federal, a competência se deslocaria para o juiz estadual, mas neste caso o recurso seria dirigido ao Tribunal Regional Federal competente.[444] No entanto, o Supremo Tribunal Federal decidiu de forma contrária a tal entendimento em ação civil pública movida pelo Ministério Público Federal, em face do município de São Leopoldo (RS), local onde ocorreu o dano e não havia vara federal. Assim, conhecendo e provendo recurso extraordinário, reformou acórdão proferido pela TRF da Quarta Região, que, confirmando decisão do primeiro grau, julgou incompetente a Justiça Federal e competente a Justiça Estadual para processar e julgar o feito. Desta forma, a Suprema Corte entendeu que se a União manifestar interesse na causa, o feito deve ser deslocado para a capital, onde a Justiça Federal, na hipótese, tem jurisdição sobre o aludido município.[445]

---

[444] Nesse sentido manifestou-se o STJ: "COMPETÊNCIA. AÇÃO CIVIL PÚBLICA. PROTEÇÃO AO MEIO AMBIENTE. SÍTIO ARQUEOLÓGICO. ART. 109, I, PARÁGRAFOS 3º e 4º, CF. LEI Nº 7.347/85, ART. 2º. I- A competência para processar e julgar ação civil pública, objetivando proteção ao meio ambiente, é do juízo em que ocorreu o dano. II- Precedente. III- Conflito conhecido para declarar a competência do Juízo Estadual (Conflito de Competência nº 12.361-5/RS. 1ª Seção, Rel. Min. Américo Luz, DJ de 08.05.1995)
[445] RE nº 228.955-RS. Pleno. Rel. Min. Ilmar Galvão. DJ 14.04.2000.

Na ação civil pública adota-se o procedimento comum, constante do art. 318 do Código de Processo Civil. Admite-se nesta ação tutela provisória de urgência visando à suspensão da atividade do réu, quando pedida na inicial e incidindo os pressupostos de *fumus boni juris* e *periculum in mora*. Aliás, a Lei nº 7.347/1993, no seu art. 4º, prevê a utilização da ação cautelar para evitar danos aos bens tutelados, na qual caberá também a concessão de medida liminar. Segundo Fredie Didier e Hermes Zaneti,[446] embora o dispositivo aborde expressamente a tutela cautelar, trata-se, em verdade, de tutela inibitória, que é satisfativa e visa exatamente a obter providência judicial que impeça a prática de ato ilícito e, por consequência, a ocorrência de um dano (art. 497, par. único, CPC).

No entanto, deve-se observar a regra exposta no art. 2º, da Lei nº 8.437/1992, segundo a qual "no mandado de segurança coletivo e na ação civil pública, a liminar será concedida quando cabível, após audiência do representante judicial da pessoa jurídica de direito público, que deverá se pronunciar no prazo de setenta e duas horas". Este dispositivo não sofreu alteração pelas regras do novo Código de Processo Civil, conforme consta do seu art. 1059, que manteve os arts. 1º a 4º, da Lei nº 8.437/1992, à tutela provisória requerida contra a Fazenda Pública. Dela cabe agravo, interposto pelo réu e também pedido de suspensão ao presidente do Tribunal competente para conhecer do respectivo recurso, pela pessoa jurídica de Direito Público interessada (art. 12, Lei nº 8.437/1992). Ressalte-se que o Superior Tribunal de Justiça, em casos excepcionais, tem mitigado a regra exposta no referido art. 2º, da Lei nº 8.437/1992, aceitando a concessão da tutela provisória de urgência sem a oitiva do poder público quando presentes os requisitos legais para conceder medida cautelar em ação civil pública,

Quanto à possibilidade de tutela de evidência na ação civil pública, na qual o juiz antecipa os efeitos da tutela definitiva pelas evidências dos fundamentos fáticos ou jurídicos da demanda, parece que não será possível a sua utilização, diante do que consta

---

[446] DIDIER JR., Fredie; ZANETI JR., Hermes. *Curso de Direito Processual Civil*. Salvador: Juspodivm, 2016. v. 4, p. 131.

do §3º, do art. 1º, da Lei nº 8.437/1992, que coíbe a concessão de liminar contra a Fazenda Pública que esgote no todo ou em parte o objeto da ação principal. Determina o art. 16 da Lei nº 7.347/1985 que "a sentença civil fará coisa julgada *erga omnes*, nos limites da competência do órgão prolator, exceto se o pedido for julgado improcedente por insuficiência de provas, hipótese em que qualquer legitimado poderá intentar outra ação com idêntico fundamento, valendo-se de nova prova". O legislador, neste dispositivo, confere caráter normativo à sentença, cuja eficácia vai alcançar toda a coletividade abrangida nos limites territoriais do órgão prolator da decisão. Rodolfo Mancuso, manifestando-se quanto à questão, aduz que:

> Não é difícil perceber que a ação civil pública, propiciando o aporte à Justiça de um tal espectro de conflitos metaindividuais, não por ter mitigada a eficácia *erga omnes* da coisa julgada que aí se produza, porque do contrário, ao invés de se pacificar o conflito, se acabará por prolongá-lo ou acirrá-lo, ante a previsível prolação de comandos judiciais diversos, senão já contraditórios.[447]

A opção pela possibilidade de coisa julgada *secundum eventum probationis* revela o objetivo de prestigiar o valor "justiça" em detrimento do valor "segurança", bem como preservar os processos coletivos do conluio e da fraude processual.[448]

O Superior Tribunal vem se manifestando quanto à matéria. Assim, vejamos:

> RECURSO ORDINÁRIO. MANDADO DE SEGURANÇA. PROCESSO CIVIL E ADINISTRATIVO. AÇÃO CIVIL PÚBLICA, DETERMINAÇÃO DE QUE FOSSEM RECALCULADAS NOTAS FINAIS DE CONCURSO PÚBLICO. EFICÁCIA *ERGA OMNIS*. PERDA DO CARGO. CONSTITUCIONALIDADE, ART. 41, PARÁGRAFO 1º, CF/88.
> 1- A Lei nº 7.347/85, em seu artigo 16, consagrou hipótese de exceção ao princípio dos limites subjetivos da coisa julgada (art. 472, do CPC) ao estabelecer a eficácia *erga omnes* da decisão proferida nos autos de ação civil pública.

---

[447] MANCUSO, Rodolfo de Camargo. *Ação civil pública*: em defesa do meio ambiente, do patrimônio cultural e dos consumidores. São Paulo: Revista dos Tribunais, 2002. p. 307.
[448] DIDIER JR., Fredie; ZANETI JR., Hermes. *Curso de Direito Processual Civil*. Salvador: Juspodivm, 2016. v. 4, p. 397.

2. O ato que torna sem efeito a nomeação de servidores públicos estáveis, com fundamento em decisão transitada em julgado proferida nos autos de ação civil pública, não incorre em inconstitucionalidade. Com efeito, nos termos do art. 41, parágrafo 1º, da Constituição Federal, a perda de cargo de servidor estável deve ser determinada por sentença judicial transitada em julgado ou processo administrativo.
3. Recurso ordinário improvido.[449]

Pode-se afirmar que a decisão que tornar sem efeito a nomeação de certos servidores estáveis em virtude de decisão prolatada em sede de ação civil pública, que tiver reconhecido irregularidade na correção das provas do concurso, não viola os princípios do contraditório e da ampla defesa, uma vez que aquela produz efeito *erga omnes*, sem necessidade da manifestação individual dos afetados.[450]

Hugo Nigro Mazzilli[451] apresenta um quadro interpretativo do referido art. 16, concluindo que o efeito da sentença de procedência ou improcedência depende da natureza do direito discutido. Assim, em sendo a sentença procedente na ação civil pública terá eficácia *erga omnes*, tratando-se de direito difuso. Já em relação ao direito coletivo, a eficácia será *ultra partes*, limitadamente ao grupo, categoria ou classe beneficiada. Quanto aos direitos individuais homogêneos, a eficácia será *erga omnes* para beneficiar vítimas ou sucessores. Em caso de sentença de improcedência por falta de provas, qualquer que seja o direito discutido na ação civil pública, não terá eficácia *erga omnes*. No entanto, se a improcedência tiver decorrido de qualquer outro motivo terá eficácia *erga omnes* no caso de direito difuso, *ultra partes* em se tratando de direito coletivo, e sem eficácia *erga onmes* com relação a direitos individuais homogêneos.

---

[449] RMS 10839/RS. Rel. Min. Maria Thereza de Assis Moura. Sexta Turma. DJ 28.05.2007, p. 400.
[450] Confira-se o seguinte julgado do STJ: "Recurso especial. Administrativo. Servidor público. Concurso público. Nomeação. Ilegalidade. Orientação do Tribunal de Contas. Anulação. Poder de autogestão. Contraditório e ampla defesa. Desnecessidade. Não se verifica alegada violação do contraditório, pois não se trata, no caso, de imposição de fato a servidor público ou imposição de medida disciplinar, mas somente de ato que decorre do Poder de autogestão da Administração Pública. Não há acusação da qual o recorrido haveria de se defender, e sim controle de legalidade administrativa. Nesse sentido são os posicionamentos do Pretório Excelso vazados no RE n º 247399/SC e no RE nº 213513/SP. Recurso desprovido."(REsp. 651.805/RS, Rel. Min. José Arnaldo da Fonseca. Quinta Turma. DJ 14.11.2005).
[451] MAZZILLI, Hugo Nigro. *A defesa dos interesses difusos em juízo*. São Paulo: Revista dos Tribunais, 1998. p. 286.

Entende-se justificável a crítica levantada à atual redação do art. 16, da Lei nº 7.347/1985, quando limita a coisa julgada à competência territorial do órgão prolator. Guilherme Marinoni e Sérgio Arenhart,[452] condenando tal restrição, apresentam uma situação prática que demonstra tal inviabilidade. Assim, trazem o exemplo de ação civil pública proposta para impedir a construção de uma barragem em determinado rio que atravessa dois estados diferentes. Caso tenham sido propostas duas ações, em ambos os estados, para impedir o dano ambiental, pode-se imaginar a hipótese do juiz do estado A julgar procedente o pedido e o juiz do estado B julgar improcedente. Ora, como ficaria esta situação diante da restrição dos efeitos da coisa julgada no âmbito da competência territorial do órgão julgador? Tem-se que admitir que a restrição contida no referido dispositivo não foi feliz, atentando frontalmente contra os princípios da razoabilidade e proporcionalidade, podendo ser responsável por vários embaraços na sua efetivação. Acrescente-se, ainda, a possível afronta ao princípio constitucional da igualdade, já que diversos titulares do mesmo direito subjetivo terão decisões judiciais diversas, conforme a competência territorial do juiz prolator da sentença.

Dentre todos os instrumentos de controle jurisdicional do concurso público, a ação civil pública ocupa um lugar de destaque, diante da legitimidade conferida ao Ministério Público na defesa dos direitos dos cidadãos, que, no nosso país, pouco sabem ou nada sabem quanto aos seus direitos perante a Administração Pública e à forma de exigi-los. Por outro lado, como defensor da ordem jurídica, o Ministério Público não pode abrir mão desse eficaz instrumento capaz de impedir a realização de concursos públicos com flagrantes afrontas aos princípios abraçados no nosso ordenamento, que levam a uma seleção de candidatos bastante questionável, comprometendo, por conseguinte, a prestação de serviços essenciais à coletividade.

Ressalte-se que, quanto à propositura deste tipo de ação pela Defensoria Pública em face de concurso público, entende-se viável, desde que a atuação esteja vinculada à defesa dos hipossuficientes. Assim, é possível a propositura da ACP pela Defensoria Pública para

---

[452] MARINONI, Luiz Guilherme; ARENHART, Sérgio Cruz. *Manual do processo de conhecimento*. São Paulo: Revista dos Tribunais, 2001. p. 714.

contestar edital de concurso que não trouxer a previsão de isenção de valor de inscrição para os hipossuficientes.[453]

9.5 O controle externo do concurso público exercido pelo Ministério Público através de instrumentos extrajudiciais

Diferentemente do que ocorria antes da Carta Constitucional de 1988, quando o Ministério Público retirava o fundamento da sua atuação na legislação infraconstitucional, hoje a atuação ministerial tem sede constitucional, cabendo-lhe dar efetividade a todos os direitos subjetivos públicos assegurados na Constituição.

Desta forma, justifica-se a atuação do *Parquet* no controle do concurso público diante dos interesses difuso e individual homogêneo envolvidos em tal processo. Assim, tratou-se no tópico anterior do controle do certame concursal exercido através da ação civil pública, cuja legitimidade é conferida constitucionalmente ao Ministério Público, no art. 129, III. No capítulo seguinte serão abordados atos de improbidade administrativa que podem ser praticados durante o concurso, quando, então, a propositura da conseqüente ação também é atribuição do Ministério Público, conforme preceitua o art. 17, da Lei nº 8.429/1992, além da pessoa jurídica interessada.

Neste momento, no entanto, pretende-se apresentar medidas extrajudiciais que podem ser utilizadas pelo *Parquet* para garantir

---

[453] ADMINISTRATIVO. LEGITIMIDADE. DEFENSORIA PÚBLICA DA UNIÃO. AÇÃO CIVIL PÚBLICA. CONCURSO PÚBLICO. TAXA DE INSCRIÇÃO. ISENÇÃO. HIPOSSUFICIENTE. PRECEDENTE. 1. Conforme previsão constitucional (art. 134 c/c art. 5º, LXXIV), a Defensoria Pública é instituição essencial à função jurisdicional do Estado, incumbindo-lhe prestar assistência jurídica, judicial e extrajudicial, integral e gratuita, aos que comprovarem insuficiência de recursos. 2. No caso, a ação foi proposta com o objetivo de assegurar a participação em concurso público de candidatos desprovidos de recursos. 3. A jurisprudência desta Corte é no sentido de que, embora seja legal a cobrança de taxa de inscrição em concurso público, deve ser concedida isenção nas hipóteses previstas no edital e naquelas em que o candidato comprove hipossuficiência econômica. 4. Agravo regimental a que se nega provimento (TRF – PRIMEIRA REGIÃO Classe: AGA – AGRAVO REGIMENTAL NO AGRAVO DE INSTRUMENTO – 200801000144439 Processo: 200801000144439 UF: MG Órgão Julgador: QUINTA TURMA Data da decisão: 22.04.2009

ou restabelecer a legalidade do concurso público. Acrescente-se que tais medidas normalmente são adotadas durante a tramitação de inquérito civil ou procedimento preparatório para apurar possíveis irregularidades noticiadas em face do certame concursal.

9.5.1 Do inquérito civil

Segundo leciona Hugo Nigro Mazzilli, "o inquérito civil é uma investigação administrativa prévia a cargo do Ministério Público, que se destina basicamente a colher elementos de convicção para que o próprio órgão ministerial possa identificar se ocorre circunstância que enseje eventual propositura de ação civil pública ou coletiva".[454] Trata-se de procedimento administrativo, de caráter pré-processual, que se desenvolve extrajudicialmente. O art. 129, III, da Constituição Federal relaciona o inquérito civil dentre as funções institucionais do Ministério Público.

Mesmo sendo instrumento bastante útil para apurar lesões a interesses difusos e coletivos, o inquérito civil não é pressuposto necessário à atuação processual do Ministério Público. Assim, caso o *Parquet* disponha de elementos suficientes para propositura da ação civil pública ou outras medidas judiciais, pode dispensar a instauração do inquérito civil.

Em regra, possui legitimidade para instauração do inquérito civil o mesmo órgão do Ministério Público que, em tese, teria atribuição para a correspondente ação civil pública, nele inspirada. A instauração se faz através de portaria, podendo ser determinada de ofício pelo órgão ministerial ou em atendimento à representação feita por pessoa física ou jurídica.

Em 17 de setembro de 2007, o Conselho Nacional do Ministério Público publicou a Resolução nº 23, alterada posteriormente pela Resolução nº 193, de 14 de dezembro de 2018, normatizando a instauração e tramitação do inquérito civil. Segundo tal Resolução, o Ministério Público poderá instaurar procedimento

---

[454] MAZZILLI, Hugo Nigro. *O inquérito civil*. São Paulo: Saraiva, 1999. p. 46.

administrativo preparatório, antes da abertura do inquérito civil, visando a apurar elementos para identificação dos investigados ou do objeto.

Durante a tramitação do inquérito civil são realizadas diversas diligências voltadas à elucidação dos fatos em apuração, tais como a oitiva de testemunhas, requisição de documentos, perícias, pedido de quebra de sigilos bancário e fiscal, dentre outras. Se ao final verificar-se que não é caso de propositura de ação civil pública será promovido o arquivamento do inquérito civil, submetendo-o à homologação do órgão de revisão competente. Deixando o órgão de revisão de homologar o arquivamento, duas providências poderão ser adotadas: ou o julgamento será convertido em diligência para a realização de atos imprescindíveis à sua decisão; ou ocorrerá a deliberação pelo prosseguimento do inquérito civil, com indicação dos fundamentos de fato e de direito.

Irregularidades em concursos públicos podem ser apuradas pelo Ministério Público através de inquérito civil, regularmente instaurado para tanto. Uma vez comprovadas, as ilegalidades poderão servir de fundamento para propositura de ação civil pública. Porém, há outros instrumentos colocados à disposição do Ministério Público voltados a restabelecer a legalidade do certame concursal sem que seja preciso recorrer a via judicial. Dentre tais instrumentos, pode-se abordar a recomendação e o termo de compromisso de ajustamento de conduta.

Em 1º de dezembro de 2014, foi publicada a Resolução nº 118, do Conselho Nacional do Ministério Público, que dispõe sobre a Política Nacional de Incentivo à Autocomposição no âmbito do Ministério Público. Tal Resolução incentiva a substituição da postura demandista pela postura resolutiva. Atualmente, vivencia-se uma nova perspectiva do "acesso à justiça", que abrange todos os mecanismos legítimos de proteção e de efetivação de direitos. Logo, o acesso à justiça não se limita ao direito de ingresso no Judiciário ou o direito à observância dos princípios constitucionais do processo. Mais do que isso, engloba o direito constitucional fundamental de obtenção de um resultado adequado da tutela jurídica, jurisdicional ou extrajurisdicional.

Nesta nova justiça, acolhida pelo novo Código de Processo Civil (art. 3º, §§2º e 3º), a solução judicial deixa de ter primazia nos litígios que permitem a autocomposição e passa a ser *ultima ratio*. Nessa nova perspectiva, o inquérito civil também é voltado à obtenção de dados para a realização de soluções extrajudiciais, por exemplo, mediação, conciliação, transação, não sendo mais exclusivamente destinado à coleta de provas para atuação processual.

Quanto ao contraditório no inquérito civil, é certo que a sua função investigatória atenua tal garantia, no entanto, persiste o direito à informação do investigado quanto à sua existência e o de participação em determinados atos, podendo ser acompanhado de advogado.

9.5.2 Da recomendação

Diante das funções constitucionais atribuídas ao Ministério Público, cabe-lhe a expedição de recomendações ou notificações recomendatórias visando ao melhoramento da prestação de serviços e atividades públicas, bem como o restabelecimento da legalidade de procedimentos de interesse público, estabelecendo-se prazo razoável para resposta sobre a adoção de providências ou sobre o não acolhimento da recomendação. Trata-se da face ativa do Ministério Público, no exercício da função de *ombudsman*.

São características do *ombudsman* a independência institucional ou individual e a proteção das pessoas do povo com a tutela dos seus direitos em face da Administração Pública. Sua função mais importante é exercer o controle, mediação e fiscalização externa e independente, das atividades das autoridades estatais a partir de reclamações dos cidadãos contra a ação dos órgãos públicos e em defesa dos direitos e liberdades.[455]

Conforme mencionado, através do inquérito civil o Ministério Público investiga fatos, inteirando-se da situação, buscando informações técnicas, apontando falhas existentes, diagnosticando, por fim, a possibilidade de correção. Nesta hipótese, poderá ser expedida recomendação, restabelecendo-se, assim, a legalidade. Segundo leciona Hugo Nigro Mazzilli, "as recomendações podem

---

[455] DIDIER JR., Fredie; ZANETI JR., Hermes. *Curso de Direito Processual Civil*. Salvador: Juspodivm, 2016. p. 271.

destinar-se à maior celeridade e racionalidade dos procedimentos administrativos".[456]

Diferentemente da requisição, que possui caráter vinculante, obrigando o destinatário a atendê-la sem possibilidade de questionar sua oportunidade e conveniência,[457] a recomendação não possui tal viés, caracterizando-se como ato administrativo enunciativo. Porém, apesar de não ter natureza vinculante, é inegável que a recomendação possui uma grande força moral, com consequências práticas. Assim, mesmo não estando a autoridade destinatária obrigada a acolher os termos da recomendação, caso decida não a atender deverá justificar os motivos de sua decisão. Percebe-se, então, que, além de força moral, a recomendação possui também uma carga política diante da repercussão negativa que pode gerar seu não acolhimento desmotivado.

Por outro lado, dando-se conhecimento da ilegalidade iminente ao gestor público através da recomendação, caso este decida persistir na prática do ilícito, não mais poderá arguir a inexistência de dolo ou culpa em uma possível ação civil pública por ato de improbidade administrativa ou mesmo de uma ação criminal, porventura proposta em face da ilegalidade constatada. Pense-se no exemplo de um edital de concurso público que estabeleça a realização de psicoteste, desprovido de respaldo legal. Cogite-se que o Ministério Público expeça uma recomendação apontando tal ilegalidade e recomendando que o edital seja corrigido, republicado, com a prorrogação do prazo para inscrição. Caso o gestor responsável decida não atender referida recomendação e, depois da realização do concurso, seja surpreendido com decisão judicial determinando a anulação do certame, poderá ser responsabilizado por improbidade administrativa por prejuízo ao erário (art. 10, da Lei nº 8.429/1992), em virtude dos prejuízos decorrentes da consequente invalidação.

Obviamente, nem todos os fatos apurados em inquérito civil comportam a expedição de recomendação, mas casos há em que

---

[456] MAZZILLI, Hugo Nigro. *O inquérito civil*. São Paulo: Saraiva, 1999. p. 336.

[457] Acrescente-se que o desatendimento da requisição não só possibilita a interposição de mandado de segurança, como também sujeita o agente público às sanções previstas no art. 10, da Lei nº 7.347/1985, constituindo também ato de improbidade administrativa, previsto no art. 11, II, da Lei nº 8.429/1992, se o destinatário for agente público.

esta não somente é viável, como também demonstra ser o melhor caminho para a solução do problema.

No que concerne ao concurso público, muitas vezes o Ministério Público é provocado por representações que dão notícias de ilegalidades em edital ou na forma de condução do certame. Em tais situações, detectados os vícios, poderá ser expedida recomendação à autoridade responsável, com o propósito de que ela altere o edital do concurso, restabelecendo-se a legalidade do processo. Em outras situações, quando o concurso já tiver sido concluído, pode também existir o acolhimento de recomendação no sentido de anular o certame, realizando-se outro com observância das normas legais. Pense-se, ainda, na hipótese em que a Administração Pública decide realizar contratações temporárias, desprovidas de excepcional interesse público, para o exercício de funções típicas de cargos públicos que deveriam ser providos através do certame concursal. Situações como estas, bastante comum no nosso ordenamento, vêm levando o Ministério Público a expedir recomendações buscando restabelecer a legalidade.

É importante ressaltar que nem sempre o atendimento da recomendação extingue a atuação ministerial. Logo, é possível que, mesmo acolhidas as sugestões oferecidas, imponha-se o ressarcimento de danos ou a responsabilização do agente público condutor do certame por ato de improbidade administrativa. Pense-se na situação em que o concurso tenha sido contaminado por vício insanável, detectado após a realização das provas. É certo que a anulação, neste caso, mesmo em atendimento à recomendação do Ministério Público, poderá gerar prejuízos à Administração Pública em virtude dos gastos realizados, que deverão ser ressarcidos pela autoridade responsável pelo vício, caso comprovado o elemento subjetivo do tipo.

O certo é que, na prática, a recomendação vem se mostrando instrumento eficiente para sanar vícios ocorridos na tramitação do concurso público, atendendo às expectativas da sociedade, que se sente desamparada pelos entraves existentes nos meios judiciais disponíveis, que fazem com que as ações propostas se arrastem por anos, trazendo a desconfortável sensação de ineficácia.

A Resolução 164, de 28 de março de 2017, do Conselho Nacional do Ministério Público, disciplina a expedição de recomendações pelo Ministério Público brasileiro. Segundo estabelece, é possível, em caso de urgência, a expedição de recomendação de ofício, com a instauração posterior do respectivo procedimento. Determina, ainda, a sua utilização, quando cabível, preferencialmente à ação judicial, o que revela o incentivo à solução do conflito pelos meios extrajudiciais.

9.5.3 Do termo de ajustamento de conduta – TAC

Segundo José dos Santos Carvalho Filho, o termo de ajustamento de conduta (TAC) seria "o ato jurídico pelo qual a pessoa, reconhecendo implicitamente que sua conduta ofende interesse difuso ou coletivo, assume o compromisso de eliminar ofensa através de adequação do seu comportamento as exigências legais".[458] Emerson Garcia, manifestando-se quanto ao ajustamento de conduta realizado pelo *Parquet*, aduz que tal medida "pressupõe um ajuste entre o Ministério Público e o violador (atual ou iminente) da norma, no qual, além de serem estabelecidas as obrigações a serem cumpridas para a recomposição de legalidade, são fixadas as respectivas penalidades para a sua inobservância".[459] Este ajuste tem natureza de título executivo extrajudicial, devendo ser dotado de liquidez.[460]

De acordo com o art.1º, da Resolução nº 179, de 26 de julho de 2017 do Conselho Nacional do Ministério Público, que disciplina a tomada de compromisso de ajustamento de conduta no âmbito do Ministério Público, este é instrumento de garantia dos direitos e interesses difusos e coletivos, individuais homogêneos e outros direitos de cuja defesa está incumbido o Ministério Público, com natureza de negócio jurídico, que tem por finalidade a adequação da conduta às exigências legais e constitucionais, com eficácia de título executivo extrajudicial a partir da celebração.

---

[458] CARVALHO FILHO, José dos Santos. *Ação civil pública*: comentários por artigos. Rio de Janeiro: Lúmen Júris, 2007. p. 216.

[459] GARCIA, Emerson. *Ministério público*: organização, atribuições e regime jurídico. Rio de Janeiro: 2004. p. 246.

[460] Deve conter obrigação certa, quanto à sua existência, e determinada, quanto ao seu objeto.

O termo de ajustamento de conduta não se confunde com a transação. A transação está prevista nos artigos 840 a 850 do Código Civil. Segundo o artigo 841 do referido diploma legal, "só quanto a direitos patrimoniais de caráter privado se permite a transação", nesta as partes transigentes fazem concessões mútuas para encerrar o litígio. Já o compromisso de conduta, previsto inicialmente no art. 211 do Estatuto da Criança e do Adolescente, quando firmado pelo Ministério Público visa a adequar a conduta do compromissário às exigências legais. Não sendo titular dos direitos concretizados no compromisso, a negociação estabelecida com o órgão do Ministério Público deverá cingir-se à interpretação do direito para o caso concreto, à especificação das obrigações adequadas e necessárias, em especial o modo, tempo e lugar de cumprimento, bem como à mitigação, à compensação e à indenização dos danos que não possam ser recuperados.

Segundo José dos Santos Carvalho Filho,[461] têm legitimidade para tomar o compromisso de ajustamento de conduta a União, os estados, o Distrito Federal, os municípios, as autarquias, e fundações com personalidade jurídica de Direito Público e o Ministério Público. Na opinião deste autor, não podem firmar termo de ajustamento as empresas públicas, as sociedades de economia mista, as fundações com personalidade jurídica de Direito Privado e as associações, mesmo preenchendo os requisitos do art. 5º, V, isto porque o §6º do referido artigo reporta-se a "órgãos públicos legitimados", que não comportaria a inclusão de tais entes por mais ampla que fosse a interpretação conferida. Acrescenta Hugo Nigro Mazzilli que os órgãos públicos, ainda que sem personalidade, podem ajustar condutas.[462]

Acrescente-se que a Lei nº 13.105/2015 (Código de Processo Civil) estabelece no art. 174, III, que:

> A União, os Estados, o Distrito Federal e os Municípios criarão câmaras de mediação e conciliação, com atribuições relacionadas à solução consensual de conflitos no âmbito administrativo, tais como: [...] III – Promover, quando couber, a celebração de ajustamento de conduta.

---

[461] CARVALHO FILHO, José dos Santos. *Ação civil pública:* comentários por artigos. Rio de Janeiro: Lúmen Júris, 2007. p. 214.
[462] MAZZILLI, Hugo Nigro. O *inquérito civil*. São Paulo: Saraiva, 1999. p. 302.

A Lei da Ação Civil Pública (Lei nº 7.347/1985) faz referência ao ajustamento de conduta, no art. 5º, §6º, conferindo-lhe eficácia de título executivo extrajudicial, ou seja, instrumento ao qual a lei confere eficácia executiva, possuindo idoneidade para deflagração direta de processo de execução. Apesar do referido dispositivo somente se relacionar ao ajustamento de conduta estabelecido extrajudicialmente, quando o instrumento terá natureza de título executivo extrajudicial, nada impede que o compromisso ocorra durante a tramitação de ação judicial. O art. 3º da Resolução nº 179/2017, do CNMP, antes referida, traz a expressa possibilidade de formalização de compromisso de ajuste no curso da ação judicial, devendo, em todos os casos, conter obrigações certas, líquidas e exigíveis, salvo peculiaridades do caso concreto, além de ser assinado pelo órgão do Ministério Público e pelo compromissário. Celebrado em Juízo, o ompromisso será homologado, formando título executivo judicial.[463]

Quando o ajustamento de conduta for estabelecido durante a tramitação de inquérito civil, ou outro procedimento administrativo instaurado pelo Ministério Público, a sua eficácia dependerá da homologação pelo Conselho Superior do Ministério Público, conforme observa Rogério Pacheco,[464] que, dentre as suas atribuições, possui algumas referentes ao controle interno da instituição. Ocorrendo a homologação, o inquérito civil será arquivado e deverá ser instaurado novo procedimento para acompanhamento do cumprimento do termo de ajustamento de conduta firmado.[465]

Por outro lado, não haverá intervenção do Conselho quando o ajustamento ocorrer durante a tramitação de ação civil pública, uma vez que, nesta hipótese, terá a intervenção do Judiciário.

O compromisso de ajustamento poderá estabelecer obrigação de fazer ou de não fazer, podendo ainda fixar algum tipo de multa pelo não cumprimento da obrigação. O descumprimento de cláusulas do ajustamento firmado pode levar à imediata execução

---

[463] Este é o posicionamento exposto por Rogério Pacheco(Cf. GARCIA, Emerson, ALVES, Rogério Pacheco. *Improbidade Administrativa*. São Paulo: Saraiva, 2014. p. 659).

[464] GARCIA, Emerson; ALVES, Rogério Pacheco. *Improbidade administrativa*. São Paulo: Saraiva, 2014, p, 865..

[465] DIDIER JR., Fredie; ZANETI JR., Hermes. *Curso de Direito Processual Civil*. Salvador: Juspodivm, 2016. p. 262.

do título executivo. Quando estabelecido pelo Ministério Público, o órgão responsável pela sua fiscalização, no prazo máximo de sessenta dias, ou assim que possível, nos casos de urgência, deverá promover a execução judicial do ajuste.[466] O juiz, ao despachar a inicial, deverá fixar multa por dia de atraso no cumprimento da obrigação, bem como a data a partir da qual será ela devida. A estipulação de multa visa a coagir de forma indireta o cumprimento das obrigações impostas. Segundo consta do parágrafo único, do art. 814, da Lei nº 13.105/2015 (Código de Processo Civil) "se o valor da multa estiver previsto no título e for excessivo, o juiz poderá reduzi-lo". A defesa do compromissário ocorrerá através de Embargos à Execução, regulados nos art. 914 e seguintes do Código de Processo Civil vigente.

É inquestionável a importância do termo de ajustamento de conduta na solução extrajudicial de conflitos. No que concerne ao concurso público, o TAC vem sendo utilizado não somente para afastar ilegalidades detectadas como também para estabelecer a obrigação de realização do certame concursal. Sabe-se que a regra do concurso público não é devidamente observada, principalmente pelos municípios menores, que insistem em realizar nomeações desprovidas de qualquer processo seletivo. Observada tal situação, o Ministério Público, com a anuência do ente público interessado, poderá firmar TAC estabelecendo a obrigação de fazer, consistente na realização de concurso público no prazo estabelecido, com a consequente declaração de nulidade das nomeações realizadas sem atenção à regra constitucional.

Por outro lado, o Ministério Público também vem firmando termos de ajustamento para excluir ilegalidades observadas no concurso. Por diversas vezes, ilegalidades no edital são representadas ao Ministério Público, que poderá propor ao ente responsável pelo certame o ajustamento de conduta no sentido de corrigir o ato convocatório, republicando-o. Nas situações em que a alteração do edital não comporte danos aos possíveis interessados, não se faz necessária a prorrogação do prazo do edital, bastando apenas que as alterações sejam amplamente divulgadas.

---

[466] Art. 11, Resolução 179/2017.

CAPÍTULO X

VÍCIOS DO CONCURSO PÚBLICO ENQUADRADOS COMO ATOS DE IMPROBIDADE ADMINISTRATIVA

10.1 Considerações gerais sobre a Lei de Improbidade Administrativa

Quando nos referimos à improbidade, de imediato pensamos no princípio da probidade administrativa, razão pela qual muitos autores partem deste princípio para construção do conceito de improbidade administrativa.[467] Desta forma, sendo a probidade um dever de honestidade, boa-fé, associa-se a improbidade administrativa à desonestidade, desonradez no exercício de funções públicas.

Ora, é evidente que a desonestidade no âmbito da Administração Pública, que tem na corrupção uma de suas formas de manifestação, constitui ato de improbidade administrativa e acompanha a história da humanidade. Caio Tácito afirma que "o primeiro ato

---

[467] Maria Sylvia Zanella Di Pietro (Cf. DI PIETRO, Maria Sylvia Zanella. *Direito Administrativo*. Rio de Janeiro: Forense, 2016). José Afonso da Silva (Cf. SILVA, José Afonso. *Curso de Direito Constitucional positivo*. São Paulo: Revista dos Tribunais, 1990.) e Adilson Abreu Dallari (Cf. DALLARI, Adilson Abreu. Limitações à atuação do Ministério Público na ação civil pública. *In*: BUENO, Cassio Scarpinella; PORTO FILHO, Pedro Paulo de Rezende (Coord.). *Improbidade administrativa*: questões polêmicas e atuais. São Paulo: Malheiros, 2001) são alguns dos autores que, ao abordar o tema da improbidade administrativa, partem da conceituação da probidade como espécie do gênero moralidade administrativa.

de corrupção pode ser imputado à serpente seduzindo Adão com a oferta da maçã, na troca simbólica do paraíso pelos prazeres ainda inéditos da carne".[468]

Os escândalos de corrupção desvendados constantemente no nosso país colocam o assunto na ordem do dia. "Somos um país corrupto", afirmou, em maio de 2005, o escritor João Ubaldo Ribeiro, em entrevista concedida à revista *Veja*. Naquela oportunidade, o saudoso escritor acrescentou que "nós vivemos num ambiente de lassitude moral que se estende a todas as camadas da sociedade. Esse negócio de dizer que as elites são corruptas mas o povo é honesto, é conversa fiada. Nós somos um povo de comportamento desonesto de maneira geral".[469]

Alguns tentam explicar o fenômeno da desonestidade no nosso país, reportando-se ao espírito aventureiro herdado da colonização lusitana.

O Brasil, como se sabe, foi um país colonizado por portugueses, povo do tipo aventureiro, com uma "concepção espaçosa" do mundo, que valorizava o gasto de energia e esforços somente quando dirigidos a uma recompensa imediata, ou melhor, valorizava-se a riqueza acumulada às custas do trabalho de outrem, principalmente de estranhos.

Na análise de Sérgio Buarque de Holanda:

> Essa pouca disposição para o trabalho, ao menos para o trabalho sem compensação próxima, essa indolência, como diz o deão Inge, não sendo evidentemente um estímulo às ações aventurosas, não deixa de construir, com notável freqüência, o aspecto negativo do ânimo que gera as grandes empresas. Como explicar, sem isso, que os povos ibéricos mostrassem tanta aptidão para a caça aos bens materiais em outros continentes?...E essa ânsia de prosperidade sem custo, de títulos honoríficos, de posições e riquezas fáceis, tão notoriamente característica da gente de nossa terra, não é bem uma das manifestações mais cruas do espírito de aventura?[470]

---

[468] TÁCITO, Caio. A moralidade administrativa e a nova lei do Tribunal de Contas da União. *Revista de Direito Administrativo*, n. 190, p. 45, 1992.

[469] RIBEIRO, João Ubaldo. Somos um país corrupto. *Veja*, n. 1905, p. 11-15, 18 maio 2005.

[470] HOLANDA, Sérgio Buarque. *Raízes do Brasil*. São Paulo: Companhia das Letras, 2000. p. 46.

Tal "concepção espaçosa" do mundo vem acompanhando o povo brasileiro, refletindo-se, consequentemente, na esfera da Administração Pública.

O malbaratamento da coisa pública foi, durante muito tempo, aceito pela sociedade, criando adágios populares, por exemplo, o "rouba, mas faz".

Porém, mesmo associando-se a improbidade à desonestidade, ressalte-se que a Lei nº 8.429/1992 – Lei de Improbidade Administrativa – ao regulamentar o art. 37, §4º, da Constituição Federal, estabeleceu uma abrangência bem maior a este fenômeno. Nesse sentido, Maria Sylvia Zanella Di Pietro aduz que, "quando se fala em improbidade como ato ilícito, como infração sancionada pelo ordenamento jurídico, deixa de haver sinonímia entre as expressões *improbidade* e *imoralidade*, porque aquela tem um sentido mais amplo e mais preciso, que abrange não só atos desonestos ou imorais, mas e principalmente atos ilegais".[471]

Assim, a improbidade administrativa nem sempre estará associada a uma conduta desonesta. Esta afirmação se comprova com a leitura do art. 10, da Lei nº 8.429/1992, segundo o qual "constitui ato de improbidade administrativa que causa lesão ao erário qualquer ação ou omissão, dolosa ou *culposa*, que enseje perda patrimonial, desvio, apropriação, malbaratamento ou dilapidação dos bens ou haveres das entidades referidas no art. 1º desta lei". Ora, quando o agente público causar prejuízo ao erário na modalidade culposa, ou seja, em decorrência de conduta negligente ou imprudente, certamente não se estará diante de uma atuação desonesta, no entanto, ter-se-á o ato de improbidade administrativa enquadrado no art. 10. Também o art. 11 da lei, quando aborda a improbidade por violação de princípios, permite a caracterização de ato de improbidade sem o elemento "desonestidade", no seu sentido etimológico Assim, a violação do princípio da impessoalidade ou da razoabilidade, por exemplo, pode constituir ato de improbidade administrativa, sem necessidade da comprovação da efetiva má-fé do agente público.

---

[471] DI PIETRO, Maria Sylvia Zanella. *Direito Administrativo*. Rio de Janeiro: Forense, 2016. p. 975.

10.2 Do agente ativo da improbidade administrativa no concurso público

Sabe-se que agente público é toda pessoa física que preste serviço ao Estado ou às pessoas jurídicas da Administração indireta.[472] São dois os requisitos considerados para caracterização do agente público. O primeiro, de ordem objetiva, refere-se à natureza estatal da atividade desempenhada; o segundo, de ordem subjetiva, seria a investidura na atividade.[473]

Segundo Celso Antônio, "quem quer que desempenhe funções estatais, enquanto as exerce, é um agente público".[474] De acordo com este autor, esta é a expressão mais genérica capaz de designar os sujeitos que servem ao Poder Público, ainda quando o façam apenas ocasionalmente. Com efeito, seriam agentes públicos[475] os agentes políticos,[476] os servidores públicos,[477] abrangendo servidores estatutários[478] e servidores das pessoas governamentais de Direito Privado,[479] e os particulares em colaboração com o poder público.[480].

Acertadamente, a Lei nº 8.429/1992 considerou agente público toda a pessoa que se envolva com a Administração Pública. Deste

---

[472] DI PIETRO, Maria Sylvia Zanella. *Direito Administrativo*. Rio de Janeiro: Forense, 2016. p. 652.
[473] BANDEIRA DE MELLO, Celso Antônio. *Curso de Direito Administrativo*. São Paulo: Malheiros, 2015. p. 251.
[474] BANDEIRA DE MELLO, Celso Antônio. *Curso de Direito Administrativo*. São Paulo: Malheiros, 2015. p. 251.
[475] Esta divisão é apresentada por Celso Antônio Bandeira de Mello (Cf. BANDEIRA DE MELLO, Celso Antônio. *Curso de Direito Administrativo*. São Paulo: Malheiros, 2015. p. 250) e reproduzida por Maria Sylvia Zanella Di Pietro (Cf. DI PIETRO, Maria Sylvia Zanella. *Direito Administrativo*. Rio de Janeiro: Forense, 2016. p. 653).
[476] São os titulares dos cargos estruturais à organização política do país, ocupando o esquema fundamental do Poder, sendo os formadores da vontade superior do Estado (Cf. BANDEIRA DE MELLO, Celso Antônio. *Curso de Direito Administrativo*. São Paulo: Malheiros, 2015. p. 253).
[477] A expressão abrange todas as pessoas físicas que prestam serviços ao Estado e às entidades da Administração indireta (Cf. DI PIETRO, Maria Sylvia Zanella. *Direito Administrativo*. Rio de Janeiro: Forense, 2016. p. 655).
[478] São aqueles sujeitos ao regime estatutário e ocupantes de cargos públicos (Cf. DI PIETRO, Maria Sylvia Zanella. *Direito Administrativo*. Rio de Janeiro: Forense, 2016. p. 657).
[479] São os empregados de empresas públicas, sociedades de economia mista e fundações privadas submetidos ao regime trabalhista (Cf. BANDEIRA DE MELLO, Celso Antônio. *Curso de Direito Administrativo*. São Paulo: Malheiros, 2015. p. 257).
[480] São pessoas físicas que prestam serviços ao Estado, sem vínculo empregatício, com ou sem remuneração (Cf. DI PIETRO, Maria Sylvia Zanella. *Direito Administrativo*. Rio de Janeiro: Forense, 2016. p. 662).

modo, estão sujeitos às sanções previstas na Lei de Improbidade todos aqueles que possuírem vínculo com a Administração Pública, inclusive os que, dela não fazendo parte, beneficiarem-se da ação ímproba. Observe-se que a lei procurou definir o sujeito ativo em razão do sujeito passivo. Com efeito, segundo o art. 2º da Lei de Improbidade, agente público é "todo aquele que exerce, ainda que transitoriamente e sem remuneração, por eleição, nomeação, designação, contratação ou qualquer outra forma de investidura ou vínculo, mandato, cargo, emprego, ou função nas entidades mencionadas no artigo 1º e parágrafo único desta Lei".

Segundo Antônio José de Mattos Neto,[481] a Lei de Improbidade deve ser interpretada em harmonia com o art. 70 da Constituição Federal, resultando que qualquer pessoa física, jurídica, pública ou privada, que utilize, arrecade, guarde, gerencie ou administre dinheiro, bens e valores públicos ou pelos quais a União responda, ou que, em nome desta, assuma obrigações de natureza pecuniária, estarão alcançadas pelo império da Lei de Improbidade.

Em se tratando de concurso público, todos aqueles que estejam envolvidos com a sua realização poderão ser enquadrados no conceito de agente público para fins de improbidade administrativa. Com efeito, o dirigente do órgão que contrata empresa sem qualificação para realização do certame pode ser acionado por improbidade.[482] Também poderão responder pela prática de ato de improbidade os membros da comissão do concurso que, por exemplo, beneficiam determinados candidatos revelando questões da prova antes da sua realização, sejam ou não servidores públicos. Acrescente-se que, em caso de o concurso ser realizado por empresa contratada, esta também responderá por

---

[481] MATTOS NETO, Antônio José de. Responsabilidade civil por improbidade administrativa. *Revista dos Tribunais*, n. 752, p. 34, jun. 1998.

[482] Entende-se que se a contratação da empresa foi realizada por agente político, poderá este ser acionado por improbidade administrativa. Sabe-se que a Reclamação nº 2138 que tramitou pelo Supremo Tribunal Federal argüindo a inaplicabilidade da Lei de Improbidade Administrativa aos agentes políticos, uma vez que os mesmos já respondem por crimes de responsabilidade, foi julgada procedente com seis votos favoráveis e cinco contrários. Ocorre que os Ministros Carlos Ayres Britto, Cármen Lúcia Antunes Rocha e Ricardo Lawandowski, que não participaram da votação, ao se manifestarem no julgamento de uma questão de ordem em petição (PET 3923) ajuizada pelo Ministério Público de São Paulo contra o Deputado Federal Paulo Maluf , externaram o entendimento de que agentes políticos podem, sim, ser julgados por atos de improbidade administrativa, sem direito a foro especial. Diante desta manifestação, pode-se afirmar que está revertido o posicionamento do Supremo Tribunal Federal.

improbidade se ficar constatada a prática de ato que se enquadre em um dos tipos previstos nos artigos 9º, 10 e 11, da Lei nº 8.429/1992.

O chefe de Executivo que realizar nomeações sem o precedente e necessário concurso público também será enquadrado na Lei de Improbidade Administrativa, assim como aquele que deixa de cumprir ordem judicial que determina a nomeação de aprovados. Aliás, quanto aos agentes políticos, tramitou no Supremo Tribunal Federal a Reclamação nº 2.138, de relatoria do ex-ministro Nelson Jobim, proposta em favor do então ministro de Estado Ronaldo Mota Sardemberg, que questionou a aplicação da lei de improbidade administrativa aos agentes políticos, considerando que eles não responderiam por atos de improbidade, uma vez que já estariam sujeitos às regras relativas aos crimes de responsabilidade, cujos tipos se assemelham àqueles constantes da Lei nº 8.429/1992. Apesar de a tese se reportar a uma questionável interpretação sistemática da Constituição Federal, o Egrégio Tribunal, por maioria (6 votos contra 5), julgou a referida Reclamação procedente, sob fundamento de que os agentes políticos respondem por crimes de responsabilidade e não por improbidade administrativa.

Tal posicionamento, porém, não prosperou. Uma, por ter sido formulado através de uma construção sistemática, desconsiderando que a improbidade administrativa também tem sede constitucional, da mesma forma que os crimes de responsabilidade. Também em virtude da independência das instâncias, que não justifica a absorção da esfera cível da improbidade administrativa pela esfera político-penal dos crimes de responsabilidade. Depois, porque a interpretação constitucional tem de levar em consideração aspectos sócio-políticos, sendo inegável a maior eficácia da Lei de Improbidade frente aos demais diplomas legais que combatem atos atentatórios à moralidade administrativa e ao patrimônio público. Assim, o Superior Tribunal de Justiça já sedimentou o entendimento de que a Lei nº 8.429/1992 se aplica aos agentes políticos. Segundo a referida Corte, "Há plena compatibilidade entre os regimes de responsabilização pela prática de crime de responsabilidade e por ato de improbidade administrativa, tendo em vista que não há norma constitucional que imunize os agentes políticos municipais de qualquer das sanções previstas no art. 37, §4º, da CF. Precedentes". [483]

---

[483] AgRg no REsp 1294456 / SP. AGRAVO REGIMENTAL NO RECURSO ESPECIAL 2011/0084336-7. Rel. Min. OG Fernandes. Segunda Turma. Dje 18.09.14.

Responderão também por improbidade aqueles que, mesmo não se enquadrando no conceito de agente público previsto na Lei de Improbidade, induzam ou concorram para a prática de atos ímprobos ou deles se beneficiem sob qualquer forma, direta ou indireta. Assim, o art. 3º da Lei nº 8.429/1992 trouxe a figura do terceiro beneficiário. Diferentemente da Lei da Ação Popular (Lei nº 4.717/1965), que faz referência expressa ao beneficiário direto no seu artigo 6º, a Lei nº 8.429/1992 não traz esta distinção.[484] Logo, considera-se terceiro beneficiário aquele que lucrar qualquer espécie de vantagem com o ato de improbidade, mesmo que esta seja reflexa e indireta.[485]

Não são raras as vezes que uma pessoa empresta seu nome para uma transação comercial, com o intuito de encobrir administrador público, real titular dos bens e valores negociados. É o que se denomina na linguagem popular de "testa de ferro" ou "laranja".

Interessante é a questão abordada por Fábio Medina Osório,[486] concernente ao chamado tráfico de influências, realizado por aquele que não é agente público. Seria o caso do terceiro que solicita vantagem indevida que seria destinada ao agente público. Desconhecendo, este último, a utilização indevida da sua função pública, não haverá ato de improbidade, uma vez que é necessário o liame subjetivo entre o sujeito ativo do ato de improbidade e o terceiro. Assim, necessário se faz o efetivo induzimento do agente público à prática do ato de improbidade. Observa-se, então, que ao tráfico de influência exercido pelo terceiro sem conexão com o agente público não se aplica a Lei nº 8.429/1992, podendo incidir outras normas legais.[487]

---

[484] Rodolfo de Camargo Mancuso aduz que há uma razão de ordem técnico-processual para a exclusão dos beneficiários indiretos da Ação Popular. Segundo o autor, os co-réus na ação popular estão naturalmente em situação de litisconsórcio necessário, aplicando-se o art. 46 e incisos do Código de Processo Civil. No caso do beneficiário indireto, a vantagem por ele obtida não guarda relação de causalidade necessária nem suficiente com o ato ou fato sindicado na ação. Com efeito, processualmente não dispõe ele de situação legitimante para compor o litisconsórcio passivo (Cf. MANCUSO, Rodolfo de Camargo. *Ação popular*: proteção do erário, do patrimônio público, da moralidade administrativa e do meio ambiente. São Paulo: Revista dos Tribunais, 1998. p. 180).
[485] MARTINS JÚNIOR, Wallace Paiva. *Probidade administrativa*. São Paulo: Saraiva, 2001. p. 252.
[486] OSÓRIO, Fábio Medina. Observações acerca dos sujeitos do ato de improbidade administrativa. *Revista dos Tribunais*, n. 750, p. 84, 1998.
[487] Ver art. 332 do Código Penal, com redação determinada pela Lei nº 9.127/1995.

Obviamente, somente serão aplicadas ao particular as sanções pertinentes a suas condições, observando-se o limite de sua participação. Não se aplica a perda da função pública a um particular que não estiver no exercício de qualquer função pública, considerada no sentido *lato* da palavra. Por outro lado, nada impede que um agente público sofra as sanções pertinentes ao ato de improbidade administrativa na qualidade de terceiro beneficiário, quando, então, estará sujeito à perda da função pública.

No caso do concurso público, poderá responder por improbidade administrativa, na qualidade de terceiro beneficiário, a empresa contratada para realizar o concurso através de licitação fraudulenta. Aliás, conforme mencionado em capítulo anterior, é comum a realização de licitação na modalidade convite para contratação de empresa voltada à realização do certame concursal. Ora, o convite, sem sombra de dúvida, é a modalidade de licitação que oferece grandes possibilidades de desvios. Isso porque é conferida à Administração Pública faculdade de escolha dos participantes, havendo sérios riscos de ofensa à moralidade e à isonomia, quando a seleção for determinada por critérios subjetivos. Também o candidato que tiver sido fraudulentamente beneficiado em seleção pública poderá responder por improbidade, na qualidade de terceiro beneficiário.

Questiona-se a possibilidade de os sócios de pessoa jurídica responderem como terceiros beneficiários do ato de improbidade administrativa, no caso de contratação fraudulenta. Entende-se viável tal possibilidade, desde que se argua na peça exordial, quando da propositura da ação de improbidade, a teoria da desconsideração da pessoa jurídica, admitida pelo art. 50 do Código Civil. Sabe-se que a desconsideração da personalidade jurídica ocorrerá quando o conceito de pessoa jurídica for utilizado para encobrir fraudes, evitar o cumprimento de obrigações, obter vantagens da lei, proteger a prática de abuso de direito, contrariar a ordem pública e justificar o injusto.[488] Ora, o ato ilícito perpetrado pela pessoa jurídica será fruto da conduta dolosa ou culposa dos seus diretores e administradores,

---

[488] SILVA, Alexandre Couto. Desconsideração da personalidade jurídica: limites para a sua aplicação. *Revista dos Tribunais*, n. 780, p. 56, out. 2000.

que poderão ser atingidos pelas sanções trazidas pela Lei de Improbidade. Por outro lado, o benefício trazido diretamente à pessoa jurídica atinge indiretamente seus sócios. Desta forma, conclui-se que nada impede que os sócios da pessoa jurídica figurem no polo passivo da ação de improbidade, bastando, para isso, que se utilize a teoria da desconsideração da pessoa jurídica.[489]

Acrescente-se que os candidatos que prestam concurso público poderão ser enquadrados como terceiros beneficiários do ato de improbidade, caso recebam conscientemente benefícios ilícitos, como a revelação de questões antes da realização das provas. Assim, a participação do terceiro beneficiário no ato de improbidade requer o liame subjetivo, ou seja, a consciência do infrator quanto à ilicitude.[490]

10.3 Dos tipos de improbidade administrativa vinculados ao concurso público

A Lei nº 8.429/1992 traz três modalidades de atos de improbidade administrativa: aqueles que levam ao enriquecimento ilícito (art. 9º), os que geram prejuízo ao erário (art. 10) e os que violam os princípios administrativos (art. 11). Muitos atos de improbidade assemelham-se a crimes previstos no Código Penal, bem como no Decreto-Lei nº 201/1967, legislação penal específica aplicada aos prefeitos.

Em cada um dos artigos, a lei preocupou-se em definir a conduta característica da violação, relacionando, exemplificativamente,[491]

---

[489] Este pensamento é também esboçado por Emerson Garcia (Cf. GARCIA, Emerson; ALVES, Rogério Pacheco. *Improbidade administrativa*. São Paulo: Saraiva, 2014. p. 281).

[490] [...] A responsabilidade do terceiro que induz ou concorre com o agente público na prática do ato de improbidade, ou que dela se beneficia, supõe, quanto aos aspectos subjetivos, a existência de dolo, nas hipóteses dos arts. 9º ou 11, ou de culpa nas hipóteses do art. 10. Não há, no sistema punitivo, responsabilidade objetiva. O terceiro mesmo beneficiado, não pode ser punido se agiu de boa-fé (REsp. 827445/SP, Rel. Luiz Fux, Rel. para Acordão, Min. Teori Zavascki, Primeira Turma, julgado em 02.02.2010)

[491] Os artigos 9º, 10 e 11 da Lei nº 8.429/1992 utilizam o termo *notadamente*, significando que, além das hipóteses elencadas nos artigos, outras poderão existir. Este é o posicionamento amplamente dominante na doutrina, conforme podemos verificar com Marcelo Figueiredo (Cf. FIGUEIREDO, Marcelo. *Probidade administrativa*: comentários à Lei 8.429/92 e *Legislação complementar*. São Paulo: Malheiros, 2000. p. 69.); Cláudio Ari Mello (Cf. MELLO, Cláudio Ari. Improbidade administrativa: considerações sobre a Lei nº 8.429/92. *Revista do Ministério Público do Estado do Rio Grande do Sul*, n. 36, p. 17, 1995); e Wallace Paiva Martins Júnior

certas situações. Dentre os tipos de improbidade, pode-se afirmar que o mais grave absorve o de gravidade menor. Logo, a modalidade mais grave é aquela que enseja enriquecimento ilícito, seguida do prejuízo ao erário e, por fim, da violação de princípios. Desta forma, caso a comissão de concurso tenha recebido propina para aprovar determinado candidato, os seus integrantes responderão por improbidade por enriquecimento ilícito, ficando absorvida a violação de princípios, também existente no caso.

10.3.1 O enriquecimento ilícito em face do concurso público

Dentro das regras capitalistas que vivemos é normal a busca de bons negócios e resultados financeiros positivos. Todos querem aumentar seu patrimônio, seja para obter bens necessários à sobrevivência, seja para adquirir supérfluos garantidores de status social.

Tais bens, quando adquiridos honestamente, transportam a discussão para o aspecto ético-social da prioridade de valores, não havendo maiores consequências no núcleo social. Porém, quando o patrimônio é adquirido mediante manobras ilícitas são violados os mandamentos ético-jurídicos, necessitando de uma resposta por parte do Estado.

A situação se agrava quando o aumento patrimonial, alcançado mediante artimanhas reprováveis sob os pontos de vista ético e moral, for auferido no âmbito da Administração Pública, ou pior, colhido por aqueles a quem cabe o dever-poder de velar pelo interesse público.

Não são raros os casos daqueles que ingressaram no âmbito da Administração Pública em precária situação financeira e, após

---

(Cf. MARTINS JÚNIOR, Wallace Paiva. *Probidade administrativa*. São Paulo: Saraiva, 2001. p. 181), dentre outros. Em sentido contrário, ou seja, entendendo que as hipóteses presentes nos incisos previstos nos arts. 9º, 10 e 11 são taxativas, podemos citar Pedro da Silva Dinamarco (Cf. DINAMARCO, Pedro da Silva. Requisitos para a procedência das ações por improbidade administrativa. *In*: BUENO, Cassio Scarpinella; PORTO FILHO, Pedro Paulo de Rezende. *Improbidade Administrativa*: questões polêmicas e atuais. São Paulo: Malheiros, 2001. p. 332); e Francisco Octavio de Almeida Prado (Cf. PRADO, Francisco Octavio de Almeida. *Improbidade administrativa*. São Paulo: Malheiros, 2001. p. 35).

pouco tempo, passam a possuir um considerável acervo patrimonial. Não se quer com isso que os administradores públicos estejam predestinados ao empobrecimento em razão do exercício de função pública, afinal, nada impede que, como qualquer outra pessoa, possa ter acréscimo patrimonial com lucros em seus negócios. Porém, ao agente público, no exercício de suas funções, somente é permitido auferir as vantagens previstas em lei. Não pode beneficiar-se de vantagem patrimonial imerecida, derivada do exercício do seu cargo.

O artigo 9º da Lei nº 8.429/1992, visando a coibir situações desta natureza, trata dos atos de improbidade administrativa que importem em enriquecimento ilícito. O núcleo central do tipo vem expresso no *caput* do artigo, caracterizado pela obtenção "de qualquer tipo de vantagem patrimonial indevida no exercício de cargo, mandato, função, emprego ou atividade nas entidades mencionadas no art. 1º".

De acordo com Waldo Fazzio Júnior, "a exploração da fração de poder que lhe é outorgada, na estrutura administrativa direta ou indireta, para captar vantagem a que, regularmente, não teria direito, é a modalidade de improbidade administrativa mais grave, porque e, dentre todas, a que fere de forma mais contundente o interesse republicano".[492]

Marcelo Figueiredo,[493] comentando a Lei de Improbidade, refere-se à importância de se delimitar a expressão "vantagem patrimonial indevida", concluindo pelo seu sentido amplo. Assim, considera a obtenção, o recebimento, direta[494] ou indiretamente,[495] de qualquer "interesse" que afronte o padrão jurídico de probidade administrativa, suficiente para incidência do referido dispositivo. A aceitação de hospedagem ou transporte gratuitos ou pagos por terceiros, por exemplo, pode caracterizar uma vantagem patrimonial. Desta maneira, não se faz necessário a vantagem econômica ser obtida mediante prestação positiva, podendo nada acrescen-

---

[492] FAZZIO JÚNIOR, Waldo. *Improbidade administrativa*. São Paulo: Atlas, 2016. p. 146.
[493] FIGUEIREDO, Marcelo. *Probidade administrativa*: comentários à Lei 8.429/92 e legislação complementar. São Paulo: Malheiros, 2000. p. 68.
[494] Neste caso, a vantagem será recebida pelo próprio agente público, sem intermediários.
[495] Nesta hipótese, a vantagem é recebida por terceiro e revertida, posteriormente, para o agente público, destinatário real da vantagem. Cumpre esclarecer que a experiência tem demonstrado que, normalmente, a vantagem é incorporada ao patrimônio do agente público de forma indireta.

tar diretamente à fortuna do agente ímprobo, correspondendo à poupança de despesas, ou seja, evita uma diminuição dos bens ou valores existentes no patrimônio do agente.[496]

A vantagem indevida é fruto da utilização imprópria da função pública, voltada para busca de benefícios privados, que se constituem em valor, presente ou futuro, monetário ou não.[497] Assim, todo o enriquecimento que esteja relacionado ao exercício da atividade pública e que não corresponda à contraprestação paga ao agente por determinação legal, constitui vantagem indevida.[498] Note-se, inclusive, que na maioria dos casos previstos no art. 9º, a vantagem patrimonial conferida ao agente público não provém dos cofres públicos, mas sim de terceiros.[499]

Faz-se necessário que o aspecto econômico da vantagem obtida esteja vinculado a sua impropriedade, quer dizer, que seja indevida. Valoriza-se, assim, o aspecto moral da obtenção da vantagem. Logo, o enriquecimento ilícito pode perfeitamente se verificar no campo da legalidade. Um exemplo, seria o caso de um chefe do Executivo que, em troca de vantagem econômica, utilize seu poder com o propósito de fazer com que a Administração Pública honre suas obrigações com um seu credor determinado. Assim, a censura legal tem como alvo o desvio ético do agente, não sendo necessário que o ato praticado seja ilícito. Aliás, pode ocorrer ato de improbidade desta natureza sem que seja praticada qualquer conduta pelo agente público. Tal situação consta do inciso I, do art. 9º, segundo o qual caracteriza-se como enriquecimento ilícito "receber para si ou para outrem, dinheiro, bem móvel ou imóvel, ou qualquer outra vantagem econômica, direta ou indireta, a título de comissão,

---

[496] Neste sentido decidiu o Tribunal de Justiça do Rio Grande do Sul: "Administrativo. Improbidade. Conserto de máquina particular. 1. Constitui ato de improbidade administrativa realizar conserto de máquina particular as expensas do erário. 2. Apelação desprovida" (Apelação Cível nº 70003340270. Quarta Câmara Cível, Tribunal de Justiça do RS, rel. Des. Araken de Assis, julgamento em 21.11.01).

[497] BARACHO, José Alfredo de Oliveira. O enriquecimento ilícito como princípio geral do Direito Administrativo. *Revista Forense*, n. 347, p. 170, jul./set. 1999.

[498] Neste sentido "Recurso especial. Ação popular e ação civil pública por ato de improbidade administrativa. Art. 9º, caput, e inciso xii, e 11, caput da lei n. 8.429/92. *Presidente da câmara municipal de vereadores. Veículo oficial. Utilização em passeios com a família e em transporte de ração para cavalo de propriedade do agente político*. Regulamentação interna da câmara. Ausência. Irrelevância (STJ – resp. 1.080.221/rs – rel. Min. Castro Meira, dje 16.05.13)

[499] Art. 9º, I, II, III, V, VI, VIII, IX e X.

percentagem, gratificação ou presente de quem tenha interesse, direto ou indireto, que possa ser atingido ou amparado por ação ou omissão decorrente das atribuições do agente público". Desta forma, o recebimento de presentes por parte de quem tem algum interesse que possa ser acolhido pelo agente público no exercício de suas funções pode configurar ato de improbidade administrativa. Enquadra-se nesse dispositivo, por exemplo, o membro da comissão de concurso que aceita presentes caros dados por candidatos, revelando grave desonestidade funcional. Obviamente, tal dispositivo deve ser analisado levando-se em consideração os princípios da razoabilidade e proporcionalidade. Fábio Mediana Osório, tratando desta questão, afirma que:

> A mera aceitação de um presente, por si só, sem uma valoração concreta em torno do que está em jogo, não desencadeia, automaticamente, a incidência da LGIA, mas pode gerar suporte para um amplo processo investigatório, além de processo disciplinar adequado, desde que haja suspeitas de práticas ilícitas subjacentes.[500]

Muitos identificam o enriquecimento ilícito do agente público com a corrupção. Manoel Gonçalves Ferreira Filho entende a corrupção como um dos fatores da crise de governabilidade, definindo-a como conduta do agente público que utiliza o Poder de modo indevido, buscando a satisfação de um interesse privado, normalmente em troca de uma retribuição de ordem material.[501] Com efeito, são comuns os casos de improbidade administrativa nesta modalidade que, também, constituem crimes previstos no Título XI do Código Penal, sob a rubrica "Dos Crimes Contra a Administração Pública",[502] bem como crimes constantes do Decreto-Lei nº 201/1967,[503] que dispõe sobre a responsabilidade

---

[500] OSÓRIO, Fábio Medina. *Teoria da improbidade administrativa*. São Paulo: Revista dos Tribunais, 2007. p. 369.

[501] FERREIRA FILHO, Manoel Gonçalves. *Constituição e governabilidade*. São Paulo: Saraiva, 1995. p. 109.

[502] São comuns as condutas dos agentes públicos enquadradas nos casos de improbidade administrativa na modalidade de enriquecimento ilícito e nos delitos de concussão (art. 316, CP), corrupção passiva (art. 317, CP), peculato (art. 312, CP) e peculato mediante erro de outrem (art. 313, CP).

[503] Dentre os crimes previstos no Decreto-Lei nº 201/1967, que constituem atos de improbidade administrativa na modalidade de enriquecimento ilícito, temos os incisos I e II do art. 1º.

dos prefeitos e vereadores, além de alguns outros constantes de outras legislações extravagantes.[504] Não é necessário que a vantagem indevida seja exigida ou solicitada, basta que seja aceita, pouco importando se adveio de oferta, solicitação ou exigência.[505] Ressalte-se a necessidade do recebimento efetivo da vantagem para caracterização do tipo, já que não existe tentativa de ato de improbidade. Assim, caso aceita, mas não recebida a vantagem, a improbidade não mais será enquadrada no art. 9º da Lei nº 8.429/1992.

A grande dificuldade na ocorrência das hipóteses de enriquecimento ilícito diz respeito à prova. O administrador público desonesto, corrupto, normalmente se utiliza de terceira pessoa, raramente deixando vestígio que possa ser facilmente seguido. No entanto, é indispensável a prova do enriquecimento ilícito, uma vez que a presunção de inocência é garantia constitucional, inexistindo dispositivo legal que permita a inversão do ônus da prova neste caso.

Outro ponto que não se pode deixar de abordar é o referente ao aspecto subjetivo do tipo. Para incidência do artigo 9º da Lei nº 8.429/1992 é necessário que o agente público tenha agido com dolo.[506] Nenhuma das modalidades deste artigo admite a forma culposa. Não há enriquecimento ilícito negligente ou imprudente, afinal todos os agentes públicos sabem da proibição de enriquecer às expensas da Administração Pública.

A incidência do artigo 9º da Lei de Improbidade Administrativa independe da ocorrência de prejuízo ao erário ou ao patrimônio das demais entidades elencadas no artigo 1º, bastando a efetivação da vantagem indevida. Observe-se que as hipóteses constantes do art. 9º demonstram preocupação primordial com o enriquecimento ilícito, sendo o prejuízo ao erário, em alguns casos, mera consequência do ato.

Doze incisos compõem o artigo 9º, não sendo um rol taxativo, o que se verifica pelo uso da expressão "notadamente", que na

---

[504] Assim, temos o art.1º, §2º, da Lei nº4.729/1965, referente à sonegação fiscal; o crime contra a ordem tributária, constante do art. 3º, II, da Lei nº 8.137/1990; e o crime contra a licitude do processo licitatório, previsto no art. 90 da Lei nº 8.666/1993.
[505] MARTINS JÚNIOR, Wallace Paiva. *Probidade administrativa*. São Paulo: Saraiva, 2001. p. 186.
[506] Segundo Pontes de Miranda, "dolo é a direção da vontade para contrariar o direito" (Cf. MIRANDA, Pontes de. *Tratado de Direito Privado*. Rio de Janeiro: Borsoi, 1954. t. II, p. 248).

lei significa "principalmente", "sobretudo", abrindo espaço para apresentação de hipóteses exemplificativas.

No caso do concurso público, verificando-se que qualquer agente público envolvido no certame recebeu vantagem patrimonial indevida daqueles que possuem interesse direto ou indireto no certame, estará caracterizada a improbidade por enriquecimento ilícito, independentemente do efetivo atendimento da pretensão. Assim, como exemplo, caso fique comprovado o recebimento de vantagem econômica por parte do gestor público, conferida pela empresa contratada para a realização do certame concursal, estará caracterizada a improbidade por enriquecimento ilícito. Tem-se, também, a hipótese de recebimento de vantagem econômica por membro da comissão de concurso, para beneficiar certo concorrente, independente da concretização do benefício.

10.3.2 O prejuízo ao erário vinculado ao concurso público

O art. 10 da Lei nº 8.429/1992 trata dos atos de improbidade administrativa que causam lesões ao patrimônio público. Por certo, o referido diploma legal não poderia deixar de fora a administração desastrosa do agente público, normalmente envolta na visão de que a coisa pública é coisa de ninguém. Assim, havendo prejuízo patrimonial para qualquer dos entes mencionados no art. 1º da Lei de Improbidade, em decorrência de conduta dolosa ou culposa do agente público, sem que, todavia, tenha ocorrido ganho patrimonial ilícito, a conduta será enquadrada no art. 10 da lei.

Da mesma forma que o artigo 9º, o artigo 10 traz no *caput* o núcleo da conduta e mais vinte e um incisos,[507] enunciados exemplificativamente.

O *caput* do artigo se refere a "lesão ao erário", surgindo daí a primeira indagação. Por que a lei utiliza neste artigo a expressão "erário" e não "patrimônio público" como nos demais?

---

[507] Os incisos XVI a XXI foram introduzidos pela Lei nº 13.019/2014.

Waldo Fazzio Júnior[508] considera necessário que se faça a distinção entre as duas expressões. Assim, a referência ao erário diz respeito ao aspecto econômico e financeiro, ou seja, aos bens e direitos de conteúdo econômico pertencentes ao Poder Público. O patrimônio público, por sua vez, é noção mais abrangente, incluindo não somente os valores econômicos, mas também os valores estético, artístico, histórico e turístico.

Wallace Paiva Martins Júnior[509] não faz essa diferença. Para este autor, a lei quis se referir ao prejuízo causado ao patrimônio público, considerado na forma do art. 1º, III, da Lei nº 7.347/1985, ou seja, na sua forma mais abrangente, incluindo os patrimônios artístico, estético, histórico, turístico etc.

Pensamos que a lei não pretendeu diferenciar erário de patrimônio público, tanto que os artigos 5º, 7º e 8º utilizam a expressão mais abrangente, qual seja, "prejuízo ao patrimônio público", quando se referem ao ressarcimento de danos, à cautelar de indisponibilidade de bens e à responsabilidade do sucessor do agente ímprobo. Ademais, o inciso X, do art. 10, refere-se ao prejuízo causado pela conduta negligente no que diz respeito à conservação do patrimônio público, ou seja, deterioração do patrimônio público como forma de prejuízo ao erário.

O prejuízo ao patrimônio público, previsto no art. 10, poderá ser decorrente da ação ou omissão do agente público. Observe-se que a omissão dentro da Administração Pública, diferentemente da esfera privada, pode não significar apenas um não fazer, mas um comportamento em desacordo com a exigência legal de agir inerente ao dever da boa administração.[510]

Neste dispositivo, o legislador infraconstitucional, provavelmente em atenção ao princípio da eficiência que norteia a Administração Pública, considerado como dever jurídico de realizar a atividade administrativa, visando à extração do maior número de efeitos positivos para o administrado e administração, pune a

---

[508] FAZZIO JÚNIOR, Waldo. *Improbidade administrativa*: doutrina, legislação e jurisprudência. São Paulo: Atlas, 2016. p. 208.
[509] MARTINS JÚNIOR, Wallace Paiva. *Probidade administrativa*. São Paulo: Saraiva, 2001. p. 205.
[510] FAZZIO JÚNIOR, Waldo. *Improbidade administrativa*: doutrina, legislação e jurisprudência. São Paulo: Atlas, 2016. p. 213.

lesão ao patrimônio público decorrente da ação ou omissão dolosa ou culposa.[511] Dolo e culpa são espécies de vínculo de aspecto psicológico, que liga o autor ao fato por ele praticado.[512] Tal vínculo psicológico é analisado tomando-se em conta o cidadão comum dentro do meio social. Age com dolo quem atua visando que seu ato contrarie o direito ou quer contrariar o direito e atua para isso.[513] Além do *dolus directus*, caracterizado pela prática da ação ou omissão consciente e buscando voluntariamente um resultado, há o *dolus eventualis* que se verifica quando o agente sabe que o ato que vai praticar é suscetível de produzir outra contrariedade à direito, além daquela que ele deseja, porém, prefere que aquela se produza a ter de renunciar ao seu desejo.[514] Transportando esta noção para o Direito Administrativo, age com dolo o agente que, voluntariamente, realizar determinada conduta proibida pela ordem jurídica.

Por outro lado, age culposamente aquele que, deixando de empregar a atenção ou diligência de que era capaz em decorrência das circunstâncias, não previu o caráter ilícito da sua conduta ou do resultado desta, ou prevendo-o, achou que não ocorreria.[515] Trata-se da potencial consciência da ilicitude, que, com maior razão, é considerada no campo do Direito Administrativo, em que o agente somente pode atuar com base em lei.[516]

A Lei nº 13.655/2018, que incluiu na Lei de Introdução às Normas de Direito Brasileiro – LINDB (Decreto-Lei nº 4.657/1942) disposições que visam a garantir segurança jurídica e eficiência na criação e na aplicação do Direito Público, determina no seu art. 28 que "o agente público responderá pessoalmente por suas decisões

---

[511] Neste ponto, vale esclarecer que as noções de dolo e culpa não são exclusivas do Direito Penal. Assim, no nosso sistema jurídico estão constitucionalizadas os termos *dolo* e *culpa* e superam os limites penais, na medida em que o agente público que causar dano à Administração Pública poderá ser responsabilizado, desde que tenha agido pelo menos com culpa (art. 37, §6º, da Constituição Federal).
[512] FRANCO, Alberto Silva et al. *Código Penal e sua interpretação jurisprudencial*. São Paulo: Revista dos Tribunais, 1993. p. 103.
[513] MIRANDA, Pontes. *Tratado de Direito Privado*. Rio de Janeiro: Bosoi, 1954. p. 249. t. II.
[514] MIRANDA, Pontes. *Tratado de Direito Privado*. Rio de Janeiro: Bosoi, 1954. p. 250.
[515] NORONHA, E. Magalhães. *Direito Penal*. São Paulo: Saraiva, 1984. v. 1, p. 150.
[516] OSÓRIO, Fábio Medina. *Improbidade administrativa*: observações sobre a Lei 8.429/92. Porto Alegre: Síntese, 1998. p. 135.

ou opiniões técnicas em caso de dolo ou erro grosseiro". A análise dos artigos 20 a 24 da LINDB revela que o art. 28 alcança a responsabilização dos agentes públicos nas esferas judicial, administrativa e controladora.

Questiona-se o alcance da expressão "erro grosseiro", constante do referido art. 28. Acordão do Tribunal de Contas da União, tentando apresentar o significado da expressão, aduz que "a conduta culposa do responsável que foge ao referencial do "administrador médio" utilizado pelo TCU para avaliar a razoabilidade dos atos submetidos a sua apreciação caracteriza "erro grosseiro" a que alude o art. 28 do Decreto-Lei nº 4.657/1942, incluído pela Lei nº 13.655/2018".[517] Ou seja, o TCU apenas deslocou a imprecisão do "erro grosseiro" para outra expressão também dotada de fluidez: "administrador médio".

O Decreto nº 9.830/2019, que regulamenta a referida lei, considera erro grosseiro "aquele manifesto, evidente e inescusável praticado com culpa grave, caracterizado por ação ou omissão com elevado grau de negligência, imprudência ou imperícia" (art. 12, §1º). Percebe-se, então, que o erro grosseiro se aproxima da culpa grave.

Muitos sustentam dar nova interpretação ao art. 10 da Lei nº 8.429/1992, frente ao art. 28 da LINDB. Assim, para caracterização da improbidade na modalidade culposa será necessária a comprovação de elevado grau de negligência, imprudência ou imperícia. A Corte Especial do Superior Tribunal de Justiça já havia se pronunciado neste sentido, mesmo antes da alteração da LINDB, senão vejamos:

> Conforme pacífico entendimento jurisprudencial desta Corte Superior, improbidade é ilegalidade tipificada e qualificada pelo elemento subjetivo da conduta do agente, sendo "indispensável para a caracterização de improbidade que a conduta do agente seja dolosa para a tipificação das condutas descritas nos artigos 9º e 11 da Lei 8.429/1992, ou, pelo menos, eivada de culpa grave nas do artigo 10" (AIA 30/AM, Rel. Ministro Teori Albino Zavascki, Corte Especial, DJe 28.09.2011).

No entanto, a jurisprudência das turmas do STJ vinha se afastando dessa orientação, acatando para caracterização da

---

[517] Acordão 1628/Plenário/TCU

improbidade constante do art. 10 a culpa leve. Desta forma, decidiu a Segunda Turma o seguinte:

> O entendimento do STJ é no sentido de que, para que seja reconhecida a tipificação da conduta do réu como incurso nas previsões da Lei de Improbidade Administrativa, é necessária a demonstração do elemento subjetivo, consubstanciado pelo dolo para os tipos previstos nos artigos 9º e 11 e, ao menos, pela culpa, nas hipóteses do artigo 10. (AgRg no AREsp 654.406/SE, Rel. Ministro Herman Benjamim, Segunda Turma, julgado em 17.11.2015, DJe 04.02.2016.)

Por certo que os tribunais superiores deverão pautar novas interpretações a dispositivos de leis, atingidos pela LINDB, no sentido de resguardar a segurança jurídica, atentando também para a necessidade de garantia de interesses consagrados em princípios constitucionais.

Saliente-se, no entanto, que a distinção entre as condutas dolosa e culposa aproveitam, apenas, para fins de aplicação das sanções,[518] incidindo para o segundo caso sanções menos severas, dentre as relacionadas no art. 12, II, observando, também, o seu parágrafo único.

Deve-se ressaltar que para se enquadrar a conduta no art. 10, da LIA, necessário se faz a efetiva demonstração do dano causado, não cabendo a alegação de dano presumido.[519] No entanto, em se tratando da hipótese constante do inciso VIII, do art. 10, que trata da dispensa indevida de licitação, a jurisprudência tem admitido

---

[518] Apesar de o parágrafo único do art. 12 se referir apenas à extensão do dano e o proveito patrimonial para a fixação da pena, pensamos que o aspecto psicológico da conduta deve também ser considerado.

[519] ADMINISTRATIVO. AGRAVO REGIMENTAL NO AGRAVO EM RECURSO ESPECIAL. IMPROBIDADE ADMINISTRATIVA. AÇÃO CIVIL PÚBLICA. PREJUÍZO AO ERÁRIO. DANO EFETIVO NÃO DEMONSTRADO. COMPRAS REVERTIDAS EM PROVEITO DA COLETIVIDADE. ATO DE IMPROBIDADE NÃO CARACTERIZADO. PRECEDENTES STJ. AUSÊNCIA DE DOLO. AGRAVO IMPROVIDO. 1. É pacífico no âmbito deste Superior Tribunal o entendimento de que, para a condenação por ato de improbidade administrativa que importe prejuízo ao erário, é imprescindível a demonstração de efetivo dano ao patrimônio público, o que não se verificou em relação às condutas do ex-alcaide impugnadas pelo Ministério Público. 2. Ausência de elemento subjetivo ensejador da incidência da responsabilidade por ato de improbidade, relativamente aos fatos objeto do presente recurso especial. 3. Agravo regimental não provido. (STJ. AgRg no AREsp 18317 / MG AGRAVO REGIMENTAL NO AGRAVO EM RECURSO ESPECIAL 2011/0074910-7. Rel. Min. Arnaldo Esteves Lima. Primeira Turma. Data de Julgamento: 05.06.2014)

o dano presumido, sob o fundamento de que, apesar de não ser possível quantificar em termos econômicos o prejuízo decorrente da contratação direta indevida, este é inequívoco.[520]

No que concerne ao concurso público, poderá incorrer na prática de ato de improbidade por prejuízo ao erário o gestor público que revogar um certame concursal movido apenas por interesse pessoal. Ora, sabe-se que o concurso público implica a realização de altos gastos pela Administração Pública. Desta forma, a revogação imotivada, inclusive quando houver efetiva necessidade de provimento de cargos e empregos públicos, poderá facilmente ser enquadrada como ato de improbidade, previsto no art. 10, *caput*, da lei, diante do prejuízo financeiro constatado. Também a contratação de empresa desprovida de qualificação para realização do certame, gerando a sua nulidade por vícios insanáveis, poderá ser cracterizada como improbidade por prejuízo ao erário, caso fique constatada a falta de imposição de critérios técnicos na escolha da referida pessoa jurídica. Da mesma forma, o chefe do Executivo que não cumprir ordem judicial determinando a nomeação imediata de candidato aprovado no certame, terá imposição de multa diária ao ente público.

Conclui-se, então, que comprovados gastos indevidos na realização do concurso público, fruto de atuação dolosa ou culposa dos agentes públicos envolvidos no certame, poder-se-á estar diante de ato de improbidade por prejuízo ao erário, caso não se comprove a obtenção de vantagem indevida por alguns daqueles agentes, quando, então, o ato de improbidade será por enriquecimento ilícito.

A Lei Complementar nº 157/2016 acrescentou à Lei de Improbidade Administrativa novo tipo, constante do art. 10-A, que caracteriza como ato de improbidade qualquer ação ou omissão para conceder, aplicar ou manter benefício financeiro ou tributário contrário ao que dispõem o caput e o §1º do art. 8º-A da Lei

---

[520] [...] 5. É pacífico o entendimento de que frustrar a licitude de processo licitatório ou dispensá-lo indevidamente configura ato de **improbidade** que causa prejuízo ao erário, ainda que esse prejuízo não possa ser quantificado em termos econômicos, para ressarcimento. Não se pode exigir a inequívoca comprovação do dano econômico causado pela conduta ímproba, pois nessas hipóteses específicas do artigo 10, VIII, da Lei de **Improbidade Administrativa**, o prejuízo é presumido (*in re ipsa*). Nesse sentido: AgRg no REsp 1.499.706/SP, Rel. Ministro Gurgel de Faria, Primeira Turma, DJe 14.3.2017; RMS 54.262/MG, Rel. Ministro Herman Benjamin, Segunda Turma, DJe13.9.2017.

Complementar nº 116, de 31 de julho de 2003. Tal dispositivo, por não guardar relação com o tema deste trabalho, não será abordado.

10.3.3 A violação de princípios e o certame concursal

Dentre as modalidades de improbidade administrativa, o art. 11 é a grande novidade, pois possibilita a imposição de sanções ao agente público que violar os princípios que regem a Administração Pública, independentemente do enriquecimento ilícito ou do prejuízo ao erário.

Agustín Gordillo leciona que os princípios são a base de uma sociedade livre e republicana, sendo os elementos fundamentais e necessários da sociedade e de todos os atos de seus componentes.[521]

Sabe-se que os princípios não são meras declarações de sentimentos ou intenções ou, ainda, meros postulados de um discurso moral. Em verdade, são normas dotadas de positividade, que têm o condão de determinar condutas ou impedir comportamento com eles incompatíveis.[522]

Neste ponto, merece transcrição a reflexão de Jorge Miranda, segundo a qual:

> [...] o Direito não é mero somatório de regras avulsas, produto de acto de vontade, ou mera concatenação de fórmulas verbais articuladas entre si. O Direito é ordenamento ou conjunto significativo e não conjunção resultante de vigência simultânea; implica *coerência* ou, talvez mais rigorosamente, *consistência;* projecta-se em sistema; é unidade de sentido, é valor incorporado em regra. E esse ordenamento, esse conjunto, essa unidade, esse valor projecta-se ou traduz-se em princípios, logicamente anteriores aos preceitos.[523]

O art. 37, *caput*, da Constituição Federal determina expressamente a obediência aos princípios administrativos. Assim, o agente

---

[521] GORDILLO, Agustín. *Tratado de Derecho Administrativo*. Buenos Aires: Fundación de Derecho Administrativo, 1998. t. I, p. 37-V.
[522] FERRAZ, Sérgio; DALLARI, Adilson Abreu. *Processo administrativo*. São Paulo: Malheiros, 2012. p. 79.
[523] MIRANDA, Jorge. *Manual de Direito Constitucional*. Coimbra: Coimbra Editora, 2000. t. II, p. 225.

público, na qualidade de gestor dos interesses públicos, deverá adotar postura exemplar perante a sociedade, agindo dentro dos padrões éticos dominantes.

Não adianta determinação constitucional de obediência aos princípios administrativos sem que haja um meio eficaz de punir sua violação. Segundo Von Ihering, "o direito não é mero pensamento, mas sim força viva. Por isso a Justiça segura, numa das mãos, a balança, com a qual pesa o direito, e na outra a espada, com a qual o defende. A espada sem a balança é a força bruta, a balança sem a espada é a fraqueza do direito".[524] Assim, a Lei nº 8.429/1992 determinou sanções de natureza pessoal ao agente público que violar princípios administrativos. A Lei de Improbidade seria então, considerando a abordagem de Von Ihering, a espada voltada a garantir a observância dos princípios administrativos, que estariam na balança.

O art. 11, *caput*, da Lei de Improbidade se refere à ação ou omissão que atente contra os princípios administrativos, violando os deveres de honestidade, imparcialidade, legalidade e lealdade às instituições. Esses deveres são listados exemplificativamente, a eles se podem acrescentar a boa-fé, a impessoalidade, igualdade, proporcionalidade, dentre outros contidos nos princípios que norteiam a atividade administrativa.

Alguns autores são incisivos em afirmar que para incidência do art. 11 é necessário o elemento subjetivo que as motiva ser o dolo, quer dizer, necessário se faz a consciência da ilicitude e a vontade de praticar o ato antijurídico,[525] uma vez que a Lei de Improbidade somente admitiu ato de improbidade decorrente de conduta culposa na hipótese do art. 10.

Entendemos que alguns esclarecimentos devem ser feitos quanto à matéria.

A atuação do administrador público é sempre voltada ao atendimento de um interesse público. Para a sua relação com a coisa pública, pressupõe-se que aquele possui certa especialidade

---

[524] IHERING, Rudolf Von. *A luta pelo Direito*. Trad. J. Cretella Jr. e Agnes Cretella. São Paulo: Revista dos Tribunais, 2001. p. 27

[525] PAZZAGLINI, Marino; ROSA, Márcio Fernando Elias, FAZZIO JÚNIOR, Waldo. *Improbidade administrativa*: aspectos jurídicos da defesa do patrimônio público. São Paulo: Atlas, 1998. p. 120.

dentro da sua área de atuação, conhecendo com profundidade todas as atribuições que lhe são conferidas, mesmo aquelas que delegam o exercício a outros agentes públicos de hierarquia inferior. Sendo assim, não se pode comparar o dolo e culpa, que rondam o agir do cidadão comum, com aqueles elementos subjetivos no âmbito da Administração Pública.

Em consequência, pode-se afirmar que, quando se exige a presença do dolo como elemento subjetivo necessário à incidência do art. 11 da Lei de Improbidade, é suficiente a presença do dolo eventual, ou seja, basta que o agente tolere o resultado, consinta em sua provocação ou tenha se conformado com o risco da realização do tipo.[526] Os Tribunais Superiores se referem ao "dolo genérico" para a configuração da improbidade por violação de princípios, não sendo necessária a observância do chamado "dolo específico".[527]

Desta forma, discordamos daqueles que pensam que, para a incidência do art. 11, faz-se necessária a efetiva vontade do administrador público de violar princípios administrativos, bastando que tolere a violação. Assim, se o administrador público realizar a nomeação de pessoal para cargos públicos sem concurso público, mesmo que o faça em atendimento a um parecer da assessoria jurídica, por ele escolhida, responderá pela improbidade administrativa, com fundamento no art. 11, *caput*, diante da violação dos princípios da legalidade, moralidade e impessoalidade.[528].Se assim não fosse, com toda certeza, tornar-se-ia inaplicável o art. 11, uma

---

[526] FRANCO, Alberto Silva et al. *Código Penal e sua interpretação jurisprudencial*. São Paulo: Revista dos Tribunais, 1993. p. 109.
[527] PROCESSUAL CIVIL. ADMINISTRATIVO. EFEITO SUSPENSIVO. INADEQUAÇÃO DA VIA ELEITA. LIMITES DA AÇÃO. INTERPRETAÇÃO LÓGICO-SISTEMÁTICA DA INICIAL.. PRECEDENTES. INOBSERVÂNCIA. SÚMULA 7/STJ. IMPROBIDADE ADMINISTRATIVA. ART. 11 DA LIA. DOLO GENÉRICO. LIBERALIDADE DO RÉU. SÚMULA 7/ STJ. SANÇÃO. MODIFICAÇÃO. INVIABILIDADE. [...] 6. Consoante entendimento desta Corte, "o elemento subjetivo, necessário à configuração de improbidade administrativa censurada nos termos do art. 11 da Lei 8.429/1992, é o dolo genérico de realizar conduta que atente contra os princípios da Administração Pública, não se exigindo a presença de dolo específico" (Resp 951.389/SC, Rel. Ministro Herman Benjamin, Primeira Seção, Dje 04.05.2011). Resp. 1391789/PR. RECURSO ESPECIAL 2013/0205897-0. Rel. Min. Humberto Martins. Segunda Turma. Data de Julgamento: 10.04.2014.
[528] Desde que não tenha havido prejuízo ao erário ou enriquecimento ilícito, casos em que o ato de improbidade mais grave absorve o de menor gravidade, conforme salientado.

vez que dificilmente se conseguiria provar a efetiva vontade do administrador de violar os princípios administrativos.[529]

Por outro lado, conforme assevera Pontes de Miranda, "não exclui o dolo o motivo do ato, nem o fim que teve em vista o agente, nem o interesse maior, moral, política ou economicamente, que levou ao ato".[530] Assim, quando a escolha da empresa para a realização do concurso levar em consideração vantagem contratual que não constava do ato convacatório, estar-se-á diante de ato de improbidade administrativa previsto no artigo 11, *caput*, da Lei de Improbidade, considerando a violação do princípio da legalidade e isonomia.

O *caput* do art. 11 também considera ato de improbidade administrativa a violação do dever de legalidade. Convém estabelecer o que se entende pelo "dever de legalidade". É inegável a submissão da Administração Pública à lei. Conforme preceitua o art. 5, II, da Carta Constitucional, "ninguém será obrigado a fazer ou deixar de fazer alguma coisa senão em virtude de lei". O princípio da legalidade, que por influência das correntes positivistas era entendido como vinculação a uma codificação sedimentada em regras, teve seu conteúdo ampliado, passando a ser utilizado uma espressão alternativa para explicar essa nova concepção, qual seja, princípio da juridicidade. Significa, então, que a Administração não está somente submetida à lei, mas a todo o Direito, noção mais ampla que inclui normas superiores e inferiores à lei, supranacionais e

---

[529] Para também ser este o entendimento que predomina no Superior Tribunal de Justiça. Senão vejamos: "ADMINISTRATIVO – AÇÃO CIVIL PÚBLICA – ATO DE IMPROBIDADE – EX-PREFEITO – CONTRATAÇÃO DE SERVIDORES MUNICIPAIS SOB O REGIME EXCEPCIONAL TEMPORÁRIO – INEXISTÊNCIA DE ATOS TENDENTES À REALIZAÇÃO DE CONCURSO PÚBLICO DURANTE TODO O MANDATO – OFENSA AOS PRINCÍPIOS DA LEGALIDADE E MORALIDADE. 1. Por óbice da Súmula 282/STF, não pode ser conhecido recurso especial sobre ponto que não foi objeto de questionamento no tribunal a quo. 2. Para a configuração de ato de improbidade não se exige que tenha havido dano ou prejuízo material, restando alcançados os danos imateriais. 3. O ato de improbidade é constatado de forma objetiva, independentemente de dolo ou de culpa e é punido em outra esfera, diferentemente da via penal, da via civil ou da via administrativa. 4. diante das leis de Improbidade e de Responsabilidade Fiscal, inexiste espaço para o administrador "desorganizado" e "despreparado", não se podendo conceber que o prefeito assuma a administração de um Município sem a observância das mais comezinhas regras do direito público. Ainda que se cogite não tenha o réu agido com má-fé, os fatos abstraídos configuram ato de improbidade e não meras irregularidades, por inobservância do princípio da legalidade. 5. Recurso especial conhecido em parte e, no mérito, improvido" (REsp 708170/MG. Rel. Min. Eliana Calmon. Segunda Turma. DJ 19.12.2005. p. 355).

[530] MIRANDA, Pontes. *Tratado de Direito Privado*. Rio de Janeiro: Bosoi, 1954. t. II, p. 252.

estatais, ademais, implica também a submissão aos princípios, valores e garantias aos direitos e liberdades, como esclarece Santiago Munoz Machado.[531] Mesmo pensando-se no princípio da legalidade na concepção clássica, ou seja, como submissão à regra positivada, dificilmente haverá a violação autônoma de tal princípio, uma vez que, normalmente, a violação da lei está vinculada à transgressão de outros princípios. Neste sentido afirma Juarez Freitas que "os princípios sempre irradiam efeitos, embora em intensidades diversas, uns sobre os outros".[532] Assim, a colocação de requisitos para o provimento de cargos públicos que favoreça determinados candidatos não viola somente o princípio da legalidade, mas também o da impessoalidade e o da moralidade. Logo, considerando o princípio da legalidade na sua concepção ampla, como princípio da juridicidade, é possível afirmar que a sua violação, em regra, será caracterizada como ato de improbidade por violação de princípios.[533]

Podem existir situações nas quais somente se vislumbre a violação do princípio da legalidade, considerado como inobservância de regra positivada. Este ponto muito nos interessa se considerarmos o elevado número de mandados de segurança que são interpostos contra vícios de legalidade perpetrados em concursos públicos. Pense-se na hipótese de inabilitação indevida de candidato por não ter comprovado o nível de escolaridade no momento da inscrição no concurso, sabendo-se que tanto a doutrina como a jurisprudência entendem que tal requisito somente poderá ser exigido na ocasião do provimento do cargo. Ou, ainda, aquela situação em que há erros em questões de provas objetivas. Nestes casos, estar-se-á diante de ato de improbidade?

Ora, se interpretarmos a lei literalmente teríamos que toda ilegalidade efetivamente constitui uma improbidade, porque é isso que consta do *caput* do art. 11. Em outras palavras, a violação

---

[531] MACHADO, Santiago Munoz. *Tratado de Derecho Administrativo y Derecho Público general I*. Madrid: Iustel, 2006. p. 406.
[532] FREITAS, Juarez. Do Princípio da Probidade Administrativa e de sua Máxima Efetivação. *Revista de Direito Administrativo*, n. 204, p. 78, abr./jun. 1996.
[533] Emerson Garcia ao abordar a violação do princípio da legalidade em sua obra, chama atenção para a associação da improbidade a violação do princípio da juridicidade (Cf. *Improbidade administrativa*. São Paulo: Saraiva, 2015. p. 424.

de qualquer regra positivada levaria à incidência do mencionado dispositivo legal.

Há, no entanto, quem entenda que para a caracterização do ato de improbidade por violação de princípios é necessária a associação à imoralidade da conduta.[534] Então, nos exemplos citados, além da necessidade de se demonstrar a ilegalidade, deverá estar provado que o ato foi fruto da desonestidade, má-fé ou intolerável incompetência da comissão do concurso, reveladora do descaso no trato da coisa pública. Em consequência, para quem sustenta tal posicionamento, a violação aos princípios administrativos deverá sempre contar com um *plus* que seria a má-fé, essência da moralidade.

Outros se reportam ainda à teoria das nulidades dos atos administrativos para abordar a matéria. Assim, quando a ilegalidade gerar um ato anulável passível de convalidação não se estaria diante de ato de improbidade.[535] Por outro lado, caso a ilegalidade leve à nulidade absoluta do ato administrativo se poderá estar frente a uma conduta ímproba. Segundo Fábio Medina Osório, "a relação entre a teoria geral das nulidades e improbidade apenas fornece o caminho, ou melhor dizendo, o "cheiro" da improbidade administrativa".[536]

Entende-se que, caso a violação autônoma do princípio da legalidade fosse considerada, via de regra, ato de improbidade administrativa seria instalado um caos, uma vez que todos os mandados de segurança interpostos contra a Administração Pública, julgados procedentes, gerariam, em tese, ações judiciais por ato de improbidade administrativa, com fundamento na Lei nº 8.429/1992. Tal interpretação levaria, com certeza, à efetiva banalização do instituto. Mas não é só isso. A violação do princípio da legalidade, mesmo ocorrendo no âmbito da Administração, muitas vezes viola precipuamente interesse particular, como no exemplo do candidato que foi desclassificado por erro na análise de um documento apresentado, gerando uma ilegalidade. No nosso entender, não há, em regra, prejuízo ao interesse público a desclassificação de um único candidato, salvo se, além do

---

[534] FAZZIO JÚNIOR, Waldo. *Improbidade administrativa e crimes de prefeito*. São Paulo: Atlas 2000. p. 177.
[535] OSÓRIO, Fábio Medina. *Improbidade administrativa*: observações sobre a lei nº 8.429/92. Porto Alegre: Síntese, 1998. p. 133.
[536] OSÓRIO, Fábio Medina. *Improbidade administrativa*: observações sobre a lei nº 8.429/92. Porto Alegre: Síntese, 1998. p. 133.

princípio da legalidade, se verificar a violação de outros princípios, por exemplo, o princípio da impessoalidade ou mesmo o da moralidade, uma vez comprovada a efetiva perseguição àquela pessoa. Em consequência, concordamos com o saudoso Carlos Frederico Brito dos Santos,[537] quando afirmou que a violação única do princípio da legalidade somente caracterizará ato de improbidade se tal violação gerar um risco de dano ao patrimônio público. Acrescente-se, ainda, que de forma acertada pondera o autor que o princípio da proporcionalidade deve ser levado também em consideração nesta análise. Com efeito, não teria sentido submeter o agente público às sanções constantes da Lei de Improbidade pelo cometimento de atos ilegais de menor tomo, os quais os estatutos dos servidores sancionam apenas com advertência.

Pode-se, então, afirmar que nem toda anulação de concurso público conduzirá ao enquadramento do agente responsável na Lei de Improbidade Administrativa, salvo se houver a comprovação de que causou o vício de forma deliberada, com ou sem recebimento de vantagem patrimonial indevida, ou em razão de conduta culposa, gerando prejuízo ao erário.

A dispensa indevida de concurso, mesmo que não haja lesão ao erário, é tão grave quanto à realização de um concurso viciado.[538] A nomeação para cargo ou emprego público sem o devido concurso público pode constituir ato de improbidade administrativa por violação dos princípios da legalidade, moralidade e impessoalidade, enquadrados no *caput* do art. 11,[539] uma vez que não há prejuízo ao erário se houver o pagamento de remuneração em contrapartida ao trabalho efetivamente prestado. A Constituição Federal, após impor

---

[537] BRITO DOS SANTOS, Carlos Frederico. *Improbidade Administrativa:* reflexões sobre a Lei nº 8.429/92. Rio de Janeiro, Forense, 2007. p. 99.
[538] Orientando-se nesse sentido decidiu o STJ: "AÇÃO DE IMPROBIDADE ADMINISTRATIVA. LEI Nº 8.429/92. VIOLAÇÃO DOS DEVERES DA MORALIDADE E IMPESSOALIDADE. SERVIDORES CONTRATADOS SEM CONCURSO PÚBLICO PELO EX-PREFEITO. LESÃO À MORALIDADE ADMINISTRATIVA QUE PRESCINDE DA EFETIVA LESÃO AO ERÁRIO. PENA DE RESSARCIMENTO. PRINCÍPIO DA RAZOABILIDADE. APLICAÇÃO. DANO EFETIVO. BURLA ÀS REGRAS DE LICITAÇÃO. FRAUDE. CULPA E DOLO. ÓBICE DA SÚMULA 7/STJ" (REsp nº 739778/RS. Rel. Min. Luiz Fux. 1ª Turma. DJ 28.09.2006. p. 206).
[539] Nesse sentido manifesta-se Wallace Paiva Martins Júnior (CF. MARTINS JÚNIOR, Wallace Paiva. *Probidade administrativa*. São Paulo: Saraiva, 2002. p. 274)

a regra do concurso público no inciso II, do art. 37, determina no §2º do mesmo artigo que "a não observância do disposto nos incisos II e III implicará a nulidade do ato e a punição da autoridade responsável, nos termos da lei".

Ressalte-se, no entanto, que há posições favoráveis à caracterização da improbidade por prejuízo ao erário decorrente da nomeação de servidor sem prévia aprovação em concurso público. Nesse sentido, segundo Emerson Garcia, "ao contratar sem a prévia realização de concurso público, estará o agente público concorrendo para o enriquecimento ilícito do contratado, já que ilícita a causa que motivou o recebimento dos subsídios, o que configura o ato de improbidade previsto no art. 10, XII, da Lei n. 8.429/1992".[540] O Superior Tribunal de Justiça, no entanto, não vem acolhendo a teoria do dano presumido, entendendo que não cabe a devolução dos valores percebidos pelos servidores nomeados sem concurso, desde quando houve a contrapartida do lavor. Assim:

> PROCESSO CIVIL. AÇÃO CIVIL PÚBLICA. ATO DE IMPROBIDADE.
> 1. Ilegalidade do ato de contratação de servidores públicos sem concurso público por presidente da Câmara de Vereadores.
> 2. Ilegalidade que não se pode imputar ao sucessor pelo só fato de manter os servidores irregularmente contratados.
> 3. Apesar de não ter sido o contrato precedido de concurso, houve trabalho dos servidores contratados o que impede a devolução dos valores correspondentes ao trabalho devido.
> 4. Recurso especial improvido.[541]

Dentre as situações exemplificativas constantes do art. 11, da Lei nº 8.429/1992, tem-se no inciso V "frustrar licitude de concurso público". "Frustrar licitude" seria enganar a expectativa de uma conduta legal. Assim, incorre em tal dispositivo o agente público que viole sigilo de questões, discrimine injustificadamente certos participantes do certame, possua vínculo de parentesco com candidato etc. Logicamente, não é qualquer ilicitude perpetrada durante o certame concursal que levará à incidência do referido inciso, uma

---

[540] GARCIA, Emerson, ALVES, Rogério Pacheco. *Improbidade administrativa*. São Paulo: Saraiva, 2015. p. 532.
[541] REsp. n. 514.820-SP. Rel. Min. Eliana Calmon. DJU 06.06.2005. p. 261,

vez que, conforme explicitado, nem toda ilicitude constitui ato de improbidade administrativa. Assim, caso certo candidato apresente um título dentro das especificações contidas no edital que não seja acolhido pela banca examinadora estar-se-á diante de uma ilicitude, que poderá ser objeto, inclusive, de mandado de segurança, porém, a princípio, não haveria a incidência da Lei de Improbidade Administrativa. Situação diversa seria aquela em que ficasse comprovada vantagem conferida por certo componente da banca examinadora a determinada candidata, se ficasse comprovada em apuração instaurada a existência de relação amorosa entre ambos, desconhecida daqueles envolvidos no concurso. Evidentemente, a má-fé decorrente de tal hipótese poderá levar a incidência do disposto no inciso V, do art. 11, da Lei nº 8.429/1992.

Percebe-se, então, que a inobservância da regra do concurso público ou a sua realização em desacordo com os princípios consagrados no ordenamento jurídico poderá ensejar as sanções da Lei de Improbidade Administrativa, independente da efetiva existência de enriquecimento ilícito ou prejuízo ao erário, ponderando-se sempre a situação concreta. Note-se, por exemplo, a situação do candidato de concurso público, já vinculado à administração, que tenha acesso ao material de preparação ao certame pelo menos um mês antes dos demais, tendo sido, ao final do processo, contemplado com a única vaga ofertada. Por certo, trata-se de caso típico de violação do princípio da moralidade administrativa, caracterizando ato de improbidade.[542]

Com as alterações efetivadas na Lei de Introdução às Normas do Direito Brasileiro pela Lei nº 13.655/2018, questiona-se a necessidade de compatibilizar o art. 11 da LIA com o art. 20 do novel diploma, segundo o qual "nas esferas administrativa, controladora e judicial, não se decidirá com base em valores jurídicos abstratos sem que sejam consideradas as consequências práticas da decisão". Deve-se atentar para o alcance que se pretende conferir a tais "consequências", que não podem se limitar à esfera mensurável economicamente. A prática de nepotismo, o assédio moral em órgãos públicos, a violação do dever de licitar, são apenas alguns

---

[542] TJRS, 1ª GCC, EI nº 598466415, rel. Des. Irineu Mariani, j. em 18.06.1999.

exemplos de violação de princípios que atingem diretamente o sentimento de moralidade pública. Logo, a consequência prática é o sentimento de descrédito na Administração, a desvalorização da sua atuação, que deverá ser considerada.

Assim, torna-se inquestionável a importância da Lei de Improbidade na moralização do serviço público, perseguida, dentre outras maneiras, através da seleção de servidores pautada em critérios objetivos, capazes de auferir a qualificação necessária para o exercício de funções públicas, beneficiando, em consequência, toda a coletividade destinatária das atividades estatais e consolidando o retrato do Estado.

10.4 Das sanções aplicadas aos atos de improbidade administrativa decorrentes do concurso público e a possibilidade de formalização de compromisso de ajustamento de conduta

A Constituição Federal, no art. 37, §4º, ao se referir aos atos de improbidade, estabelece que estes importarão a suspensão de direitos políticos, a perda da função pública, a indisponibilidade dos bens e o ressarcimento ao erário. Observe-se que em momento algum utiliza a expressão "sanção". É que realmente nem todas as medidas indicadas no dispositivo constitucional têm natureza sancionatória. Assim, a indisponibilidade dos bens é providência processual que visa acautelar os interesses do erário, durante a apuração dos fatos, evitando a dilapidação, transferência ou ocultação de bens que impossibilitariam o ressarcimento de danos[543]. Da mesma forma o ressarcimento de danos previsto no art. 927 do Código Civil, constitui forma de recomposição do patrimônio lesado.

A Lei nº 8.429/1992 trata das medidas aplicáveis aos atos de improbidade administrativa no art. 12. composto por quatro incisos, arrola as sanções correspondentes às três modalidades

---

[543] DI PIETRO, Maria Sylvia Zanella. *Direito Administrativo*. Rio de Janeiro: Forense, 2016. p. 980.

de atos de improbidade administrativa e ao tipo especial do art. 10-A. O *caput* do artigo demonstra a independência das sanções de improbidade, ao aduzir que estas independem das sanções penais, civis e administrativas. Além disso, traz a aplicação do princípio da proporcionalidade na aplicação das sanções, ao estabelecer a possibilidade de aplicação isolada ou cumulativa, de acordo com a gravidade do fato.

Merece destaque o art. 21 da LIA, que determina no seu inc. I a aplicabilidade das sanções previstas na lei, independentemente da efetiva ocorrência de dano ao patrimônio público, salvo quanto ao ressarcimento. Em verdade, conforme já visto neste trabalho, pode ocorrer o enriquecimento ilícito sem que haja prejuízo ao erário, da mesma maneira que a violação aos princípios administrativos independe de prejuízo patrimonial à Administração Pública, apesar dos possíveis danos ocasionados ao patrimônio moral da instituição.

Quanto ao inc. II, do art. 21, este esclarece que a aplicação das sanções independe, também, da aprovação ou rejeição das contas pelo órgão de controle interno ou pelo Tribunal de Contas, que se apresenta como órgão técnico, sendo administrativas e não jurisdicionais as suas decisões. Assim, da mesma forma que o parecer técnico do Tribunal de Contas não vincula o veredicto político do parlamento, também não impede o conhecimento jurisdicional do ato de improbidade questionado. Ademais, a aprovação das contas pelo Tribunal de Contas não significa a aprovação de cada ato individualmente considerado[544].

Conforme acima anunciado, as sanções aplicáveis aos casos de improbidade administrativa estão previstas no art. 12 da lei. Assim, no caso de enriquecimento ilícito incidirá as sanções constantes no inc. I. Ocorrendo prejuízo ao erário, aplicar-se-á o inc. II. Verificada a improbidade administrativa na modalidade de violação aos princípios da Administração Pública terá aplicação o inc. III. Observe-se que as sanções estabelecidas nos incisos do referido artigo são as mesmas, havendo apenas diferenças quanto à gradação de algumas delas. conforme ficará demonstrado.

---

[544] DI PIETRO, Maria Sylvia Zanella. *Direito Administrativo*. Rio de Janeiro: Forense, 2016. p. 992 .

Na hipótese de o ato de improbidade administrativa comportar as três espécies previstas na lei, pelo princípio da especialidade, o caminho será a escolha da norma mais grave, que absorverá as demais.

Da mesma forma, caso um agente público pratique diversos atos de improbidade administrativa, distintos e independentes, as sanções aplicadas também serão autônomas e independentes[545], decorrentes de uma ou várias ações civis públicas[546].

Em virtude do art. 3º da Lei de Improbidade, as sanções previstas no art. 12 serão aplicadas aos terceiros "no que couber". Assim, caso o terceiro beneficiário não seja agente público, não poderá sofrer a sanção de perda da função pública. Por outro lado, em diversos casos será o terceiro beneficiário que deverá perder, em favor do erário, os bens acrescidos ilicitamente ao seu patrimônio[547].

Dentre as sanções trazidas no art. 12, não guardam tal natureza o ressarcimento de danos e a perda dos bens acrescidos ao patrimônio ilicitamente.

O que se pretende com a medida de reparação de danos, sejam eles morais ou materiais, é o integral ressarcimento do dano causado ao patrimônio público, alcançando os bens do acionado independentemente da época e maneira de aquisição, pois o que importa é o efetivo ressarcimento. Trata-se de pretensão patrimonial do Estado e, em consequência, de toda a sociedade. Somente será possível a sua imposição quando verificado o efetivo prejuízo, sob pena de ocorrer o enriquecimento ilícito por parte do Poder Público.

---

[545] OSÓRIO, Fábio Medina. *Improbidade Administrativa* – Observações Sobre a Lei 8.429/92. Porto Alegre: Síntese, 1998. p. 248.

[546] Neste caso, no que concerne às sanções de perda da função pública, ressarcimento de danos e perda de bens de origem ilícita não há maiores dificuldades. Já em se tratando da suspensão de direitos políticos e proibição de contratar com o poder público, sanções que apresentam delimitação temporal, questiona-se da possibilidade de soma destas sanções aplicadas em processos diversos. Emerson GARCIA, enfrentando a matéria, aduz que não há que se falar em soma das sanções aplicadas em diferentes processos, uma vez que tal entendimento poderá causar prejuízos inadmissíveis, como, por exemplo, a suspensão de direitos políticos do cidadão por dezenas de anos. Para solução desse caso, sugere a adoção do sistema de absorção, segundo o qual a sanção temporal mais grave absorve as demais da mesma espécie. (Cf. *Improbidade Administrativa*. São Paulo: Saraiva, 2014, p. 737).

[547] Veja a hipótese prevista no art. 10, I, quando o agente público facilitar ou concorrer para que terceiro incorpore ao seu patrimônio bens, rendas verbas ou valores integrantes do acervo patrimonial das entidades mencionadas no art. 1º.

O disposto no §5º, do art. 37, da Constituição Federal,[548] vinha levando a doutrina e a jurisprudência a se manifestarem favoráveis à imprescritibilidade do ressarcimento de danos decorrente da prática de ato de improbidade administrativa em qualquer situação.[549] Assim, afirmava Maria Sylvia Zanella Di Pietro que, "ainda que para outros fins a ação de improbidade esteja prescrita, o mesmo não ocorrerá quanto ao ressarcimento de danos".[550]

No dia 8 de agosto de 2018, por maioria de votos, o Plenário do Supremo Tribunal Federal (STF), no julgamento do Recurso Extraordinário (RE) 852475, com repercussão geral, reconheceu a imprescritibilidade de ações de ressarcimento de danos ao erário decorrentes de ato doloso de improbidade administrativa. Desta forma, caso os danos decorram de ação culposa, incidirá o prazo prescricional previsto no art. 23, da LIA.

Para a perda dos bens acrescidos ilicitamente ao patrimônio, necessária se faz a comprovação do nexo de causalidade entre o exercício público indevido e a vantagem adquirida.

Da mesma forma que o ressarcimento dos danos, a perda de bens acrescidos indevidamente ao patrimônio não é propriamente sanção, pois tem como escopo o restabelecimento do *status quo ante*, restaurando o patrimônio público. Sendo fungíveis os bens acrescidos indevidamente ao patrimônio, como, por exemplo, dinheiro, viagens, a perda incidirá sobre o equivalente no patrimônio do infrator.[551]

A eficácia desta sanção dependerá de um cuidadoso trabalho de investigação para se chegar ao destino final dos bens e valores ilicitamente acrescidos ao patrimônio do agente ímprobo, uma vez que não são raras às vezes em que ocorre a utilização de

---

[548] Art.37 [...] §5º. A lei estabelecerá os prazos de prescrição para ilícitos praticados por qualquer agente, servidor ou não, que causem prejuízos ao erário, ressalvadas as respectivas ações de ressarcimento.

[549] Neste sentido já se manifestou o STJ, senão vejamos: "PROCESSUAL CIVIL E ADMINISTRATIVO. AÇÃO CIVIL PÚBLICA. RESSARCIMENTO DE DANOS AO PATRIMÔNIO PÚBLICO. IMPRESCRITIBILIDADE. I- A ação de ressarcimento de danos ao erário não se submete a qualquer prazo prescricional, sendo, portanto, imprescritível(REsp. 810785/SP, Rel. Min. Francisco Falcão, DJ 25.05.2006. p. 184). II- Recurso especial parcialmente conhecido e, nesta parte, improvido.(REsp. 705715/SP. Rel. Min. Francisco Falcão. Primeira Turma. DJ 02.07.2007).

[550] DI PIETRO, Maria Sylvia Zanella. *Direito Administrativo*. Rio de Janeiro: Forense, 2012. p. 1000.

[551] MARTINS JÚNIOR, Wallace Paiva. *Probidade Administrativa*. São Paulo: Saraiva, 2001. p. 268.

intermediários, bem como a acolhida de tais valores por instituições financeiras de outros países[552].

Por determinação do art. 18 da Lei de Improbidade, o pagamento ou a reversão dos bens, decorrentes do ressarcimento de danos ou perda de bens adquiridos ilicitamente, será em favor da pessoa jurídica prejudicada pelo ilícito.

O art. 12 da Lei de Improbidade Administrativa traz as sanções de suspensão de direitos políticos e perda da função pública, somente aplicáveis após o trânsito em julgado da sentença, conforme determina o art. 20, *caput*, da Lei de Improbidade.

A suspensão de direitos políticos é caracterizada pela temporariedade da privação dos direitos políticos. Analisando-se conjuntamente as sanções constantes dos incisos do art. 12, verifica-se que a suspensão dos direitos políticos é comum a todas as modalidades de improbidade administrativa, variando, apenas, a gradação a depender da espécie de improbidade[553]. No entanto, diferentemente do que ocorre no processo criminal[554], esta sanção não é efeito imediato da sentença que reconhece a prática do ato de improbidade, necessitando, para sua incidência, a determinação expressa de sua aplicação.

Quanto à perda da função pública, sanção prevista para as três modalidades de ato de improbidade administrativa, abrange todos os vínculos que ligam o agente à Administração Pública, mesmo aqueles que possuem garantias de estabilidade ou vitaliciedade. Desta forma, abarca também os detentores de mandato político.

O argumento favorável à inaplicabilidade da sanção de perda da função pública aos exercentes de mandato, trazendo como fundamento

---

[552] GARCIA, Emerson; ALVES, Rogério Pacheco. *Improbidade Administrativa*. São Paulo: Saraiva, 2014. p. 643.

[553] Na hipótese de enriquecimento ilícito a suspensão de direitos políticos varia de oito a dez anos (art. 12, I). Em se tratando de ato de improbidade por lesão ao erário, a suspensão de direitos políticos pode ocorrer de cinco a oito anos (art. 12, II). Por fim, verificando a agressão aos princípios que regem a Administração Pública, a suspensão pode oscilar entre três a cinco anos (art. 12, III).

[554] Em 08 de maio de 2019, o STF concluiu o julgamento do Recurso Extraordinário 601182, com repercussão geral reconhecida, decidindo por maioria que a regra de suspensão dos direitos políticos prevista no artigo 15, inciso III, da Constituição Federal é autoaplicável, sendo uma consequência imediata da sentença penal condenatória transitada em julgado [quando não há mais possibilidade de recorrer] independentemente do crime ou da natureza da condenação imposta – se pena privativa de liberdade, restritiva de direitos ou suspensão condicional da pena.

a afronta à vontade popular, não procede. A escolha popular permite que o agente político atue de forma lícita, observando os ditames traçados explicita e implicitamente na Carta Constitucional. Distanciando-se desta licitude, o exercente de mandato perde a legitimidade que lhe foi conferida, permitindo, por conseguinte, a intervenção do Judiciário na busca da ordem jurídica lesada.

Obviamente que o terceiro beneficiário, previsto no art. 3º da lei, quando não for agente público, não será alcançado por esta sanção, uma vez que não exerce função pública, no sentido lato da palavra.

A perda da função pública tem por objetivo expungir o agente público ímprobo da Administração Pública, por ter demonstrado ser desprovido de moral administrativa, causando danos ao interesse público. Assim, ela incidirá sobre qualquer função de natureza pública, mesmo que não seja aquela que o agente público exercia a época da prática do ato de improbidade. Desta forma, um vereador, por exemplo, poderá perder o mandato pelo trânsito em julgado de sentença, referente a ato de improbidade perpetrado quando exercia uma função de confiança na administração estadual[555].

Por outro lado, se o agente estiver exercendo duas funções públicas, perderá ambas, uma vez que a lei fala genericamente em "perda da função pública", ou seja, toda e qualquer função exercida no âmbito da Administração Pública.

Nessa linha de raciocínio, questiona-se a aplicação desta sanção ao agente público inativo. Assim, como fica a situação do agente que já se encontre aposentado quando do trânsito em julgado da sentença condenatória da ação civil pública por ato de improbidade, com aplicação da sanção de perda da função pública? Manifestando-se quanto à matéria, Carlos Frederico Brito dos Santos argumenta que a Lei de Improbidade Administrativa não se referiu à sanção de cassação de aposentadoria, mas sim à perda da função pública. Desta maneira, estando-se no campo de direito sancionador, no qual prevalece o princípio da reserva legal, não poderia a mencionada sanção alcançar aqueles que já estivessem na inatividade quando

---

[555] OSÓRIO, Fábio Medina. *Improbidade Administrativa* – Observações Sobre a Lei 8.429/92. Porto Alegre: Síntese, 1998. p. 259. Neste sentido também já se manifestou o STJ, 2ª Turma, REsp n. 1.297.021/PR, rel. Min. Eliana Calmon, j. em 12.11.2013. Dje de 20.10.2013.

do trânsito em julgado da sentença.[556] No mesmo sentido coloca-se Emerson Garcia.[557]

Situação diversa seria aquela em que a aposentadoria fosse requerida durante a tramitação da ação civil pública por ato de improbidade. O Superior Tribunal de Justiça, em situação dessa natureza, manifestou-se no sentido de que a ausência de previsão expressa da pena de cassação de aposentadoria na Lei de Improbidade Administrativa não constitui óbice à sua aplicação na hipótese de servidor aposentado, condenado judicialmente pela prática de atos de improbidade administrativa.[558]

A perda da função pública não significa a impossibilidade permanente do seu exercício. O reingresso do agente em outra função pública fica na dependência da suspensão de seus direitos políticos. Assim, decorrido o prazo da suspensão dos direitos políticos, poderá o agente público exercer outra função pública[559].

A multa civil, aparece também como sanção decorrente da prática do ato de improbidade administrativa, prevista nos três incisos do art. 12 da Lei nº 8.429/1992, variando o valor de acordo com a espécie de ato de improbidade praticado. Com efeito, na hipótese de enriquecimento ilícito a multa pode alcançar até três vezes o valor do acréscimo patrimonial. Em se tratando de prejuízo ao erário a lei prevê multa de até duas vezes o valor do dano. Sendo caso de violação de princípios, a multa a ser estabelecida pode alcançar o patamar de até 100 (cem) vezes o valor da remuneração do agente.

O valor da multa a ser fixado deverá levar em consideração a gravidade do fato, avaliada não somente pelos prejuízos patrimoniais causados, mas também pela natureza do cargo, das responsabilidades do agente, do elemento subjetivo, da forma de atuação, dos reflexos do comportamento ímprobo na sociedade e todos os demais

---

[556] SANTOS, Carlos Frederico Brito dos. *Improbidade Administrativa*: Reflexões Sobre a Lei n. 8.429/92. Rio de Janeiro: Forense, 2007. p. 163.
[557] GARCIA, Emerson; ALVES, Rogério Pacheco. *Improbidade Administrativa*. São Paulo: Saraiva, 2014. p. 698.
[558] STJ, AgRg no AREsp 826.114/RJ, rel Min. Herman Benjamin, Segunda Turma. DJe 25.05.2016.
[559] FAZZIO JÚNIOR, Waldo. *Improbidade Administrativa* – Doutrina Legislação e Jurisprudência. São Paulo:Atlas, 2016. p.518.

elementos informativos colocados à disposição do julgador.⁵⁶⁰É, também, de suma importância a capacidade econômico-financeira do agente público. Com efeito, a multa civil deve condizer com a real situação patrimonial de quem recebe a penalidade, uma vez que se tornará inócua tanto se excessiva como se irrisória.⁵⁶¹

Questiona-se quanto à possibilidade de se transmitir a multa aos sucessores do agente ímprobo. Segundo dispõe o art. 5º, XLV, da Constituição Federal "nenhuma pena passará da pessoa do condenado, podendo a obrigação de reparar o dano e a decretação do perdimento de bens ser, nos termos da lei, estendidas aos sucessores e contra eles executadas, até o limite do valor do patrimônio transferido". Observe-se que o referido dispositivo constitucional não se refere à transmissibilidade da multa. Assim, partindo da interpretação da norma constitucional, Wallace Paiva Martins Júnior⁵⁶² e Luís Cláudio Almeida Santos,⁵⁶³ entendem que a multa civil não é transmissível aos sucessores do agente ímprobo.

Já Emerson Garcia⁵⁶⁴ não compartilha desse entendimento. Afirma que a não-inclusão da multa no referido dispositivo constitucional não é suficiente para excluir a sua transmissão aos herdeiros, quando aplicada em decorrência da prática de ato de improbidade. Dentre os argumentos utilizados na sustentação desse posicionamento, aduz que, diante da localização topográfica do inc. XLV no art. 5º da Carta Constitucional, depreende-se que ele se direciona às penas decorrentes de infrações penais, que são eminentemente pessoais. Assim, tal dispositivo não se aplicaria à multa prevista no art. 12, da Lei nº 8.429/1992, que, diante de sua natureza civil, não recai sobre a pessoa do herdeiro, mas sim, sobre o patrimônio deixado pelo *de cujus*.

A Lei de Improbidade Administrativa foi omissa quanto ao beneficiário da sanção de multa civil, o que acaba por levar a

---

⁵⁶⁰ OSÓRIO, Fábio Medina. *Improbidade Administrativa* – Observações Sobre a Lei 8.429/92. Porto Alegre: Síntese, 1998. p. 258.
⁵⁶¹ FAZZIO JÚNIOR, Waldo. *Improbidade Administrativa*: Doutrina, Legislação e Jurisprudência. São Paulo: Atlas, 2016. p. 514.
⁵⁶² MARTINS JÚNIOR, Wallace Paiva. *Probidade Administrativa*. São Paulo: Saraiva, 2001. p. 253.
⁵⁶³ SANTOS, Luís Cláudio Almeida. Reflexões sobre a Lei 8.429, de 02.06.1992 – Lei Anticorrupção. *Revista do Ministério Público do Estado de Sergipe*. Aracaju, v. 5, 1993. p. 28.
⁵⁶⁴ GARCIA, Emerson; ALVES, Rogério Pacheco. *Improbidade Administrativa*. São Paulo: Saraiva, 2014. p. 369.

aplicação, por analogia, do art. 18 da Lei, destinando-se os valores apurados a título de multa civil à pessoa jurídica vítima do ato ímprobo.[565] Pensamos que a LIA deveria trazer a previsão de criação de fundo destinado a medidas empreendidas no combate à corrupção, à exemplo do que fez a Lei nº 7.347/1985.

Por fim, a proibição de contratar com o poder público e de receber benefícios ou incentivos fiscais ou creditício, trata-se de sanções também prevista genericamente para todas as espécies de atos de improbidade, consistindo em restrições de direitos com prazos que variam a depender do enquadramento da improbidade. Possui caráter punitivo, importando em penalidades pecuniárias indiretas, uma vez que o agente ímprobo não poderá auferir benefícios advindo de relação contratual firmada com o Poder Público.

Deverão ser aplicadas dentro dos limites legais estabelecidos, estendendo-se para todos os níveis da Administração. Logo se um agente público pratica ato de improbidade contra a administração municipal, aplicadas as sanções em análise, estará proibido de receber benefícios fiscais e creditícios e de contratar com o Poder Público de âmbito federal, estadual e municipal, incluindo a administração direta e indireta.[566] Tal entendimento apesar de coerente é de pouca aplicabilidade prática, apesar de o Conselho Nacional de Justiça (CNJ) ter criado o Cadastro Nacional de Condenações Cíveis por Ato de Improbidade Administrativa (CNIA), ferramenta eletrônica que permite o controle jurídico dos atos da Administração que causem danos ao Estado. O propósito é concentrar as informações de todo o Brasil em um único banco de dados, visando imprimir maior eficácia às decisões judiciais, principalmente no que tange ao cadastro de condenados ao ressarcimento de valores ao erário, ao cumprimento de multas civis e à proibição de contratação com a Administração Pública.

Para impedir que o agente ímprobo se utilize da pessoa jurídica como meio oblíquo de contratar com o Poder Público, a lei prevê a aplicação destas sanções à sociedade empresarial que conta com a participação daquele como sócio majoritário. Alguns entendem

---

[565] GARCIA, Emerson; ALVES, Rogério Pacheco. *Improbidade Administrativa*. São Paulo: Saraiva, 2014. p. 707.
[566] MARTINS JÚNIOR, Wallace Paiva. *Probidade Administrativa*. São Paulo: Saraiva, 2001. p. 282.

que não se trata aqui da desconsideração da personalidade jurídica, inexistindo uma extensão das penas à pessoa jurídica, mas sim, da simultânea penalização da empresa que prestigiou ou contribuiu para que se consumasse o ato de improbidade.[567] Acontece que nem sempre a pessoa jurídica está envolvida no ato ímprobo e, mesmo assim, será alcançada por estas sanções, uma vez que a lei não exige a sua participação. Logo, concordamos com aqueles que pensam que estaríamos diante de uma nítida variante da tese da desconsideração da personalidade jurídica, desde quando é afastada a existência independente desta e presumida a utilização para contornar a restrição imposta ao agente ímprobo.[568]

Quanto à proibição de contratar com o Poder Público, esta abrange todos os contratos passíveis de serem firmados com o Poder Público, incluindo, por via de consequência, a impossibilidade de participar de certame licitatório. Alguns tribunais vêm entendendo que a referida sanção só produz seus efeitos para o futuro, não se aplicando aos contratos em curso de execução.[569]

Especificamente quanto aos benefícios fiscais e creditícios, estes são incentivos legais conferidos pelo Poder Público, tendo como alvo algum setor econômico ou social. Assim, a sanção em análise pode também comportar a impossibilidade de recebimento de tais benefícios.

Em caso de improbidade administrativa decorrente de atos vinculados ao concurso público a aplicação das sanções deverá guardar correlação com a gravidade do ato e suas consequências. Reafirma-se que o ressarcimento de danos e a perda dos bens e ha-

---

[567] FREITAS, Juarez. Do Princípio da Probidade Administrativa e de Sua Máxima Efetividade. Revista de Direito Administrativo. Rio de Janeiro: Renovar e Fundação Getúlio Vargas, n. 204, abr./jun./1996. p. 77.
[568] Este é o entendimento exposto por Emerson GARCIA (Cf. *Improbidade Administrativa*. São Paulo: Saraiva, 2014, p. 712) e Waldo FAZZIO JÚNIOR (Cf. *Improbidade Administrativa*: Doutrina, Legislação e Jurisprudência. São Paulo: Atlas, 2016. p 522.
[569] ADMINISTRATIVO. PENALIDADE. PROIBIÇÃO DE CONTRATAR COM A ADMINISTRAÇÃO PÚBLICA. EFEITOS. 1. Orientação jurisprudencial do eg. Superior Tribunal de Justiça no sentido de que A PENALIDADE DE PROIBIÇÃO DE CONTRATAR COM A ADMINISTRAÇÃO PÚBLICA SÓ PRODUZ SEUS EFEITOS PARA O FUTURO, NÃO SE APLICANDO AOS CONTRATOS EM CURSO DE EXECUÇÃO, como se verifica na hipótese em causa. 2. Remessa oficial não provida. (TRF-1 – REO: 31143120094013600 MT 0003114-31.2009.4.01.3600, Relator: DESEMBARGADOR FEDERAL CARLOS MOREIRA ALVES, Data de Julgamento: 20.01.2014, SEXTA TURMA, Data de Publicação: e-DJF1 p. 592 de 04.02.2014).

veres adquiridos ilicitamente não possuem natureza sancionatória, logo sempre incidirão quando cabíveis. A sanção de multa, sendo de natureza menos grave, em regra se fará presente quando do reconhecimento da prática delitiva.

Atos de improbidade decorrentes de concurso público normalmente ocasionam benefícios a terceiros, seja à empresa contratada indevidamente para a realização do certame, seja aos candidatos às vagas disponibilizadas. Ocorrendo a participação no ilícito de forma consciente (elemento subjetivo do tipo), a aplicação das sanções ao terceiro beneficiário observará os limites da sua atuação.

Não se pode negar a severidade das sanções previstas para os atos de improbidade administrativa, questão que aflora com maior intensidade no caso da improbidade decorrente da violação de princípios administrativos ou do prejuízo ao erário, causado na modalidade culposa. Questiona-se, então, a possibilidade de formalização de compromisso de ajustamento de conduta na seara da improbidade administrativa.

O §1º, do art. 17, da Lei nº 8.429/1992 impede a transação, acordo ou conciliação nas ações de improbidade. Saliente-se, de início, conforme já abordado neste trabalho, que a transação não se confunde com o ajustamento de conduta, aquela pressupõe concessões recíprocas, o que não ocorre no ajustamento de conduta.

Há os que são favoráveis ao compromisso de ajustamento na improbidade administrativa apenas no que se refere ao ressarcimento de danos e perda dos valores obtidos ilicitamente, sem prejuízo do ajuizamento da ação civil para aplicação das demais sanções previstas na lei[570]. Ora, tal raciocínio é lógico, porém de pouca efetividade. Dificilmente alguém estará disposto a negociar, sabendo que tal negociação implicará em reconhecimento tácito do ilícito e consequente propositura de ação civil de improbidade, para aplicação das demais sanções previstas na LIA.

Por certo que a interpretação do referido dispositivo legal de forma literal, comunga contra a política conciliatória adotada no regime processual brasileiro, vide os artigos 3º e 174 do CPC. Além

---

[570] Neste sentido Rogério Pacheco (GARCIA, Emerson; ALVES, Rogério Pacheco. *Improbidade Administrativa*. São Paulo: Saraiva, 2014. p. 865).

disso, a Resolução nº 179/2017, do CNMP, no seu art. 1º, §2º, afirma que "é cabível o compromisso de ajustamento de conduta nas hipóteses configuradoras de improbidade administrativa, sem prejuízo do ressarcimento ao erário e da aplicação de uma ou algumas das sanções previstas em lei, de acordo com a conduta ou o ato praticado".

Defende-se a utilização do termo de ajustamento de conduta nas hipóteses de improbidade de menor potencial ofensivo, ou seja, naqueles casos que a condenação judicial fruto da propositura de ação civil pública de improbidade, certamente limitar-se-á a multa civil, acrescida de eventual ressarcimento. Sustenta-se a maior eficiência e economia processual do ajuste frente à busca de solução judicial, que se arrastará por anos sem solução, apenas contribuindo para o excesso de litigância e o abarrotamento do Poder Judiciário.

Ademais, a vedação prevista na Lei nº 8.429/1992 deve ser analisada com reservas, frente a evolução do ordenamento jurídico brasileiro quanto à matéria. Na seara penal, que também trata de direitos indisponíveis, nota-se forte tendência metodológica de se separar a criminalidade de menor potencial ofensivo da criminalidade de alta reprovabilidade, prevendo, para as primeiras, soluções consensuadas, conforme consta da Lei nº 9.099/1995. Ressalte-se também o acordo de leniência previsto no art. 16, da Lei nº 12.846/2013 (Lei Anticorrupção), celebrado com pessoa jurídica autora de ato lesivo à administração pública, isentando-a de sanção ou reduzindo-as. De igual maneira, a Lei nº 12.850/2013 excepciona o princípio da indisponibilidade do interesse público e a obrigatoriedade da ação penal pública, quando prevê a colaboração premiada como meio de obtenção de prova na esfera criminal. Não faz sentido a formalização de acordo de colaboração premiada não oferecendo denúncia contra um determinado réu por crime contra a administração pública, mas, no entanto, processar a mesma pessoa por improbidade administrativa, em virtude do § 1º do artigo 17 da Lei n. 8.429/1992. Há que se fazer a interpretação da LIA a partir da Constituição Federal e do microssistema criado, e não uma análise gramatical, isolada e absoluta do dispositivo.

Em se tratando de concurso público, podem ocorrer situações que revelem a prática de aos de improbidade de menor potencial ofensivo. Pense-se no caso de notícia de fato encaminhada ao Ministério Público informando a prática de ato de improbidade de

Prefeito, pelo não cumprimento de ordem judicial transitada em julgado, determinando a nomeação imediata de candidatos aprovados no certame concursal, com imposição de multa diária, pelo desmprimento da decisão. Suponha-se que ao receber tal notícia o órgão do MP formalize uma proposta de compromisso de ajustamento, na qual o chefe do executivo assuma o compromisso de efetivar imediatamente as nomeações dos candidatos e estes, por sua vez, renunciem à multa imposta. Pode-se, ainda, estabelecer-se multa civil ao prefeito. É inegável que tal solução consensual se apresenta muito mais efetiva que a propositura de ação civil pública, que mesmo após anos de tramitação não alcançara os resultados práticos do ajuste.

Percebe-se que o momento é de reflexão e coerência, que devem nortear o concurso público, desde a sua efetivação até a solução apresentada frente a ilícitos praticados durante a sua tramitação.

REFERÊNCIAS

ARAGÃO, Alexandre dos Santos de. *Empresas Estatais*: O Regime Jurídico das Empresas Públicas e Sociedades de Economia Mista. Rio de Janeiro: Forense, 2017.

ARAÚJO, Edmir Netto. *Curso de Direito Administrativo*. São Paulo: Saraiva, 2014.

BANDEIRA DE MELLO, Oswaldo Aranha. *Princípios gerais do Direito Administrativo*. Rio de Janeiro: Forense, 1978.

BANDEIRA DE MELLO, Celso Antônio. *Curso de Direito Administrativo*. São Paulo: Malheiros, 2015.

BANDEIRA DE MELLO, Celso Antônio. *Discricionariedade e controle jurisdicional*. São Paulo: Malheiros, 2000.

BANDEIRA DE MELLO, Celso Antônio. *Conteúdo jurídico do princípio da igualdade*. São Paulo: Malheiros, 2000.

BANDEIRA DE MELLO, Celso Antônio. O controle judicial dos atos administrativos. *Revista de Direito Administrativo*, Rio de Janeiro, n. 152, 1989.

BANDEIRA DE MELLO, Celso Antônio. Legalidade, discricionariedade: seus limites e controle. *Revista de Direito Público*, São Paulo, n. 755, 1988.

BARACHO, José Alfredo de Oliveira. O enriquecimento ilícito como princípio geral do direito administrativo. *Revista Forense*, Rio de Janeiro, n. 347, jul./set. 1999.

BASTOS, Celso Ribeiro. Martins, Ives Gandra. *Comentários à Constituição do Brasil*: arts. 37 a 43. São Paulo: Saraiva, 1993. t. III.

BOCANEGRA SIERRA, Raúl. *La revisión de oficio*. Madrid: Instituto de estúdios de administración local, 1977.

BRANDÃO, Antônio José. Moralidade administrativa. *Revista de Direito Administrativo*, Rio de Janeiro, n. 25, jul./set. 1955.

BRITTO, Carlos Ayres. Concurso Público: Requisitos de Inscrição. *Revista Trimestral de Direito Público*, São Paulo, n. 6, 1994.

BRITO DOS SANTOS, Carlos Frederico. *Improbidade administrativa*: reflexões sobre a lei nº 8.429/92. Rio de Janeiro: Forense, 2007.

CAETANO, Marcelo. *Manual de Direito Administrativo*. Coimbra: Almedina, 1994. v. II.

CAMMAROSANO, Márcio. Concurso público: avaliação de provas – vinculação ou discricionariedade? In: MOTTA, Fabrício (Coord.). *Concurso público e Constituição*. Belo Horizonte: Fórum, 2005.

CAMMAROSANO, Márcio. Concurso interno para efetivação de servidores. *BDM*, maio 1992.

CAMMAROSANO, Márcio. *Provimento dos cargos públicos no Direito Brasileiro*. São Paulo: Revista dos Tribunais, 1984.

CAMPOS FILHO, Paulo Barbosa. *Ensaio sobre ação popular*. São Paulo: Saraiva, 1939.

CARVALHO, José Murilo de. *A construção da ordem*: a elite política imperial teatro das sombras – política imperial. São Paulo: Civilização Brasileira, 2003.

CARVALHO FILHO, José dos Santos. *Manual de Direito Administrativo*. São Paulo: Atlas, 2016.

CARVALHO FILHO, José dos Santos. *Ação civil pública*: comentários por artigos. Rio de Janeiro: Lúmen Júris, 2007.

COELHO, Paulo Magalhães da Costa. *Controle jurisdicional da administração pública*. São Paulo: Saraiva, 2002.

COELHO MOTA, Carlos Pinto; SANTANA, Jair Eduardo; Ferraz, Luciano. *Lei de responsabilidade fiscal*: abordagens pontuais. Del Rey: Belo Horizonte, 2001.

COMPARATO, Fábio Konder, Igualdade, desigualdades. *Revista Trimestral de Direito Público*, São Paulo, jan. 1993.

COUTO E SILVA, Almiro. Direito Público. In: WAGNER JUNIOR, Luiz Guilherme da Costa. *Estudos em Homenagem ao professor Adilson Abreu Dallari*. Belo Horizonte: Del Rey, 2001.

CRETELLA JUNIOR, José. *Curso de Direito Administrativo*. Rio de Janeiro: Forense, 1981.

CRETELLA JUNIOR, José. *Comentários à Constituição Brasileira de 1988*. Rio de Janeiro: Forense, 1992.

CRETELLA JUNIOR, José. Natureza das decisões do Tribunal de Contas. *Revista do Tribunal Federal de Recursos*, n. 145, maio 1987.

CRETELLA JUNIOR, José. *Do ato administrativo*. São Paulo: Bushatsky, 1977.

CUESTA, Rafael Entrena. *Derecho administrativo*. Madrid: Tecnos, 1981. v. I.

DALLARI, Adilson Abreu. Limitações à atuação do Ministério Público na ação civil pública. *In*: BUENO, Cassio Scarpinella; PORTO FILHO, Pedro Paulo de Rezende (Coord.). *Improbidade administrativa*: questões polêmicas e atuais. São Paulo: Malheiros, 2001.

DECOMAIN, Pedro Roberto. *Improbidade administrativa*. São Paulo: Dialética, 2007.

DIDIER JR., Fredie, ZANETI JR., Hermes. *Curso de Direito Processual Civil*. Salvador: Juspodivm, 2016.

DIDIER JR, Fredie; CUNHA, Leonardo Carneiro da; BRAGA, Paula Sarno; OLIVEIRA, Rafael Alexandre de. *Curso de Direito Processual Civil: Execução*. Salvador: JusPodivm, 2017.

DINIZ, Márcio Augusto Vasconcelos. *Constituição e hermenêutica constitucional*. Belo Horizonte: Mandamentos, 1998.

DINAMARCO, Pedro da Silva. Requisitos para a procedência das ações por improbidade administrativa. *In*: BUENO, Cassio Scarpinella; PORTO FILHO, Pedro Paulo de Rezende (Coord.). *Improbidade administrativa*: questões polêmicas e atuais. São Paulo: Malheiros, 2001.

DI PIETRO, Maria Sylvia Zanella. *Direito Administrativo*. Rio de Janeiro: Forense, 2012.

DI PIETRO, Maria Sylvia Zanella. *Parcerias na administração* pública. São Paulo: Atlas, 2006.

DI PIETRO, Maria Sylvia Zanella. Coisa Julgada: aplicabilidade e decisões do tribunal de contas da união. *Revista do Tribunal de Contas da União*, n. 70, out./dez. 1996.

DI PIETRO, Maria Sylvia Zanella. *Discricionariedade administrativa na Constituição de 1988*. São Paulo: Atlas, 1991.

DOUGLAS, William. *Cotas raciais nos concursos:* o exagero só atrapalha. Disponível em: http://www.williamdouglas.com.br/conteudo04.php?id=931. Acesso em: 16 maio 2014.

DROMI, Roberto. *Derecho Administrativo*. Buenos Aires: Ciudad Argentina, 2001.

DUARTE, João Ribeiro Mathias. *Desenvolvimento do procedimento licitatório*. São Paulo: Editora Unesp, 2004.

ENTERRIA, Eduardo García de; FERNANDEZ, Tomás-Ramón. *Curso de Derecho Administrativo I*. Madrid: Civitas, 2000.

FAGUNDES, Seabra. *O Controle dos atos administrativos pelo poder judiciário*. Rio de Janeiro: Forense, 2005.

FAZZIO JÚNIOR, Waldo. *Improbidade administrativa e crimes de prefeito*. São Paulo: Atlas, 2000.

FAZZIO JÚNIOR, Waldo. *Improbidade administrativa*: doutrina, legislação e jurisprudência. São Paulo: Atlas, 2016,

FERNANDES, Jorge Ulisses Jacoby. *Contratação direta sem licitação*. Brasília: Brasília Jurídica, 2000.

FERNANDES, Jorge Ulisses Jacoby. Os Tribunais de Contas e o controle sobre as admissões no serviço público. *Revista do Tribunal de Contas do Estado de Minas Gerais*, 2002

FERNÁNDEZ, Tomás-Ramón. *De la arbitrariedad de la administración*. Madrid: Civitas, 1997.

FERRAZ, Luciano. *Controle da administração pública*. Belo Horizonte: Mandamentos, 1999.

FERRAZ, Sérgio; DALLARI, Adilson Abreu. *Processo administrativo*. São Paulo: Malheiros, 2012.

FERRAZ, Sérgio. Extinção dos atos administrativos: algumas reflexões. *Revista de Direito Administrativo*, Rio de Janeiro, n. 231, jan./mar. 2003.

FERRAZ, Sérgio. *Mandado de segurança*. São Paulo: Malheiros, 2006.

FERREIRA FILHO. Manoel Gonçalves. *Comentários à Constituição Brasileira de 1988*: arts. 1º a 43. São Paulo: Saraiva, 1990.

FERREIRA FILHO. Manoel Gonçalves. *Constituição e governabilidade*. São Paulo: Saraiva, 1995.

FERREIRA, Pinto. *Curso de Direito Constitucional*. São Paulo: Saraiva, 1964.

FERREIRA, Sérgio de Andréa. *Comentários à Constituição*. Rio de Janeiro: Freitas Bastos, 1991.

FERREIRA, Sérgio de Andréa. Empresa Estatal – Funções de Confiança – Constituição Federal – art. 37, II (parecer). *Revista de Direito Administrativo*, n. 227, jan./mar. 2002.

FIGUEIREDO, Marcelo. *Probidade administrativa*: comentários à lei 8.429/92 e legislação complementar. São Paulo: Malheiros, 2000.

FIGUEIREDO, Maria Lúcia Valle. *Curso de Direito Administrativo*. São Paulo: Malheiros, 1998.

FIGUEIREDO, Maria Lúcia Valle. Ação civil pública: considerações sobre a discricionariedade na outorga e no pedido de suspensão de liminar, na concessão de efeito suspensivo aos recursos e na tutela antecipada. *In*: MILARÉ, Edis (Coord.). *Ação civil pública*. São Paulo: Revista dos Tribunais, 1995.

FIORINI, Bartolome A. *manual de Derecho Administrativo*. Buenos Aires: La Ley, 1968.

FRANCO, Alberto Silva et al. *Código penal e sua interpretação jurisprudencial*. São Paulo: Revista dos Tribunais, 1993.

FREITAS, Juarez. Do princípio da probidade administrativa e de sua máxima efetivação. *Revista de Direito Administrativo*, Rio de Janeiro, n. 204, p. 78, abr./jun. 1996.

FREITAS, Juarez. *Discricionariedade administrativa e o direito fundamental a boa administração pública*. São Paulo: Malheiros, 2007.

GARCIA, Emerson. *Ministério Público*: organização, atribuições e regime jurídico. Rio de Janeiro: 2004.

GARCIA, Emerson; ALVES, Rogério Pacheco. *Improbidade administrativa*. São Paulo: Saraiva, 2015.

GASPARINI, Diógenes. *Direito Administrativo*. São Paulo: Saraiva, 2006.

GASPARINI, Diógenes. Concurso Público: imposição constitucional e operacionalização. *In*: MOTTA, Fabrício (Coord.). *Concurso público e Constituição*. Belo Horizonte: Fórum, 2005.

GESSINGER, Ruy Armando. *Da ação popular constitucional*. Rio Grande do Sul: Ajuris, 1985.

GIACOMUZZI, José Guilherme. *A moralidade administrativa e a boa-fé da administração pública*: o conteúdo dogmático da moralidade administrativa. São Paulo: Malheiros, 2002.

GOMES, Luiz Flávio. *Ingresso na magistratura e no Ministério Público*: a exigência de três anos de experiência jurídica garante profissionais experientes?. Disponível em: www.lfg.com.br.

GOMES, Joaquim B. Barbosa. *Ação afirmativa e princípio constitucional da igualdade*. Rio de Janeiro: Renovar, 2001.

GONZALEZ BORGES, Alice Maria. Normas gerais de licitação para sociedades de economia mista e empresas públicas. *In*: *Temas do Direito Administrativo atual*. Belo Horizonte: Fórum. 2004.

GORDILLO, Agustín. *Tratado de Derecho Administrativo*. Buenos Aires: Fundación de Derecho Administrativo, 1998. t. 1.

GORDILLO, Agustín. *Tratado de Derecho Administrativo*. Belo Horizonte: Del Rey, 2003. Tomo 3.

GUALAZZI, Eduardo Lobo Botelho. *Regime jurídico dos Tribunais de Contas*. São Paulo: Revista dos Tribunais, 1992.

HOLANDA, Sérgio Buarque. *Raízes do Brasil*. São Paulo: Companhia das Letras, 2000.

HUPSEL, Edite Mesquita; LIMA DA COSTA, Leyla Bianca Correia. *Comentários à Lei de Licitações e Contratos do Estado da Bahia*. Belo Horizonte: Fórum. 2006.

IHERING, Rudolf Von. *A luta pelo direito*. Trad. J. Cretella Jr. e Agnes Cretella. São Paulo: Revista dos Tribunais, 2001.

JUSTEN FILHO, Marçal. *Comentários à Lei de Licitações e Contratos Administrativos*. São Paulo: Dialética, 2010.

KELSEN, Hans. *O problemas da justiça*. Tradução João Batista Machado. São Paulo: Martins Fontes, 1998.

LIMA, Ruy Cirne. *Princípios de Direito Administrativo*. São Paulo: Revista dos Tribunais, 1987.

MACHADO, Hugo de Brito. Motivação dos atos administrativos e interesse público. *Interesse Público*, Belo Horizonte, v. 1, n. 3, jul. 1999.

MACHADO, Santiago Munoz. *Tratado de Derecho Administrativo y Direcho Público general I*. Madrid: Iustel, 2006.

MAIA, Márcio Barbosa; QUEIROZ, Ronaldo Pinheiro de. *O regime jurídico do concurso público e o seu controle jurisdicional*. São Paulo: Saraiva, 2007.

MANCUSO, Rodolfo de Camargo. *Ação popular*: proteção do erário, do patrimônio público, da moralidade administrativa e do meio ambiente. São Paulo: Revista dos Tribunais, 1998.

MANCUSO, Rodolfo de Camargo. *Ação popular*. São Paulo: Revista dos Tribunais, 2001.

MANCUSO, Rodolfo de Camargo. *Ação civil pública*: em defesa do meio ambiente, do patrimônio cultural e dos consumidores. São Paulo: Revista dos Tribunais, 2002

MARIN, Carmem Chinchilla. *La desviacion de poder*. Madrid: Civitas, 1999.

MARINONI, Luiz Guilherme; ARENHART, Sérgio Cruz. *Manual do processo de conhecimento*. São Paulo: Revista dos Tribunais, 2001.

MARTINS JÚNIOR, Wallace Paiva. *Probidade administrativa*. São Paulo: Saraiva, 2001.

MARTINS, Ives Gandra da Silva; NASCIMENTO, Carlos Valder do (Org.). *Comentários à Lei de Responsabilidade Fiscal*. São Paulo: Saraiva, 2001.

MATTOS NETO, Antônio José de. Responsabilidade civil por improbidade administrativa. *Revista dos Tribunais*, n. 752, jun. 1998.

MAURER, Hartmut. *Lê Drot Administratif Allemand*. Trad. Michel Fromont. Paris: LGDJ, 1995.

MAZZILLI, Hugo Nigro. *A defesa dos interesses difusos em juízo*. São Paulo: Revista dos Tribunais, 1999.

MAZZILLI, Hugo Nigro. *O inquérito civil*. São Paulo: Saraiva, 1999.

MEDAUAR, Odete. *Controle da administração pública*. São Paulo: Revista dos Tribunais, 1993.

MEDAUAR, Odete. *Direito Administrativo brasileiro*. São Paulo: Malheiros, 1995,

MEDAUAR, Odete. *Direito Administrativo moderno*. São Paulo: Revista dos Tribunais, 1998.

MEIRELLES, Hely Lopes. *Direito Administrativo brasileiro*. São Paulo: Malheiros, 2001.

MEIRELLES, Hely Lopes. *Licitação e contrato administrativo*. São Paulo: Malheiros, 2006.

MEIRELLES, Hely Lopes; WALD, Arnaldo; MENDES, Gilmar Ferreira. *Mandado de segurança*. São Paulo: Malheiros, 2014.

MELLO, Cláudio Ari. Improbidade administrativa: considerações sobre a Lei nº 8.429/92. *Revista do Ministério Público do Estado do Rio Grande do Sul*, Porto Alegre, 1995.

MENDES, Gilmar Ferreira. O princípio do concurso público na jurisprudência do supremo tribunal federal – alguns aspectos. *Revista de Informação Legislativa*, n. 25, out./dez. 1988.

MILARÉ, Edis. O Ministério Público e a ação ambiental. *Cadernos Informativos – Curadoria do Meio Ambiente*, São Paulo, 1998.

MIRANDA, Pontes de. *Tratado de Direito Privado*. Rio de Janeiro: Editor Borsoi, 1954. t. II

MORAES, Germana de Oliveira. *Controle jurisdicional da administração pública*. São Paulo: Dialética, 2004.

MOREIRA NETO, Diogo de Figueiredo. *Curso de Direito Administrativo*. Rio de Janeiro: Forense, 2003.

MOREIRA NETO, Diogo de Figueiredo. Transformações das cortes de contas: de órgão do parlamento a órgão da sociedade. *In*: MOREIRA NETO, Diogo de Figueiredo. *Mutações do Direito Público*. Rio de Janeiro: Renovar, 2006.

MOTTA, Fabrício. A reserva de vagas no concurso público para portadores de deficiência – análise do art. 37, inc. VIII da Constituição Federal. *In*: MOTTA, Fabrício. *Concurso público e Constituição*. Belo Horizonte: Fórum, 2005. p. 209.

NEVES, Marcelo. Justiça e Diferença numa Sociedade Global Complexa. *In*: SOUZA, Jessi de (Org.). *Democracia hoje*: novos desafios para a teoria democrática contemporânea. Brasília: Editora UNB, 2001.

NORONHA, E. Magalhães. *Direito Penal*. São Paulo: Saraiva, 1984. v. 1.

NUNES, Castro. *Teoria e prática do poder judiciário*. Rio de Janeiro: Forense, 1953.

NUNES, Castro. *Do mandado de segurança*. Rio de Janeiro: Forense, 1980.

NUNES, José de Castro. *Teoria e prática do poder judiciário*. Rio de Janeiro: Forense, 1941.

OLIVEIRA, Regis Fernandes de. *Ato administrativo*. São Paulo: Revista dos Tribunais, 2001.

OSÓRIO, Fábio Medina. Observações acerca dos sujeitos do ato de improbidade administrativa. In: *Revista dos Tribunais*, n. 750, 1998.

OSÓRIO, Fábio Medina. *Improbidade administrativa*: observações sobre a Lei 8.429/92. Porto Alegre: Síntese, 1998.

OSÓRIO, Fábio Medina. *Teoria da improbidade administrativa*. São Paulo: Revista dos Tribunais, 2007.

OTERO, Paulo. *Legalidade e administração pública*: o sentido da vinculação administrativa à jurisdicidade. Coimbra: Almedina, 2003.

PARDINI, Frederico. *Tribunal de contas*: órgão de destaque constitucional. Tese (Doutorado em Direito Público) – Orientador: Jose Alfredo de Oliveira Baracho. Belo Horizonte, Universidade Federal de Minas Gerais, 1997.

PAZZAGLINI, Marino; ROSA, Márcio Fernando Elias; FAZZIO JÚNIOR, Waldo. *Improbidade administrativa*: aspectos jurídicos da defesa do patrimônio público. São Paulo: Atlas, 1998.

PAZZAGLINI FILHO, Marino. *Princípios constitucionais reguladores da administração pública*. São Paulo: Atlas, 2000.

PEREIRA JÚNIOR, Jessé Torres. *Comentários à lei de licitações e contratações da administração pública*. Rio de Janeiro: Renovar, 2002.

PERÉZ, Jesús González. *El principio general de la buena fé* em *el Derecho Administrativo*. Madrid: Civitas, 1999.

PINTO, Humberto Dalla Bernadina de. *Direito individual homogêneo*: uma leitura e releitura do tema. p. 9. Disponível em: http://www.humbertodalla.pro.br/artigo. Acesso em: 10 jul. 2007.

POLÔNIO, Wilson Alves. *Terceirização*: aspectos legais, trabalhistas e tributárias. São Paulo: Atlas, 2000.

QUEIRÓ, Afonso Rodrigues. A teoria do "desvio de poder" em Direito Administrativo. *Revista de Direito Administrativo*, Rio de Janeiro, n. 6, 1968.

RAMOS, Dora Maria de Oliveira. *Terceirização na Administração Pública*. São Paulo: LTr, 2001.

RIBEIRO, João Ubaldo. Somos um país corrupto. *Veja*, n. 1905, 18 maio 2005.

ROCHA, Cármen Lúcia Antunes. *Princípios constitucionais da administração pública*. Belo Horizonte: Del Rey, 1994.

ROCHA, Cármen Lúcia Antunes. Ação afirmativa: o conteúdo democrático do princípio da igualdade jurídica. *Revista Trimestral de Direito Público*, São Paulo, n. 15, p. 105, 1997.

SARTI, Amir José. O prazo preclusivo para impetração do mandado de segurança. *Revista de Processo*, n. 65-68. São Paulo: Editora Revista dos Tribunais, 1992.

SILVA, Alexandre Couto. Desconsideração da personalidade jurídica: limites para a sua aplicação. *Revista dos Tribunais*, n. 780, out. 2000.

SILVA, Clarissa Sampaio. *Limites à invalidação dos atos administrativos*. São Paulo: Max Limonad, 2001.

SILVA, De Plácido e. *Vocabulário jurídico*. Rio de Janeiro: Forense, 1999.

SILVA, José Afonso da. *Do recurso extraordinário no Direito Processual brasileiro*. São Paulo: Revista dos Tribunais, 1963.

SILVA, José Afonso da. *Ação popular constitucional*. São Paulo: Revista dos Tribunais, 1968.

SILVA, José Afonso da. *Curso de Direito Constitucional positivo*. São Paulo: Revista dos Tribunais, 1990.

SILVA, José Afonso da. *Aplicabilidade das normas constitucionais*. São Paulo: Malheiros, 2003.

SILVA, José Afonso da. *Comentário textual à Constituição*. São Paulo: Malheiros, 2005.

SIMÕES, Mônica Martins Toscano. *O processo administrativo e a invalidação de atos viciados*. São Paulo: Malheiros, 2004.

SOARES, Rogério Ehrhardt. Princípio da legalidade e administração constitutiva. *Boletim da Faculdade de Direito da Universidade de Coimbra*, v. VII, 1981.

SOUSA, Antônio Francisco de. *Conceitos indeterminados no Direito Administrativo*. Coimbra: Almedina, 1994.

SOUZA, Éder. *Concurso público, doutrina e jurisprudência*. Belo Horizonte: Del Rey, 2000.

SUNDFELD, Carlos Ari. Motivação dos atos administrativos como garantia dos administrados. *Revista de Direito Público*, n.75, jul./set. 1985.

SUNDFELD, Carlos Ari. *Fundamentos de Direito Público*. Malheiros: São Paulo, 2003.

SUNDFELD, Carlos Ari; SOUZA, Rodrigo Pagani de. As empresas estatais, o concurso público e os cargos em comissão. *Revista de Direito Administrativo*, São Paulo, 2006.

TÁCITO, Caio. A moralidade administrativa e a nova lei do Tribunal de Contas da União. *Revista de Direito Administrativo*, Rio de Janeiro, n. 190, p. 45, 1992.

URBANO DE CARVALHO, Raquel Melo. *Curso de Direito Administrativo*. Salvador: Juspodivm, 2009.

VALLE, Vanice Regina do. *Despesa de pessoal, a chave da gestão fiscal responsável*. Rio de Janeiro: Forense, 2001.

ZANCANER, Weida. *Da convalidação e da invalidação do ato administrativo*. São Paulo: Malheiros, 2001.

ZAVASCKI, Teori Albino. Defesa de direitos coletivos e defesa coletiva de direitos. *Revista da Associação dos Juízes Federais do Brasil*, v. 14, n. 48, p. 7–21, jan./fev., 1996.

Esta obra foi composta em fonte Palatino Linotype, corpo 10,5
e impressa em papel Offset 75g (miolo) e Supremo 250g (capa)
pela Gráfica Laser Plus, em Belo Horizonte/MG.